法律法规释义系列

中华人民共和国
畜牧法导读

李家洋　王超英　马有祥　主编

中国农业出版社

北　京

图书在版编目（CIP）数据

中华人民共和国畜牧法导读 / 李家洋，王超英，马有祥主编. —北京：中国农业出版社，2023.10
ISBN 978-7-109-31284-5

Ⅰ.①中… Ⅱ.①李…②王…③马… Ⅲ.①畜牧法－法律解释－中国 Ⅳ.①D922.45

中国国家版本馆 CIP 数据核字（2023）第 194234 号

中国农业出版社出版

地址：北京市朝阳区麦子店街 18 号楼
邮编：100125
责任编辑：刘　伟
版式设计：王　晨　责任校对：吴丽婷
印刷：北京通州皇家印刷厂
版次：2023 年 10 月第 1 版
印次：2023 年 10 月北京第 1 次印刷
发行：新华书店北京发行所
开本：880mm×1230mm　1/32
印张：17
字数：250 千字
定价：46.00 元

编　委　会

前　言

《中华人民共和国畜牧法》（以下简称畜牧法）于 2005 年 12 月 29 日第十届全国人民代表大会常务委员会第十九次会议通过，2006 年 7 月 1 日施行，对畜禽遗传资源保护、种畜禽品种选育与生产经营、畜禽养殖、畜禽交易与运输、畜禽质量安全保障等作出规定。

2022 年 10 月 30 日第十三届全国人民代表大会常务委员会第三十七次会议修订，新增"草原畜牧业""畜禽屠宰"两章，推动草原畜牧业发展，加强畜禽屠宰以及畜禽产品质量安全监管；完善公共卫生法治保障，规定畜禽遗传资源目录的条件、畜禽粪污资源化利用、畜禽屠宰管理；促进畜牧业高质量发展，强化畜禽遗传资源保护、畜禽种业自主创新、草原畜牧业发展、畜禽养殖户发展；保障畜禽产品有效供给，规范畜禽产品保供稳价措施、畜禽养殖场选址以及饲料和兽药的生产经营监管、畜禽交易和运输。本次修改还对法律责任等内容作了完善。

目 录

第一章

总　则

法律"总则"的内容，是对一部法律若干重要问题的原则性规定，对其他各章的规定具有概括和指导的作用。畜牧法"总则"共 9 条，对本法的立法目的、调整范围、畜牧业发展的指导思想和方针、畜牧业生产经营者的权利和义务、政府及其有关主管部门对畜牧业的监管职责等作了规定。此次修改畜牧法，完善了总则中的立法目的和适用范围，新增加强畜牧业相关法律法规宣传、对在畜牧业发展中作出显著成绩给予表彰和奖励等内容。

一、修改畜牧法的必要性

畜牧法自 2006 年 7 月 1 日施行以来，对于规范畜牧业生产经营行为，加快转变畜牧业发展方式，增强畜禽产品供给保障能力，促进农牧民持续增收等发挥了重要作用。

畜牧业是关系国计民生的重要产业，也是我国农业农村经济的支柱产业和增加农牧民收入的重要来源。大力发展畜牧业，对全面推进乡村振兴，加快农业农村现代化具有重要意义。新时代畜牧业高质量发展要求加快构建现代畜禽养殖、动物防疫和加工流通体系，不断提升畜牧业质量效益和竞争力，更好地满足人民群众多元化的畜禽产品消费需求。当前，畜牧业发展仍存在一些问题。一是畜禽遗传资源保护力度不够，开发利用水平低，部分品种持续减少、濒临灭绝；二是畜禽种业自主创新能力不强，产学研协同的利益联结机制不健全，市场竞争力不足；三是畜禽粪污资源化利用水平不高，资源环境硬约束日益加剧；四是养殖业发展不均衡，行业集中度低，市场波动大、风险高，监测预警体系不完善，宏观调控能力弱；五是畜禽的防疫和屠宰质量安全监管、防范重大公共卫生风险能力比较薄弱。针对畜牧业发展中的薄弱环节和出现的新情况、新问题，亟须对现行畜牧法作出相应的修改完善。

2020 年 4 月，全国人民代表大会常务委员会（简称全国人大常委会）将修改畜牧法列入强化公共卫生法治保障立法修法工作计划，明确由全国人民代表大会农业与农村委员会牵头负责起草。委员会高度重视畜牧法修改工作，成立农业农村部等有关部门参加的工作专班，在认真总结实践经验、深入调研、广泛听取有关方面意见、反复讨论修改完善的基础上，形成《中华人民共和国畜牧法（修订草案）》。2021 年 10 月，2022 年 10 月修订草案经全国人大常委会两次审议通过。

二、畜牧法修改的指导思想和总体思路

深入学习贯彻习近平新时代中国特色社会主义思想，落实党的十九大和十九届二中、三中、四中、五中全会精神，贯彻落实习近平总书记关于强化公共卫生法治保障重要指示，适应发展现代畜牧业新要求，逐步完善和健全保障我国畜牧业持续健康发展的管理体系。加强畜禽遗传资源保护和利用、鼓励畜禽种业自主创新，规范畜禽养殖、粪污资源化利用、屠宰等畜牧业生产经营行为，支持草原畜牧业发展，统筹畜牧业公共卫生安全和高质量发展，保障重要畜禽产品有效供给，促进现代畜牧业发展。

三、立法目的

畜牧法第一条规定："为了规范畜牧业生产经营行为，保障畜禽产品供给和质量安全，保护和合理利用畜禽遗传资源，培育和推广畜禽优良品种，振兴畜禽种业，维护畜牧业生产经营者的合法权益，防范公共卫生风险，促进畜牧业高质量发展，制定本法。"

立法目的，也称立法宗旨，是指制定一部法律所要达

到的最直接的目标，即明确制定一部法律要解决哪些问题。立法目的与法律的其他条文之间是目的与手段的关系，一部法律中每一具体条款的规定都应当围绕该法律的立法目的展开，并为实现立法目的服务。根据本条规定，畜牧法的立法目的主要有以下几个方面：

（一）规范畜牧业生产经营行为

畜牧业是为取得畜禽产品或役用、竞技、骑乘、观赏等牲畜，利用动物的生理机能饲养、繁殖畜禽的社会生产部门。改革开放以来，我国畜牧业持续快速发展，产业和产品结构不断改善，规模化标准化水平不断提高，综合生产能力不断增强，保障和满足了城乡居民对畜禽产品消费以及多样化的需求。畜牧业作为关系国计民生的重要产业、农业农村经济的支柱产业、保障食物安全和居民生活的战略产业、农业现代化的标志性产业，地位更加突出，发挥的作用也越来越重要，已经成为实施乡村振兴战略的重要抓手和农牧民增收的有效途径。但是我国畜牧业正处于转型升级关键期，生产方式总体上还比较粗放，产业体系还不完善，资源环境的硬约束日益加剧，动物疫病风险隐患大，畜牧业高质量发展面临新情况和老问题交织影响，稳产保供压力巨大。因此，畜牧法将规范畜牧业的生产经营行为作为立法目的，并对畜牧业的生产和经营环节规定了一系列的监督管理、扶持保障措施。

1. 规范种畜禽的选育和生产经营行为。对种畜禽生产经营进行监督管理的目的，是保证种畜禽的质量和规范繁育技术的推广应用。1994 年国务院颁布的《种畜禽管理条例》，对培育的畜禽新品种实行推广前的审定制度，对种畜禽生产经营实行许可制度。有其必要性，有助于保障和提高种畜禽质量，是国家对种畜禽行业进行管理的有效措施。畜牧法延续了这两项制度。同时，鉴于《种畜禽管理条例》有关种畜禽生产经营行为的规定过于笼统，难以遏制无证和超范围生产经营，出现了一些假劣种畜禽坑农害农案件。为了更有效地保护畜禽饲养者的利益，畜牧法第三章对种畜禽的选育和生产经营作出严格规范。

2. 规范畜禽养殖行为。畜禽养殖是畜牧业生产经营过程中的核心环节。加强畜禽养殖生产过程的规范，是确保为畜禽屠宰及其产品加工提供合格原料，保障畜禽产品质量安全的关键。从长远趋势看，规模化养殖将逐步占据主导地位。畜牧法在"畜禽养殖"一章注意区分了规模养殖和分散养殖，对从事规模养殖的畜禽养殖场提出了较高的要求，如畜禽养殖场选址以及建设时必须符合法律规定的条件，要履行法律规定的备案、取得标识代码、建立和保存养殖档案、环境污染防治等义务。同时，所有的畜禽养殖者都要遵守有关动物防疫、农产品质量安全、农业投入品使用、粪污处理和畜禽标识管理等规定。此次修改畜牧法，针对美丽乡村建设中规模以下养殖带来的防疫和环保问题，授权各省（自治区、直辖市）根据实际情况，制定畜禽养殖户动物防疫、粪污处理以及资源化利用的具体要求。

3. 规范畜禽交易与运输行为。 畜禽交易与运输是畜禽养殖与畜禽产品加工的重要联结环节。加强对交易与运输环节的管理，不仅有利于搞活流通，促进畜牧业的健康发展，同时也有利于控制动物疫病的发生和蔓延，有助于保障畜禽产品安全和提高畜禽产品质量。为此，"畜禽交易与运输"一章，对畜禽批发市场建设、交易和运输中的疫病防控、进行销售和收购的畜禽以及畜禽运输的一般要求等作了明确的规定。

4. 规范畜禽屠宰行为。 畜禽屠宰是保障畜禽产品质量和公共卫生安全的关键环节。畜禽屠宰环节不仅要密切防范自身可能产生的非法添加等质量安全风险，而且还要密切防范上游的质量安全风险向下游传导。畜禽产品质量安全形势整体向好，随着城乡居民肉品消费需求保持较快增长，消费结构不断升级，对畜禽屠宰与养殖融合发展提出了新要求。在总结《生猪屠宰管理条例》实施经验的基础上，结合畜禽屠宰行业发展实际，此次修改畜牧法专门增加"畜禽屠宰"一章，从国家法律层面规范畜禽屠宰，健全畜禽屠宰监管体系，确保畜禽产品质量安全。

（二）保障畜禽产品供给和质量安全

肉蛋奶等畜禽产品是百姓"菜篮子"的重要品种，是人类动物性蛋白的主要来源。改革开放前，老百姓买肉、蛋得凭票，今天，肉蛋奶不但敞开供应，而且更加注重安全放心。未来一段时期，畜禽产品消费仍将持续增长，但玉米等饲料粮供需矛盾突出，大豆、苜蓿等严重依赖国外进口。猪牛羊肉等重要畜禽产品保持高水平稳定供应难度加大，稳产保供任务更加艰巨。同时，非法使用药物和添加剂的事件还时有发生。因此，为促进畜牧业稳定发展，保障畜禽产品市场平稳运行，提升畜禽产品供应安全保障能力，加强畜禽的养殖、交易与运输、屠宰等环节的质量安全监管，2005 年制定畜牧法时，设立"质量安全保障"一章。此次修改畜牧法，在全过程监督畜禽产品质量安全的基础上，将第八章"质量安全保障"修改为"保障与监督"，增设"草原畜牧业"和"畜禽屠宰"两章。明确畜禽产品供给省（自治区、直辖市）负总责，建立畜禽生产和畜禽产品市场监测预警制度，鼓励畜禽产销区建立稳定的合作关系，巩固和强化对畜禽生产的扶持、保障畜禽产品的供给。

（三）保护和合理利用畜禽遗传资源

畜禽遗传资源是重要的生物资源，是培育新品种和配套系、保护生物多样性、实现畜牧业可持续发展的重要物质基础。我国是世界上畜禽遗传资源最丰富的国家，约占世界畜禽遗传资源总量的 1/6，许多资源具有优良特性。

畜禽遗传资源具有不可再生性，大量的历史经验与教训表明，品种一旦灭绝，就很难再恢复。过去一百年中，世界范围内畜禽遗传资源数量下降的现象日趋严重。全球有几百个地方牛品种绝迹，几十个绵羊品种灭绝或濒临灭绝，我国畜禽品种种类和数量也呈逐渐减少的趋势。品种数量的减少，直接威胁生物的多样性，最终将导致资源枯竭，危及人类的生存。加强畜禽遗传资源保护和利用，既是对保护生物多样性的贡献，也是我国畜禽种业振兴和畜牧业高质量发展的基础工作和前提条件。因此，畜牧法专门设立了"畜禽遗传资源保护"一章，明确畜禽遗传资源保护以国家为主、多元参与，坚持保护优先、高效利用的原则，规定通过畜禽遗传资源调查、鉴定、登记、监测，制定全国畜禽遗传资源保护和利用规划，制定畜禽遗传资源保护名录，建立或者确定畜禽遗传资源保种场、保护区和基因库，规范畜禽遗传资源的进出境等一系列措施，加强我国畜禽遗传资源保护。

（四）培育和推广畜禽优良品种，振兴畜禽种业

畜禽种业是畜牧业发展的根基，是畜牧业核心竞争力的重要体现。总体看，我国畜禽良种繁育体系不断完善，育种自主创新水平大幅提升，商业化育种体系初步建立，畜禽种源国内有保障、风险可管控，基本解决了我国畜禽良种"有没有""够不够"的问题，为畜牧业健康稳定发展提供了有力的种源支撑。但是，部分优良品种核心种源依赖进口，生猪、奶牛等重要畜种生产性能、繁殖性能、饲料转化率等与国际先进水平还有差距，联合育种机制、种畜禽企业综合实力、种业市场监管力量等需要完善提高，居民食物消费多元化需求日益增长对种业保数量、保质量、保多样提出了更高要求。此次修改畜牧法，为振兴畜禽种业，增加"培育和推广畜禽优良品种，振兴畜禽种业"为立法目的；完善"种畜禽品种选育与生产经营"一章，在规范种畜禽的选育和生产经营行为基础上，新增国家鼓励支持畜禽种业自主创新，加强良种技术攻关，扶持创新型企业发展；支持列入畜禽遗传保护名录的品种开发利用，满足多元化消费需求的相关规定。

（五）维护畜牧业生产经营者的合法权益

2020 年，我国有畜禽养殖场（户）8 000 多万个，畜牧业产值达 4.03 万亿元，占农业总产值的比重达 29.2%，带动上下游产业产值约 3 万亿元。但是，目前由于种种原因，广大畜牧业生产经营者的合法权益还没有得到充分的保障，如假劣种畜禽坑农害农的现象时有发生，畜牧业信息网络建设滞后，农民需要的畜禽疫病防治技术、种草养畜技术、良种生产技术等在一些地方宣传不到位、推广不及时、社会服务不完善；有些地方打着"环保"旗号，超出法律法规规定划定禁养区，限制养殖业发展或者压减生猪产能，甚至搞无猪县、无猪乡。此外，有的地方采取"一律关停"等简单粗暴做法，有的地方对于因禁养区划定而关闭或搬迁畜禽养殖场的，没有进行合理补偿，严重影响养殖场（户）合法权益。因此，维护畜牧业生产经营者的权益十分必要和重要。针对存在的问题，畜牧法除了规定国家对畜牧业的扶持优惠措施之外，还在相应的章节中规定了保护畜牧业生产经营者合法权益的具体内容，如明确畜禽新品种、配套系培育者的合法权益受法律保护；销售种畜禽和商品代仔畜、雏禽，因质量问题给畜禽养殖者造成损失要依法承担赔偿损失的责任；加强对畜禽养殖户的指导帮扶，保护其合法权益，不得随意以行政手段强行清退等。

（六）防范公共卫生风险

2020 年 4 月，全国人大常委会制定了强化公共卫生法治保障立法修法工作计划，明确修改畜牧法。从对公共卫生的新要求来看，畜牧业发展还存在不少薄弱环节，主要表现在：一是畜禽遗传资源管理制度需要进一步完善，二是畜禽禁养限养需要进一步规范，三是畜禽粪污资源化利用面临较大压力，四是牛、羊、禽等畜禽屠宰质量安全监管缺乏法律支撑，五是畜禽运输和交易环节监管薄弱。

此次修改畜牧法，旨在完善公共卫生法治保障，落实《全国人民代表大会常务委员会关于全面禁止非法野生动物交易、革除滥食野生动物陋习、切实保障人民群众生命健康安全的决定》精神，完善列入畜禽遗传资源目录的条件；强化畜禽粪污资源化利用；加强畜禽屠宰管理。

（七）促进畜牧业高质量发展

法律作为上层建筑，是为经济基础服务，为促进社会生产力发展服务的。制定畜牧法，确立从事畜禽遗传资源保护利用、繁育、饲养、经营、运输、屠宰等活动必须遵守的基本规范，其最终目的，就是为了促进我国畜牧业的高质量发展，以适应新时代加快构建畜牧业高质量发展新格局，推进畜牧业在农业中率先实现现代化的需要。

2005 年制定畜牧法时，根据当时实际情况和相关中央文件精神，将"促进我国畜牧业持续健康发展"作为立法目的。2020 年《国务院办公厅关于促进畜牧业高质量发展的意见》（国办发〔2020〕31 号）印发，提出牢固树立新发展理念，以实施乡村振兴战略为引领，以农业供给侧结构性改革为主线，转变发展方式，强化科技创新、政策支持和法治保障，加快构建现代畜禽养殖、动物防疫和加工流通体系，不断增强畜牧业质量效益和竞争力，形成产出高效、产品安全、资源节约、环境友好、调控有效的高质量发展新格局，更好地满足人民群众多元化的畜禽产品消费需求。因此，此次修改畜牧法，根据新情况、新要求，将"促进畜牧业持续健康发展"修改为"促进畜牧业高质量发展"。

四、畜牧法适用和调整范围

畜牧法第二条规定："在中华人民共和国境内从事畜禽的遗传资源保护利用、繁育、饲养、经营、运输、屠宰等活动，适用本法。本法所称畜禽，是指列入依照本法第十二条规定公布的畜禽遗传资源目录的畜禽。蜂、蚕的资源保护利用和生产经营，适用本法有关规定。"

（一）适用范围

法律的适用范围，也称法律的效力范围，包括法律的时间效力，即法律从什么时候开始发生效力和什么时候失效；法律的空间效力，又称法律适用的地域范围；法律对人、事的效力，即法律对什么人和什么行为适用。关于畜牧法的时间效力问题，本法第九十四条作了规定。本条第一款是对本法适用的地域范围和对主体行为的适用范围的规定。

1. 本法适用的地域范围，是中华人民共和国境内，即中华人民共和国主权所及的全部领域内。根据法律地域效力范围的普遍原则，是适用于制定它的机关所管辖的全部领域。畜牧法作为全国人大常委会审议通过的法律，其效力自然及于我国境内。

2. 本法适用的主体行为范围，包括畜禽遗传资源保护利用、繁育、饲养、经营、运输、屠宰等环节。 凡是在我国境内从事这些活动的单位和个人，都必须遵守本法的有关规定。从这一规定可以看出，畜牧法调整的主体行为范围不只局限于传统的畜禽繁育，还包括畜禽遗传资源保护和利用、种畜禽生产经营、畜禽交易与运输、畜禽屠宰等。

(二) 调整范围

关于本法调整的畜禽的范围。本条第二款规定："本法所称畜禽，是指列入依照本法第十二条规定公布的畜禽遗传资源目录的畜禽。"对法律中相关用语进行定义，可以是自然科学上的含义，也可以是按照法律实施的需要，根据法律所调整的社会关系作出的解释。本款的规定属于后者。依照本法第十二条的规定，国务院农业农村主管部门负责定期组织畜禽遗传资源的调查工作，发布国家畜禽遗传资源状况报告，公布经国务院批准的畜禽遗传资源目录。由此，经国务院批准的畜禽遗传资源目录中所列的动物就是本法所调整的畜禽。

2005 年在畜牧法的起草和审议过程中，关于畜禽范围存在不同意见。有意见认为应当对适用本法的畜禽范围作出明确的规定，一个主要的原因就是是否将特种经济动物纳入畜牧法的调整范围。所谓特种经济动物，是指传统畜禽以外的，经过驯化饲养具有较高经济价值的陆生动物，如鸵鸟、梅花鹿、水貂、鹌鹑等。在本法的起草过程中，曾经采用列举的方式将梅花鹿、马鹿、驯鹿、水貂、蓝狐、银狐、鹌鹑、雉鸡、野鸭、鸵鸟、美国鹧鸪、珍珠鸡等十几种特种经济动物确定为本法的调整对象，并对这些特种经济动物的生产管理如养殖场设置、投入品管理、养殖档案、动物标识、防疫等进行规范。但是在征求意见时，有的部门和专家认为，如果明确将特种经济动物列为畜禽，就会与野生动物管理体制不一致。因此，对于适用本法的畜禽范围，参照了野生动物保护法关于受保护的野生动物范围的规定，在国务院农业农村主管部门制定，并报国务院批准后公布的畜禽遗传资源目录中予以明确。此次修改畜牧法，完善列入畜禽遗传资源目录的条件，增加一款作为第十二条的第二款，规定经过驯化和选育而成，遗传性状稳定，有成熟的品种和一定的种群规模，能够不依赖于野生种群而独立繁衍的驯养动物，可以列入畜禽遗传资源目录。

（三）蜂、蚕的适用

关于蜂、蚕适用本法的规定，是本法适用范围的特殊规定。按照本款规定，蜂、蚕的资源保护利用和生产经营，适用本法有关规定。2005 年在畜牧法的起草和审议过程中，对于是否将蜂、蚕纳入调整范围一直有不同看法。考虑到养蜂业和蚕桑业是我国重要的传统动物饲养产业，并在世界上占有十分重要的地位。长期以来，这两个行业的管理立法严重滞后，特别是蜂农权益保护、蜂产品生产加工环节的质量控制、蚕种资源保护及新品种选育等环节，亟须建立相应的管理制度。因此，畜牧法将蜂、蚕纳入调整范围。同时，考虑到蜂、蚕管理的特殊性，本法在"畜禽养殖"一章中对蜂产品的质量保障、维护养蜂者的合法权益和为养蜂者提供必要的便利等作出了一些原则规定。对于蜂种、蚕种的资源保护、新品种选育、生产经营和推广适用等则授权国务院农业农村主管部门制定具体管理办法。

五、畜牧业发展的指导思想和方针

畜牧法第三条规定："国家支持畜牧业发展，发挥畜牧业在发展农业、农村经济和增加农民收入中的作用。县级以上人民政府应当将畜牧业发展纳入国民经济和社会发展规划，加强畜牧业基础设施建设，鼓励和扶持发展规模化、标准化和智能化养殖，促进种养结合和农牧循环、绿色发展，推进畜牧产业化经营，提高畜牧业综合生产能力，发展安全、优质、高效、生态的畜牧业。国家帮助和扶持民族地区、欠发达地区畜牧业的发展，保护和合理利用草原，改善畜牧业生产条件。"

（一）畜牧业在发展农业农村经济和增加农民收入中的重要作用

改革开放以来，我国畜牧业取得了巨大成就，畜牧业已经从家庭副业发展成为农业产业化、市场化特征最突出和最具活力的产业。国家支持和促进畜牧业高质量发展，对保障食品供给、改善城乡居民膳食结构、促进农民持续稳定增收，加快建设农业强国、推进农业农村现代化具有重大战略意义。

1. 畜牧业发展有效保障了市场供给平衡。 20 世纪 90 年代中期，我国畜牧业率先进入供需总量基本平衡的发展阶段，基本扭转了畜禽产品短缺的局面，实现了畜牧业发展的历史性突破。此后，畜牧业继续保持持续发展势头，畜禽产品生产能力稳步提升。2022 年全国肉、蛋、奶总产量分别为 9 227 万吨、3 456 万吨和 3 932 万吨，肉、蛋产量继续保持世界首位，奶类产量位居世界前列。我国畜牧业发展解决了 14 亿人口对动物源性营养的基本需求。

2. 畜禽产品消费量的增加提高了居民的营养水平。 农业农村部食物与营养发展研究所的研究结果表明，2021 年，我国人均肉类、蛋类、奶类、水产品的消费量分别为 69.6 千克、24.1 千克、42.5 千克、22.8 千克，肉类人均占有量超过了世界平均水平，禽蛋人均占有量达到发达国家水平。扣除全产业链损耗与不可食部分，折合人均动物蛋白消费量为每天 37.7 克，与 1978 年的每天 6.5 克相比，增加了近 5 倍，与世界平均、亚洲平均水平相比，分别高出 13.7％、29.5％。畜牧业发展为改善我国居民的营养结构，提高全民族身体素质作出了突出贡献。

3. 畜牧业是促进农民增收的重要行业。在我国农业和农村经济体制改革中，养殖业率先步入市场化轨道，成为农村经济改革和农业产业组织创新的先行者。畜牧业市场化改革为城乡市场化改革积累了可供借鉴的经验，探索出一条成功发展的路子。近年来，随着农业和农村经济的发展，畜牧业成为农民增收的重要途径，在一些畜牧业发达地区，畜牧业收入占农业收入的 50％左右。此外，与畜牧业相关联的行业包括畜禽产品加工业、饲料产业、市场营销产业等，吸纳了大量劳动力，提供了众多的就业机会。

（二）国家支持畜牧业发展，提升畜牧业综合生产能力

当前，我国重农强农氛围进一步增强，推进畜牧业现代化面临难得的历史机遇。一是市场需求扩面升级。"十四五"时期我国将加快形成以国内大循环为主体、国内国际双循环相互促进的新发展格局，城乡居民消费结构进入加速升级阶段，肉蛋奶等动物蛋白摄入量增加，对乳品、牛羊肉的需求快速增长，绿色优质畜产品市场空间不断拓展。二是内生动力持续释放。畜牧业生产主体结构持续优化，畜禽养殖规模化、集约化、智能化发展趋势加速，新旧动能加快转换。随着生产加快向规模主体集中，资本、技术、人才等要素资源集聚效应将进一步凸显，产业发展、质量提升、效率提速潜力将进一步释放。三是保障体系更加完善。党中央、国务院高度重视畜牧业发展，《国务院办公厅关于促进畜牧业高质量发展的意见》明确了一系列政策措施，为"十四五"畜牧兽医行业发展提供遵循。农业农村部会同有关部门先后制定实施多项政策措施，在投资、金融、用地及环保等方面实现重大突破，畜牧业发展激励机制和政策保障体系不断完善。

1953 年，我国开始编制并实施国民经济和社会发展规划，即"五年计划（规划）"，在国家经济和社会发展中起到了重要作用。国民经济和社会发展规划主要阐明国家战略意图，明确政府工作重点，引导规范市场主体行为。因此本条规定"县级以上人民政府应当将畜牧业发展纳入国民经济和社会发展规划"。2021 年"十四五"规划关于支持畜牧业发展提出，保障粮、棉、油、糖、肉、奶等重要农产品供给安全；完善农业科技创新体系，创新农技推广服务方式，建设智慧农业；推进粮经饲统筹、农林牧渔协调，大力发展现代畜牧业；推进秸秆综合利用和畜禽粪污资源化利用；强化全过程农产品质量安全监管，健全追溯体系；推动种养加结合和产业链再造，等等。

《"十四五"全国畜牧兽医行业发展规划》（以下简称《规划》）全面分析判断未来五年发展趋势，对"十四五"时期全国畜牧兽医行业发展作出系统安排。在重点产业建设方面，创新提出构建"2＋4"现代畜牧业产业体系，着力打造生猪、家禽两个万亿级产业和奶畜、肉牛肉羊、特色畜禽、饲草四个千亿级产业，并明确了每个产业的发展指标和产业布局。为确保预期发展目标顺利实现，《规划》提出畜禽种业、畜禽养殖、疫病防控、投入品质量安全监管、畜产品加工、市场流通、养殖废弃物资源化利用、兽医体系建设、信息化建设管理等九大重点任务，并细化了34项具体工作，还列举了拟开展的十项重大专项工作和重大工程。

加快构建畜牧业高质量发展新格局，推进畜牧业在农业中率先实现现代化，要求县级以上人民政府贯彻落实相关规划，大力采取有效措施，加强畜牧业各环节的基础设施建设，推进畜牧业产业和产品的结构调整，发展畜牧业的产业化，促进畜牧业服务体系建设，引导小农户与现代农业发展有机衔接，加强和完善畜牧业的支持保护体系。

1. 发展适度规模经营。 高标准推进畜禽规模化养殖、标准化生产，可以充分发挥规模化养殖在保障畜禽产品数量安全方面的作用。各级政府及其有关部门要因地制宜发展规模化养殖，引导养殖场（户）改造提升基础设施条件，扩大养殖规模，提升标准化养殖水平。大力培育龙头企业、养殖专业合作社、家庭牧场、社会化服务组织等新型经营主体，鼓励龙头企业发挥引领带动作用，通过统一生产、统一服务、统一营销、技术共享、品牌共创等方式，形成稳定的产业联合体。支持中小养殖户融入现代生产体系，加强对中小养殖户的指导帮扶，支持龙头企业与中小养殖户建立利益联接机制，带动中小养殖户专业化生产，提升市场竞争力。

2. 推行全面标准化生产方式。 坚持良种良法配套、设施工艺结合、生产生态协调，制定实施不同畜禽品种、不同地区、不同规模、不同模式的标准化饲养管理规程，建立健全标准化生产体系。深入开展标准化示范场创建，创建一批生产高效、环境友好、产品安全、管理先进的畜禽养殖标准化示范场，推动部省联创，增强示范带动效应。

3. 提升设施装备水平。 制定主要畜禽品种规模化养殖设施装备配套技术规范，推进养殖工艺与设施装备的集成配套。落实农机购置补贴政策，加快制定有关涉牧机械、智能设备鉴定大纲和成套设施设备的建设规范，将养殖场（户）购置自动饲喂、环境控制、疫病防控、废弃物处理等农机装备按规定纳入补贴范围，对暂无鉴定大纲的有关涉牧机械、智能设备列入农机新产品购置补贴试点范围予以支持。积极探索生猪生产成套设施装备补贴新途径，提高饲草料和畜禽生产加工等关键环节设施装备自主研发能力。稳步发展全程机械化养殖场和示范基地。

4. 推进畜禽粪污资源化利用。畅通种养结合路径，实施畜禽粪肥利用种养结合建设规划，推行液体粪肥机械化施用，培育社会化服务组织。推广堆沤肥还田、液体粪污贮存还田等技术模式，推动粪肥低成本还田利用。探索实施规模养殖场粪污处理设施分类管理，推动建立符合我国实际的粪污养分平衡管理制度，指导养殖场（户）建立粪污处理和利用台账，种植户建立粪肥施用台账，健全覆盖各环节的全链条管理体系，开展粪污资源化利用风险评估和风险监测，科学指导粪肥还田利用。规范病死畜禽无害化处理，健全无害化处理体系。

（三）国家帮助和扶持民族地区、欠发达地区畜牧业的发展

畜牧业是我国民族地区的主业之一。千百年来，牧民始终遵循着按季轮牧、漫山放养的传统生产方式。20世纪80年代以后，我国推行了草、畜双承包责任制，将牲畜作价归户，草场使用权落实到户，并加强了草原建设和管护制度。近年来，我国草原畜牧业发展坚持生态优先，在落实草畜平衡制度的前提下，科学合理利用天然草原，加强人工饲草料基地建设，牛羊生产稳步增长，生产效率不断提高，牧民收入逐年增加，草原生态状况和生产能力持续提升，为牧区生产生活生态协同发展奠定坚定基础。据测算，我国草原单位面积畜产品产值为每公顷 770 元，全国近 40 亿亩*草地每年畜牧业产值可达 2 000 多亿元。2021 年，青海、甘肃、四川、新疆、宁夏、内蒙古等 13 个草原牧区省份的牛肉、羊肉和牛奶产量分别是 464.44 万吨、358.44 万吨和 2 754.5 万吨，分别占全国的 66.6％、69.7％和 72.9％；13 省份牧业产值为 17 603.1 亿元，占全国牧业总产值的 44.1％，占 13 省份农牧渔业总产值的 33.7％。

我国牧区的草原从青藏高原往北沿祁连山、天山、阿尔泰山、贺兰山、阴山至大兴安岭西部，绵延 4 500 多千米，形成了一条绿色的自然保护带。草原基本上是我国唯一保护和改善广大牧区生态的植被，在防风固沙、保持水土、净化空气、调节气候等方面都起着极其重要的作用。内蒙古高原、黄土高原、青藏高原的草原植被状况如何，对于东北平原、华北平原、黄淮海平原和长江、黄河流域地表水、地下水资源的丰歉，以及风、旱、涝、水土流失等自然灾害的发生，都有着极为重要的影响。

---

* 亩为我国非法定计量单位，1 亩＝1/15 公顷。

草原畜牧业的发展关系我国北方民族地区的经济繁荣和社会进步，并对边疆稳定和民族团结具有重大意义。我国 1.2 亿少数民族人口的 70％集中生活在草原区，55 个少数民族在草原上都有分布。草原畜牧业是蒙古族、藏族、哈萨克族等十几个少数民族世代经营、赖以生存和发展的基础产业。我国牧区大多地处边陲，与 9 个国家接壤，边境线长达 14 000 多千米，边疆少数民族又多与国外同一民族相邻而居。因此，牧区经济的发展，可以提高我国的政治影响，是巩固边防、维护统一的重要保证。由此可见，重视草原畜牧业，使边疆少数民族地区尽快富裕起来，不仅是一个重要的经济战略问题，而且也是一个关系全局的重大政治问题。保持草原畜牧业的可持续发展是保证我国边疆地区政治和社会稳定的前提。草原畜牧业已经成为我国保护生态、繁荣民族经济、维护边疆稳定的重要力量。

当前我国草原畜牧业生产基础比较薄弱，草畜矛盾依然突出，发展方式相对落后，草原生态保护和产业发展面临诸多挑战。因此，国家采取措施帮助和扶持民族地区、欠发达地区畜牧业的发展，保护和合理利用草原，改善畜牧业生产条件，对于保障畜产品供给，促进农牧民增产增收，促进民族地区团结，保持边疆安定和社会稳定，维护草原生态安全，全面推进乡村振兴都具有十分重要的意义。

新修订的畜牧法坚持问题导向，增加"草原畜牧业"一章，对草原畜牧业发展方针、发展方式、饲草供给、经营模式、提质增效、防灾减灾、政策支持、一二三产业融合发展等作了明确规定。

六、发展畜牧兽医科学技术研究和推广事业

畜牧法第四条规定："国家采取措施，培养畜牧兽医专业人才，加强畜禽疫病监测、畜禽疫苗研制，健全基层畜牧兽医技术推广体系，发展畜牧兽医科学技术研究和推广事业，完善畜牧业标准，开展畜牧兽医科学技术知识的教育宣传工作和畜牧兽医信息服务，推进畜牧业科技进步和创新。"

畜牧业的发展水平是一个国家农业发达程度的重要标志。改革开放以来，一大批畜牧科技成果的广泛推广加快了畜牧业生产水平的提高，畜禽生长周期缩短、出栏率得到提高，饲料转化率、畜禽个体生产能力、畜牧业劳动生产率显著提高。2005 年制定畜牧法时，国家对畜牧业的科技投入占畜牧业总产值的比重比较低，低于种植业的比重和整个农业的比重；科技供给结构与需求结构不适应，提高产量的技术多，改善质量、生态和环境保护的技术少；外来引进的技术（品种）多，自主知识产权的技术

少,"良种化等于洋种化";一般性科技成果多,重大突破性成果少;畜牧业科技成果转化率不高,畜禽良种繁育体系还很薄弱、良种覆盖率低、实用技术到户到畜率低;基层畜牧技术推广体系正处于改革动荡中,科技推广服务跟不上畜牧业发展要求。针对这些畜牧兽医科技建设滞后的问题,本条规定了关于畜牧兽医专业人才培养、发展畜牧业技术研究和推广事业,推进畜牧业科技进步的内容。

2021年我国畜牧业产值约4万亿元,规模化、集约化、科学化饲养水平和技术装备水平不断提升,良种对畜牧业发展的贡献率超过40%,畜牧科技在畜牧业发展中发挥了重要作用。同时,畜禽核心种源自给水平有限,劳动生产率、母畜繁殖率、饲料转化率与国外发达国家相比水平还较低,畜禽产品生产成本高,市场竞争力弱等问题依然存在。畜牧业高质量发展的关键在于坚持科技创新在现代畜牧业发展中的核心地位,依靠科技创新和技术进步,突破发展瓶颈,不断提高畜禽良种化、养殖机械化水平和资源利用效率,加快畜牧业发展方式转变,推进全行业全要素现代化。

(一)发展畜牧兽医科学技术研究

当前,畜牧业科技研究和创新的前沿学科交叉、智能化、基础性、实用性等特征明显。

1. 精准化智能化是必然趋势。畜禽养殖科技正从传统的提高饲料转化率向健康养殖和精准营养过渡，并不断向生物信息学等前沿学科交叉拓展。加快新型信息感知、生物传感、物联网等技术应用，实现畜禽养殖精准控制和智能化管理，推动传统养殖向智慧养殖转变，是畜禽养殖科技的发展要求。

2. 前沿生物技术提供广阔空间。分子与细胞工程育种技术创新正推动畜禽种业发生革命性变化，基因编辑等技术加快了功能基因挖掘和鉴定的步伐，为分子设计育种技术突破奠定了坚实基础。基因组选择将应用于全球90％的畜禽品种育种，在我国已广泛应用于奶牛、生猪及家禽育种，未来研究空间巨大。

3. 质量安全成为公众关注焦点。随着食品安全上升为国家战略，畜禽产品质量安全的社会关注度越来越高。需要进一步加强畜禽产品质量安全过程控制技术研发，建立从源头治理到终端追溯的监控体系，加快畜禽产品安全关键检测技术创新和应用，提升畜禽产品质量安全检测通量、检测速度与准确性，实现从"农田到餐桌"的全过程管理。

4. 种质资源保护与利用亟待加强。我国拥有世界上最丰富的动物遗传资源，但畜禽地方品种资源受到国际主流品种冲击，以及养殖方式的转变影响资源保护形势严峻。以猪为例，目前我国88个地方猪种中，35％处于濒危或濒临灭绝状态。需要加大全基因组水平基因型鉴定及优异基因发掘工作，满足新品种选育对优异种质和基因的需求，提高优良种质资源的利用效率，把资源优势转化为产业和创新优势。

5. 畜禽粪污资源化利用是重大需求。破解畜禽养殖业绿色发展的制约瓶颈，需要通过科技创新实现畜禽粪污资源化利用，加强粪污处理技术和设备研发，打通畜禽粪污还田利用通道，提高畜禽粪污资源化利用和养殖污染防治的科技支撑能力，推动畜牧业绿色循环发展。

(二) 健全基层畜牧兽医技术推广体系

农业法、农业技术推广法的颁布实施，确立了各级农业技术推广机构的法律地位。畜牧法规定国家设立畜牧兽医技术推广机构，第二十三条规定，省级以上畜牧兽医技术推广机构应当组织开展种畜质量监测、优良个体登记，向社会推荐优良种畜。第三十八条规定，国家设立的畜牧兽医技术推广机构，应当提供畜禽养殖、畜禽粪污无害化处理和资源化利用技术培训，以及良种推广、疫病防治等服务，县级以上人民政府应当保障国家设立的畜牧兽医技术推广机构从事公益性技术服务的工作经费。

经过多年的发展和完善，已形成畜牧兽医技术推广服务网络。各级畜牧兽医技术推广机构利用自身技术优势，开展产前、产中、产后服务，极大促进了当地畜牧业的发展。经过新一轮机构改革，目前，全国共有各级畜牧兽医机构3.7万余个，畜牧兽医工作人员23万余人。国家加强对畜牧业的支持保护，建立面向中小养殖场（户）的畜牧业社会化服务体系，畜牧兽医技术推广机构是重要载体。本次修改畜牧法，进一步加强畜牧兽医技术推广工作，规定"健全基层畜牧兽医技术推广体系"。

1. 畜牧推广体系建设。 2021年全国共有畜牧业技术推广机构2.8万余家，在编在岗人数15万余人。全国畜牧总站为公益一类事业单位，主要职责为协助开展畜牧业有关法律、法规和政策研究拟定，指导全国畜牧业技术推广体系建设，组织开展全国畜牧业专业技术人员培训，开展职业技能鉴定，畜牧业技术合作与交流、推广试验与示范，畜禽、牧草、饲料资源的调查与管理，组织实施品种的审定、登记和推广，畜牧业、草原数据统计和监测，指导畜产品加工，承担草场改良和草原病虫鼠害防治工作。全国各省、市、县、乡级都设置有承担畜牧业技术推广职责的机构。

2. 动物防疫体系建设。

（1）兽医行政管理机构。2021年全国各省、市、县设有兽医行政管理机构（部门）2 849个，负责辖区动物防疫、屠宰监管、兽医医政和兽医药政等兽医行政管理工作。

（2）动物疫病防控职能机构。全国共有省、市、县三级涉及动物疫病防控职能的机构 4 678 个，其中省级机构 50 个、市级机构 477 个、县级机构 4 151 个，主要包括动物疫病预防控制中心、动物防疫站等动物疫病预防控制机构 2 211 个，畜牧兽医服务中心、农业发展中心等兽医或综合服务（畜牧水产）机构 1 608 个，动物卫生监督所、动物检疫中心等动物卫生监督机构 638 个，其他机构 221 个。农业农村部在全国设立了 304 个国家动物疫情测报站（县级动物疫病预防控制中心），在边境地区设立了 146 个动物疫情监测站（县级动物疫病预防控制中心），开展指定区域内的疫情监测和流行病学调查等工作。

（3）检疫和行政监督职能机构。全国共有省、市、县三级涉及检疫和行政监督职能的机构 4 660 个，其中省级机构 39 个、市级机构 439 个、县级机构 4 182 个，主要包括动物卫生监督机构 1 300 个，农业综合执法大队、农业综合执法局等农业综合执法机构 994 个，动物疫病预防控制机构 703 个，兽医或综合服务（畜牧水产）机构 1 371 个，其他机构 292 个。

3. 兽医队伍建设。 截至 2021 年年底，全国共确认官方兽医 13.6 万人，取得执业兽医资格共 16.5 万人，共备案（登记）乡村兽医 17.7 万人。

（三）加强畜禽疫病监测、畜禽疫苗研制

动物疫病是影响畜牧业发展的重要因素，动物防疫在国民经济发展中占有十分重要的地位，是我国畜牧业发展、公共卫生安全和人民健康的重要保障。当前我国动物防疫形势仍然比较严峻，动物疫病种类多、病原复杂、发病范围广，而且随着对外贸易和人员交流的增多，境外动物疫病传入风险增大。同时，我国动物防疫工作还存在不少短板，基层动物防疫体系薄弱，设施设备相对落后，一线防疫人员数量少、素质和能力不高，动物疫病防控措施难以全面精准落地。2018 年 8 月，我国首次发现非洲猪瘟疫情，对我国生猪养殖业带来重大影响，也暴露出养殖场、活猪运输、屠宰等环节的生物安全措施仍然较为脆弱。党中央、国务院高度重视动物疫病防控工作，习近平总书记指出，只有构建起强大的公共卫生体系，健全预警响应机制，全面提升防控和救治能力，织密防护网、筑牢筑实隔离墙，才能切实为维护人民健康提供有力保障。2020 年国务院办公厅印发的《关于促进畜牧业高质量发展的意见》提出，坚持防疫优先，将动物疫病防控作为防范畜牧业产业风险和防治人畜共患病的第一道防线，着力加强防疫队伍和能力建设，落实政府和市场主体的防疫责任，形成防控合力。要加快推进强免疫苗"先打后补"试点，抓好重大动物疫病基础免疫，做到应免尽免；要强化

疫情监测预警，强化定点流行病学调查、监测和专项调查，建立健全动物疫情监测和报告制度；要防治人畜共患病，坚持和完善免疫、检测、扑杀、风险评估、区域化防控、流通调运监管等综合防控策略，降低高致病性禽流感、牛羊布鲁氏菌病、奶牛结核病、血吸虫病、狂犬病和包虫病等人畜共患病的畜间发生、流行和传播风险。2021年修改后的动物防疫法，对动物疫病防控理念、防疫管理制度、人畜共患传染病防治、野生动物及犬只检疫管理、机构队伍稳定等方面作了修改完善。本法也对畜禽疫病防控作了相关规定。第三十八条规定，国家设立的畜牧兽医技术推广机构应当提供疫病防治等服务。第四十一条规定，畜禽养殖场应当建立养殖档案，载明检疫、免疫、消毒和畜禽发病、死亡和无害化处理等情况。第四十三条规定，从事畜禽养殖不得随意弃置和处理病死畜禽。第四十四条规定，从事畜禽养殖应当依照动物防疫法、农产品质量安全法的规定，做好畜禽疫病防治和质量安全工作。2021年修订出台的《生猪屠宰管理条例》第十四条规定，生猪定点屠宰厂（场）屠宰生猪，应当遵守国家规定的操作规程、技术要求和生猪屠宰质量管理规范，并严格执行消毒技术规范。发生动物疫情时，应当按照国务院农业农村主管部门的规定，开展动物疫病检测，做好动物疫情排查和报告。

七、畜牧业监督管理部门职责

畜牧法第五条规定："国务院农业农村主管部门负责全国畜牧业的监督管理工作。县级以上地方人民政府农业农村主管部门负责本行政区域内的畜牧业监督管理工作。县级以上人民政府有关主管部门在各自的职责范围内，负责有关促进畜牧业发展的工作。"

畜牧业涉及土地、规划、科技、环保、防疫、养殖、农业投入品、加工、运输、销售等许多方面，对这些方面的监督管理、政策扶持也涉及政府多个主管部门。畜牧法明确畜牧业监督管理的主管部门、工作层级以及各部门的协调配合，适应促进畜牧业高质量发展的需要，从法律的层面进一步明确农业农村主管部门的职责。主要包括以下内容：

一是畜禽遗传资源保护。定期组织畜禽遗传资源调查，发布国家畜禽遗传资源状况报告，公布畜禽遗传资源目录；制定全国畜禽遗传资源保护和利用规划，制定、调整国家级和省级畜禽遗传资源保护名录，建立或者确定畜禽遗传资源保种场、保护区和基因库；监督管理畜禽遗传资源进出境活动。

二是监督管理种畜禽生产经营。依法核发种畜禽、遗传材料的生产经营许可证；制定优良种畜登记规则；监督管理种畜禽生产经营和质量安全等。监督管理蜂种、蚕种的资源保护、新品种选育、生产经营等活动。

三是监督管理畜禽养殖。监督管理畜禽养殖场备案；监督管理畜禽养殖以及畜禽粪污无害化处理和资源化利用等活动。支持发展特种畜禽养殖和保护畜禽养殖场（户）合法权益。制定养殖档案、畜禽标识管理办法。

四是依法促进草原畜牧业发展；规范畜禽交易和运输活动；监督管理畜禽屠宰活动，依法依规落实畜禽定点屠宰制度，制定畜禽屠宰质量安全风险监测计划，督促落实畜禽防疫等工作。

同时，促进畜牧业发展仅靠农业农村主管部门的力量是不够的，需要多个部门的协调配合。根据畜牧业发展的实际需要和政府有关部门的职责分工，县级以上人民政府有关主管部门应当在各自职责范围内，负责有关促进畜牧业发展的工作。从事与畜牧业发展有关工作的部门主要涉及发展改革、财政、市场监管、商务、生态环境、自然资源、交通运输、卫生健康、海关等部门，各部门要按照职责分工，密切配合，共同促进畜牧业健康稳定发展。

八、指导改善畜禽繁育、饲养、运输、屠宰条件和环境

畜牧法第六条规定："国务院农业农村主管部门应当

指导畜牧业生产经营者改善畜禽繁育、饲养、运输、屠宰的条件和环境。"

在现代畜牧业为人类提供丰富的肉、奶、蛋等动物源性食品的同时，动物源性食品的安全性也日益突出。畜禽繁育、饲养、运输、屠宰过程中的条件、环境对提高生产力、减少抗生素使用、保障产品质量安全等有着重要影响。有研究表明：在受污染或过度密集的环境里，畜禽自身免疫力会降低，容易生病，进而引起动物疫病和传染；畜禽如果处于恐惧和痛苦状态，肾上腺激素会大量分泌，影响畜禽产品质量，这些激素也有可能产生对人体有害的物质；禽流感、猪链球菌病的暴发与畜禽饲养环境有关。这要求我们在大力发展畜牧业生产、提高畜禽和畜禽产品产量的同时，要注意改善畜禽繁育、饲养、运输、屠宰的条件和环境，保障畜禽健康，推动农业绿色发展。

畜牧法关于改善畜禽繁育、饲养、运输、屠宰条件和环境的规定有：一是规定畜禽养殖场应当有与其饲养规模相适应的生产场所、配套生产设施、畜牧兽医技术人员、防疫条件，以及与畜禽粪污无害化处理和资源化利用相适应的设施设备。畜禽养殖者应当为其饲养的畜禽提供适当的繁殖条件和生存、生长环境。二是规定从事畜禽养殖不得违规使用饲料、饲料添加剂、兽药，不得使用未经高温处理的餐馆、食堂的泔水饲喂家畜，不得在垃圾场或者使用垃圾场中的物质饲养畜禽，不得随意弃置和处理病死畜禽。三是规定畜禽养殖场应当保证畜禽粪污无害化处理和资源化利用设施的正常运转，保证畜禽粪污综合利用或者达标排放，防止污染环境。四是规定运输畜禽应当符合动物防疫条件，采取措施保护畜禽安全，并为运输的畜禽提供必要的空间和饲喂饮水条件。五是规定省级以上人民政府农业农村主管部门应当组织制定畜禽生产规范，指导畜禽的安全生产。

九、畜牧业法律法规宣传和表彰、奖励

畜牧法第七条规定："各级人民政府及有关部门应当加强畜牧业相关法律法规的宣传。对在畜牧业发展中做出显著成绩的单位和个人，按照国家有关规定给予表彰和奖励。"

（一）畜牧业法律法规宣传

畜牧业涉及畜禽遗传资源保护、畜禽种业、畜禽养殖、畜禽交易与运输、畜禽屠宰以及饲料和饲料添加剂、兽药的生产经营、使用等多个环节，覆盖生产、加工、运输、销售、储备等多个产业链条，关系食品供给安全、生物安全、生态安全、动物防疫、畜牧科技创新、国际交流合作等多个领域。此外，还有土地、财政、金融、贸易等支持保护政策深刻影响畜牧业发展。

目前，我国建立起了由畜牧法、动物防疫法、食品安全法、农产品质量安全法，《生猪屠宰管理条例》《畜禽规模养殖污染防治条例》《兽药管理条例》《饲料和饲料添加剂管理条例》《农业转基因生物安全管理条例》《畜禽遗传资源进出境和对外合作研究利用审批办法》，《畜禽标识和养殖档案管理办法》《家畜遗传材料生产许可办法》《优良种畜登记规则》《畜禽新品种配套系审定和畜禽遗传资源鉴定办法》《畜禽遗传资源保种场保护区和基因库管理办法》等法律、行政法规、部门规章、国家标准、规范性文件以及地方性法规构成的，多层次、全过程畜牧业法律法规体系。

畜牧法是支持、规范和引导畜牧业发展的专门法律。为更好地贯彻落实畜牧法，本条明确规定，各级人民政府及有关部门应当加强畜牧业相关法律法规的宣传。因此，依照本条规定，各地农业农村部门要将宣传贯彻畜牧法作为一项重要任务，列入工作计划，制定具体方案，抓好组织实施。要通过培训、讲座、研讨等方式，面向畜牧兽医工作人员开展系统培训，增强依法行政能力。要充分利用广播、电视、报刊、互联网等传统媒体和新媒体，采取喜闻乐见的方式对从事畜禽遗传资源保护利用、畜禽饲养、经营、屠宰、运输的单位和个人进行宣传教育，引导生产经营主体依法从事畜牧业生产经营活动，切实增强法律意识，营造尊法学法守法用法良好氛围。

（二）表彰和奖励

法律具有引导作用，给予表彰和奖励是发挥法律引导作用的重要方式。表彰和奖励与处罚不同，处罚是通过制裁给予违法者的负向激励，表彰和奖励是通过鼓励给予社会成员的正向激励。表彰和奖励先进是为了向全社会树立起一种榜样，推动畜牧业发展，调动有关单位和人员参与和促进畜牧业发展的积极性和热情。表彰和奖励是对做出成绩或者贡献人员的奖赏和鼓励，也是对其成绩或者贡献的价值肯定。

表彰可以采取通报表扬、授予光荣称号等形式，如先进单位、先进个人等；奖励可以采取给予一定数额奖金、晋升工资级别等形式，对企业、事业单位来说，除奖金外，还可以是税收、信贷方面的优惠待遇等。具体工作中可以根据国家有关规定采用一种或者多种形式。

本条规定包括以下内容：一是表彰和奖励的对象是单位和个人，单位可以是企业、事业单位、政府部门，也可以是其他非政府组织等。个人可以是中国公民，也可以是外国公民，可以是畜牧业从业者，也可以是有关科研人员、与畜牧业有关的部门工作人员，还可以是举报违法案件的人员等。二是表彰和奖励应当符合国家有关规定，包括法律、法规及国家有关规定。比如，科学技术进步法、

《国家科学技术奖励条例》《国家功勋荣誉表彰条例》《事业单位工作人员奖励规定》《社会组织评比达标表彰活动管理办法》等对有关奖励和表彰的范围、设置、评审等作了规定。

十、畜牧业行业协会

畜牧法第八条规定："畜牧业生产经营者可以依法自愿成立行业协会，为成员提供信息、技术、营销、培训等服务，加强行业自律，维护成员和行业利益。"

行业协会是我国经济建设和社会发展的重要力量。改革开放以来，随着社会主义市场经济体制的建立和完善，行业协会发展迅速，在为政府提供咨询、服务企业发展、优化资源配置、加强行业自律、创新社会治理、履行社会责任等方面发挥了积极作用。随着社会主义市场经济的发展和深化，畜牧业生产经营者各自为战的生产经营模式无法有效应对市场、信息、标准、资金、数量、质量等一系列问题和风险，出现盲目生产、产品质量参差不齐、价格上没有主动权等情况，在市场竞争特别是国际市场竞争中处于劣势地位。因此，有必要提高畜牧业生产经营者的组织化程度，以交流信息研判形势、分析问题，加强技术交流和合作，应对行业风险、维护行业利益。

畜牧业行业协会是按照自愿互助原则自下而上建立，

依法登记，按照其章程开展活动，具有法人资格的非营利性社会组织。协会的参加者包括从事畜牧业及其相关产业的单位和个人。畜牧业行业协会既不同于营利性的企业，也不同于行使行政管理职权的政府部门，其职能主要是为会员提供服务，协调、维护会员的合法权益，协助政府部门进行行业管理，加强行业自律。

依照本条规定，畜牧业行业协会主要发挥以下职能：

一是为成员提供信息、技术、营销、培训等服务。畜牧业行业协会作为交流平台，通过提供指导、咨询、信息等服务，为企业、行业提供智力支撑。具体包括宣传、推广和普及畜牧业知识；指导行业生产，协调产、供、销，帮助成员开拓畜牧业产品的国内外市场；参与行业相关的反倾销、反补贴等对外贸易相关工作，保护产业安全；促进畜牧科技进步和创新，提高我国畜牧业国际竞争力。

二是加强行业自律。行业自律是市场经济发展的必然产物，最终目标是规范市场主体行为，引导企业健康有序发展，促进产业提质增效升级。畜牧业行业协会应当结合我国畜牧业发展的实际情况，制定和实施畜牧行业行为规范，倡导诚信经营，建立行业自律机制，营造行业内部公平竞争的良好环境，维护行业整体利益。

三是维护成员和行业利益。畜牧业行业协会作为行业代表，熟悉畜牧业的实际情况，一方面对违反行规行约的行为，要制定行业惩戒、调解等办法，协调会员与会员、会员与行业、会员与政府之间的关系；另一方面，畜牧业行业协会可以代表行业和会员向政府及有关部门反映诉求，为政府制定行业政策和规划提供意见和建议，参与行业法律、法规、标准的制定或者修订以及宣传贯彻工作。及时掌握和解决本行业发展中存在的问题，为会员提供法律、技术等方面的帮助，维护成员合法权益。

十一、动物防疫和生态环境保护义务

畜牧法第九条规定："畜牧业生产经营者应当依法履行动物防疫和生态环境保护义务，接受有关主管部门依法实施的监督检查。"

做好动物防疫工作是维护畜牧业生产正常进行、保障畜禽产品安全、保护人民生命健康安全的重要前提。生态环境保护是畜牧业生产经营者不可推卸的责任和义务。

（一）动物防疫义务

依照动物防疫法，国家对动物疫病实行预防为主的方针，这就要求畜牧业生产经营者在生产经营过程中要注意对动物疫病的预防。这是因为：一是动物疫病具有传染性，一旦蔓延开来，需要相当长的时间和耗费巨大的人力、物力以及财力才能消除。因此，对于动物疫病，首要的是防止其发生与流行，预防工作做好了，可收到事半功倍之效。二是动物疫病，通过控制传染源、切断传播途径和保护易感染动物三个方面的措施进行综合预防能够取得成效。三是预防为主的方针也是根据我国动物饲养的实际情况和动物疫病流行的特点提出的。

目前我国畜禽养殖的规模化程度并不高，生产分散，防疫基础薄弱，疫病种类多、范围广，若防控不力将影响畜禽健康。只有大力加强动物疫病的预防工作，提高广大畜禽养殖者的防疫意识，采取各种防疫措施，才能保证我国养殖业健康发展和人民群众畜禽产品消费安全。

本法对畜禽疫病防控作了多方面规定。第十六条规定，从境外引进畜禽遗传资源，应当依照进出境动植物检疫法的规定办理相关手续并实施检疫，发现对境内畜禽遗传资源、生态环境有危害或者可能产生危害的，国务院农业农村主管部门应当商有关主管部门及时采取相应的安全控制措施。第二十四条规定，申请取得种畜禽生产经营许可证，应当具备法律、行政法规和国务院农业农村主管部门规定的种畜禽防疫条件。第三十条规定，销售种畜禽时应当附具种畜禽场出具的种畜禽合格证明、动物卫生监督机构出具的检疫证明。第三十三条规定，销售商品代仔畜、雏禽的，应当向购买者提供其销售的商品代仔畜、雏禽的免疫情况等，并附具动物卫生监督机构出具的检疫证明。第三十九条规定，畜禽养殖场应当具备法律、行政法规和国务院农业农村主管部门规定的防疫条件，畜禽养殖户的防疫条件由省、自治区、直辖市人民政府农业农村主管部门会同有关部门规定。第四十一条规定，畜禽养殖场应当建立养殖档案，载明检疫、免疫、消毒情况。第四十四条规定，从事畜禽养殖应当依照动物防疫法、农产品质量安全法的规定，做好畜禽疫病防治和质量安全工作。第六十二条规定，畜禽批发市场选址应当符合法律、行政法规和国务院农业农村主管部门规定的动物防疫条件。第六十四条规定，运输畜禽应当符合法律、行政法规和国务院农业农村主管部门规定的动物防疫条件。第六十七条、第六十八条规定，畜禽屠宰企业应当依法取得动物防疫条件合格证，未经检验、检疫或者经检验、检疫不合格的畜禽产品不得出厂销售，经检验、检疫不合格的畜禽产品按照国家有关规定处理。

畜牧业生产经营者应当依照本法、有关法律法规和规定做好动物疫病的预防工作，各级农业农村主管部门应当依法加强对畜禽生产经营者开展动物疫病防控工作的监督和指导。

（二）生态环境保护义务

在大力发展畜禽养殖的同时，如果对畜禽粪污及其他废弃物处理不当，会造成环境污染。对废水、废气、固体废弃物进行无害化处理或综合利用，是规模化养殖发展的必然要求。农业法规定，从事畜禽等动物规模养殖的单位和个人应当对粪便、废水及其他废弃物进行无害化处理或者综合利用。这一规定从法律角度明确了畜牧业生产经营者对于废水、废气、固体废弃物进行无害化处理和综合利用的责任。此外，水污染防治法、大气污染防治法、固体废物污染环境防治法等也对废水、废气、固体废弃物的排放和防治作了明确的规定。畜牧业生产经营者应当按照国家有关规定收集、贮存、利用或者处置养殖过程中产生的畜禽粪污，防止污染环境。

第二章

畜禽遗传资源保护

　　农业种质资源是开展优良品种选育的基础，畜禽遗传资源是农业种质资源的重要组成部分，是培育新品种和配套系、保护生物多样性、实现畜牧业可持续发展的重要物质基础，是重要的战略资源。我国现有 1 021 个畜禽品种，在繁殖性能、适应性、耐粗饲、产品品质等方面表现突出，是畜禽新品种培育和种业创新的重要物质基础，为我国乃至世界畜禽育种作出了重要贡献，保障了我国肉蛋奶等畜禽产品的有效供给。通过立法严格保护畜禽遗传资源是世界上许多国家的普遍做法，2006 年畜牧法颁布实施，建立和完善畜禽遗传资源保护制度，为依法规范畜禽遗传资源保护和利用，维护生物多样性奠定了法治基础。

　　畜牧法颁布实施以来，畜禽遗传资源保护突出基础性、公益性战略定位，以安全保护和有效开发为目标，按照以保为先、以用促保、保用结合的方针，坚持政府主导、社会参与，发挥企业作用，强化政策支持、科技支撑，完善分类分级保护体制机制，强化责任落实，初步形成了畜禽遗传资源保护体系，一大批珍贵、稀有、濒危资源得到了重点保护。但畜禽遗传资源保护力度仍然不够，开发利用水平较低，特别是部分畜禽品种数量持续减少、个别濒临灭绝，亟须加快抢救性收集保护，统筹布局国家级和省级保种场、保护区和基因库，大力扶持以地方畜禽遗传资源为基础的新品种和配套系培育，加快地方品种产业化开发，健全资源交流共享机制，构建和完善以用促保良性机制，加强畜禽种质资源保护和利用。

本章共 9 条，主要规定了畜禽遗传资源保护、调查、发布和鉴定评估制度，畜禽遗传资源保护规划和名录的制定主体，畜禽遗传资源保护主要采取保种场、保护区和基因库三种方式，畜禽遗传资源进出境和共享惠益管理等基本内容。此次修改畜牧法，坚持问题导向，加大畜禽遗传资源保护力度，主要增加关于畜禽遗传资源保护原则、鼓励和支持畜禽遗传资源保护利用的基础研究、畜禽遗传资源目录列入条件、保种场和基因库用地保障等内容。

一、畜禽遗传资源保护制度

我国历来重视畜禽遗传资源的保护与利用，坚持把健全法律法规、加强保护体系建设、推进开发利用、参与国际合作等作为推进畜禽遗传资源保护工作的重要举措。2019 年 12 月，国务院办公厅印发《关于加强农业种质资源保护与利用的意见》（国办发〔2019〕56 号），明确农业种质资源保护与利用的重要地位，开启了农业种质资源保护与利用的新篇章。2021 年中央一号文件和政府工作报告对资源普查和保护提出明确要求，强调要加强农业种质资源保护开发利用。2021 年党中央、国务院《种业振兴行动方案》强调要把种源安全提升到关系国家安全的战略高度，集中力量破难题、补短板、强优势、控风险，实现种业科技自立自强、种源自主可控。当前，种业之争本质是科技之争，焦点是资源之争。谁占有了更多种质资源，谁就掌握了选育品种的优势，谁就具备了种业竞争的主动权。本次修改畜牧法，进一步巩固和完善畜禽遗传资源保护制度，新增保护原则、细化制度内容、支持基础研究，加强畜禽遗传资源保护利用。畜牧法第十条第一款规定："国家建立畜禽遗传资源保护制度，开展资源调查、保护、鉴定、登记、监测和利用等工作。各级人民政府应当采取措施，加强畜禽遗传资源保护，将畜禽遗传资源保护经费列入预算。"

（一）畜禽遗传资源保护利用的重要意义

畜禽遗传资源的实质是基因资源，是亲代向子代传递遗传物质的生物载体。畜禽遗传资源具有丰富的遗传多样性，蕴藏着各种潜在的可利用基因，不仅可以直接用于畜牧业生产，还可以为优良品种选育和开展生物技术研究提供基因来源。同时，畜禽遗传资源在解释生物遗传基础、探索生命健康机制和保持生物多样性方面也具有不可或缺的作用。加强畜禽遗传资源保护利用，有利于维护生物多样性，实现可持续发展；有利于培育畜禽优良品种，提高畜禽产品核心竞争力，对畜牧业高质量发展具有重要意义；有利于满足多样化畜禽产品消费需要，提高城乡居民生活质量和水平；有利于实现资源优势向产业优势转化，增加农民收入，为实现乡村振兴提供有力支撑。

一是加强畜禽遗传资源保护与利用，有利于维护生物多样性，实现可持续发展战略。生物多样性是维持人类生存、维护生态安全的物质基础，是实现可持续发展的重要资源。保护生物多样性、实现生物资源可持续利用是全球共同关注的重要问题，全世界180多个国家和地区签署了《生物多样性公约》，我国作为资源大国，在保护生物多样性方面肩负着重要的责任和义务，我国是最早签署和加入《生物多样性公约》的国家之一。畜禽遗传资源是生物多样性的重要组成部分，是人类赖以生存和发展的重要物质基础，越来越受到全社会的关注。近百年来，世界范围内畜禽遗传资源数量下降的现象日趋严重。过去一百年中，全球有450个地方牛品种绝迹，近六十年间，70多个绵羊品种灭绝或濒临灭绝。我国畜禽品种种类和数量也呈减少趋势。畜禽遗传资源具有不可再生性，大量的历史经验与教训表明，品种一旦灭绝，就很难再恢复。品种数量的减少，直接威胁生物的多样性，最终将导致资源枯竭，危及人类的生存。加强畜禽遗传资源保护和利用，既是对保护生物多样性的贡献，也是对我国畜牧业可持续发展的贡献。因此，从国家和民族发展长远利益考虑，以对子孙后代高度负责的态度，必须重视和加强畜禽遗传资源保护和管理工作，保护好国家这一重要的生物资源。

二是加强畜禽遗传资源保护和利用，有利于培育畜禽优良品种，提高畜牧业生产水平和畜产品市场竞争力。畜禽良种是建设现代畜牧业，提高畜产品市场竞争力的基础。畜禽良种的培育，源于畜禽遗传资源的优良种质特性。联合国粮农组织的研究表明，畜禽遗传资源对食物和农业生产的直接和间接贡献率占农业总产值的 30%～40%。畜牧业发达国家普遍重视利用本国资源培育出特色明显、性状优异的畜禽良种。我国是畜牧业生产和畜产品消费大国，但畜产品的市场竞争力不强，在国际贸易中所占的市场份额还很小，很重要的原因就是培育畜禽良种的能力不强，畜禽品种生产力水平与发达国家相比，差距较大。我国地方畜禽品种不仅数量多，而且大多具有独特的遗传性状，如繁殖率高、抗逆性强等，是培育畜禽优良品种的良好素材。充分挖掘地方品种的这些优良特性，培育适合国情、适应我国畜牧业生产需要的畜禽良种，才能进一步提高我国畜牧业生产水平，才能大大提高我国畜产品的竞争力。

三是加强畜禽遗传资源保护与利用，有利于满足人们多样化的消费需要，提高国民的生活质量和水平。随着我国工业化、城镇化、现代化步伐的加快，随着生活水平的提高，人们对物质和精神消费呈现出多样化的需求。我国地方畜禽品种能够提供肉质鲜美、风味独特的畜产品，深受人民群众喜爱，需求量越来越大。一些地方畜禽产品具有保健功能和药膳作用，也日益受到消费者的青睐。在满足人们休闲娱乐需要方面，我国一些观赏、竞技类的畜禽品种已成为人们饲养的宠物，丰富了人们的精神生活。消费需求的多样化为畜禽遗传资源开发利用带来了巨大的发展空间。因此，搞好畜禽遗传资源保护和开发利用工作，针对不同地区、不同消费者的需求，突出名、特、优，在特色上做文章，既能够不断满足人们日益增长的物质和文化生活需要，又能够实现资源优势向产业优势转化和发展。

四是加强畜禽遗传资源保护与利用，有利于促进畜牧业发展，增加农民收入。加快畜牧业发展，提高畜牧业综合生产能力，对于推进农业农村现代化，加快建设农业强国具有重要意义。我国有丰富且种质特性优异的畜禽遗传资源，是推动畜牧业快速发展的重要因素。我国大多数地方畜禽品种经过劳动人民千百年来的驯养和培育，与引进外来品种相比，普遍适应当地生态环境和饲养条件，适合农民适度规模饲养。如辽宁绒山羊、小尾寒羊、绍兴鸭等，已经成为农民增收的重要畜禽品种。用地方品种生产的畜禽产品如金华火腿、北京烤鸭等，历史悠久，风味独特，在市场上品牌响、价格高、效益好。因此，做好畜禽遗传资源保护和开发利用工作，有利于促进畜牧生产增长方式由数量增长型向质量效益型转变，是实现畜牧业战略性结构调整的有效途径。

（二）畜禽遗传资源保护与利用现状

我国多样化的地理生态环境，结合长期的自然选择和人工选育，孕育了数量众多、各具特色的畜禽遗传资源。在保护中科学合理开发利用畜禽遗传资源，已经成为今后一个时期衡量一个国家畜禽种业综合竞争力和畜牧业可持续发展能力的重要标志。改革开放特别是党的十八大以来，通过加强规划引领，完善法制建设，加大支持力度，畜禽遗传资源保护与利用工作取得了积极成效。

一是开展全国畜禽遗传资源普查。我国先后于1976—1983年、2006—2009年开展了两次全国性畜禽遗传资源调查。第一次调查，初步摸清了全国大部分地区的畜禽遗传资源家底，出版《中国畜禽品种志》，收录品种282个。第二次调查，在摸底调查基础上，查清了1979年以来畜禽遗传资源的消长变化，出版《中国畜禽遗传资源志》，收录畜禽品种747个。2021年，农业农村部启动第三次全国畜禽遗传资源普查，计划利用3年时间，摸清畜禽遗传资源群体数量，科学评估其特征特性和生产性能变化情况，发掘鉴定一批新资源，保护好珍贵稀有濒危资源，实现应收尽收、应保尽保。

二是初步形成畜禽资源保护体系。2014年农业部发布国家级畜禽遗传资源保护名录，确定159个地方品种为国家级保护品种，其中猪品种42个、家禽品种49个、牛品种21个、羊品种27个、其他品种20个。经过长期实践和探索，形成了原产地保护与异地保护相结合、活体保护与遗传材料保存相补充、国家与地方相衔接的畜禽遗传资源保护体系。近年来，通过实施现代种业提升工程，支持建设了一批畜禽遗传资源保种场、保护区和基因库。2021—2022年农业农村部发布公告，确认217个国家畜禽保种场、保护区和基因库，其中保种场183个、保护区24个、基因库10个（包括5个家禽、水禽活体基因库），各省（自治区、直辖市）也确认458个省级保种场（保护区、基因库），挽救了一批有价值的资源，有效保护了畜禽地方品种。其中，国家家畜基因库长期保存了370多个地方品种 135 万余份冷冻胚胎、精液和体细胞等遗传材料，数量居世界第二位。2022 年，国家畜禽种质资源库开工建设，建成后保存容量可突破 2 500 个品种，超低温保存精液、胚胎、细胞等遗传材料可以超过 3 300 万份。

三是基本建立法律政策体系。发布《全国畜禽遗传资源保护和利用"十三五"规划》，明确主要目标、基本原则、主要畜种保护重点与利用方向等，引领规范畜禽遗传资源安全保护与有效利用。2019 年国务院办公厅印发《关于加强农业种质资源保护与利用的意见》（国办发〔2019〕56 号），明确实施国家和省级两级管理，建立国家统筹、分级负责、有机衔接的保护机制。2021 年开始，通过中央财政专项转移支付项目，对国家畜禽遗传资源保护予以支持，当年安排 1.15 亿元，重点用于防疫、饲料等方面支出补助。

四是开发利用效果逐步显现。畜禽遗传资源开发利用主要有三种方式。第一种方式是本品种选育和纯种直接生产利用，主要用于高产品种和特色优势品种。第二种方式是杂交生产，是生产实践中应用最常见最广泛的一种。第三种方式是以地方品种为素材培育专门化品系、配套系和新品种。这是畜禽种业自主创新的主攻方向，是商业化育种的主战场。"壹号土猪""北京黑六"、清远鸡等地方品种开发势头较好，满足了高品质生活需求。利用北京鸭资源培育推广的白羽肉鸭居国际领先水平，打破了国外垄断。目前，53%的畜禽地方品种得到产业化开发，成为推进乡村振兴的重要抓手和特色畜牧业发展的新引擎。

近年来，社会公众对畜禽遗传资源的保护意识不断增强，社会资本投入不断增加，信息技术和生物技术加快应用，畜禽遗传资源保护与利用工作面临较好的发展机遇。但是，由于畜禽遗传资源面大量广，投入不足，手段落后，我国地方畜禽品种数量总体下降的趋势仍未得到有效遏制，特别是受内外部环境变化的叠加影响，畜禽遗传资源保护面临着诸多严峻挑战。

一是资源安全状况日趋严峻。随着畜牧业转型升级，规模化、标准化程度不断提高，畜禽养殖方式发生了很大变化，散户大量退出畜禽养殖，地方畜禽品种生存空间越来越受到挤压，保护难度不断加大。目前，超过一半的地方畜禽品种数量呈下降趋势，约10%的地方畜禽品种处于濒危状态。非洲猪瘟疫情在我国发生以来，对地方猪生存和发展构成极大威胁。

二是资源保护能力仍需加强。部分保种场基础设施落后、群体血统不清、保种手段单一等问题突出。畜禽种质资源动态监测预警机制不健全，不能及时、准确掌握资源状况。一些地方畜禽品种资源因未采取有效保护措施，仍处于自生自灭状态，保护与开发利用脱节。一些境外机构和跨国种企想方设法，甚至采取非法手段获取我国优异资源，资源外流风险加剧。

三是资源保护支撑体系不健全。畜禽遗传资源保护政策支持力度小，专门化管理机构少，专业化人才队伍缺乏，保护理论不够系统、深入，技术研发和创新能力落后，制约了畜禽遗传资源的有效保护和利用。

四是资源开发利用不够。地方畜禽品种肉质、风味、药用、文化等优良特性评估和发掘不深入、不系统，地方资源产业化开发利用比较滞后，产品种类比较单一、市场竞争力弱，特色畜禽产品优质优价机制没有建立，特色畜禽遗传资源优势尚未充分发挥。

（三）畜禽遗传资源保护原则

本次修改畜牧法，进一步明确畜禽遗传资源保护的原则，新增畜牧法第十条第二款规定："畜禽遗传资源保护以国家为主、多元参与，坚持保护优先、高效利用的原则，实行分类分级保护。"

1. 国家为主、多元参与。畜禽遗传资源属于不可再生资源，一旦丢失，特别是一些珍贵、稀有资源的丢失，将给畜牧业发展造成不可挽回的损失，因此，世界各国普遍将畜禽遗传资源定位为国家战略资源，依法加大保护力度。例如，欧盟的欧共体第 870/2004 号理事会法规《建立农业遗传资源保护、鉴定、收集和利用的共同体计划》

（以下简称《共同体计划》）对畜禽遗传资源的保护、鉴定、收集和利用工作，作出了详细规定，期望通过畜禽遗传资源保护，保持生物多样性，提高农产品质量，减少生产成本，促进农业可持续发展。欧盟各国则根据《共同体计划》分别制定了适合本国的畜禽遗传资源长期可持续管理行动计划，依法开展畜禽遗传资源保护工作。

为体现种质资源国家战略的功能定位，本次修改畜牧法，坚持在国家层面建立健全畜禽遗传资源保护制度，将多年来实施并被证明行之有效的保护措施用法律的形式固定下来，进一步明确资源调查、保护、鉴定、登记、监测和利用等具体任务，新增国家"开展资源调查、保护、鉴定、登记、监测和利用等工作"，细化了制度内容，明确了工作重点，提高了可操作性。由于畜禽遗传资源保护的基础工作是一项系统性工程，相关基础设施建设和开展资源普查、调查、评估、登记、监测等工作都需要大量资源投入，建立长期稳定的财政支持保障机制尤为重要，因此，法律规定各级人民政府应当采取措施，加强畜禽遗传资源保护，将畜禽遗传资源保护经费列入预算。目前，畜禽遗传资源以用促保的市场机制还不够完善，由国家统筹、政府主导对畜禽遗传资源进行有效和持续的保护也是现实选择。

当前，我国在畜禽遗传资源保护利用方面的投入、保种技术水平、新品种培育能力，特别是在保护利用管理机制等方面，与发达国家相比还存在较大差距。同时，我国畜禽遗传资源保护利用能力仍需加强，保种理论和保护技术、种质资源挖掘鉴定等基础研究的经济效益不明显，种业企业不愿或无力从事。为调动社会各方面对畜禽遗传资源保护的积极性，为其创造良好的外部环境和发展氛围，加强保种理论、保种技术等基础研究，畜牧法第十条第三款规定："国家鼓励和支持有关单位、个人依法发展畜禽遗传资源保护事业，鼓励和支持高等学校、科研机构、企业加强畜禽遗传资源保护、利用的基础研究，提高科技创新能力。"

近年来，各级政府坚持畜禽遗传资源保护的基础性、公益性定位，持续推进国家畜禽遗传资源保护与利用工作，政策法规支撑体系逐步健全，管理和保护机制不断创新，社会公众对畜禽遗传资源的保护意识不断增强，企业、个人从事畜禽遗传资源保护工作的积极性提高，资源保护能力明显增强，开发利用进程加快，以国家保护为主，科研教学机构、龙头企业和社会公众等"多元参与"保护的格局已经基本形成，一些社会资本积极参与畜禽遗传资源保护与开发利用，拓宽了投融资渠道，促进了资源保护、产品开发、加工销售和市场开拓的有机结合，开辟了资源保护与利用的新途径。

依托有关科研院校和技术推广部门，深入开展畜禽遗传资源基础科学研究，完善畜禽保种理论，积极探索经济、有效、科学的保种方法，研究并推广综合配套技术，使我国畜禽遗传资源保护理论和技术取得显著成效。随着全基因组测序、高通量 SNP 芯片等技术的大规模应用，我国科学家深度解析了猪、家禽、牛、绵羊和山羊、马等畜种的种质特性遗传机制，评估其遗传多样性和群体结构及群体历史演变，鉴定了一批与畜禽产肉、产蛋、产奶、繁殖、生长等重要经济性状相关的功能基因和分子标记，特别是猪遗传资源的优异性状和适应性机制的研究处于世界领先水平。这些研究成果为我国畜禽遗传资源保护和开发利用提供了重要科学技术支撑。

2. 坚持保护优先、高效利用。 当前我国畜禽资源数量总体下降的趋势仍未得到有效遏制，必须坚持保护优先，加大珍稀、濒危、特有资源与特色地方品种保护力度，确保资源不丧失。同时，要看到保种是基础和前提，开发利用是目的和根本。"为了保种而保种"，既不现实，也不会长久。畜禽资源保护工作要努力做到有效保护与有序开发相结合、资源优势和产业优势相融合，坚持合理开发、高效利用、以用促保。近年来，通过本土品种选育和开发，涌现出了许多区域性的"土猪肉""柴鸡蛋"等地方特色品牌，深受消费者喜爱，需求量越来越大。

3. 分类分级保护。我国畜禽资源丰富，每个品种开发利用的程度不同。对每个品种开展相同的保护工作不合理也不现实，必须采取有针对性的保护措施。本条明确提出要"实行分类分级保护"。依照本法第十三条、第十四条相关规定，"分级"就是实行国家级和省级两级管理，国家统筹并重点保护国家级保护品种，地方重点保护省级保护品种，其中国家级保护品种来源于省级保护品种名录名单。根据事权划分，中央财政加大资金投入力度，重点保护国家级畜禽保护品种；地方人民政府将畜禽遗传资源保护经费列入财政预算，不断加大资金投入，切实强化省级畜禽保护品种的保护。"分类"是对不同品种采取针对性的保护措施。一是，对于濒危品种，要及时采取超常规的抢救性保护措施，确保资源不灭绝；珍贵、稀有特别是育种或产业方面具有重大价值的品种，比如，浙江浆蜂、蚕、辽宁绒山羊和内蒙古绒山羊，明确禁止出口。二是，对于不同的畜禽品种，家禽和家兔以保种场为主要保种方式，基因库为辅助保种方式；家畜以保种场和保护区为主要保种方式，基因库为辅助保种方式。三是，对于品种数量较大，产业化开发前景较好的品种，要坚持以利用促保护，在保证种群安全的前提下，鼓励保种单位充分利用品种优异性状，立足市场需求和资源特性，探索产业化开发渠道，开发多元化产品，打造"精、特、美"

品牌，推动资源优势转换为产业优势，实现以用促保，保用双赢。

二、国家畜禽遗传资源委员会

1994年国务院颁布《种畜禽管理条例》，为了贯彻落实条例的有关要求，1996年农业部批准成立国家家畜禽遗传资源管理委员会，主要任务是协助行政主管部门开展畜禽遗传资源管理工作，委员会下设四个机构：委员会办公室、家畜禽品种审定委员会、委员会技术交流及培训部和委员会基金会，对家畜禽遗传资源保护工作起到了积极作用，不足的是委员会仅限于对家畜禽遗传资源的管理。我国有丰富的畜禽品种资源，畜禽品种遗传资源的多样性是培育新品种不可缺少的原始素材，仅对家畜禽遗传资源进行保护是远远不够的，不利于生物的多样性和对一些濒危畜禽资源的保护。因此，畜牧法第十一条规定："国务院农业农村主管部门设立由专业人员组成的国家畜禽遗传资源委员会，负责畜禽遗传资源的鉴定、评估和畜禽新品种、配套系的审定，承担畜禽遗传资源保护和利用规划论证及有关畜禽遗传资源保护的咨询工作。"

（一）委员会基本情况

依照畜牧法相关规定，2007年在国家家畜禽遗传资源管理委员会和国家畜禽品种审定委员会的基础上，农业部组织成立了由专业人员组成的国家畜禽遗传资源委员会，负责畜禽遗传资源的鉴定、评估和畜禽新品种、配套系的审定，承担畜禽遗传资源保护与利用规划论证以及有关畜禽遗传资源保护的咨询工作。2012年和2017年分别成立了第二届、第三届委员会，并于2019年增补了蚕专业委员会。国家畜禽遗传资源委员会的成立，为畜禽遗传资源管理提供有力的技术支撑和保障，促进资源管理工作进入法制化、规范化轨道。

2023年，农业农村部组织成立第四届国家畜禽遗传资源委员会，由高等院校、科研院所、种业阵型企业、技术推广等有关方面114位专家组成，平均年龄50岁，新当选委员占70%，形成了一支在业界具有较强影响力、老中青相结合的专家队伍。委员会设立猪、牛、羊、马驴驼、家禽Ⅰ、家禽Ⅱ、兔和特种家畜、蜂、蚕等9个专业委员会，负责畜禽新品种、配套系审定和畜禽遗传资源鉴定的初审工作；办公室设在全国畜牧总站。委员会将围绕畜禽遗传资源普查保护、创新利用等加强系统谋划，强化技术支持，加快推出一批优质、高效、绿色、节粮新品种和配套系，为实现畜禽种业科技自立自强、种源自主可控，促进现代畜牧业高质量发展，加快建设农业强国提供有力支撑。

（二）委员会主要职能

1. 鉴定、评估和审定。目前国际上把遗传资源的占有量和研究利用深度作为衡量一个国家可持续发展能力和综合国力的重要指标。加强对畜禽遗传资源的鉴定和评估，有利于了解遗传信息，发掘优异资源，明确资源利用价值，促进种质和信息交流，保护濒危畜禽物种，实现资源的有效保存。在现有畜禽遗传资源基础上，充分利用优良畜禽的性状和基因，运用先进技术，研究开发和培育新品种，是促进畜牧产业发展和生物资源持续利用的必然途径；畜禽新品种、配套系审定的目的是为了正确判别申请审定的畜禽品种（配套系）的质量和水平，促进畜禽品种培育和优良畜禽品种推广，保护饲养者利益，推动畜牧业高质量发展。2006 年农业部制定《畜禽新品种配套系审定和畜禽遗传资源鉴定办法》，其中详细规定了畜禽新品种、配套系审定，畜禽遗传资源鉴定的程序和要求。

2007—2022 年国家畜禽遗传资源委员会共审定通过 191 个畜禽新品种（配套系），鉴定通过 102 个畜禽遗传新资源，担负起了重要技术咨询、畜禽新品种配套系审定和新遗传资源鉴定工作，为积极构建适合我国国情的畜禽遗传资源保护与合理开发利用体系、促进资源优势向经济优势转化、持续推进畜产品的稳定供给和畜牧业高质量发展做出了重要贡献。

2. 保护和利用规划论证以及咨询。畜禽遗传资源保护工作具有较强的专业性和技术性，普通的畜禽生产经营者因科技知识和基础设施等因素，在资源利用保护方面有一定局限，本条规定由国家畜禽遗传资源委员会为畜禽遗传资源保护提供咨询，加强资源信息交流，有利于发挥政府机构的信息指导作用，提高生产经营主体资源保护的积极性。国家畜禽遗传资源委员会自成立以来，发挥专业技术优势，参与《畜禽遗传资源进出境和对外合作研究利用审批办法》的起草修订，参与组织起草《国家畜牧遗传资源目录》《国家级畜禽遗传资源保护名录》《畜禽遗传资源保种场保护区和基因库管理办法》《畜禽新品种配套系和畜禽遗传资源鉴定技术规范》等重要配套规章制度，支持制定"十二五""十三五"和"十四五"全国畜禽遗传资源保护和利用规划、种业发展规划等。

三、畜禽遗传资源调查和畜禽遗传资源目录

对全国畜禽遗传资源进行"定期调查"，目的是查清群体数量、区域分布、种质特性以及保护利用等情况，发布我国畜禽遗传资源状况报告，客观真实反映我国畜禽遗传资源的最新状况，为行政主管部门及时发现新遗传资源，掌握资源变化的新动向，为科学开展种质特性评价，

及时开展濒危资源的抢救性保护，最大限度地保护和开发利用畜禽遗传资源提供科学依据。畜牧法第十二条第一款规定："国务院农业农村主管部门负责定期组织畜禽遗传资源的调查工作，发布国家畜禽遗传资源状况报告，公布经国务院批准的畜禽遗传资源目录。"

（一）畜禽遗传资源调查

新中国成立以来，我国组织开展了三次大规模的畜禽遗传资源调查。1976—1983 年开展了第一次资源调查，首次出版了系统记载我国畜禽品种的志书，收录畜禽品种282 个。2006—2009 年开展了第二次资源调查，基本摸清了当时我国畜禽资源状况，动态掌握了 30 年来资源状况变化，编纂出版了《中国畜禽遗传资源志》，收录畜禽品种 747 个。目前，农业农村部正在组织实施第三次全国畜禽遗传资源普查。

1. 第一次畜禽遗传资源调查。 为了摸清我国畜禽遗传资源状况，从 20 世纪 50 年代开始，我国着手畜禽遗传资源调查。1976 年，农林部组织全国农、科、教等部门，开展了一次较大规模的畜禽遗传资源调查，基本摸清了全国大部地区的遗传资源状况，出版了《中国畜禽品种志》。各省还分别编辑出版了地方品种志，全面介绍了各地的畜禽遗传资源。1995 年又对西南、西北偏远地区进行了一次为期 4 年的畜禽资源补充调查，发现了 79 个新遗传资源群体。通过资源调查，初步确定我国拥有畜禽品种（类群）576个，其中426个地方品种（类群）（占74%）、73个培育品种（占12.7%）、77个引进品种（13.3%）。畜禽资源调查为制定有关保护、合理开发利用政策，制定畜牧业整体发展规划，开展国际畜牧科技合作交流提供了必要的科学依据。

2. 第二次畜禽遗传资源调查。为摸清资源新状况，农业部在"十一五"期间组织完成了第二次全国畜禽遗传资源调查。据不完全统计，各地共组织6 900多人，投入4 500余万元，调查了1 200余个畜禽品种（类型），历时5年完成资源调查和数据分析，掌握了大量一手资料，摸清了当时我国畜禽遗传资源状况。通过调查，发现了槟榔江水牛等86个新资源，对"同名异种"等问题进行了科学界定，品种数量增加300多个。调查中有15个地方畜禽品种资源是过去未发现的，超过一半以上的地方品种的群体数量呈下降趋势。在资源调查的基础上，历时两年，编纂完成《中国畜禽遗传资源志》，共分7卷，其中《蜜蜂志》和《特种畜禽志》为国内首次出版。志书系统论述了畜种的起源、演变，品种形成的历史，详细介绍了每个品种的产地分布、外貌特征、生产性能、保护利用状况及展望等，对于产业发展、科学研究、人才培养具有重要的参考价值。

3. 第三次畜禽遗传资源调查。 2019 年，国务院办公厅《关于加强农业种质资源保护与利用的意见》（国办发〔2019〕56 号）强调，要"开展农业种质资源全面普查、系统调查与抢救性收集，加快查清农业种质资源家底"。2021 年，农业农村部组织实施第三次全国畜禽遗传资源普查，计划用 3 年时间，摸清畜禽遗传资源状况、群体数量和区域分布，开展特征特性评估和生产性能测定，发掘鉴定新资源，抢救性收集保护珍贵稀有濒危资源，实现应收尽收、应保尽保。截至目前，各级种业管理部门、普查机构和有关专家攻坚克难、协同作战，全力推进第三次全国畜禽遗传资源普查工作。一是加强组织领导，强化支撑条件保障。制定全国农业种质资源普查总体方案和畜禽普查实施方案（2021—2023 年），细化实化省级方案，确保全国普查一盘棋，步调基本一致。安排落实中央财政普查专项经费 1.1 亿元，各地落实普查经费 2.8 亿元，强化支撑条件保障。二是组织开展进村入户"拉网式"大普查。投入部、省、市、县、乡、村六级普查人员和相关专家共计 33.6 万人，开发全国畜禽资源普查信息系统，配套研发数字化品种名录，完成全国 62.5 万个行政村的面上普查，填报审核有效普查数据 390 万条，所有数据均已上图入库进系统。三是全力推进性能测定工作。遴选测定单位 714 个、指导专家 609 名，安排测定畜禽品种 973 个、蜂

36 个、蚕 436 个，示范带动省级自行安排测定畜禽、蜂和蚕品种 828 个。研究制定了 20 套性能测定技术方法，实现了所有畜禽、蜂和蚕种全覆盖，研发畜禽性能测定数据采集信息系统，平均每个品种采集测定 360 多个参数。出版《畜禽遗传资源普查与测定技术方法》。四是及时启动抢救性收集保护。制定《濒危畜禽品种抢救性保护方案（2022—2026 年）》，按品种成立由国家、省、市、县四级专家组成的技术专家组，编制"一品一策"保护方案，压紧压实各级各方责任，加大活体保护和遗传物质保存力度，推动构建抢救性保护长效机制，确保资源不灭失。贯彻落实边普查边收集边保护的要求，组织各省普查机构开展畜禽遗传材料制作，抢救性收集保存遗传材料 27 万份。五是发掘鉴定一批新遗传资源。发掘鉴定豫西黑猪、帕米尔牦牛、阿旺绵羊、阿克鸡、奉化水鸭等新资源 34 个，其中，在青藏高原发掘鉴定 19 个，遴选发布了十大新发现品种，概括起来就是"一只鸡、两头牛、七只羊"，深受社会好评。重新发现了上海水牛、中山麻鸭、临沧长毛山羊、北港猪等第二次调查未发现的品种，项城猪、太平鸡等品种还在鉴定中。

《中国畜禽遗传资源状况报告》作为反映我国畜禽遗传资源现状的重要文件，将全面介绍中国畜禽遗传资源保护理念与实践、成效与经验，编纂完成后向社会公开发布。

（二）国家畜禽遗传资源目录

畜牧法第二条规定"本法所称畜禽，是指列入依照本法第十二条规定公布的畜禽遗传资源目录的畜禽。"《国家畜禽遗传资源目录》明确了哪些动物属于家畜家禽，哪些畜禽的遗传资源保护、利用、繁育、饲养、经营、运输等活动适用于畜牧法管理，对于规范畜牧业监督管理工作，正确处理好资源保护利用与产业发展的关系，促进畜禽养殖业健康发展和农牧民持续增收具有重要意义。2020 年 5 月 29 日，经国务院批准，农业农村部公告第 303 号公布了《国家畜禽遗传资源目录》，首次明确畜禽种类范围，包括猪、普通牛、瘤牛、水牛、牦牛、大额牛、绵羊、山羊、马、驴、骆驼、兔、鸡、鸭、鹅、鸽、鹌鹑等 17 种传统畜禽，梅花鹿、马鹿、驯鹿、羊驼、火鸡、珍珠鸡、雉鸡、鹧鸪、番鸭、绿头鸭、鸵鸟、鸸鹋、水貂、银狐（非食用）、北极狐（非食用）、貉（非食用）等 16 种特种畜禽。这些畜禽都是经过人类长期驯化和选育而成的家养动物，具有一定群体规模、主要用于农业生产的品种，种群可在人工饲养条件下繁衍，为人类提供肉、蛋、奶、毛皮、纤维等产品，或满足役用、运动等需要。

《国家畜禽遗传资源目录》中所列畜禽名称为动物分类学中的"种"，而不是具体的品种，在生产实践中，畜禽"种"的类型是相对固定的，畜禽品种则随着驯化、生产、育种创新不断增多。传统畜禽是我国畜牧业生产的主要组成部分。其中猪、牛、羊、马、驴、鸡等驯化超过上万年，骆驼、兔、鸭、鹅、鸽、鹌鹑等驯化少则也在千年以上。特种畜禽是畜牧业生产的重要补充，一部分是国外引进种类，在我国虽然养殖时间还不长，但它们在国外至少也有上千年的驯化史，种群稳定、生产安全，如羊驼、火鸡、鸵鸟等；一部分是我国自有的区域特色种类，养殖历史悠久，已经形成比较完善的产业体系，如梅花鹿、马鹿、驯鹿等；还有一部分是非食用特种用途种类，主要用于毛皮加工和产品出口，已经有了成熟的家养品种，如水貂、银狐、北极狐、貉等毛皮动物。

《国家畜禽遗传资源目录》既充分考虑畜牧业生产实际需求，又兼顾未来畜产品安全消费发展趋势，明确畜禽的法律边界和内涵。依据《国家畜禽遗传资源目录》，国家畜禽遗传资源委员会办公室公布了《国家畜禽品种名录》，在每种畜禽后相应公布了地方品种、培育品种及配套系、引入品种及配套系三类品种具体名单。其中地方品种是指在特定地域、自然经济条件和居民文化背景下，经历长期非计划育种所形成的家养畜禽品种。培育品种是指通过人工选育，主要遗传性状具备一致性和稳定性，并具有一定经济价值的畜禽群体。引入品种是指从国外引进的家养畜禽品种。配套系是指利用不同畜禽品种或种群之间的杂种优势，用于生产商品群体的品种或种群的特定组合。

（三）列入国家畜禽遗传资源目录的条件

畜牧法第十二条第二款规定："经过驯化和选育而成，遗传性状稳定，有成熟的品种和一定的种群规模，能够不依赖于野生种群而独立繁衍的驯养动物，可以列入畜禽遗传资源目录。"在《国家畜禽遗传资源目录》制定过程中，有关方面重点把握四条原则：一是坚持科学，畜禽是家养动物，列入《国家畜禽遗传资源目录》的畜禽必须经过长期人工饲养，有稳定的人工选择经济性状；二是突出安全，优先保障食品安全、公共卫生安全、生态安全；三是尊重民族习惯，兼顾多民族生产生活资料和传统文化等因素；四是与国际接轨，参照国际通行做法等。需要指出的是，《国家畜禽遗传资源目录》不是一成不变的，在畜牧业发展和生产实践中，如果确有必要列入《国家畜禽遗传资源目录》的，要依照畜牧法规定，根据发展实际，经过科学、认真评估论证后，按照法定程序对《国家畜禽遗传资源目录》进行调整。野生动物保护法第二十九条规定"对符合《中华人民共和国畜牧法》第十二条第二款规定的陆生野生动物人工繁育种群，经科学论证评估，可以列入畜禽遗传资源目录。"

狗是大家熟悉的家养动物，为什么没有列入《国家畜禽遗传资源目录》? 狗的驯化历史悠久, 过去主要是看家护院与狩猎放牧; 现在狗的用途更加多样化, 体现为宠物陪伴、搜救警用、陪护导盲等功能, 与人类的关系更加密切。联合国粮农组织统计的家畜家禽中没有狗, 国际上普遍不按畜禽管理, 如韩国《畜产法》所列畜禽也不包括狗。还应看到, 随着时代进步, 人们的文明理念和饮食习惯在不断变化, 一些关于狗的传统习俗也会发生改变。《国家畜禽遗传资源目录》属于正面清单, 列入的畜禽按照畜牧法管理, 狗虽没有列入《国家畜禽遗传资源目录》, 但也不属于野生动物, 并不意味着不能养。对于狗的管理, 有关部门和地方已有了一些经验和做法, 出台了限养、登记、强制免疫等制度规定。今后各地可结合本地实际, 在听取各方意见基础上, 进一步完善相关制度, 实现规范管理。

四、畜禽遗传资源分级管理制度

我国畜禽遗传资源保护实行分级管理, 即国家级和省级两级管理。国务院和省级农业农村主管部门根据全国畜禽遗传资源保护和利用规划, 分别制定畜禽遗传资源保护名录, 建立或者确定畜禽遗传资源保种场、保护区和基因库, 实现国家统筹并重点保护国家级保护品种, 地方政府重点保护省级保护品种。分级管理制度有利于发挥国家宏观统筹和地方政府因地制宜的优势，根据畜禽遗传资源整体分布和区域分布状况，增强资源保护的科学性和准确性。

（一）畜禽遗传资源保护名录的制定

1. 重点保护珍贵、稀有、濒危的畜禽遗传资源。畜牧法第十三条第一款规定："国务院农业农村主管部门根据畜禽遗传资源分布状况，制定全国畜禽遗传资源保护和利用规划，制定、调整并公布国家级畜禽遗传资源保护名录，对原产我国的珍贵、稀有、濒危的畜禽遗传资源实行重点保护。"本款规定了国务院农业农村主管部门的两个职能：一是制定全国畜禽遗传资源保护和利用规划；二是制定并公布国家级畜禽遗传资源保护名录，规划和名录的制定应以我国畜禽遗传资源分布状况的调查为基础。其中要突出对原产我国的珍贵、稀有、濒危的畜禽遗传资源实行重点保护。

1992 年，包括中国在内的 167 个国家在里约热内卢签署了《生物多样性公约》。生物多样性的重要性越来越受到国际上的关注。为了保护动物遗传基因资源，联合国粮农组织多次组织召开国际会议，强调保护世界畜禽品种遗传资源的重要性和必要性，对稀有或濒临灭绝畜禽品种的保护及保存做了大量工作，促进了全球地方畜禽品种的保护与开发利用。我国同世界各国一样，面临严重的品种资源危机。新中国成立以来，由于生态环境变化、化学污染、气候变化、大量外来高产品种杂交和国内地方品种的改良等原因，一些原产我国的珍贵、稀有畜禽品种数量逐渐减少，甚至消失。这种趋势随着大量引种和集约化程度的提高而进一步加剧。

国际自然保护同盟（IUCN）给出稀有的概念是：世界种群小，目前尚未"濒危"或"渐危"，但有此种危险的分类单元；濒危的概念是：处于灭绝危险中，如果致危因素继续作用于不可生存下去的分类单元（种和亚种），包括那些数量已达到危急水平或其生活环境已剧烈变化以致处于立即灭绝的危险中的分类单元，还包括那些可能已经灭绝但在过去50年中确实在野外见到过的分类单元。因此，本款突出规定了要制定国家级畜禽遗传资源保护名录，对原产我国的珍贵、稀有、濒危的畜禽品种实行重点和抢救性保护，利用新技术，收集和保存这些优秀畜禽的遗传基因和素材，以维护生物的多样性。

根据分级保护原则和资源实际情况，在资源调查评估的基础上，2006年畜牧法颁布实施后，农业部先后两次公布了国家级畜禽遗传资源保护名录。2006年6月2日，农业部第662号公告发布了《国家级畜禽遗传资源保护名录》，确定八眉猪等138个畜禽品种为国家级畜禽遗传资源保护品种。2014年2月14日，结合第二次全国畜禽遗传资源调查结果，对《国家级畜禽遗传资源保护名录》进行了修订，确定国家级保护地方品种 159 个。其中，猪42 个、牛 21 个、羊 27 个、鸡鸭鹅 49 个、马驴骆驼 13个、其他品种 7 个。

国家级保护品种来源于省级保护品种，纳入国家保护名录的品种也应该纳入省级保护名录。

2. 加强保护地方畜禽遗传资源。畜牧法第十三条第二款规定："省、自治区、直辖市人民政府农业农村主管部门根据全国畜禽遗传资源保护和利用规划及本行政区域内的畜禽遗传资源状况，制定、调整并公布省级畜禽遗传资源保护名录，并报国务院农业农村主管部门备案，加强对地方畜禽遗传资源的保护。"自 2006 年畜牧法颁布实施后，部分省级政府农业农村主管部门制定发布了省级保护品种名录。随着第三次全国畜禽遗传资源普查工作的推进，2021 年江苏、山东、云南、宁夏等地对省级保护名录进行了修订，2022 年辽宁、上海等地发布省级保护名录。截至目前，共有 21 个省级农业农村主管部门公布了省级畜禽遗传资源保护名录，将二花脸猪、成华猪、秦川牛等 526 个品种纳入保护。制定省级畜禽遗传资源保护名录主要依据当地的畜禽遗传资源状况以及自身产业发展情况，列为省级保护名录的品种主要是地方品种，也有生产中具体重要地位的培育品种，如河北省的大午金凤、河南省的夏南牛、上海市的上海白猪等。

国家级和省级畜禽遗传资源保护名录的制定，有利于按照分级保护的原则，进一步聚焦我国畜禽遗传资源保护的重点，明确保护对象，制定科学、合理、有效的保护方案，采取原位保种和遗传材料制作等措施，收集和保存这些优秀畜禽的遗传基因和素材，维护生物多样性，做到应保尽保，应收尽收。

（二）畜禽遗传资源的保种

1. 畜禽遗传资源的保护方式。主要包括活体保护和遗传材料保存两种方式。活体保护可分为原位活体保护和异位活体保护，原位活体保护是在资源原产地建立保种场和保护区，对畜禽资源进行活体保护；异位活体保护是在环境相似的地方以建设保种场或活体基因库的形式，进行活体保护。遗传材料保存是指采集制作各种畜禽的血液、组织、胚胎、卵子、精液等遗传物质，以低温或超低温形式保存的保护方式。畜禽活体保种是最有效的保种方式，遗传材料保存是重要补充。

现阶段我国主要采取保种场、保护区和基因库三种方式开展畜禽遗传资源保护工作，探索形成了以保种场、保护区原产地活体保护为主，以基因库遗传材料保护为辅的畜禽遗传资源保护体系，初步构建了国家畜禽种质资源库、区域级基因库、活体保种场保护区三道保护屏障。保种场是指有固定场所、相应技术人员、设施设备等基础条件，以活体保护为手段，以保护畜禽遗传资源为目的的单位。保种场负责收集地方品种优秀个体，增加公畜血统，稳定本品种母畜数量。保护区是指国家或地方为保护特定畜禽遗传资源，在其原产地中心产区划定的特定区域。保护区负责保留公畜血统，稳定区内母畜饲养量，禁止非规划品种畜禽或其精液进入保护区。基因库是指在固定区域建立的，有相应人员、设施等基础条件，以低温生物学方法或活体保护为手段，保护多个畜禽遗传资源的单位。基因库保种范围包括活体、组织、胚胎、精液、卵、体细胞、基因物质等遗传材料。基因库负责制作和保存珍贵、稀有、濒危畜禽遗传资源的活体及精液、胚胎等遗传材料，并开展质量检测。

2. 建立或者确定畜禽保种场、保护区和基因库。 畜牧法第十四条第一款规定："国务院农业农村主管部门根据全国畜禽遗传资源保护和利用规划及国家级畜禽遗传资源保护名录，省、自治区、直辖市人民政府农业农村主管部门根据省级畜禽遗传资源保护名录，分别建立或者确定畜禽遗传资源保种场、保护区和基因库，承担畜禽遗传资源保护任务。"本款明确了保种场、保护区和基因库实行国家和省两级建立或确定；规定了保种场、保护区和基因库必须依据畜禽遗传资源保护和利用规划及畜禽遗传资源保护名录建立或确定，目的是将资源保护和开发利用同畜牧业的发展紧密结合起来，增强资源保护的科学性，避免盲目和重复建设。

建立保种场和保护区，有利于在资源原产地制定相关的保护政策，如禁止外来品种杂交，制定科学有效的选种选育方案，避免近交等技术措施，也可因地制宜，制定合理的资源保护技术标准。在保存遗传资源的同时，也可以通过对某些品种性能的测定，进一步了解品种特性，或通过对遗传资源的选育和提纯，使品种质量显著提高。以湖羊和小尾寒羊的保种为例，这两个品种具有四季发情、高繁殖力的特性，其产地属于气候温和、雨量充沛、农副产品丰富的地区。20 世纪 60 年代由于只着重对皮毛品质的改进，忽视了四季发情和高繁殖力特性，加之盲目引种杂交，使这两个品种数量急剧下降。20 世纪 80 年代以来，分别在江苏省苏州地区的吴县东山半岛、山东省菏泽地区的郓城县和济宁地区的梁山县划定湖羊、小尾寒羊的保种场和保护区，进行遗传资源保护，现种群数量得到较大恢复。

遗传资源归根结底就是基因资源，保护畜禽遗传资源就是对基因进行有效保护。基因库保种对保护畜禽遗传资源，特别是对那些在原产地保种困难、濒危程度严重的畜禽遗传资源非常必要。通过建立基因库，异地保存畜禽活体、胚胎、精液、细胞、DNA等遗传材料，可以大大增强保护畜禽遗传资源的能力。世界上许多发达国家已建有畜禽冷冻精子库和胚胎库。

国家家畜基因库第一批保存的秦川牛、湖羊等品种冷冻精液已达40年之久，最早制作的牛、羊胚胎已保存30年以上。同时，各省级农业农村主管部门也建立了省级保种场468家、保护区48家、基因库33家，近两年收集制作畜禽遗传材料27万份，共同承担畜禽遗传资源保护任务。

3. 保种场、保护区和基因库的权利义务。

（1）不得擅自处理受保护的畜禽遗传资源。畜牧法第十四条第二款规定："享受中央和省级财政资金支持的畜禽遗传资源保种场、保护区和基因库，未经国务院农业农村主管部门或者省、自治区、直辖市人民政府农业农村主管部门批准，不得擅自处理受保护的畜禽遗传资源。"本款是关于享受中央和省级财政资金支持的保种场、保护区和基因库义务的规定，即没有国务院农业农村主管部门或省级人民政府农业农村主管部门的批准，不得擅自处理受保护的畜禽遗传资源。畜禽遗传资源保护具有公益性和社会性，而畜禽资源所有者为了回收资本、获取利润，维护自身经济利益，可能会自行处理畜禽遗传资源。对于享受中央和省级财政资金支持的保种场、保护区和基因库，因其享有国家财政投入的权利，理应承担相应义务，对其行为进行合理限制。

（2）定期采集和更新畜禽遗传材料。畜牧法第十四条第三款规定："畜禽遗传资源基因库应当按照国务院农业农村主管部门或者省、自治区、直辖市人民政府农业农村主管部门的规定，定期采集和更新畜禽遗传材料。有关单位、个人应当配合畜禽遗传资源基因库采集畜禽遗传材料，并有权获得适当的经济补偿。"本款规定了畜禽遗传资源基因库的职责，以及对畜禽资源所有者的补偿义务。畜禽资源所有者对自己的畜禽遗传资源具有所有权，有权享有其带来的经济效益，但畜禽遗传资源保护是社会性行为，作为社会成员，畜禽遗传资源所有者有义务对此项工作予以配合。国家对被采集畜禽遗传材料的单位和个人给予适当经济补偿，以维护其合法权益和一定的经济利益，同时鼓励其对国家畜禽遗传材料采集和更新工作予以支持配合。

（3）合法权益依法受到保护。畜牧法第十四条第四款规定："县级以上地方人民政府应当保障畜禽遗传资源保种场和基因库用地的需求。确需关闭或者搬迁的，应当经原建立或者确定机关批准，搬迁的按照先建后拆的原则妥善安置。"本款就一些地方在土地征收、禁养区划定过程中出现的随意关闭畜禽遗传资源保种场和基因库问题作出针对性规定。占用保种场或基因库需经原建立或确定机关批准的规定，是对公权力的一种约束，指向的是地方政府及其相关部门，不涉及其他公民和法人。这条规定有利于加大对畜禽遗传资源保种场和基因库的保护力度，目的是有效遏制因经济发展、人类活动占用保种场或基因库的行为，避免珍稀濒危畜禽遗传资源和地方特色资源的灭失。

（4）管理办法。畜牧法第十四条第五款规定："畜禽遗传资源保种场、保护区和基因库的管理办法，由国务院农业农村主管部门制定。"农业部已于2006年6月5日公布了《畜禽遗传资源保种场保护区和基因库管理办法》，对保种场保护区和基因库应当具备的基本条件、建立和确定程序、监督管理等作出了具体规定。

（三）新发现畜禽遗传资源的临时保护

受各种条件制约，我国一些地方品种资源长期未被发现，如第一次和第二次畜禽遗传资源都未覆盖到青藏高原区域以及一些边远山区，这些地方都有可能存在新资源。第三次全国畜禽遗传资源普查启动以来，尽最大努力提高普查覆盖面，在青藏高原发现了一批新资源，2021年国家畜禽遗传资源委员会已经鉴定通过了青藏高原特有的13个畜禽遗传新资源。同时，还有部分新发现的畜禽遗传资源正在按照规定逐级进行审核。这些新发现遗传资源可能是我国特有的或濒危状态的资源，其生长状况与生存环境紧密相连，部分由于生态环境以及养殖方式的转变，可能已不利于其持续繁衍，发现时数量已经很少，必须立即加强临时保护，避免刚发现就消失。因此，畜牧法第十五条规定："新发现的畜禽遗传资源在国家畜禽遗传资源委员会鉴定前，省、自治区、直辖市人民政府农业农村主管部门应当制定保护方案，采取临时保护措施，并报国务院农业农村主管部门备案。"强调在未经国家畜禽遗传资源委员会鉴定前，地方政府要重视新发现的畜禽遗传资源的临时性保护，采取一定的保护措施，将调查、鉴定评估和保护有效衔接起来，避免发生刚被发现就濒临灭绝的情况。

五、畜禽遗传资源进出境和对外合作研究利用

世界上畜禽遗传资源丰富多样，引进国外优异畜禽遗传资源，对研究利用国外优秀种质资源、丰富国内畜禽遗传多样性、培育新品种和改良提升畜禽资源生产性能具有重要意义。我国是畜牧业大国，也是畜禽遗传资源大国，在国际上具有重要的地位，实行畜禽遗传资源出境，进一步加强畜禽遗传资源领导的国际合作和交流，可以提高我国的国际地位，扩大我国在国际上的话语权和影响力。2019年国务院办公厅《关于加强农业种质资源保护与利用的意见》（国办发〔2019〕56号）提出，"加强农业种

质资源国际交流，推动与农业种质资源富集的国家和地区合作"。

作为畜禽资源大国，我国是最早签署和加入《生物多样性公约》的国家之一，是联合国粮农组织畜禽遗传资源管理委员会政府间技术工作组 26 个成员国之一，全面参与制定了《动物遗传资源保护与管理全球行动计划》《因特拉肯宣言》等，参与了《世界动物遗传资源状况》的编写工作和《动物遗传资源调查技术手册》的起草工作，积极履行我国承担的责任和任务，提交了《中国畜禽遗传资源状况》（国别报告），主持了亚洲地区区域磋商，承办了亚洲地区动物遗传资源技术研讨会等，得到了国际社会的高度评价。

（一）进口畜禽遗传资源

种源自主可控、种业自主创新是党中央从国家安全的战略高度提出的新要求。目前，我国畜禽种业发展基本实现了自主可控，畜禽核心种源自给率达到 75%，基本形成相对独立的产业体系。种业之争本质是科技之争，焦点是资源之争，中国的肉牛、奶牛、猪等优良种源大都是引自国外，然后"本土化"，在坚持加强畜禽种业科技自主创新、原始创新、集成创新的原则下，必须加强国际合作和交流，鼓励引进国际优良畜禽品种，并利用其优势培育具有自主知识产权的畜禽种业科研成果。但是畜禽遗传资源的盲目引进，或者劣质、有生物危害的畜禽遗传资源的引进可能会造成国内畜禽遗传资源的极大破坏，甚至品种的消失，不利于我国畜禽种业的健康发展，必须对其引进实施严格的审批和检疫制度。为了加强对从境外引进畜禽遗传资源的管理，保护和合理利用畜禽遗传资源，促进畜牧业持续健康发展。畜牧法第十六条规定："从境外引进畜禽遗传资源的，应当向省、自治区、直辖市人民政府农业农村主管部门提出申请；受理申请的农业农村主管部门经审核，报国务院农业农村主管部门经评估论证后批准；但是国务院对批准机关另有规定的除外。经批准的，依照《中华人民共和国进出境动植物检疫法》的规定办理相关手续并实施检疫。从境外引进的畜禽遗传资源被发现对境内畜禽遗传资源、生态环境有危害或者可能产生危害的，国务院农业农村主管部门应当商有关主管部门，及时采取相应的安全控制措施。"

目前，依照畜牧法和《畜禽遗传资源进出境和对外合作研究利用审批办法》，一般情况下，我国从境外引进畜禽遗传资源实行两级审核，拟从境外引进畜禽遗传资源的单位，应当向其所在地的省、自治区、直辖市人民政府农业农村主管部门提出申请并提交相关材料，省、自治区、直辖市人民政府农业农村主管部门进行审核，并将审核意见和申请材料报国务院农业农村主管部门审批。其中相关材料具体包括：（1）经省级人民政府种业（畜牧兽医）主管部门审核并签署意见；（2）农业农村部种用畜禽遗传资源引进申请表；（3）种畜禽生产经营许可证；（4）畜禽遗传资源买卖合同或者赠与协议；（5）出口国家或地区法定机构出具的种畜系谱或者种禽代次证明；（6）首次引进的，同时提交其产地、分布、培育过程、生态特征、生产性能、群体存在的主要遗传缺陷和特有疾病资料。从境外引进畜禽遗传资源的，经国务院农业农村主管部门审批后，获得批准的，依照《中华人民共和国进出境动植物检疫法》的规定办理相关手续并实施检疫。此次修改畜牧法，为落实"放管服"改革要求，推动自贸区建设，对从境外引进畜禽遗传资源的批准机关进行了授权规定，即在条件成熟时，国务院可对批准机关作出特殊规定。

2010—2021 年期间，农业农村部共受理审批主要来源于美国、新西兰、澳大利亚、丹麦等 23 个国家的进口种畜禽及畜禽遗传材料 3 103.7 万头（只、剂、枚），其中种畜禽活体 2 700.36 万头（只），遗传材料 403.34 万剂（枚）。共引进猪、牛、羊、马、羊驼、兔、鸡、鸭、鹅、番鸭、鸽、水貂（非食用）等 12 种畜禽，涉及长白猪、荷斯坦牛、爱拔益加鸡等 150 多个品种，极大丰富了我国的畜禽遗传资源，提高了我国畜禽品种的生产性能，保障了畜禽产品的有效供给。

（二）国家对畜禽遗传资源享有主权

畜禽遗传资源是国家战略资源，也是种业创新的物质基础。生物安全法规定"国家对我国人类遗传资源和生物资源享有主权。"畜牧法第十七条规定"国家对畜禽遗传资源享有主权"。主权是与国家相对应的，主权是指国家对其领土范围内的一切人、物、事的排他性管辖权，包括独立权、平等权、自卫权和管辖权。主权的主体是国家；主权的排他效力是相对于其他国家的，对抗的是其他国家的侵犯；主权的客体是统一的整体；主权意味着国家对客体的全面支配和控制，具有强制性。主权是国际法上的权利。所有权是指所有人对其所有物直接支配的权利，包括所有人对其所有物的占有、使用、处分和收益四项基本权能。所有权是国内法上的权利，所对抗的是其他民事主体的侵害。所有权具有确定各民事主体之间物的归属的法律效力，有支配性和排他性，畜禽遗传资源所有权就是所有人对资源的占有、使用、收益、处分的权利。

资源不论是属于公有还是属于企业或个人所有，对于特定的财产主体来说，在法律上都是一种私权。国家对畜禽遗传资源享有主权，实质上是国家对畜禽遗传资源的对外交流合作拥有管辖权，该管辖权通过行政管理的形式予以体现，即有关对外交流合作活动需经行政主管部门的批准方可实施，而不是国家对畜禽遗传资源享有所有权。公权有强制和服务特征，公权用来维护私权，有时则允许对私权施以必要的限制。国家对畜禽遗传资源依法行使管辖权，也是为了更好地保护权利人对畜禽遗传资源的所有权。相对而言，资源的主权是一项公权力，资源的所有权是一项私权利。资源的主权和所有权两者不是一个层面的问题。

主权国家可以通过立法、司法、行政等手段对国家事务实施有效管理，不受任务外部力量的限制和干涉。在国际上，因育种水平发达程度的不同和拥有畜禽资源的多寡，不同国家对畜禽遗传资源的主权问题有不同的立场。一些发达国家认为，种质资源是世界共有财富，各国可自由使用；一些发展中国家认为，各国对其种质资源拥有主权，获得资源必须是有条件的。1999年，联合国粮农组织粮食与农业遗传资源委员会第八届会议，就种质资源的主权问题达成共识，明确各缔约方承认各国对本国粮食和农业植物遗传资源拥有主权，但前提是资源拥有国的法律必须对此作出规定。《生物多样性公约》也确定了以资源提供国同意为条件，经双方商定后才能获得植物遗传资源的基本原则。当前，越来越多的国家将种质资源纳入国家主权范围，明确对本国种质资源享有主权，通过法律手段加大对本国特有种质资源的保护，禁止或限制提供独特的、具有潜在价值的种质资源。

（三）出口畜禽遗传资源

我国一些优良地方品种，如太湖猪、狼山鸡等，对世界畜禽种业都做出了重要贡献。20世纪以来，我国就出现了畜禽遗传资源流失到国外的现象，一些国家在我国境内组织搜集珍贵畜禽遗传资源出境，一些畜禽生产企业在外贸活动中带出境，也有一些国内科研人员或国外学者在科研活动、学术交流中泄露或携带出境，这是对我国种质资源主权的侵害。为了维护生物安全，保护我国特有珍稀濒危畜禽遗传资源，防止非法输出，必须对畜禽遗传资源出境进行明确规范。畜牧法第十七条第一款规定："国家对畜禽遗传资源享有主权。向境外输出或者在境内与境外机构、个人合作研究利用列入保护名录的畜禽遗传资源的，应当向省、自治区、直辖市人民政府农业农村主管部门提出申请，同时提出国家共享惠益的方案；受理申请的农业农村主管部门经审核，报国务院农业农村主管部门批准。"

1. 审批程序。为进一步规范畜禽遗传资源的国家交流，防止国内畜禽遗传资源流失，目前，我国实行种质资源分类管理两级审核制度，对一些稀有珍贵的畜禽遗传资源，禁止或限制向国外输出，这里的畜禽遗传资源是指列入国家保护名录的畜禽遗传资源。依照畜牧法和《畜禽遗传资源进出境和对外合作研究利用审批办法》，拟向境外输出列入畜禽遗传资源保护名录的畜禽遗传资源的单位，应当向其所在地的省、自治区、直辖市人民政府畜牧兽医行政主管部门提出申请，并提交相关资料。具体包括：（1）经省级人民政府种业（农业农村）主管部门审核并签署意见；（2）农业农村部畜禽遗传资源输出申请表；（3）畜禽遗传资源买卖合同或者赠与协议；（4）与境外进口方签订的国家共享惠益方案。

2. 国家共享惠益方案。本条同时规定，合作研究利用畜禽遗传资源在依法审批的基础上，需"同时提出国家共享惠益的方案"。共享惠益是指生物遗传资源被他人获取、使用并受益后，应当将其获益与该遗传资源的原拥有者进行分享。共享惠益是国际上生物遗传资源保护与利用的一项基本制度和行为规则。共享惠益可以表现为直接的经济利益共享，如遗传资源获得费用、使用费用、许可费用、保护基金、合作资金等的共享，但更为重要的表现是参与研究过程的共享、技术资料的共享和研究成果的共享。

3. 依法实施检疫。畜牧法第十七条第二款规定："向境外输出畜禽遗传资源的，还应当依照进出境动植物检疫法的规定办理相关手续并实施检疫。"这是考虑到当前禽流感、疯牛病、非洲猪瘟、非洲马瘟等疫病的蔓延，国际上对畜禽检疫的规定越来越严格，这也是我国加入WTO

应该承担的义务和职责。同时，这也是与生物安全法、《国家知识产权战略纲要》《促进生物产业加快发展的若干政策》等法律法规相衔接。如生物安全法第六条指出，国家加强生物安全领域的国际合作，履行中华人民共和国缔结或者参加的国际条约规定的义务，支持参与生物科技交流合作与生物安全事件国际救援，积极参与生物安全国际规则的研究与制定，推动完善全球生物安全治理。《促进生物产业加快发展的若干政策》提出，要建立健全生物遗传资源保护法律法规体系，建立和完善生物遗传资源获取与共享惠益制度。

4. 禁止向境外输出情形。畜牧法第十七条第三款规定："新发现的畜禽遗传资源在国家畜禽遗传资源委员会鉴定前，不得向境外输出，不得与境外机构、个人合作研究利用。"这是关于向境外输出和与境外合作研究利用畜禽遗传资源的限制性规定。新发现的畜禽遗传资源，可能是我国特有的珍贵畜禽资源，种质特性有待深入挖掘鉴定，因此，为避免流失，在国家鉴定前，不得向境外输出或合作研究利用。

（四）进出境和对外合作研究利用审批办法

畜禽遗传资源的进出境和对外合作利用关系到我国的生物安全、国际履约、进出口限制、权利义务和具体的审批程序等，涉及的部门、行业很多，情况较为复杂。因此，畜牧法第十八条规定："畜禽遗传资源的进出境和对外合作研究利用的审批办法由国务院规定。"授权国务院制定专门的行政法规，明确相关程序和条件，加强畜禽遗传资源的进出境和对外合作研究利用的管理。2008 年 8 月，国务院第 23 次常务会议通过《畜禽遗传资源进出境和对外合作研究利用审批办法》，具体落实法律的有关规定和要求。

第三章

种畜禽品种选育与生产经营

　　畜禽种业是畜牧业发展的根基，是畜牧业核心竞争力的重要体现。总体看，我国畜禽良种繁育体系不断完善，育种自主创新水平大幅提升，商业化育种体系初步建立，畜禽种源国内有保障、风险可管控，基本解决了我国畜禽良种"有没有""够不够"的问题，为畜牧业健康稳定发展提供了有力的种源支撑。但是，部分优良品种核心种源依赖进口，生猪、奶牛等重要畜种生产性能、繁殖性能、饲料转化率等与国际先进水平还有差距，联合育种机制、种畜禽企业综合实力、种业市场监管力量等需要完善提高，居民食物消费多元化需求日益增长对种业保数量、保质量、保多样提出了更高要求。

　　2020年中央经济工作会议、中央农村工作会议对打好种业翻身仗作出了总体部署。2022年7月9日，中央全面深化改革委员会第二十次会议，审议通过《种业振兴行动方案》，强调保障种源自主可控比过去任何时候都更加紧迫；必须把种源安全提升到关系国家安全的战略高度，集中力量破难题、补短板、强优势、控风险，实现种业科技自立自强、种源自主可控。贯彻新发展理念，构建新发展格局，加快农业农村现代化，适应人民对美好生活的向往，我国畜禽种业必须再上新台阶。加强种畜禽品种选育与生产经营的管理，提高种畜禽质量和生产水平，对于打好种业翻身仗，实现种业自主创新，促进畜牧业高产、优质、高效、安全、生态发展，具有十分重要的意义和作用。

本章共 17 条，为种畜禽品种选育与生产经营提供了法律保障。主要规定了以下内容：一是扶持畜禽良种繁育体系建设，对畜禽新品种、配套系和新发现的畜禽遗传资源规定了审定或者鉴定制度；二是实行种畜禽生产经营许可证制度，明确生产经营许可证发放条件、程序和管理要求；三是对销售种畜禽实行严格的质量监督，包括发布广告、销售要求和质量检验等；四是针对种畜禽进口作出更加详细的规定。此次修改畜牧法，为振兴畜禽种业，新增国家鼓励支持畜禽种业自主创新，加强良种技术攻关，扶持创新型企业发展；支持列入畜禽遗传资源保护名录的品种开发利用，满足多元化消费需求的相关规定。取消畜禽新品种、配套系中间试验的行政审批和专门从事家畜人工授精、胚胎移植等繁殖工作的职业资格许可要求，加强事中事后监管。

一、建立健全畜禽良种繁育体系

畜牧业稳定持续发展，离不开对畜禽品种的选育与良种的推广使用。现阶段，我国畜禽良种对畜牧业发展的贡献率超过 40％，畜牧业的核心竞争力主要体现在畜禽良种上。从一定意义上讲，我国畜牧业取得的巨大成就，得益于良种；与国际先进水平的差距，也主要在于良种；今后要加快畜牧业的发展，仍有赖于良种。建立健全畜禽良种繁育体系，对提高畜禽良种化程度十分关键。畜牧法第十九条第一款规定："国家扶持畜禽品种的选育和优良品种的推广使用，实施全国畜禽遗传改良计划；支持企业、高等学校、科研机构和技术推广单位开展联合育种，建立健全畜禽良种繁育体系。"

（一）畜禽良种繁育体系发展现状

我国畜禽良种繁育体系建设起步较早，育种主要是对地方品种资源开发利用基础上的持续选育；1995 年，为尽快缩小我国农业科技与世界先进水平的差距，国家从"九五"期间开始启动"948"计划，支持引进国外优良畜禽品种；2008 年以来，为适应现代畜牧业发展需要，我国奶牛、生猪等主要畜种的遗传改良计划相继发布，畜禽种业进入进口品种国产化与自主培育品种并重的发展阶段。总体来看，在市场拉动、政策支持、科技带动下，我国畜禽种业走过了国外引进、被动育种、主动创新的发展阶段，在畜禽良种繁育、推广、利用等方面取得显著成效。近年来，先后印发《加强全国畜禽良种繁育体系建设意见》《关于促进现代畜禽种业发展的意见》《种业振兴行动方案》，启动全国畜禽遗传改良计划，实施良种补贴、良种工程、资源保护等政策，涵盖选育、繁育、推广、监管各环节以及相互配套的畜禽良种繁育体系不断完善，种业基础进一步夯实。

一是供种保障能力显著增强。2000 年以来，国家现代种业工程累计安排 20 多亿元，支持 500 多个畜禽种业项目建设，聚焦资源保护、育种创新、测试评价、繁育扩繁等四大环节，种畜禽企业基础设施装备条件明显改善。据统计，2022 年，全国共有种畜禽场（站）8 791 个，其中种猪场 4 465 个、种牛场 650 个、种羊场 1 064 个、种禽场 2 280 个，年末存栏种畜约 4 000 万头（只），祖代及以上种鸡 1 519.1 万只，种用水禽 1 860 万只。总体看，我国已经初步构建了纯种选育、良种扩繁及商品化生产梯次推进的良种繁育体系，种畜禽供应链不断优化。从我国畜禽种源保障看，黄羽肉鸡、蛋鸡、白羽肉鸭种源能实现自给且有竞争力，生猪、奶牛、肉牛种源已经能基本自给。

二是畜禽育种创新能力大幅提升。改革开放以来，培育畜禽新品种和配套系240多个。2008年至2020年，我国实施第一轮畜禽遗传改良计划，2021年实施新一轮畜禽遗传改良计划，覆盖奶牛、生猪、肉牛、蛋鸡、肉鸡、肉羊、水禽、马、驴等主要畜种。已遴选300个国家畜禽核心育种场（站、基地），逐步建立了以市场为导向、企业为主体、产学研相结合的商业化育种体系。畜禽生产性能水平明显提升，畜禽种业发展的整体性、系统性明显提高，核心种源自给率超过75%。2019年，农业农村部启动国家畜禽良种联合攻关计划，聚焦猪、牛、羊、鸡等主要品种选育薄弱环节和核心关键技术开展联合攻关。2022年，农业农村部印发《国家育种联合攻关总体方案》，支持优势种业企业自主开展猪、奶牛、肉牛、白羽肉鸡等育种攻关，深化科研单位、企业合作，开展重要畜禽和特色畜禽联合攻关。

三是科技支撑更加有力。畜禽种业发展逐步形成由畜牧技术推广机构、科研院校、企业研发部门等组成的多元化科技支撑体系，覆盖5万名专业人才队伍。近年来，在体型外貌表型选择、生产性能测定、遗传评估等常规育种方法的基础上，分子育种等先进技术在畜禽育种中得到推广应用，挖掘了蛋鸡鱼腥味基因、绿壳蛋基因、快慢羽基因和猪多肋基因、肌内脂肪基因、仔猪大肠杆菌腹泻基因等重要功能基因，从猪、鸡、牛中筛选出生长、繁殖等性状相关分子标记，研制了一批畜禽基因组育种芯片，提升了育种效率。

四是畜禽遗传资源保护能力明显提高。我国是世界上畜禽遗传资源最丰富的国家之一，2022 年，我国地方品种数量增加至 568 个，约占世界畜禽遗传资源总量的 1/6。159 个地方品种列入国家级畜禽遗传资源保护名录，建成国家级保种场、保护区、基因库 217 个，省级 458 个，形成了原产地保护与异地保护相结合、活体保护与遗传材料保存相补充、国家与地方相衔接的畜禽遗传资源保护体系。国家家畜基因库保存了 370 多个品种的精液、胚胎等遗传材料 135 万多份，数量位居世界第二。超过一半的地方品种得到开发，地方品种开发势头较好，成为产业扶贫的重要抓手和特色产业发展的新引擎。

（二）实施全国畜禽遗传改良计划

畜禽种业发展是一个循序渐进的过程，长期以来，我国畜禽种业处于小、散、慢状态，2008 年到 2020 年，我国实施第一轮全国畜禽遗传改良计划，覆盖了奶牛、生猪、肉牛、蛋鸡、肉鸡和肉羊等六大主要畜种。第一轮畜禽遗传改良计划的实施，有力地支撑了畜牧业的高速发展，为满足畜牧业用种需求和人民群众对畜产品的需求发挥了重要作用，实现了种源立足国内有保障、风险可管控。

在看到成绩的同时，要认识到，与国外先进水平相比，我们还有不少差距，主要表现在以下几个方面：一是自主创新能力有待加强，白羽肉鸡刚实现零突破，我国能繁母猪年均提供育肥猪数量比发达国家低 30％左右；奶牛单产也只有国际先进水平的 80％。二是育种基础有待夯实，生产性能测定规模小、性状少、自动化、智能化的程度还不太高，我国种猪平均测定的比例仅为发达国家的 1/4 左右。三是育种体系有待完善，国家畜禽核心育种场发展水平参差不齐，实质性的联合育种推进比较缓慢。四是企业主体有待强化，畜禽企业总体实力弱，竞争力不强。这些问题不解决，将会严重制约我国畜牧业的高速发展，畜牧业的现代化也难以实现。

随着畜牧业规模化、标准化发展进程不断加快，对稳定的优质畜禽种源供给需求愈加迫切，人民群众对"有肉吃、吃好肉、吃得多样"的需求日益增长。要满足新需求，就必须在国家层面统筹部署安排，尽快补齐短板弱项。制定实施中长期的畜禽育种战略规划是发达国家的普遍做法，如丹麦政府主导组织实施国家生猪育种计划已长达百年之久。美国通过实施奶牛群体遗传改良计划，50年时间将产奶量提高近 2 倍。

《国务院办公厅关于促进畜牧业高质量发展的意见》（国办发〔2020〕31 号）提出继续实施畜禽遗传改良计

划，2021年中央一号文件提出实施新一轮畜禽遗传改良计划。2021年4月，农业农村部发布《全国畜禽遗传改良计划（2021—2035年）》，明确未来十五年我国主要畜禽遗传改良的目标任务和技术路线，并提出，力争通过15年的努力，建成比较完善的商业化育种体系，自主培育一批具有国际竞争力的突破性品种，确保畜禽核心种源自主可控，筑牢农业农村现代化和人民美好生活的种业根基。

新一轮畜禽遗传改良计划坚持系统谋划、分类施策、聚焦重点、精准发力，重点是要解决"好不好""强不强"的问题。主要内容可以概括为瞄准"一个主攻方向"，覆盖"三大发展领域"，聚焦"四个全面强化"，把握好"五个方面关系"。"一个主攻方向"：就是要力争用10～15年的时间，建成比较完善的商业化育种体系，显著提升种畜禽生产性能和品质水平，自主培育一批具有国际竞争力的突破性品种，确保畜禽核心种源自主可控。"三大发展领域"：就是包括生猪、奶牛、肉牛、羊、马、驴等家畜品种，蛋鸡、肉鸡、水禽等家禽品种，以及蜜蜂、蚕等。"四个全面强化"：就是要全面强化自主创新，以高质量发展为主线，突出主导品种选育提升，注重地方品种开发利用，提高育种关键核心技术研发和应用能力；要全面强化育种基础，开展高效智能化性能测定，构建育种创新链大数据平台，提高遗传评估支撑服务能力；要全面强化育种体系，以国家畜禽核心育种场为依托，支持发展创新要素有效集聚、市场机制充分发挥的联合育种实体，提高核心种源培育能力；要全面强化企业主体，支持畜禽种业企业做强做大、做专做精，打造一批具有核心研发能力、产业带动力的领军企业，提高企业品牌影响力和市场竞争力。"五个方面关系"：就是注重把握好传承与创新、政府与市场、中央与地方、自主与开放、当前与长远等五个方面的关系，较好地体现科学性、战略性和前瞻性。

新一轮遗传改良计划实施以来，已取得积极成效。截至 2023 年，国家畜禽核心育种场（基地、站）总数达到300 个。其中，生猪核心育种场 104 个、种公猪站 8 个，建立了由约 17.2 万头母猪和 1.2 万头公猪组成的核心育种群，分布在全国 28 个省（自治区、直辖市）；奶牛核心育种场 20 个，选育核心育种群规模达到 9 000 头；肉牛核心育种场 44 个，核心群 2 万余头；蛋鸡核心育种场5 个，良种扩繁推广基地 16 个；肉鸡核心育种场 20 个，良种扩繁推广基地 18 个；肉羊核心育种场 47 个，已形成育种群 15 万只。

（三）支持开展联合育种

种业是高科技产业，我国种业科技创新取得很大成效，主要畜禽核心种源自给率超过 75%。但是，生猪、奶牛等重要畜种饲料转化率、产奶量与国际先进水平相比还有差距。从种业科技发展情况和趋势看，种业正迎来以基因编辑、全基因组选择、人工智能等技术融合发展为标志的科技革命，迫切需要"支持企业、高等学校、科研机构和技术推广单位开展联合育种"，特别是通过开展育种联合攻关，强化现代育种技术集成应用，推动种业企业、高等学校、科研机构和技术推广单位在资源发掘、材料创制、育种技术等领域开展合作，促进育种企业上下游联合与横向联合，交流育种素材，实现资源共享，保障优良种源有效供给，提高品种选育效率和水平。

推进育种联合攻关，不仅产业有需求，各方也有期待。2014 年以来，农业部启动四大粮食作物、11 种特色作物和主要畜种的联合攻关工作。2019 年中央一号文件明确要求开展畜禽良种联合攻关，农业农村部制定《国家畜禽良种联合攻关计划（2019—2022 年）》。2021 年，种业振兴行动明确要求深入推进国家育种联合攻关。2022年，农业农村部制定《国家育种联合攻关总体方案》，指出要紧紧围绕种业科技自立自强、种源自主可控目标，充分发挥集中力量办大事的制度优势，以产业需求为导向、企业为主体、科研为依托，强化部省联动、分工协作、全国一盘棋，合力打造以十大优势企业自主攻关为塔尖、以十大主要粮食和重要畜禽联合攻关为塔身、以 64 个重要特色物种联合攻关为塔基的"金字塔"式国家育种攻关阵型，按照产业链部署创新链、贯通政策链，加快构建产学研用深度融合的种业创新体系，加快培育具有自主知识产权的优良品种，用中国种子保障中国粮食安全。

（四）支持开发利用地方畜禽品种

我国大多数地方畜禽品种经过劳动人民千百年来的驯养和培育，与引进外来品种相比，普遍适应当地生态环境和饲养条件，适合农民适度规模饲养，已经成为农民增收的重要来源。一些地方畜禽产品具有保健功能和药膳作用，也日益受到消费者的青睐。在满足人们休闲娱乐需要方面，我国一些观赏、竞技类的畜禽品种已成为人们饲养的宠物，丰富了人们的精神生活。综上，消费需求的多样化为畜禽遗传资源开发利用带来了巨大的发展空间。因此，搞好地方畜禽品种特别是列入畜禽遗传资源保护名录的品种的开发利用工作，既能够不断满足人们日益增长的物质和文化生活需要，又能实现资源优势向经济优势转化和发展，保障农民收入持续增加。

随着畜牧业集约化程度的提高，地方畜禽品种生存空间受到挤压，非洲猪瘟、禽流感等疫情进一步加大资源消失风险。地方品种肉质、风味、药用、文化等优良特性评估和发掘不深入，对群体规模大、特色优势明显的地方畜禽品种还未开展系统性、持续性地选育工作，产业化开发水平低，特色畜禽遗传资源优势尚未充分发挥。

畜禽良种的培育，源于畜禽遗传资源的优良种质特性。畜牧业发达国家普遍重视利用本国资源培育出特色明显、性状优异的畜禽良种。充分挖掘地方品种的优良特性，培育适合国情、适应我国畜牧业生产需要的畜禽良种，才能进一步提高我国畜牧业生产水平，才能大大提高我国畜产品的竞争力。因此，畜牧法第十九条第二款规定："县级以上人民政府支持开发利用列入畜禽遗传资源保护名录的品种，增加特色畜禽产品供给，满足多元化消费需求。"此次修改畜牧法，新增此款内容，目的是推动做好畜禽地方品种特别是列入畜禽遗传资源保护名录的品种的开发利用工作，促进畜牧业结构调整、增加特色畜禽产品供给和满足多元化消费需求。

近年来，猪牛羊等地方畜禽品种攻关等工作深入开展，不断挖掘优异基因，积极推动地方优异品种资源开发利用，开创了"保以致用，以用促保"的地方种质资源良性循环保护利用模式。以地方畜禽品种为主要素材，培育了川藏黑猪配套系、Z型北京鸭等几十个新品种、配套系。黄羽肉鸡占据我国肉鸡市场近半壁江山，山羊绒品质、长毛兔产毛量、蜂王浆产量等居国际领先水平。

（五）鼓励和支持畜禽种业自主创新

我国作为农业大国，农作物育种相对领先，而畜禽育种规范的系统选育历史积淀不足，比国外晚了近 50 年。从我国畜禽种源保障看，黄羽肉鸡、蛋鸡、白羽肉鸭种源能实现自给且有竞争力；生猪、奶牛、肉牛种源能基本自给，但关键性能与世界先进水平相比还有较大差距，个别种源还主要从国外进口；从畜禽育种机制看，近年来，我国畜禽商业化育种快速发展，畜禽种业龙头企业不断发展壮大，市场集中度逐步提高，以企业为主体、市场为导向、产学研相结合的商业化育种体系初步建立，但是，商业化育种程度总体上与发达国家相比还有一定差距。面对内在约束和外部竞争，打好种业翻身仗、解决种业"卡脖子"问题的关键应着力加强畜禽种业科技自主原始创新，实现畜禽种业科技的自立自强。

党的二十大提出，创新是引领发展的第一动力。实现种业高质量发展，必须用好创新这一动力，不断强化企业科技创新主体地位，加强育种技术攻关，将关键核心技术、资源掌握在自己手里，改变关键核心技术受制于人的局面。同时，我国畜禽种业在育种机制上，已从科研单位主导的科研育种向企业主导的商业育种转变，初步建立起以企业为主体、市场为导向、产学研相结合的商业化育种体系。在育种路径上，正逐步从引进品种仅扩繁、不选育向引进品种"本土化"、注重系统选育转变。在育种发展阶段上，已经历从国外引进、被动育种的积累阶段，正处于主动创新的突破阶段。为适应畜禽种业发展新形势、新要求，畜牧法第二十条规定："国家鼓励和支持畜禽种业自主创新，加强育种技术攻关，扶持选育生产经营相结合的创新型企业发展。"

育种企业是育种创新的主体。由于家禽育种培育需要8～10年，家畜育种需要15～30年，育种周期长、风险高，预期收益存在不确定性，从事畜禽育种普遍没有从事作物育种的积极性高。针对这一现象，需要完善相关政策，从国家种业安全和打好种业翻身仗的目标出发，加大"扶持选育生产经营相结合的创新型企业发展"的力度，深入实施种业企业扶优行动，支持重点优势企业做强做优做大。根据企业创新能力、资产实力、市场规模、发展潜力等情况，2022年农业农村部组织遴选温氏食品集团股份有限公司等86家企业为国家畜禽种业阵型企业，加快构建"破难题、补短板、强优势"企业阵型。强化企业创新主体地位，加强知识产权保护，优化营商环境，引导资源、技术、人才、资本等要素向重点优势企业集聚。打造一批具有核心研发能力、产业带动能力、国际竞争能力的航母型领军企业、"隐形冠军"企业和专业化平台企业，加快形成优势种业企业集群。

"破难题"阵型企业聚焦少数主要依靠进口的种源，加快引进创制优异种质资源，推进产学研紧密结合，培育一批具有自主知识产权的新品种。"补短板"阵型企业聚焦有差距的种源，充分挖掘优异种质资源，在品种产量、性能、品质等方面尽快缩小与国际先进水平的差距。"强优势"阵型企业聚焦优势种源，加快现代育种新技术应用，巩固强化育种创新优势，完善商业化育种体系。专业化平台阵型企业（机构）在科技创新、金融支持、行业自律、人才培训等方面持续发挥优势，为育种创新提供支撑服务。

支持科研单位与阵型企业对接，开展科技、资源、技术、人才长期战略合作，共享国家科研设施平台，共建研发平台或产学研创新联合体。鼓励金融机构与阵型企业对接，推出更多适合种业特点的金融保险产品，创新融资担保方式，形成长期稳定支持。推动种业基地与阵型企业对接，优先保障企业用地需求，推动与制种大县结合共建。

支持阵型企业申报国家畜禽核心育种场和核心种公畜站，发挥企业整合聚集各方资源的主导作用，持续提升企业创新能力水平，不断提升育种能力和良种性能水平。支持阵型企业参与种质资源保护、鉴定和开发利用，加快优异种质资源交流共享。支持阵型企业牵头承担国家育种创新攻关等任务，强化新品种展示、示范与推广。支持阵型企业实施现代种业提升工程项目，提升基础能力、条件水平。加快研究、出台、推进重大品种研发与推广后补助、企业贷款贴息、企业研发加计扣除税收优惠等相关扶持政策。

二、新品种（配套系）审定和遗传资源鉴定

品种审定是对新培育或新引进的品种、配套系进行审查鉴定，决定该品种、配套系能否推广并确定销售、推广范围的过程。对畜禽新品种、配套系和遗传资源实行审定、鉴定制度，可有效保护我国畜禽遗传资源，提高畜禽品种质量，促进畜禽品种的培育和推广，规范种畜禽市场秩序，防止盲目引进和任意推广不适宜本地区养殖的品种或劣质品种，避免或降低给畜牧业生产和养殖者造成经济损失，保障畜牧业生产经营者的知情权和经济利益。为了保护畜牧业的稳定良性发展，维护畜禽种业的质量水平和品质安全，畜牧法第二十一条第一款规定："培育的畜禽新品种、配套系和新发现的畜禽遗传资源在销售、推广前，应当通过国家畜禽遗传资源委员会审定或者鉴定，并由国务院农业农村主管部门公告。畜禽新品种、配套系的审定办法和畜禽遗传资源的鉴定办法，由国务院农业农村主管部门制定。审定或者鉴定所需的试验、检测等费用由申请者承担。"

（一）审定、鉴定制度

1994年《种畜禽管理条例》规定"跨省、自治区、

直辖市的畜禽品种的认可与新品种的鉴定命名，必须经国家畜禽品种审定委员会或者其委托的省级畜禽品种审定委员会评审后，报国务院畜牧行政主管部门批准。省、自治区、直辖市内地方畜禽品种的认可与新品种的鉴定命名，必须经省级畜禽品种审定委员会评审后，由省、自治区、直辖市人民政府畜牧行政主管部门批准，并报国务院畜牧行政主管部门备案。"确立了畜禽新品种、配套系审定和新发现畜禽遗传资源认可和鉴定评审制度，并实行国家和省两级管理体制。实践证明，这项制度的建立是种畜禽管理的有效措施，对鼓励和支持新品种培育，加快畜禽良种推广起到了积极的推动作用。但由于畜禽新品种、配套系审定工作的分级，造成各省的畜禽品种委员会在审定过程中标准不一、品种名称混乱、质量参差不齐，严重影响了种畜禽市场与管理。因此，2005 年制定畜牧法时，对相关制度进行完善，改变国家和省两级管理体制，实行国家一级管理体制，规定培育的畜禽新品种、配套系和新发现的畜禽遗传资源，由国家畜禽遗传资源委员会审定或者鉴定，不再授权各省（自治区、直辖市）开始审定鉴定。审定鉴定工作的集中可有效防止不同地区相同品种名称的混乱，遏制地方利用审定权搞地方保护，更有利于促进优良畜禽品种的繁育、推广和应用，更有效地保护我国畜禽遗传资源，促进畜牧业持续健康发展。本次修改畜牧法，继续沿用审定、鉴定的国家一级管理体制。

畜禽新品种是指通过人工选育，主要遗传性状具备一致性和稳定性，并具有一定经济价值的畜禽群体；配套系是指利用不同品种或种群之间的杂种优势，用于生产商品群体的品种或种群的特定组合；畜禽遗传资源是指新发现的未列入《国家畜禽遗传资源目录》，通过调查新发现的地方畜禽品种或类群畜禽遗传资源。

欧盟、韩国的畜禽品种管理与我国类似，采用审定和登记相结合的形式，美国则由相应的育种协会按照品种标准登记或者划分风险和性能等级，采取不同的管理措施。在畜牧法颁布实施后，农业部组织制定了《畜禽新品种配套系审定和畜禽遗传资源鉴定办法》《畜禽新品种配套系审定和畜禽遗传资源鉴定技术规范》，明确畜禽新品种、配套系审定和畜禽遗传资源鉴定的程序和技术要求。

在畜牧法修改过程中，有意见建议将畜禽新品系纳入审定制度。一方面意见认为，畜禽特别是家畜育种周期长，培育一个新品种要 15～30 年，需要几代人接续努力；培育一个品种的新品系时间会缩短一半，一代人就可以完成。品系审定是对育种企业育种阶段性成果的一个认证，审定后可以转让转化，促进品系的交流和联合育种，有利于提高科研人员的育种积极性。另一方面意见认为，一是审定制度具有法定强制性，没有通过审定则禁止销售、推广，将新品系纳入审定可能会影响企业新品系的销售、推广，不利于育种创新；二是品系只是品种形成的过渡类型，没有必要进行审定，而且中途审定不利于保护商业秘密；三是畜禽育种商业化程度高，应当充分发挥市场作用，对于企业和科研人员的阶段性成果认定，有关部门和行业协会可以积极探索，采取措施保护科研人员育种积极性和合法权益。鉴于各方意见不一致、分歧较大，此次修改畜牧法继续保持原法相关规定，不作改动。

（二）审定、鉴定基本程序

依照畜牧法和《畜禽新品种配套系审定和畜禽遗传资源鉴定办法》，国家畜禽遗传资源委员会负责畜禽新品种、配套系审定和畜禽遗传资源鉴定。国家畜禽遗传资源委员会由科研、教学、生产、推广、管理等方面的专业人员组成，并设立牛、羊、家禽、猪、蜜蜂和其他动物等专业委员会，负责畜禽新品种、配套系审定和畜禽遗传资源鉴定的初审工作。申请畜禽新品种、配套系审定的，由该品种或配套系的培育单位或者个人向所在地省级人民政府农业农村主管部门提出，省级人民政府农业农村主管部门应当在 20 个工作日内完成审核，并将审核意见和相关材料报送国家畜禽遗传资源委员会。申请畜禽遗传资源鉴定的，由该资源所在地省级人民政府农业农村主管部门向国家畜禽遗传资源委员会提出。

在中国没有经常住所或者营业场所的外国人、外国企业或者其他组织在中国申请畜禽新品种、配套系审定的，应当委托具有法人资格的中国育种科研、生产、经营单位代理。

（三）取消中间试验的行政审批

早期，我国畜牧业发展水平较低，生产受自然环境因素影响较大，生产周期长，地域明显，为防止盲目地将试验阶段取得的成果推广应应，给畜牧业生产带来不必要的损失，2006年畜牧法颁布实施时提出培育新的畜禽品种、配套系进行中间试验，应当经试验所在地省级人民政府畜牧兽医行政主管部门批准，主要目的是对我国自主培育的新品种、配套系的生产性能、适应性、抗逆性等方面在实际生产条件中进行验证。

随着我国畜牧业加快转型升级，科学饲养技术和装备水平不断提高，畜禽养殖规模化、集约化、标准化、智能化水平大幅提升，呈现龙头企业引领、集团化发展、专业化分工的发展趋势，产业素质显著提高。同时，畜禽种业自主创新水平逐步提升，初步形成以企业为主体、产学研相结合的商业化育种体系。按照种业振兴部署，为提高畜禽品种管理水平，优化新品种、配套系审定程序，缩短新品种、配套系审定时间，加快育种成果转化，此次修订畜牧法取消了中间试验的行政审批，今后将从三方面加强管理。一是在畜禽新品种、配套系审定和畜禽遗传资源鉴定技术规范中规定生产饲养验证数量条件，强化企业主体责任。二是报审时需开展第三方检测，对中间试验测定的指标进行验证。三是在畜牧法第二十三条、第六十三条等条款中已明确了事后监管措施，切实保障种畜禽质量。

（四）保护培育者的合法权益

保护培育者的合法权益主要是保护其知识产权。保护知识产权就是保护创新，关系到种业高质量发展，关系到种业自立自强，关系到打好种业翻身仗。国家高度重视并积极采取有效措施加强种业知识产权保护。2021 年中央一号文件《关于全面推进乡村振兴加快农业农村现代化的意见》要求，"加强育种领域知识产权保护"。畜禽新品种、配套系的培育耗时长，投入的研发经费和科研力量多，是培育人员的科技成果和智慧结晶，其合法权益必须受到法律保护。畜牧法第二十一条第二款规定："畜禽新品种、配套系培育者的合法权益受法律保护。"激励企业、个人开展育种创新，推动我国畜禽种业自立自强。

在畜禽育种领域，知识产权保护主要是专利法对育种人发明创造的测定方法、遗传评估算法、基因芯片等进行保护。此外，支持企业将自己独有的、不便公开的技术成果形成商业秘密，从而达到保护的目的。如果出现侵权现象，支持权利人依法维护自身权益。

三、转基因畜禽品种的管理

转基因动物是指通过基因工程技术构建重组基因载体，并将重组基因转入动物受精卵或体细胞，获得的一类染色体基因组中整合有外源基因并能稳定遗传给后代的动物。转基因动物目前主要应用于制作人类疾病或特定基因动物模型，制作转基因动物生物反应器生产重要的人类医用蛋白质，以及培育转基因畜禽新品种来提高畜禽抗病能力，改善畜禽产品成分，改良畜禽生产性状。

运用到育种上，转基因技术打破了不同生物物种间的界限，可将外源基因直接导入动物个体中，获得新的育种材料，然后通过常规育种选育，可大大加快动物新品种的培育速度。转基因动物新品种的培育，不仅可以大大提高动物的生长速度、饲料转化率，改善畜产品（奶、肉、毛）品质，增强动物的抗病能力，降低生产成本，而且还可作为生物反应器生产昂贵的药物，提升人类的健康水平和畜牧业的经济效益。

畜牧法第二十二条规定："转基因畜禽品种的引进、培育、试验、审定和推广，应当符合国家有关农业转基因生物安全管理的规定。"2001年5月国务院颁布《农业转基因生物安全管理条例》。该条例规定，农业转基因生物是指利用基因工程技术改变基因组构成，用于农业生产或者农产品加工的动植物、微生物及其产品，主要包括：（一）转基因动植物（含种子、种畜禽、水产苗种）和微生物；（二）转基因动植物、微生物产品；（三）转基因农产品的直接加工品；（四）含有转基因动植物、微生物或者其产品成分的种子、种畜禽、水产苗种、农药、兽药、肥料和添加剂等产品。该条例对转基因生物的研究、试验、生产、加工、经营和进口、出口等活动等作了规定，并专门规定了严格的监督检查制度。《农业转基因生物安全管理条例》对农业转基因生物及其安全进行了定义，对农业转基因生物分级评价、安全评价、标识、研究与试验、生产与加工、经营、进口与出口、监督检查及罚则作了细化性规定，为转基因畜禽良种的研究、试验与应用奠定了制度基础。

四、优良种畜登记和推广

优良种畜是指个体符合品种标准，综合鉴定等级为一级以上的种畜。优良种畜登记，是将符合品种标准的优秀个体在专门的登记簿中或特定的计算机数据管理系统中进行登记。优良种畜登记是推动家畜品种改良的一项基础性工作，不仅有助于企业进行生产经营与遗传改良，而且也有助于畜牧技术推广机构摸清种畜总体状况和个体质量，为全国畜牧业发展规划及相关政策的制定提供依据。同时为推广优良种畜提供便利，保障家畜使用者的知情权，提高优秀种畜的市场竞争力。建立优良种畜登记制度，目的是要保证家畜品种的一致性和稳定性，促使生产者饲养优良家畜品种，保存基本育种资料和生产性能记录，以作为品种遗传改良工作的依据。国内外的家畜群体遗传改良实践证明，经过登记的家畜群体在生产性能提高速度方面远高于没有登记的家畜群体。因此，系统规范的种畜优良个体登记工作，已成为家畜群体遗传改良中不可缺少的基础工作。畜牧法第二十三条规定："省级以上畜牧兽医技术推广机构应当组织开展种畜质量监测、优良个体登记，向社会推荐优良种畜。优良种畜登记规则由国务院农业农村主管部门制定。"

2006 年，《优良种畜登记规则》施行，主要内容包括：

1. 申请登记的种畜应当符合下列条件之一：双亲已登记的纯种；从国外引进已登记或者注册的原种；三代系谱记录完整的个体；其他符合优良种畜条件的个体。

2. 申请优良种畜登记的单位和个人，应当向省级以上畜牧技术推广机构报送下列材料：申请表；申请报告和种畜系谱等资料；种畜照片；《种畜禽生产经营许可证》复印件。

3. 优良种畜登记实行一畜一卡，记录内容包括：基本情况：场（小区、站、户）名、品种、类型、个体编号、出生日期、出生地、综合鉴（评）定等级、登记时间、登记人等基础信息；系谱档案：三代系谱完整，并具有父本母本生产性能或遗传力评估的完整资料；外貌特征：种畜头部正面及左、右体侧照片各一张；生产性能：按各畜种登记卡的内容进行登记；优良种畜转让、出售、死亡、淘汰等情况。

4. 职责部门：农业农村部主管全国优良种畜登记管理工作。省级人民政府农业农村主管部门主管本行政区域内优良种畜登记管理工作。国家级畜牧技术推广机构组织开展全国性优良种畜登记。省级畜牧技术推广机构组织开展本行政区域内的优良种畜登记。畜牧行业协会配合畜牧技术推广机构实施优良种畜登记工作。

五、种畜禽生产经营许可制度

种畜禽是畜牧业发展的源头与根基，其质量直接影响畜禽养殖者的经济效益，也对畜禽产品质量安全与供给产生重要影响。因此，国家对种畜禽生产经营设定许可条件，以规范种畜禽生产经营行为，保障种畜禽质量安全，维护种畜禽生产经营者、消费者的合法权益。种畜禽生产经营许可制度，是行业主管部门加强种畜禽生产经营管理的重要手段，实质是对企业的市场准入进行资格认定。畜牧法第二十四条第一款规定："从事种畜禽生产经营或者生产经营商品代仔畜、雏禽的单位、个人，应当取得种畜禽生产经营许可证。"畜牧法明确规定国家对种畜禽生产经营实行许可制度，种畜禽生产经营者必须先取得种畜禽生产经营许可证后，才可以从事种畜禽生产经营活动。也就是说，取得种畜禽生产经营许可证是从事种畜禽生产经营活动的前提和法律依据。

目前，我国畜禽养殖中农户饲养还占有一定的比重，按照设立行政许可应当促进经济、社会和生态环境协调发展的原则，对于这部分数量大、分布广、个体影响范围较小的农户饲养种畜禽行为无须设立行政许可。为了方便、鼓励和支持广大农户饲养畜禽，畜牧法第二十八条规定："农户饲养的种畜禽用于自繁自养和有少量剩余仔畜、雏禽出售的，农户饲养种公畜进行互助配种的，不需要办理种畜禽生产经营许可证。"由于各地规模化养殖程度不同，对自繁自养、出售少量剩余仔畜、雏禽以及互助配种的界定，要结合当地的实际情况来确定，不能"一刀切"。农户饲养种公畜进行互助配种，多是发生在散养户饲养的家畜之间的自然交配，由于数量少，且不以营利为目的，因此法律规定农户从事上述活动不需要办理种畜禽生产经营许可证。

根据 2015 年 4 月 24 日第十二届全国人民代表大会常务委员会第十四次会议《关于修改〈中华人民共和国计量

法〉等五部法律的决定》，对畜牧法中有关工商登记前置审批的规定作出修改：删除了原法条中的"申请人持种畜禽生产经营许可证依法办理工商登记，取得营业执照后，方可从事生产经营活动。"并删除了相应的法律责任。

（一）申请种畜禽生产经营许可证的条件

畜牧法第二十四条第二款规定："申请取得种畜禽生产经营许可证，应当具备下列条件：（一）生产经营的种畜禽是通过国家畜禽遗传资源委员会审定或者鉴定的品种、配套系，或者是经批准引进的境外品种、配套系；（二）有与生产经营规模相适应的畜牧兽医技术人员；（三）有与生产经营规模相适应的繁育设施设备；（四）具备法律、行政法规和国务院农业农村主管部门规定的种畜禽防疫条件；（五）有完善的质量管理和育种记录制度；（六）法律、行政法规规定的其他条件。"

种畜禽（活体）生产经营单位包括种畜场、种禽场等。其中，从资源利用的角度划分，种畜场主要有纯种（包括曾祖代、祖代）场、父母代场、种畜扩繁场、商品代仔畜繁育场；种禽场主要包括纯系场、曾祖代场、祖代场、父母代场、商品代雏禽繁育场和孵化场等。从资源保护的角度划分，种畜禽（活体）生产经营单位主要包括保种场、保护区和基因库等。种畜禽（活体）经营单位包括种畜禽进口企业等。

在畜牧法中规定种畜禽生产经营许可申请须具备的条件，这既是对种畜禽生产经营者提出基本要求，也是对从事种畜禽生产经营的单位、个人设定的"门槛"，只有这样，才能在最大程度上确保种畜禽质量，为畜牧业发展提供源头保证。

1. 关于品种（配套系）的要求。 生产经营的品种（配套系）必须是列入《国家畜禽遗传资源品种名录》或新通过国家畜禽遗传资源委员会审定或者鉴定的，或者是经批准从境外引进的。也就是列入国家畜禽遗传资源品种名录的畜禽品种才能够生产经营。

2. 关于技术人员的要求。 技术人员数量和素质是保障种畜禽生产质量的基础。种畜禽场应具有从事种畜禽遗传育种、繁殖饲养、疫病防控、质量检验、生产经营管理等方面的专业技术人员，并具有一定数量的专职技术人员，确保生产经营正常进行。一般来说，直接从事种畜禽生产的工人经过专业技术培训，可熟练掌握种畜禽生产全过程的基本知识和技能。

3. 关于繁育设施设备的要求。 繁育设施设备的齐全与否直接影响种畜禽的生产效率。不同的畜禽种类或品种，繁育设施设备的要求也不同。例如，从事家畜卵子、精液、胚胎等遗传材料生产经营的，应当配备精子密度测定仪、显微镜、细管精液分装机、超低温贮存设备、超净台或洁净间等设施设备；种猪场应具有仔猪舍、育成舍、配怀舍、公猪舍等设施以及相应的仪器设备；种羊场应具有羔羊舍、育成羊舍、母羊舍、草料库或青贮池、兽医室、病死羊无害化处理池、羊粪储存池等设施以及相应的仪器设备。繁育设施设备的要求除应当包括必要基础设施和仪器设备等条件以外，还应具备相应数量，以匹配生产群单品种存栏规模。

4. 关于防疫要求。加强疫病防治，从源头防止疫病发生和传播是种畜禽生产经营的必然要求。按照动物防疫法要求，做好动物疫病防控工作，落实各项防疫制度和措施，才能有效防范疫病风险，避免由此带来的经济损失。种畜禽场要按照《动物防疫条件审查办法》规定的动物防疫条件，设置兽医室、动物隔离舍、无害化处理设施以及采集遗传材料的区域，建立动物疫病净化制度，并取得动物防疫条件合格证。同时要符合《种用动物健康标准》的有关要求。

5. 关于管理要求。种畜禽场应当建立完善的质量管理制度，确保种畜禽质量达到种用要求。种畜禽场同时也是良种培育的基地，应开展选种选配，不断提高种畜禽生产性能，应当制定完善的育种方案，建立种畜禽系谱、生产性能测定、繁殖、防疫、销售、免疫、兽药使用等记录档案。从事畜禽遗传资源保护的种畜禽场，应当以保护我国地方遗传资源为主要目的，根据保护品种特点，制定个性化保种方案，开展品种登记、性能测定、人工授精等饲养繁育工作，同时要建立和完善相关记录。

6. 其他要求。要符合动物防疫、环境保护等有关法律法规的规定。

除上述基本条件外，在群体数量方面，种畜禽生产群单品种（配套系）必须达到一定的存栏规模，才能生产出优秀的种畜禽。因此，在具体落实上，也应要求种畜禽生产群单品种（配套系）规模达到育种、制种等规定的数量要求。

（二）申请家畜遗传材料生产经营许可证的条件

随着现代生物技术的发展，人工授精、胚胎移植、活体采卵、体外受精等技术在畜牧生产中的应用越发广泛与普遍，对家畜良种选育及遗传改良起到重要的促进作用，持续规范家畜遗传材料生产与经营对畜牧业高质量发展具有十分重要的意义。种畜禽卵子、冷冻精液、胚胎等遗传材料都源于活体种畜，是种畜繁衍后代的载体，这些遗传材料要求能够遗传其父母代性能特征，生产这些遗传材料的活体畜必须是种畜。因此，申请取得生产家畜卵子、精液、胚胎等遗传材料的生产经营许可证，应当符合本法第二十四条第二款规定的六项条件。同时，家畜卵子、精液、胚胎等遗传材料不同于活体种畜，具有其特殊性，畜牧法第二十五条规定："申请取得生产家畜卵子、精液、胚胎等遗传材料的生产经营许可证，除应当符合本法第二十四条第二款规定的条件外，还应当具备下列条件：（一）符合国务院农业农村主管部门规定的实验室、保存和运输条件；（二）符合国务院农业农村主管部门规定的种畜数量和质量要求；（三）体外受精取得的胚胎、使用的卵子来源明确，供体畜符合国家规定的种畜健康标准和质量要求；（四）符合有关国家强制性标准和国务院农业农村主管部门规定的技术要求。"依照畜牧法和相关规章规定，申请家畜卵子、精液、胚胎等遗传材料生产经营许可证，应当具备下列条件：

1. 具有与申请类别相适应的生产群单品种存栏规模。其中，生产牛冷冻精液的，应当有合格采精种公牛50头以上；生产牛胚胎的，应当有特、一级基础母牛200头以上；生产牛卵子的，应当有特、一级基础母牛100头以上。生产羊冷冻精液的，应当有合格采精种公羊100只以上；生产羊胚胎的，应当有特、一级基础母羊300只以上；生产羊卵子的，应当有特、一级基础母羊200只以上。生产猪精液的，应当有采精种公猪50头以上。生产其他畜种精液、胚胎、卵子的，应当具有相应种畜10头（匹、峰）以上。

2. 具有与生产规模相适应的种畜饲养繁育场地和家

畜遗传材料生产、质量检测、产品储存、档案管理场所。

3. 具有与生产规模相适应的家畜饲养和遗传材料生产、检测、保存、运输等设施设备。其中，生产冷冻精液应当配备精子密度测定仪、相差显微镜、分析天平、细管精液分装机、细管印字机、精液冷冻程控仪、低温平衡柜、超低温贮存设备等仪器设备；生产胚胎和卵子应当配备超净台或洁净间、体视显微镜、超低温贮存设备等，生产体外胚胎还应当配备二氧化碳培养箱等仪器设备。

4. 种公（母）畜来源明确，三代系谱清楚，供体畜应当符合种用动物健康标准，遗传材料应当符合国家规定的质量要求。

5. 具有遗传育种、繁殖饲养、疫病防控、质量检验等专业技术人员 5 名以上，其中专职人员 3 名以上。

6. 具有完善的种源来源记录，三代以上系谱、性能测定（如适用）、生产、防疫、免疫、兽药使用等记录档案。

7. 建立相应的质量管理制度，应当有完整的采集、销售、移植等记录，记录应当保存 2 年。

8. 符合农业农村部规定的其他条件。

本条所称冷冻精液是指经超低温冷冻保存的家畜精液；胚胎是指用人工方法获得的家畜早期胚胎，包括体内受精胚胎和体外受精胚胎；卵子是指母畜卵巢所产生的卵母细胞，包括体外培养卵母细胞。

（三）许可证的分级负责和统一管理

1994 年国务院颁布的《种畜禽管理条例》确立了种畜禽生产经营许可分级管理制度，生产经营畜禽冷冻精液、胚胎或者其他遗传材料的，由国务院畜牧行政主管部门核发种畜禽生产经营许可证，其他类型种畜禽的生产经营许可证由各省、自治区、直辖市制定办法并分级核发。分级核发既可提高种畜禽生产经营许可证核发效率，又能有效维护种畜禽场四级繁育管理体系，为畜禽种业有序发展提供制度保障。

根据 2015 年 4 月 24 日第十二届全国人民代表大会常务委员会第十四次会议《关于修改〈中华人民共和国计量法〉等五部法律的决定》，将遗传材料的生产经营许可证审批改由省级畜牧兽医行政主管部门执行。为巩固行政审批改革成果，畜牧法第二十六条第一款、第二款规定："申请取得生产家畜卵子、精液、胚胎等遗传材料的生产经营许可证，应当向省、自治区、直辖市人民政府农业农村主管部门提出申请。受理申请的农业农村主管部门应当自收到申请之日起六十个工作日内依法决定是否发放生产经营许可证。其他种畜禽的生产经营许可证由县级以上地方人民政府农业农村主管部门审核发放。"种畜禽生产经营许可证的发放实行分级负责，根据生产经营范围不同，分别由省级和县级以上地方人民政府农业农村主管部门负责受理。

省级农业农村主管部门在接到单位或个人提出的申请后，应当对申请人提交的材料进行审查，对照本法第二十四条、第二十五条的规定及相关规章规定逐一进行审查和评定，符合条件的，发放种畜禽生产经营许可证并予公告；不符合条件的，通知申请人并说明理由。核发机关认为有必要的，可以对申请人的种群规模、人员条件、档案记录、设施设备等进行现场核验，并查验申请材料原件。

依照畜牧法第二十六条第二款规定，除家畜卵子、精液、胚胎等遗传材料外，其他种畜禽的生产经营许可证由县级以上地方人民政府农业农村主管部门发放。在实践中，该类生产经营范围包括：从事种畜禽纯种（包括曾祖代、祖代）、父母代、商品代仔畜或雏禽生产经营的种畜禽场，以及家畜精液、胚胎、卵子或种蛋等种畜禽遗传材料生产经营的种畜禽场。

畜牧法第二十六条第三款规定："国家对种畜禽生产经营许可证实行统一管理、分级负责，在统一的信息平台办理。种畜禽生产经营许可证的审批和发放信息应当依法向社会公开。具体办法和许可证样式由国务院农业农村主管部门制定。"相比原畜牧法，新修订的畜牧法，一是增加了"国家对种畜禽生产经营许可证实行统一管理、分级负责，在统一的信息平台办理"的规定，对种畜禽生产经营许可管理实行国家统一管理，全国实行统一样式的许可证以及在统一的信息平台办理，主要目的是通过信息化手段实现种畜禽生产经营精准化管理和服务，及时有效规范种畜禽生产经营行为，维护市场秩序，提高种畜禽及其遗传材料质量，提升我国畜禽，即种业发展水平；二是进一步完善了信息公开相关规定，即"种畜禽生产经营许可证的审批和发放信息应当依法向社会公开"；三是明确"具体办法和许可证样式由国务院农业农村主管部门制定"。根据上述规定，全国各地各类种畜禽生产经营许可证的申请、受理、审核、发放、变更等程序，在全国统一信息平台办理，实行统一管理、分级负责。

（四）种畜禽生产经营许可证的内容

畜牧法明确了种畜禽生产经营许可证应该注明的内容。畜牧法第二十七条第一款规定："种畜禽生产经营许可证应当注明生产经营者名称、场（厂）址、生产经营范围及许可证有效期的起止日期等。"按照法律规定，种畜禽生产经营许可证应当注明许可证编号、企业名称、统一社会信用代码、法定代表人、生产经营地址、生产经营范围、有效期、发证机关、发证日期等内容。生产经营地址即场（厂）址，是指畜禽生产的地址。如一家生产经营者有多个种畜禽场，或者场址涉及多县域、多省份，要确保种畜禽生产经营许可证实行属地管理，实行一场一证制。生产经营范围包括生产经营的种畜禽物种类别、品种名称、代次等。在实践中，种畜禽生产和经营两者范围有时会出现不一致，如饲养"京粉1号"蛋鸡的祖代鸡场，其生产范围是"京粉1号"祖代鸡，但经营范围是"京粉1号"父母代鸡，生产和经营范围不一致，因此要在种畜禽生产经营许可证上注明种畜禽生产和经营的范围。有效期是指种畜禽生产经营许可证的有效期。

畜牧法第二十七条第二款规定："禁止无种畜禽生产经营许可证或者违反种畜禽生产经营许可证的规定生产经营种畜禽或者商品代仔畜、雏禽。禁止伪造、变造、转让、租借种畜禽生产经营许可证。"伪造、变造、转让、租借种畜禽生产经营许可证是违法行为，违反相关规定，应当依照本法第八十二条的规定处罚。

六、种畜禽销售的监管

(一) 销售种畜禽广告

发布种畜禽广告，是宣传企业、促进种畜禽销售的重要手段。广告内容的真实、合法，不仅是广告主职业道德和诚信的表现，也是对购买种畜禽的养殖者负责的一种担当。畜牧法第二十九条规定："发布种畜禽广告的，广告主应当持有或者提供种畜禽生产经营许可证和营业执照。

广告内容应当符合有关法律、行政法规的规定，并注明种畜禽品种、配套系的审定或者鉴定名称，对主要性状的描述应当符合该品种、配套系的标准。"

　　发布种畜禽广告，必须符合广告法的规定。广告法第四条规定"广告不得含有虚假或者引人误解的内容，不得欺骗、误导消费者。"第五条规定"广告主、广告经营者、广告发布者从事广告活动，应当遵守法律、法规，诚实信用，公平竞争。"第八条规定"广告中对商品的性能、功能、产地、用途、质量、成分、价格、生产者、有效期限、允诺等或者对服务的内容、提供者、形式、质量、价格、允诺等有表示的，应当准确、清楚、明白。"第十一条规定"广告内容涉及的事项需要取得行政许可的，应当与许可的内容相符合。广告使用数据、统计资料、调查结果、文摘、引用语等引证内容的，应当真实、准确，并表明出处。引证内容有适用范围和有效期限的，应当明确表示。"第二十七条规定"农作物种子、林木种子、草种子、种畜禽、水产苗种和种养殖广告关于品种名称、生产性能、生长量或者产量、品质、抗性、特殊使用价值、经济价值、适宜种植或者养殖的范围和条件等方面的表述应当真实、清楚、明白，并不得含有下列内容：（一）作科学上无法验证的断言；（二）表示功效的断言或者保证；（三）对经济效益进行分析、预测或者作保证性承诺；

（四）利用科研单位、学术机构、技术推广机构、行业协会或者专业人士、用户的名义或者形象作推荐、证明。"

因此，种畜禽生产经营单位或个人为其种畜禽场生产的种畜禽进行广告宣传，在遵守广告法有关规定的同时，还必须出具种畜禽生产经营许可证和营业执照，准确注明种畜禽品种（配套系）名称、主要生产性能，不可以商品名称代替品种名称，不得夸大种畜禽生产性能、发布虚假信息，误导购买者。

（二）销售种畜禽质量要求

1. 销售种畜禽。种畜禽质量关乎畜禽养殖业效益和水平，关于畜禽蛋奶产品的供应安全。提高种畜禽质量安全水平，对于推动种畜禽产业健康发展，保障重要农产品有效供给具有重要作用。畜牧法对销售的种畜禽质量提出明确要求。畜牧法第三十条规定："销售的种畜禽、家畜配种站（点）使用的种公畜，应当符合种用标准。销售种畜禽时，应当附具种畜禽场出具的种畜禽合格证明、动物卫生监督机构出具的检疫证明，销售的种畜还应当附具种畜禽场出具的家畜系谱。生产家畜卵子、精液、胚胎等遗传材料，应当有完整的采集、销售、移植等记录，记录应当保存二年。"

出售给养殖者的种畜禽，以及在家畜配种站（点）使用的种公畜都必须达到种用标准，这是对种畜禽质量的最低要求。家畜配种站（点）是为广大养殖户提供家畜繁殖服务的，种畜禽的质量情况直接决定养殖效益。因此，明确家畜配种站（点）使用种公畜的质量要求，也是推广优良品种，搞好品种改良的重要措施。种畜禽场的一个重要任务是不断繁育优良的种畜禽，出售种畜禽时应当给购买者提供种畜禽质量和健康证明资料，主要包括动物卫生监督机构出具的检疫证明、种畜禽场出具的种畜禽合格证明和家畜系谱，即通常说的销售种畜禽应当"三证"齐全。家畜系谱是家畜繁育和选种选配的重要资料，种畜禽场出具的系谱一般应当有规定代次的血缘关系及其主要生产数据。

2. 销售种畜禽遗传材料。为严格种畜禽遗传材料质量监管，规范生产销售行为，强化可追溯管理，畜牧法对相关档案记录材料进行了规定。畜牧法第三十条第二款规定："生产家畜卵子、精液、胚胎等遗传材料，应当有完整的采集、销售、移植等记录，记录应当保存二年。"

3. 销售商品代仔畜、雏禽。畜牧法第三十三条规定："销售商品代仔畜、雏禽的，应当向购买者提供其销售的商品代仔畜、雏禽的主要生产性能指标、免疫情况、饲养技术要求和有关咨询服务，并附具动物卫生监督机构出具的检疫证明。销售种畜禽和商品代仔畜、雏禽，因质量问题给畜禽养殖者造成损失的，应当依法赔偿损失。"

根据消费者权益保护法关于经营者义务的要求，经营者向消费者提供有关商品或者服务的质量、性能、用途、有效期限等信息，应当真实、全面，不得作虚假或者引人误解的宣传。经营者对消费者就其提供的商品或者服务的质量和使用方法等问题提出的询问，应当作出真实、明确的答复。

生产和销售商品代仔畜、雏禽的种畜禽场和孵化场（厂），在销售商品代仔畜、雏禽时，必须与种畜禽生产经营许可证的经营范围一致。应当附具种畜禽场出具的种畜禽合格证明、动物卫生监督机构出具的检疫证明，销售的种畜还应当附具种畜禽场出具的家畜系谱，并且有义务向购买者提供其销售的商品代仔畜、雏禽的主要生产性能指标、免疫情况、饲养技术要求和有关咨询服务。由于商品代仔畜、雏禽作为活体商品的特殊性，种畜禽场或孵化场（厂）宜与购买其产品的用户签订买卖合同。销售种畜禽因质量问题给畜禽养殖者造成损失的，应当依法赔偿损失。需要指出的是，农户饲养的种畜禽用于自繁自养和有少量剩余仔畜、雏禽出售的，农户饲养种公畜进行互助配种的，不需要办理种畜禽生产经营许可证。

（三）销售种畜禽的禁止行为

种畜禽生产单位或个人应依法销售种畜禽。畜牧法

第三十一条规定:"销售种畜禽,不得有下列行为:(一)以其他畜禽品种、配套系冒充所销售的种畜禽品种、配套系;(二)以低代别种畜禽冒充高代别种畜禽;(三)以不符合种用标准的畜禽冒充种畜禽;(四)销售未经批准进口的种畜禽;(五)销售未附具本法第三十条规定的种畜禽合格证明、检疫证明的种畜禽或者未附具家畜系谱的种畜;(六)销售未经审定或者鉴定的种畜禽品种、配套系。"本条规定了六类禁止销售行为,包括:

1. 不同品种的互换销售。以种猪为例,由于种猪育种的趋同性,目前长白猪和大白猪在体型外貌方面的差别不是特别明显,有的种猪场在市场纯种大白种猪旺销时,以长白猪冒充大白猪出售。同样,不同的家禽品种,由于羽色、体型大小相近,也存在不同品种相互冒充的问题。

2. 同一品种不同代次的冒充。种畜禽生产都有严格的繁育代次。如种鸡一般分曾祖代、祖代和父母代,不同代次的种鸡其生产性能有明显的差别,而且代次越低,其生产成本越小,市场价格也越低,反之,生产成本和市场价格越高。但由于不同代次的种畜禽其外观差异不明显,有的生产单位或个人利用低代次种畜禽冒充高代次种畜禽,谋取高价利润。

3. 不符合种畜禽的种用标准。目前国家畜禽遗传资源委员会审定或者鉴定的品种、配套系，或者是经批准引进的境外品种、配套系都有品种或配套系标准，种用标准应不低于其品种标准。

4. 销售未经批准进口的种畜禽。畜牧法第三十二条规定："申请进口种畜禽的，应当持有种畜禽生产经营许可证。进口的种畜禽应当符合国务院农业农村主管部门规定的技术要求。首次进口的种畜禽还应当由国家畜禽遗传资源委员会进行种用性能的评估。"除适用以上的规定外，还适用本法第十六条的规定："从境外引进畜禽遗传资源的，应当向省、自治区、直辖市人民政府农业农村主管部门提出申请；受理申请的农业农村主管部门经审核，报国务院农业农村主管部门经评估论证后批准；但是国务院对批准机关另有规定的除外。经批准的，依照《中华人民共和国进出境动植物检疫法》的规定办理相关手续并实施检疫。从境外引进的畜禽遗传资源被发现对境内畜禽遗传资源、生态环境有危害或者可能产生危害的，国务院农业农村主管部门应当商有关主管部门，及时采取相应的安全控制措施。"

5. 销售未附具本法第三十条规定的种畜禽合格证明、检疫证明的种畜禽或者未附具家畜系谱的种畜。本法第三十条规定，销售种畜禽时，应当附具种畜禽场出具的种畜禽合格证明、动物卫生监督机构出具的检疫证明，销售的种畜还应当附具种畜禽场出具的家畜系谱。这是销售种畜禽的强制性规定。因此，任何组织和个人在销售种畜禽时，必须附具种畜禽场出具的种畜禽合格证明，以及动物卫生监督机构出具的检疫证明；销售种畜时，还应当附具种畜禽场出具的家畜系谱。

6. 销售未经审定或者鉴定的种畜禽品种、配套系。本法第二十一条规定，培育的畜禽新品种、配套系和新发现的畜禽遗传资源在销售、推广前，应当通过国家畜禽遗传资源委员会审定或者鉴定，并由国务院农业农村主管部门公告。也就是说，如果销售者销售的种畜禽产品是培育的畜禽新品种、配套系和新发现的畜禽遗传资源，必须通过国家畜禽遗传资源委员会审定或者鉴定，方可进行销售。

（四）种畜禽质量安全的监管

对种畜禽质量安全的有效监管，是落实党中央国务院决策部署的种业振兴行动方案具体举措之一。推进种畜禽质量安全体系建设与应用，将党中央国务院关于畜禽种业的决策部署做实做细，是确立畜禽种业基础性和战略性地位、夯实畜牧业发展根基的一项重要工作。畜牧法第三十四条规定："县级以上人民政府农业农村主管部门负责种畜禽质量安全的监督管理工作。种畜禽质量安全的监督检验应当委托具有法定资质的种畜禽质量检验机构进行；所需检验费用由同级预算列支，不得向被检验人收取。"

1. 监管工作职责部门。县级以上地方人民政府和国务院农业农村主管部门是本法规定的负责种畜禽质量安全的监督管理机构。同时，监管部门实施本条规定的监督管理职权，必须遵循监督管理的主体要合法、监督管理的对象要合法、监督管理的内容要合法等原则。

2. 种畜禽质量检验机构。县级以上人民政府农业农村主管部门负责种畜禽质量安全的监督管理工作，对种畜禽的质量进行认定，要通过有关技术数据确定涉及的种畜禽是否存在质量问题。这是一项专业性很强的技术性工作，需要由有关的技术机构协助农业农村主管部门完成，并且所需检验费用应当由同级预算列支，不得向被检验人收取。

目前，我国建设了涉及种猪、家禽、牛、羊等种畜禽部（省）级质检机构15个，并自2006年以来积极开展实施了奶牛、肉牛、生猪良种工程项目，对行业发展促进迅速。2010年起，农业部安排专项经费组织开展种畜禽质量安全监督检验项目，依托国家或省级种畜禽质量监督检测机构承担任务工作。通过种畜禽质量安全监督检验项目的实施，种畜禽产品质量尤其是种公牛冷冻精液和种猪常温精液质量逐步提升。种猪常温精液质量合格率由 2010 年的 87.17％，提高到 2021 年的 94.14％；国产牛冷冻精液质量连续十三年保持在 96％以上。农业农村部通过官网及时向社会公布监督检验结果，对连续多年抽检合格的企业予以通报，引导广大养殖者科学选用畜禽良种，对规范种畜禽市场秩序、维护养殖场户权益提供了基础支撑，取得了显著的生态、经济和社会效益。

七、进出口种畜禽

（一）进口种畜禽必须持有种畜禽生产经营许可证

引进种畜禽有助于提高我国畜禽生产水平，丰富育种素材、加快育种进程，提升优良种畜禽的市场竞争力。但是，种畜禽引进应与畜牧业发展实际需要相适应，既要保证种畜禽质量，又要避免盲目引进，就是要引进来用于种畜禽生产经营，防止低水平重复引进种畜禽。种畜禽进口坚持"谁饲养，谁申请"的原则。畜牧法第三十二条第一款规定："申请进口种畜禽的，应当持有种畜禽生产经营许可证。因没有种畜禽而未取得种畜禽生产经营许可证的，应当提供省、自治区、直辖市人民政府农业农村主管部门的说明文件。进口种畜禽的批准文件有效期为六个月。"第一，本款规定的种畜禽，包括种用冷冻精液、冷冻胚胎等遗传材料。第二，依照畜牧法第二十四条、第二十五条关于申请取得种畜禽生产经营许可证应当具备条件的规定，部分新建种畜禽场因无种畜禽不能办理生产经营许可证，无法引进种畜禽。此次修改畜牧法，明确这种情况可以通过提供省、自治区、直辖市人民政府农业农村主管部门的说明文件予以解决。第三，考虑到在进口种畜禽实际操作过程中，批准文件有效期时间太短，容易造成反复审批；时间太长或跨年度的进口种畜禽，不利于种畜禽进口的监管。因此，本款规定进口种畜禽的批准文件即《农业农村部动植物苗种进（出）口审批表》有效期为 6 个月。

（二）进口种畜禽必须符合技术要求

畜牧法第三十二条第二款规定："进口的种畜禽应当符合国务院农业农村主管部门规定的技术要求。首次进口的种畜禽还应当由国家畜禽遗传资源委员会进行种用性能的评估。"本款是对进口种畜禽的技术要求，包含引进品种的培育过程、品种标准、生产性能、产地、分布及气候环境、相关图片资料等。引进畜禽遗传资源为种用活畜的，需提供出口国官方或官方委托机构出具的种畜系谱证明。引进种畜禽还需要提供其他法律法规所要求的材料。首次进口的种畜禽还应当由国家畜禽遗传资源委员会进行种用性能的评估，确保引进的种畜禽遗传资源是世界著名品种或优秀杂交组合配套系，具有优良的生产性能或独特的经济性状，不会对境内畜禽遗传资源、生态环境有危害或者可能产生危害，能够进一步丰富我国畜禽遗传多样性、推动我国畜禽种业高质量发展。

目前，为做好畜禽遗传资源进口的技术审查工作，保证进口畜禽遗传资源质量，依照畜牧法和《畜禽遗传资源进出境和对外合作研究利用审批办法》的有关规定，国务院农业农村主管部门修订了《种猪及精液进口技术要求》《种牛及冷冻精液和胚胎进口技术要求》，制定了《种鸡进口技术要求》，后续在适宜时机将对已有畜种技术要求予以修订，对没有技术要求的畜种要予以制定。

（三）进口种畜禽办理基本流程

种畜禽是特殊的畜禽遗传资源，种畜禽进口除符合上述条件和程序外，还应当遵守畜禽遗传资源进出境管理相关规定。畜牧法第三十二条第三款规定："种畜禽的进出口管理除适用本条前两款的规定外，还适用本法第十六条、第十七条和第二十二条的相关规定。"因此，进口种畜禽首先应当依照畜牧法第十六条以及《畜禽遗传资源进出境和对外合作研究利用审批办法》相关规定，向省、自治区、直辖市人民政府农业农村部门提出申请，取得经省级人民政府农业农村主管部门审核意见。获得同意意见后，再报国务院农业农村主管部门批准。具体基本流程如下：

1. 农业农村部政务服务大厅种业窗口审查申请人递交的《农业农村部畜禽遗传资源引进申请表》及相关材料，材料齐全的予以受理。

2. 农业农村部种业管理司根据国家有关规定，对审核意见、申请材料进行审查，组织专家组进行技术审查。首次引进畜禽遗传资源的，将审核意见和申请资料送国家畜禽遗传资源委员会进行评估或评审。

3. 农业农村部种业管理司根据审查意见提出审批方案，按程序报签后办理批件。

4. 予以许可的，在《农业农村部动植物苗种进（出）口审批表》"审批机关"处签署批准意见，加盖行政审批专用章。

5. 不予许可的，不出具《农业农村部动植物苗种进（出）口审批表》，并告知原因。收到不予受理通知书、办结通知书（不予批准）之日起，申请人可以在 60 日内向农业农村部申请行政复议，或者在 6 个月内向北京市第三中级人民法院提起行政诉讼。

目前，农业农村部深入推进种畜禽进出口审批管理"证照分离"改革，减轻企业申请材料负担，对"种畜禽进出口生产经营许可证"的证明材料实施告知承诺制。

（四）加大对引进种畜禽的开发利用

1995 年至 2007 年，为尽快缩小我国农业科技与世界先进水平的差距，国家从"九五"期间开始启动"948"计划，支持引进国外优良畜禽品种。这期间，主要是推广国外引进的高产品种来增加畜产品产量，满足城乡居民"菜篮子"产品的消费需求。每年大约从国外引进种猪 3 000 头、种鸡 41 万套、种牛 4 万头、种羊 7 000 只，支撑了我国畜牧业生产的快速发展。

2008 年以来，畜牧业生产从数量增长向提高质量、效益转变，畜产品消费需求呈现出多元化、差异化的趋势。为适应现代畜牧业发展需要，我国奶牛、生猪等主要畜种的遗传改良计划相继发布，畜禽种业进入进口品种国产化与自主培育品种并重的发展阶段。今后一个时期，我国将建立以市场为导向、以企业为主体的商业化育种体系，世界畜禽遗传资源丰富多样，引进国外优异畜禽遗传资源，对研究利用国外优秀种质资源、丰富国内畜禽遗传多样性、培育新品种和改良提升畜禽资源生产性能具有重要意义。畜牧法第三十二条第四款规定："国家鼓励畜禽养殖者利用进口的种畜禽进行新品种、配套系的培育；培育的新品种、配套系在推广前，应当经国家畜禽遗传资源委员会审定。"

八、蜂种、蚕种的管理办法

蜂和蚕是我国畜牧业的组成部分。畜牧法第二条第三款规定："蜂、蚕的资源保护利用和生产经营，适用本法有关规定。"由于蜂、蚕有别于畜禽的特性，本法对其只做原则性、指引性规定，并授权有关部门制定具体办法。畜牧法第三十五条规定："蜂种、蚕种的资源保护、新品种选育、生产经营和推广，适用本法有关规定，具体管理办法由国务院农业农村主管部门制定。"

蜂是重要的授粉昆虫，对维持生态系统平衡十分重要。根据 2011 年版《中国畜禽遗传资源志 蜜蜂志》和农业部畜禽遗传资源鉴定公告，我国目前有 14 个蜜蜂地方品种，其中中蜂、东北黑蜂和新疆黑蜂列入国家畜禽遗传资源保护名录。蚕是我国的特色经济昆虫，是我国发展"一带一路"国际合作的重要载体。我国家蚕遗传资源丰富，据初步统计，现有家蚕地方品种 200 余个，育成品种（杂交组合）的母种 180 余个，引入品种 60 余个。我国现有桑园 80 万公顷，养蚕农户 1 100 多万户，每年生产鲜茧 65 万吨左右，蚕茧收入 320 亿元，蚕桑资源利用近 100 亿元，撬动丝绸工业年产值达 1 500 亿元。养蚕业是农民脱贫致富和美丽乡村建设的优势产业。畜牧法的这条规定使得蜂、蚕的资源保护有法可依，对强化蜂、蚕遗传资源保护，推动建设蜂和蚕的基因库、保种场和保护区具有重要意义。本法第四十九条至五十一条对支持和规范养蜂业发展作出规定。

此外，考虑到家畜人工授精、胚胎移植等繁殖工作的广泛开展，此次修改畜牧法，听取有关方面意见，删除原畜牧法第二十七条关于"专门从事家畜人工授精、胚胎移植等繁殖工作的人员，应当取得相应的国家职业资格证书"的内容。当然，删除此项规定不影响相关部门开展工种考核、国家职业资格证书评定工作。

第四章

畜禽养殖

　　加快推进现代畜牧业，一方面要发展适度规模经营，引导养殖场（户）改造提升基础设施条件，扩大养殖规模，提升标准化养殖水平，这是现代畜牧业的发展方向，是高质量发展的必由之路；另一方面要扶持中小养殖户发展，鼓励新型农业经营主体与中小养殖户建立利益联结机制，带动中小养殖户专业化生产，加强基层畜牧兽医技术推广体系建设，健全社会化服务体系，提升市场竞争力。多年以来，我国将提升畜禽养殖集约化水平作为推动畜牧业转型升级的根本途径，加快转变生产方式，畜禽产品生产能力、规模养殖比重稳步提升，生产效率显著提高。但是，畜禽疫病防治、畜禽产品稳产保供和质量安全面临新问题新挑战，仍然需要进一步加强畜禽养殖生产行为的规范，防范人畜共患病的传播风险，保障畜禽产品质量安全。

本章共 15 条，主要规定了以下内容：一是积极推进畜牧业生产方式转变，引导和支持畜牧业结构调整，鼓励发展特种畜禽养殖和养蜂业。二是针对畜禽养殖中存在的用地难问题，规定应当保障畜禽养殖用地合理需求，畜禽养殖用地按照农业用地管理，并纳入国土空间规划。三是设立畜牧兽医技术推广机构，提供粪污资源化利用、疫病防控、良种推广等服务。四是规定兴办畜禽养殖场的条件和备案。五是对畜禽养殖的投入品使用、畜禽粪污处理以及种养结合进行了规定。六是为落实畜禽产品质量责任追究制度，实行畜禽标识和养殖档案管理。此次修订畜牧法，为保障公共卫生安全，本章强化了畜禽养殖场（户）的畜禽粪污资源化利用主体责任，促进种养结合；明确畜禽养殖户的畜禽防疫条件和粪污处理利用要求由各省（自治区、直辖市）制定；新增引导畜禽养殖户和鼓励特种畜禽养殖发展的内容；规范畜禽养殖场的选址要求。

一、引导和支持畜牧业结构调整

随着城乡居民收入水平提高，畜禽产品消费结构加速升级，肉、蛋、奶等动物蛋白摄入量需求增加，特别是对乳品、牛羊肉的需求快速增长，绿色优质畜禽产品市场空间不断拓展。然而，我国畜禽产品结构和质量依然有待进一步提高，畜禽产品进口冲击日益凸显，统筹畜牧业保供给和促增收难度加大，畜牧业绿色发展要求更高，结构调整任务更重。面对畜牧业发展形势和任务的重大变化，迫切要求畜牧业生产必须从满足人民的基本生活需求向适应多层次、多样化的消费需求转变，从追求数量为主向数量、质量并重的方向转变。而且，要通过调整优化畜牧业结构，充分发挥区域比较优势，挖掘资源利用的潜力，实现资源和生产要素的合理配置，提高资源开发利用的广度和深度，做到资源有效利用和合理保护的有机结合，促进畜牧业可持续高质量发展。因此，畜牧法第三十六条规定：“国家建立健全现代畜禽养殖体系。县级以上人民政府农业农村主管部门应当根据畜牧业发展规划和市场需求，引导和支持畜牧业结构调整，发展优势畜禽生产，提高畜禽产品市场竞争力。”

（一）畜牧业结构分类

畜牧业结构根据生产区域、产业规模、畜禽种属、产品种类以及经济用途等进行分类。例如，根据经济社会发展水平、资源环境承载能力、市场消费需求等因素，可将全国生猪养殖业划分为调出区、主销区和产销平衡区；根据畜种不同，可将畜牧业分为养猪业、养禽业、养羊业、养牛业等小的生产部门，也称为畜种结构；根据产品种类和经济用途，还可进一步细分，如养羊业又可分为肉用羊和毛用羊饲养，羊毛又可分为粗毛、细毛、半细毛等。

2022年，全国猪肉产量5341万吨、牛肉产量718万吨、羊肉产量525万吨、禽肉产量2443万吨，占肉类总产量的比重分别是59.4%、7.7%、5.6%、26.2%，而2005年猪、牛、羊、禽肉的比重分别是65.6%、8.2%、5.0%和19.4%，猪肉比重明显下降，禽肉比重上升，变化趋势符合满足城乡居民多样化、多层次的肉类消费需求的发展方向，畜禽产品结构不断优化。

（二）畜牧业结构调整的依据和工作重点

调整畜牧业结构是提升畜产品竞争力和畜牧业经济效益的重要途径，其实质就是要遵循价值规律和自然规律，以市场需求为导向，以当地资源为基础，以提高畜产品竞争力为核心，以提高畜牧业经济效益为目标，制定畜牧业发展规划，发挥市场配置资源的决定性作用，发挥政府在畜牧业结构调整中的宏观调控作用，使结构调整由简单的适应性调整转为战略性结构调整，形成高产、优质、高效型畜牧业结构。

总的来看，当前畜牧业结构调整要适应农业供给侧结构性改革的要求，以提高畜牧业劳动生产率、资源利用率、畜禽生产力为主攻方向，进一步转方式、调结构、优质量，全面提升畜产品供给质量和水平。一是继续推进产业布局调整，以资源环境承载力为基础，继续推动形成生猪、奶牛、肉鸡、蛋鸡、肉牛、肉羊产业合理布局，资源有效利用的生产新格局。二是示范引领产业转型升级，继续抓好畜禽养殖标准化示范创建活动，以生猪、奶牛等传统畜禽为重点，兼顾特色畜禽，创建好示范牧场。三是提高畜禽产品质量和档次，发展名特优新产品，采取提高畜牧业的科技含量和附加值等综合措施，提高畜牧业的经济效益，增加农牧民收入。四是大力发展优质特色畜牧业，适应市场消费转型的要求，支持引导蜜蜂、马、驴、奶山羊、兔等畜禽产品市场成长稳定，发展有潜力、有市场需求的特色产品。

（三）畜牧业结构调整成效

近年来，在充分尊重畜禽养殖场（户）意愿的基础上，各级政府及其相关部门通过政策引导、信息服务和技术示范等办法，切实加强对畜牧业结构调整的指导，增加对结构调整的投入，采取加强畜牧业基础设施、市场体系、技术推广体系建设等措施，推动畜牧业结构调整，发展优势畜禽生产，提高畜禽产品市场竞争力，畜牧业结构调整成效明显。

一是区域结构持续优化。强化规划指导和政策引导，积极稳妥推进畜禽养殖业向环境承载容量大的地区和粮食主产区转移。生猪养殖北进西移，蛋鸡养殖东扩南下，水网地区养殖密度、养殖强度都有所下降，南方长距离调用鸡蛋的情况也在逐步改善。

二是产业结构得到优化。持续推进畜禽养殖标准化示范创建，大力发展标准化规模养殖，畜禽养殖规模化率达到71.5％，畜牧业实现了从分散养殖到规模养殖的历史性转变，规模经营主体的"压舱石"作用正在逐步显现。粮改饲面积达到2 000多万亩，新型种养关系加快构建，畜禽养殖废弃物资源化利用加快推进，畜牧业朝着节水、节粮、节地的方向发展，种养结合，绿色发展成为一个新的导向。

三是产品结构得到优化。肉蛋奶的结构持续调整，奶业正在向着全面振兴的方向逐步迈进，优质特色畜牧业快速发展。猪肉占肉类比重下降，更加贴近市场的需求，生鲜乳生产持续增长，牛羊肉产销两旺。同时，畜产品质量安全水平也在不断提升，生鲜乳中三聚氰胺等重点监控的违禁添加物抽检合格率长期保持在100％。全国饲料产品抽检合格率达到98％以上。

（四）建立健全现代畜禽养殖体系

此次修改畜牧法，在现行法律的基础上，根据现代畜牧业发展的需要，特别增加了"国家建立健全现代畜禽养殖体系"的表述。我国畜牧业是在一家一户分散养殖的基础上逐步发展壮大起来的，虽然规模化养殖已经成为肉蛋奶市场供应的主体。但也要看到，我国畜禽规模养殖与发达国家相比，还有相当差距，设施装备条件差，生产效率不高，与规模化相对应的标准化生产体系还没有全面建立起来。畜牧业产业体系还不完善，资源环境的硬约束日益加剧，动物疫病风险隐患大，地方政府发展畜禽养殖的积极性受多种因素制约，依靠进口调剂畜禽产品余缺的不稳定性不确定性明显增加，畜牧业可持续发展面临新情况和老问题交织影响，稳产保供压力巨大。

特别是面向中小养殖场（户）的畜牧业社会化服务体系不完善，畜牧业产加销脱节、联结不紧密、发展不均衡的问题突出。畜禽产品加工流通发育滞后，增值空间受到很大制约。为此，2020 年 9 月，国务院办公厅印发的《关于促进畜牧业高质量发展的意见》（国办发〔2020〕31号）指出，要加快构建现代养殖体系，加强良种培育与推广，实施生猪良种补贴和牧区畜牧良种补贴。健全饲草料供应体系，因地制宜推行粮改饲。提升畜牧业机械化水平，将养殖场（户）购置农机装备按规定纳入补贴范围。发展适度规模经营，扶持中小养殖户发展。加快构建现代畜禽养殖体系是在实施乡村振兴战略过程中，以农业供给侧结构性改革为主线，实现畜牧业高质量发展的内在要求，畜牧法将其上升为法律规范。

二、畜禽养殖用地保障

畜禽养殖用地是畜牧业发展的重要基础。然而，长久以来，畜禽养殖用地没有法律层面的明确界定，受耕地、林地以及生态环境保护等政策红线制约，有的地方在编制国土空间规划时没有将畜禽养殖用地纳入规划，用地难成为发展规模化畜禽养殖的瓶颈问题。畜禽养殖的规模化比例不断提高，对养殖生产、环保及粪污处置等设施用地提出了新的需求，有的养殖企业建设多层建筑进行生猪生产，原有用地规定已不适应现代畜牧业发展的需要。四川、云南等山区省份丘陵多、土地零散、耕地"插花现象"突出，规模化养殖设施选址困难。这些问题反映出原有畜禽养殖用地政策需要与时俱进，不断改进完善。

2019 年以来，为促进生猪产能快速恢复，有关部门密集出台了多项扶持政策，养殖用地、环评和信贷等政策取得重大突破，政策支持力度很大。此次修改畜牧法，针对畜禽养殖过程中土地资源利用急迫问题，专门对畜禽养殖用地进一步作了规范，将行之有效的畜禽养殖用地政策上升为法律，推动解决畜牧业发展中的用地难题。畜牧法第三十七条规定："各级人民政府应当保障畜禽养殖用地合理需求。县级国土空间规划根据本地实际情况，安排畜禽养殖用地。畜禽养殖用地按照农业用地管理。畜禽养殖用地使用期限届满或者不再从事养殖活动，需要恢复为原用途的，由畜禽养殖用地使用人负责恢复。在畜禽养殖用地范围内需要兴建永久性建（构）筑物，涉及农用地转用的，依照《中华人民共和国土地管理法》的规定办理。"

（一）县级国土空间规划安排畜禽养殖用地

建立国土空间规划体系是党中央作出的重大决策部署。《中共中央　国务院关于建立国土空间规划体系并监督实施的若干意见》明确将土地利用规划、城乡规划等融合为统一的国土空间规划。2019 年 5 月，自然资源部印发《关于全面开展国土空间规划工作的通知》（自然资发〔2019〕87 号），全面部署各级国土空间规划编制工作，指导各地在市、县、乡镇级国土空间总体规划和"多规合一"实用性村庄规划编制中优化城镇、农业、生态空间，统筹安排各类各业用地。根据土地管理法规定，国家实行土地用途管制制度，经依法批准的国土空间规划是各类开发、保护、建设活动的基本依据，包括兴办畜禽养殖场在内的各类建设活动使用土地均需要符合国土空间规划要求。

发展畜禽规模化、标准化养殖，转变畜禽养殖方式是当前乃至今后相当长的一段时期内，我国畜牧业发展工作中的一项重要任务。畜禽养殖，尤其是发展集约化规模养殖，必须占用一定的土地。自然资源部印发的《国土空间调查、规划、用途管制用地用海分类指南（试行）》（自然资办发〔2020〕51 号），首次明确将"农业设施建设用地"单独列为一级类，下设"乡村道路用地""种植设施建设用地""畜禽养殖设施建设用地"和"水产养殖设施建设用地"四个二级类,将破坏耕作层的农业设施相关用地单设一类,适应了目前农业农村发展的新形势、新特点。

因此,县级人民政府在编制国土空间总体规划、"多规合一"实用性村庄规划以及年度耕地"进出平衡"总体方案时,要充分结合乡村振兴和畜牧产业发展需求、发展特点和发展优势,做好畜牧业发展用地需求与国土空间总体规划编制的对接,科学谋划发展定位、发展重点和空间布局,鼓励利用荒山、荒沟、荒丘、荒滩和农村集体建设用地发展养殖生产,精准落实到具体地块,保障畜牧业高质量发展合理用地需求。需要指出的是,依照农业法规定,畜牧业属于"大农业"范畴,安排畜禽养殖用地是加强农牧统筹,促进农业结构调整的重点。此次修改畜牧法,为解决实践中的认识偏差,明确规定畜禽养殖用地按照农业用地管理。县级国土空间规划根据本地实际情况,安排畜禽养殖用地。

(二)畜禽养殖用地政策演进

近年来,国务院有关部门先后多次制定下发设施农业用地政策文件,在用地地类划分、用地规模、用地管理方式、服务监管等方面明确支持政策,有力促进了设施农业发展。2010年,国土资源部、农业部印发《关于完善设施农用地管理有关问题的通知》（国土资发〔2010〕155号）提出完善设施农用地管理，将设施农业用地分为生产设施用地、附属设施用地。从土地政策层面，明确设施农业用地按农用地管理，不需办理农用地转用审批手续。明确规模化养殖中畜禽舍（含场区内通道）、畜禽有机物处置等生产设施及绿化隔离带用地为生产设施用地；附属设施用地包括：1. 管理和生活用房用地：指设施农业生产中必需配套的检验检疫监测、动植物疫病虫害防控、办公生活等设施用地；2. 仓库用地：指存放农产品、农资、饲料、农机农具和农产品分拣包装等必要的场所用地；3. 硬化晾晒场、生物质肥料生产场地、符合"农村道路"规定的道路等用地。此外，通知还要求各省可根据本地实际情况，按照上述规定的原则，对生产设施用地和附属设施用地作出进一步规定。

2014 年，国土资源部、农业部印发《关于进一步支持设施农业健康发展的通知》（国土资发〔2014〕127号），在 2010 年制定的设施农业土地政策基础上，将设施农业用地分为生产设施用地、附属设施用地、配套设施用地，并提出各类畜禽养殖、水产养殖、工厂化作物栽培等设施建设禁止占用基本农田。

2019 年年底，自然资源部、农业农村部印发《关于设施农业用地管理有关问题的通知》（自然资规〔2019〕

4号），在用地划分、使用永久基本农田范围、用地规模、用地取得等方面进一步改进突破，规定设施农业用地包括农业生产中直接用于作物种植和畜禽水产养殖的设施用地，明确畜禽养殖设施用地包括粪污处置设施用地。同时指出，设施农业属于农业内部结构调整，可以使用一般耕地，不需落实占补平衡，养殖设施原则上不得使用永久基本农田，涉及少量永久基本农田确实难以避让的，允许使用但必须补划。针对畜禽规模养殖新特点，明确养殖设施允许建设多层建筑，取消生产附属设施用地15亩上限。而且考虑全国区域设施农业差异比较大，将设施农业的具体标准和用地备案授权由各省（自治区、直辖市）确定。全国各省（自治区、直辖市）和新疆生产建设兵团已出台具体实施办法，进一步细化设施农业用地范围，明确辅助设施农业用地规模，规范设施农业用地取得程序。

2020年，国务院办公厅印发《关于促进畜牧业高质量发展的意见》（国办发〔2020〕31号），进一步明确指出要保障畜牧业发展用地，按照畜牧业发展规划目标，结合地方国土空间规划编制，统筹支持解决畜禽养殖用地需求。养殖生产及其直接关联的畜禽粪污处理、检验检疫、清洗消毒、病死畜禽无害化处理等农业设施用地，可以使用一般耕地，不需占补平衡。畜禽养殖设施原则上不得使用永久基本农田，涉及少量永久基本农田确实难以避让的，允许使用但须补划。加大林地对畜牧业发展的支持，依法依规办理使用林地手续。鼓励节约使用畜禽养殖用地，提高土地利用效率。

国务院及其有关部门高度重视畜禽养殖用地保障，地方各级人民政府及其有关部门要依法依规、积极稳妥做好生猪和其他畜禽养殖用地管理工作，符合用地政策，要依法尽快补充完善用地等相关手续；对违反用地政策，确需关停或者整改的，要充分考虑生猪和其他畜禽生产周期依法处理，禁止简单粗暴关停拆除。鼓励地方利用荒山、荒坡、荒丘、荒滩和农村集体建设用地等非耕地安排生猪生产，对于占用未利用地和存量建设用地进行生猪养殖的，国家层面未明确具体的鼓励支持政策，各地根据实际情况具体确定，如适当扩大附属设施用地比例等。但是，占用未利用地进行生猪养殖时，也要合理选址，特别是要注意生态保护要求，不得破坏或影响生态环境。

（三）畜禽养殖原则上不允许占用永久基本农田

永久基本农田是耕地中的精华，是国家粮食安全的重要保障，必须实行最严格的保护制度，保持耕作层不被破坏，保障粮食生产能力。畜禽养殖从用地形态看，会对耕地耕作层造成破坏，且难以恢复，从严格保护耕地的角度，养殖用地原则上不允许也不宜占用永久基本农田。土地管理法第三十五条规定："永久基本农田经依法划定后，任何单位和个人不得擅自占用或者改变其用途"。2020年，国务院办公厅连续印发了《关于坚决制止耕地"非农化"行为的通知》（国办发明电〔2020〕24 号）、《关于防止耕地"非粮化" 稳定粮食生产的意见》（国办发〔2020〕44 号），明确提出"坚持把确保国家粮食安全作为'三农'工作的首要任务""永久基本农田是依法划定的优质耕地，要重点用于发展粮食生产，特别是保障稻谷、小麦、玉米三大谷物的种植面积"。2021 年，自然资源部、农业农村部、国家林业和草原局《关于严格耕地用地管制有关问题的通知》（自然资发〔2021〕166 号）提出，严禁新增占用永久基本农田建设畜禽养殖设施、水产养殖设施和破坏耕作层的种植业设施。

（四）生猪养殖使用林地

2019 年 12 月，国家林业和草原局办公室印发《关于生猪养殖使用林地有关问题的通知》（办资字〔2019〕163 号），明确生猪养殖使用林地支持政策，使用宜林地按不改变林地用途使用，不占用林地定额；使用除宜林地以外的其他林地，改变林地用途的，按照"放管服"改革要求，进一步简化使用林地审核手续，切实保障林地定额，省级林业和草原主管部门可委托县级林业和草原主管部门办理生猪养殖使用林地手续。

森林关系国家的生态安全，要处理好生猪稳产保供与保护生态的关系，严禁在天然林地、生态公益林中的有林地上进行规模化生猪养殖，生猪养殖应当尽量利用原有养殖场地。坚决杜绝借发展生猪养殖之名，而大量占用存储土地现象，对占而不养的必须坚决纠正。

（五）使用期限届满或者不再从事养殖活动需要恢复为原用途的可恢复原用途

我国土地资源十分珍贵，人均占有量少，耕地比重小，地区分布不均，保护和开发问题突出。目前，畜禽养殖场生产设施和附属设施用地一般占地在几亩到几百亩不等。为避免浪费土地资源，对使用期限届满或者不再从事养殖活动的，需要恢复土地原用途的，由使用人负责恢复。

实践中，在设施农业用地备案申请时，有的地方政府要求设施农业项目经营者向乡镇（街道）提交的材料中包括"农业用地复垦承诺书"，要求畜禽养殖场（户）按规定用途建设和使用设施农用地，使用结束后，按国家有关规定恢复原土地用途。考虑到畜禽养殖用地的土地恢复难度，也有地方鼓励在养殖场原址新建或者改造提升，不再新增畜禽养殖用地；或者因地制宜探索发展种植业、休闲农业、森林公园、乡村旅游等公益、特色优势产业。

（六）兴建永久性建（构）筑物办理农用地转用

十分珍惜、合理利用土地和切实保护耕地是我国的基本国策。土地管理法及其实施条例规定，建设占用土地，涉及农用地转为建设用地的，应当办理农用地转用审批手续。

农用地转用是指农用地按照土地利用总体规划，经过审查批准后转为建设用地的行为，又称农用地转为建设用地。农用地转用是土地用途管制制度的关键环节，是控制农用地转为建设用地的重要措施。

农用地转用审批按照项目是否占用永久基本农田实行分级审批。依照土地管理法第四十四条的规定，永久基本农田转为建设用地的，由国务院批准。因此，只要建设项目用地涉及占用永久基本农田的，整个项目的农用地转用都需要报国务院审批。此外，建设项目不占用永久基本农田的，实行分级审批。在土地利用总体规划确定的城市和村庄、集镇建设用地规模范围内，为实施该规划而将永久基本农田以外的农用地转为建设用地的，按土地利用年度计划分批次按照国务院规定由原批准土地利用总体规划的机关或者其授权的机关批准。在已批准的农用地转用范围内，具体建设项目用地可以由市、县人民政府批准。在土地利用总体规划确定的城市和村庄、集镇建设用地规模范围外，将永久基本农田以外的农用地转为建设用地的，由国务院或者国务院授权的省、自治区、直辖市人民政府批准。

2021年新修订的动物防疫法，根据现阶段畜牧业发展以及动物防疫的特点和趋势，删除了"养殖小区"这种分户饲养的相对集中养殖场所的表述。此次修改畜牧法，也删除了"养殖小区"的表述。

三、畜禽养殖技术推广

当前，养殖面临的环保压力较大，动物疫病风险仍然较高，劳动生产率、母畜繁殖率、饲料转化率等指标与国外发达国家相比差距较大，部分中小养殖场（户）生产不规范，畜禽产品存在质量安全隐患。科学技术是第一生产力。实现畜牧业可持续发展、确保畜禽产品供给的根本出路在科技，要应对和解决现代畜牧业发展中的问题，畜牧兽医技术的推广和应用是基础。

为了加强畜牧兽医技术推广工作，建立面向中小养殖场（户）的畜牧业社会化服务体系，提高农业科技转化率，畜牧法第三十八条规定："国家设立的畜牧兽医技术推广机构，应当提供畜禽养殖、畜禽粪污无害化处理和资源化利用技术培训，以及良种推广、疫病防治等服务。县级以上人民政府应当保障国家设立的畜牧兽医技术推广机构从事公益性技术服务的工作经费。国家鼓励畜禽产品加工企业和其他相关生产经营者为畜禽养殖者提供所需的服务。"

（一）畜牧兽医技术推广体系

农业法、农业技术推广法分别对农业技术推广体系进行了规定。农业法第五十条规定："国家扶持农业技术推广事业，建立政府扶持和市场引导结合，有偿与无偿服务相结合，国家农业技术推广机构和社会力量相结合的农业技术推广体系，促使先进的农业技术尽快应用于农业生产。"农业技术推广法第十二条规定："根据科学合理、集中力量的原则以及县域农业特色、森林资源、水系和水利设施分布等情况，因地制宜设置县、乡镇或者区域国家农业技术推广机构。乡镇国家农业技术推广机构，可以实行县级人民政府农业技术推广部门管理为主或者乡镇人民政府管理为主、县级人民政府农业技术推广部门业务指导的体制，具体由省、自治区、直辖市人民政府确定。"

畜牧兽医技术推广机构是农业技术推广机构的重要组成部分，畜牧兽医技术推广体系是国家对畜牧业支持保护和畜牧业社会化服务的重要载体。要解决畜牧业发展质量效益不高、抵御各种风险能力偏弱、产业竞争力较弱等问题，必须强化农业技术推广的公益性职责，发挥好国家设立的畜牧兽医技术推广机构在畜禽养殖、畜禽粪污无害化处理和资源化利用技术培训，以及良种推广、疫病防治等基础性、农牧民普遍受益的技术方面的重要作用。

近年来，中央财政通过农业生产发展资金支持深化基层农技推广体系改革，探索示范推广重大引领性技术和农业主推技术。各地畜牧兽医技术推广机构根据养殖场（户）的实际需求，大力推行包村联户的科技入户工作机制和专家-农技人员-科技示范户的技术服务模式，解决了农技推广"最后一公里"的问题，成功推广应用了一批新的技术、新的产品、新的装备，提高了畜禽养殖场户的饲养管理水平和生物安全防护水平。

（二）畜牧兽医技术推广机构的公益性

以社会效益为主的技术服务，涉及面广、投入量大，经济效益低，营利性经营组织不愿做，更不会大范围、长时间介入，需要政府履行好公益性职责，发挥好主导作用。畜牧兽医技术服务涉及畜牧业的产前、产中和产后的各个环节，其服务可以区分为公益性和经营性。就畜牧兽医技术服务而言，世界各国政府为畜牧业生产者提供的服务不尽相同。目前，我国一般农户养殖生产规模小、经营分散，组织化程度低，多数养殖户科技素质还有待提高，接触新技术的能力和机会还受到多方面因素的制约，由政府建立一支履行公益职能的畜牧兽医技术推广队伍，服务广大农牧民，符合我国畜牧业发展的需要和实际，也是绝大多数国家农业发展的共同经验。

世界上无论是发达国家还是发展中国家，绝大多数都有一支国家设立的农技推广队伍，提供无偿或低偿的技术服务，以促进农业科技进步和农业生产增长方式转变；协调农户近期利益与长远利益的关系，以确保农业持续稳定发展；协调国家宏观效益与农户微观效益的关系，以确保畜禽产品供给安全和社会稳定。联合国粮农组织专门对畜牧兽医技术服务的经验进行了总结，概括起来，畜牧兽医技术服务中公共服务主要有：动物疫病预防、疫情监测、消灭计划、动物检疫与流通监管；兽药与疫苗质量监督；屠宰检疫（肉品加工厂的肉品检验）；公共卫生（人畜共患病和食源性疾病控制）；食品和饲料安全；畜牧兽医教育、科研；畜禽疫病防治及技术推广；畜禽改良及遗传资源保护；种畜禽质量管理；畜禽产品分级；畜禽及其产品购销信息和市场体系建设；政策性信贷及畜禽保险服务。

加强农技推广体系建设是提高农业国际竞争力的现实选择，对技术创新和技术推广的支持，属于财政支持"绿箱政策"的范畴。通过稳定和强化农技推广体系，为农民提供优质服务，将有助于提高农民的组织化程度，提高农产品在国际市场上的竞争力，提高农业抵御市场风险的能力。因此，要按照强化公益性职能、放活经营性服务的要求，加大农业技术推广体系的改革力度，对国家设立的畜牧兽医技术推广机构从事公益性技术服务的工作经费，县级以上人民政府应当依法予以保障。

(三) 畜牧兽医技术推广的社会化服务

农业技术推广法明确规定，农业技术推广实行国家农业技术推广机构与农业科研单位、有关院校、农民专业合作社、涉农企业、群众性科技组织、农业技术人员等相结合的推广体系。近年来，我国畜牧兽医技术推广体系逐步完善，尤其是科研院所、相关畜牧企业技术推广能力不断加强，畜牧企业、农民专业合作社等经营性组织，本身就与农民建立了紧密的利益联结机制，它们进行的试验示范、农资供应、标准化生产指导和技术培训等活动，满足了农民个性化、市场化的服务需求，是对国家设立的畜牧兽医技术推广机构公益性服务活动的重要补充。因此，国家鼓励畜禽产品加工企业和其他相关生产经营者为畜禽养殖者提供所需的服务。

四、兴办畜禽养殖场的条件和备案

(一) 畜禽养殖场应当具备的条件

畜牧法第三十九条第一款规定："畜禽养殖场应当具备下列条件：(一) 有与其饲养规模相适应的生产场所和配套的生产设施；(二) 有为其服务的畜牧兽医技术人员；(三) 具备法律、行政法规和国务院农业农村主管部门规定的防疫条件；(四) 有与畜禽粪污无害化处理和资源化利用相适应的设施设备；(五) 法律、行政法规规定的其他条件。"

1. 有与其饲养规模相适应的生产场所和配套的生产设施。依法取得畜禽养殖用地后，畜禽养殖场应当根据饲养规模建设布局合理的畜禽圈舍，配套仓库、洗消、粪污处理设施，以及办公区、生活区等，这是兴办畜禽养殖场需要具备的基础设施条件。

2. 有为其服务的畜牧兽医技术人员。畜禽养殖场的饲料配制与使用、种畜禽繁育、饲养管理和疾病防治、生产设备的使用、环境控制措施以及经营管理等需要具有相应专业知识和技能的人才，保障畜禽养殖场安全生产和疫病防治，需要相应的畜牧兽医技术人员。当然，畜禽养殖场也可以通过农业社会化服务，与畜牧兽医技术推广机构、相关科研院所签订服务协议等方式解决技术力量问题。

3. 具备法律、行政法规和国务院农业农村主管部门规定的防疫条件。防疫条件主要是指动物防疫法以及配套的《动物防疫条件审查办法》规定的十项动物防疫要求，包括：（1）各场所之间，各场所与动物诊疗场所、居民生活区、生活饮用水水源地、学校、医院等公共场所之间保持必要的距离。（2）场区周围建有围墙等隔离设施；场区出入口处设置运输车辆消毒通道或者消毒池，并单独设置人员消毒通道；生产经营区与生活办公区分开，并有隔离设施；生产经营区入口处设置人员更衣消毒室。（3）配备与其生产经营规模相适应的执业兽医或者动物防疫技术人员。（4）配备与其生产经营规模相适应的污水、污物处理设施，清洗消毒设施设备，以及必要的防鼠、防鸟、防虫设施设备。（5）建立隔离消毒、购销台账、日常巡查等动物防疫制度。（6）设置配备疫苗冷藏冷冻设备、消毒和诊疗等防疫设备的兽医室。（7）生产区清洁道、污染道分设；具有相对独立的动物隔离舍。（8）配备符合国家规定的病死动物和病害动物产品无害化处理设施设备或者冷藏冷冻等暂存设施设备。（9）建立免疫、用药、检疫申报、疫情报告、无害化处理、畜禽标识及养殖档案管理等动物防疫制度。（10）禽类饲养场内的孵化间与养殖区之间应当设置隔离设施，并配备种蛋熏蒸消毒设施，孵化间的流程应当单向，不得交叉或者回流。

4. 有与畜禽粪污无害化处理和资源化利用相适应的设施设备。按照畜禽粪污减量化、资源化、无害化处理原则，畜禽养殖场应根据养殖污染防治要求和当地环境承载力，配备与设计生产能力、粪污处理利用方式相匹配的畜禽粪污处理设施设备，满足防雨、防渗、防溢流和安全防护要求。例如，畜禽圈舍及运动场粪污减量设施、雨污分流设施、畜禽粪污暂存设施、液体粪污贮存发酵设施、液体粪污深度处理设施、固体粪污发酵设施、沼气发酵设施等。交由第三方机构处理畜禽粪污的，应按照转运时间间隔建设粪污暂存设施。具体要求可以参照农业农村部办公厅、生态环境部办公厅关于印发《畜禽养殖场（户）粪污处理设施建设技术指南》的通知（农办牧〔2022〕19号）。

5. 法律、行政法规规定的其他条件。主要是指畜禽养殖场建设选址应当符合城乡建设总体规划、国土空间规划，不在法律法规规定的禁养区域，水源、土壤、空气符合相关标准等。

（二）畜禽养殖场备案并取得畜禽标识代码

畜牧法第三十九条第二款规定："畜禽养殖场兴办者应当将畜禽养殖场的名称、养殖地址、畜禽品种和养殖规模，向养殖场所在地县级人民政府农业农村主管部门备案，取得畜禽标识代码。"实施畜禽养殖场的备案制度，一是规范畜禽养殖行为，每个规模养殖场对应一个专用主体代码（畜禽养殖代码），可以加强事后监督管理，对畜禽养殖场（户）实施分类管理和扶持；二是有利于畜禽及畜禽产品的追溯，有效防控重大动物疾病和保障畜禽及畜禽产品质量安全；三是有利于有关部门动态掌控畜禽规模养殖的发展状况，为制定和实施政策提供详实的决策依据。

（三）统一畜禽养殖场规模标准和备案管理

2006年制定畜牧法时，考虑到各地自然资源条件、经济社会发展水平、畜禽规模养殖情况的差异，授权省级人民政府根据本行政区域畜牧业发展状况制定畜禽养殖场、养殖小区的规模标准和备案程序。比如，2009年，北京市农业局关于印发《北京市畜禽养殖场和养殖小区规模标准及其备案程序的通知》（京农发〔2009〕34号），将主要畜禽品种规模养殖标准确定为：生猪存栏500头以上；肉鸡存栏5 000只以上；蛋鸡存栏成年母鸡3 000只以上；肉鸭存栏5 000只以上；肉牛存栏200头以上；奶牛存栏200头以上；肉羊存栏200只以上。明确和细化了申请与受理、初审、现场审查、备案决定、告知、存档、汇总上报等备案程序。其他省（自治区、直辖市）也制定了类似的规模标准和备案程序。2016年第三次全国农业普查则以生猪年出栏200头及以上；肉牛年出栏20头及以上；奶牛存栏20头及以上；羊年出栏100只及以上；肉鸡、肉鸭年出栏10 000只及以上；蛋鸡、蛋鸭存栏2 000只及以上；鹅年出栏1 000只及以上作为规模经营标准。

畜禽规模养殖标准和备案是按照"先备案后监管"原则，对养殖场实行全覆盖监管和服务，推进行业精准管理的前提，是一项重要基础工作。多年以来，在落实过程中，各地存在规模标准不统一、备案不全、无依据设置备案条件、数据散落等问题。2017年，农业部开展了全国畜禽规模养殖场摸底调查，开发了养殖场直联直报信息平台，对养殖场、粪污资源化利用机构等基础信息实行全国联网、统一编码管理。全国畜禽养殖规模化、标准化水平的提高，以及数据信息化的发展，为统一规模标准和备案管理，实现全覆盖监管和信息可追溯奠定了坚实基础。因此，畜牧法第三十九条第三款规定："畜禽养殖场的规模标准和备案管理办法，由国务院农业农村主管部门制定。"本法所称畜禽养殖场指符合"畜禽养殖场的规模标准和备案管理办法"规模标准的养殖场，其余则是养殖户，养殖场（户）即畜禽养殖者。

（四）规范养殖户的畜禽防疫和粪污处理

国务院办公厅印发《关于促进畜牧业高质量发展的意见》（国办发〔2020〕31号）指出，要依法督促落实畜禽养殖、贩运、屠宰加工等各环节从业者动物防疫主体责任。引导养殖场（户）改善动物防疫条件，严格按规定做好强制免疫、清洗消毒、疫情报告等工作。动物防疫法第七条规定："从事动物饲养、屠宰、经营、隔离、运输以及动物产品生产、经营、加工、贮藏等活动的单位和个人，依照本法和国务院农业农村主管部门的规定，做好免疫、消毒、检测、隔离、净化、消灭、无害化处理等动物防疫工作，承担动物防疫相关责任。"

畜牧法第四十六条以及第三十九条第一款第三项、第四项对畜禽养殖场应当具备的防疫条件和畜禽粪污无害化处理和资源化利用作出了明确规定。畜牧法第四十四条对畜禽养殖过程中的疫病防治作了衔接性规定，要求应当依照动物防疫法做好疫病防治工作。而且，《动物防疫条件审查办法》对畜禽养殖场的防疫条件、审查发证、监督管理、法律责任等作了详细规定。在本次修改畜牧法过程中，有意见提出，在广大的农村地区，畜禽养殖户的防疫和畜禽粪污处理成为了畜牧业发展的短板和弱项，针对这个问题，畜牧法第三十九条第四款规定："畜禽养殖户的防疫条件、畜禽粪污无害化处理和资源化利用要求，由省、自治区、直辖市人民政府农业农村主管部门会同有关部门规定。"依照本款要求，各省级农业农村部门要会同有关部门，结合本省份实际，研究制定畜禽养殖户防疫条件、畜禽粪污无害化处理和资源化利用要求的相关管理办法，明确具体管理要求，并做好与畜禽养殖场管理措施的衔接。

五、畜禽养殖场的选址和建设

根据畜牧业生产方式和特点，畜禽养殖场选址和建设一般应该选择地势较高、平坦干燥、排水良好和背风向阳的地方。要注意通风流畅、采光性强，交通、水电便利并远离污染源。平原地区，场址应选在比周围地段稍高的地方；山区应选在稍平的缓坡地。同时，为统筹好发展与安全的关系，畜禽养殖场的选址和建设还应当综合考虑畜牧业发展规划、城乡规划、市场供需、环境保护、生物安全、畜禽产品稳产保供、土地承载能力等因素。此次修改畜牧法，吸收采纳有关方面意见和建议，删除原法与其他法律法规重复规定的内容，对此作出衔接性规定。畜牧法第四十条规定："畜禽养殖场的选址、建设应当符合国土空间规划，并遵守有关法律法规的规定；不得违反法律法规的规定，在禁养区域建设畜禽养殖场。"

（一）畜禽养殖场选址

国土空间规划是国家空间发展的指南、可持续发展的空间蓝图，是各类开发保护建设活动的基本依据。畜牧法第三十七条明确规定，县级国土空间规划应当根据本地实际情况安排畜禽养殖用地。除符合国土空间规划外，养殖场选址还不能位于禁养区域内，并且符合动物防疫、环境保护等有关法律法规要求。例如，动物防疫条件合格证发证机关要组织开展兴办畜禽养殖场的选址风险评估，依据场所周边的天然屏障、人工屏障、行政区划、饲养环境、动物分布等情况，以及动物疫病的发生、流行状况等因素实施风险评估，根据评估结果确认选址。

（二）畜禽养殖场建设

1. 及时进行项目备案。有的地方畜禽养殖项目核准、备案可以通过地方政府政务服务网在线审批。养殖场备案一般需要提供以下资料：（一）企业基本情况；（二）项目名称、建设地点、建设规模、建设内容；（三）项目总投资额；（四）项目符合产业政策声明。企业应当对备案项目信息的真实性、合法性和完整性负责。例如，根据北京市发展和改革委员会制定的《北京市新增产业的禁止和限制目录（2022年版）》，北京市行政区域内，畜牧业为限制类，具体表述为"禁止新建和扩建"（科学研究、籽种繁育性质项目和休闲观光等农业经营项目除外，禁养区外保障城市"菜篮子"供应的现代化养殖业除外）。

2. 规范办理土地手续。一般来说，畜禽养殖场设施农业用地手续办理，首先要同农村集体经济组织、土地承包户签订三方使用协议，同乡镇政府、农村集体经济组织签订三方复耕协议，然后到乡镇政府备案。设施农业用地使用前，县级农业农村部门要对设施农业项目建设方案进行审核，出具审核意见。乡镇政府负责协助经营者进行项目选址，尽量不占耕地或少占耕地，避让永久基本农田，确保项目选址符合法律规定。县级自然资源主管部门会同农业农村主管部门对设施农业用地进行全过程监管。

3. 及时办理有关证照。一是要办理营业执照。二是要在项目建设未开工前及时办理环评手续，可以到所在县（市、区）生态环境局咨询办理程序和相关事宜。三是养殖场建设内容除畜舍以外，还必须建设消毒、防疫等设施，以及与无害化处理、粪污处理方式相匹配的设施设备。全部建设内容完成后，到所在县（市、区）农业农村局（畜牧局）及时办理畜禽养殖代码证和动物防疫条件合格证。

（三）不得违反法律法规在禁养区域建设

2001 年 5 月，为防范畜禽养殖污染、推进生态环境保护和畜禽养殖生产的协调发展，国家环境保护总局制定出台了《畜禽养殖污染防治管理办法》，对畜禽养殖禁养区的范围作出了明确规定。2005 年制定的畜牧法以及 2013 年国务院颁布的《畜禽规模养殖污染防治条例》，均对畜禽养殖禁养区的划定提出了明确的要求。2015 年，国务院颁布的《水污染防治行动计划》提出要科学划定畜禽养殖禁养区。2016 年，为贯彻落实《畜禽规模养殖污染防治条例》和《水污染防治行动计划》，环境保护部、农业部依据环境保护法、畜牧法、水污染防治法、大气污染防治法以及《畜禽规模养殖污染防治条例》《水污染防治行动计划》《饮用水水源保护区划分技术规范》（HJ/T 338—2007）和其他有关法律法规和技术规范，制定了《畜禽养殖禁养区划定技术指南》，指导各地科学划定畜禽养殖禁养区。但是，工作中，有些地方超出法律法规规定划定畜禽养殖禁养区。

2019年，生态环境部、农业农村部联合印发《关于进一步规范畜禽养殖禁养区划定和管理　促进生猪生产发展的通知》，要求各地严格落实法律法规对禁养区划定的要求，除饮用水水源保护区、风景名胜区、自然保护区的核心区和缓冲区、城镇居民区、文化教育科学研究区等人口集中区域及法律法规规定的其他禁养区域外，不得划定禁养区。目前，经调整后的全国禁养区总数和总面积分别为8.6万个、121.2万平方千米。需要强调的是，国家法律法规和地方法规之外的其他规章和规范性文件不得作为禁养区划定依据。

关于畜禽禁养区的调整对象，需要强调说明的是：依照相关法律规定，禁养区的调整对象仅是符合规模养殖场标准的畜禽养殖场，畜禽养殖户不适用禁养区域的相关规定，有的地方搞无猪县、无猪乡，采取"一律关停"的做法没有法律依据，地方性法规对禁养区作出规定的，不得与上位法相抵触。畜禽养殖户动物防疫、畜禽粪污利用等实际问题，省级人民政府应当依照本法第三十九条规定，对养殖户的防疫条件、粪污处理利用作出规定，加大政策扶持和技术指导力度。

六、畜禽养殖档案

为确保畜禽产品安全，必须实行全过程管理，尤其要从养殖环节抓起，从源头保证畜禽产品质量，畜禽养殖档案管理即是一项有效制度。畜牧法第四十一条规定："畜禽养殖场应当建立养殖档案，载明下列内容：（一）畜禽的品种、数量、繁殖记录、标识情况、来源和进出场日期；（二）饲料、饲料添加剂、兽药等投入品的来源、名称、使用对象、时间和用量；（三）检疫、免疫、消毒情况；（四）畜禽发病、死亡和无害化处理情况；（五）畜禽粪污收集、储存、无害化处理和资源化利用情况；（六）国务院农业农村主管部门规定的其他内容。"

目前，畜禽产品质量安全管理涉及多个环节，畜禽养殖过程主要是投入品使用不规范。建立畜禽养殖档案可以较好实现养殖过程管理和实现可追溯，保障畜禽产品质量安全。

畜禽养殖场向所在地县级人民政府农业农村主管部门备案后，每个畜禽养殖场由县级人民政府农业农村主管部门按照备案顺序统一、唯一编号，即畜禽养殖代码。根据《畜禽标识和养殖档案管理办法》的规定，畜禽养殖档案记载的信息应当连续、完整、真实。畜禽养殖档案的保存时间为：商品猪、禽为2年，牛为20年，羊为10年，种畜禽长期保存。

需要指出的是，建立养殖档案对保障畜禽产品的质量安全、加强动物疫病防治和提高畜牧企业的经济效益具有非常重要的作用。因此，依照本条规定，建立养殖档案是畜禽养殖场的法定义务，违反该义务的，畜禽养殖场应当依照本法规定承担相应的法律责任。

七、提供适当的繁殖条件和生存、生长环境

畜牧法第四十二条规定："畜禽养殖者应当为其饲养的畜禽提供适当的繁殖条件和生存、生长环境。"

我国畜牧业从高速增长阶段转向高质量发展阶段，从量的增长向质的提升转变，畜牧业可持续发展越来越受到重视。畜禽养殖场应当根据畜禽不同生长时期和生理阶段，按照有关的畜禽养殖技术规程的标准和要求进行饲养，以保证畜禽的正常生产和繁殖性能，以确保生产出安全优质的肉、奶、蛋。

主要包括：提供适宜的畜禽繁育、保育设施，保证畜禽的运动自由，用于建造畜禽圈舍及饲喂设备的材料不得对动物有害，且易于清洗消毒。配备足够的饲养管理人员，饲养员要每天观察畜禽的状况。保证适宜的饲养密度，提供充足的光照时间和强度，畜禽舍中的空气流通、尘埃水平、温度、相对湿度和气体浓度保持在不对畜禽造成伤害的水平范围，避免连续噪声等。喂养畜禽的饲料粮应干净卫生，应与畜禽的年龄和种类相适应，应足量饲喂以满足良好健康和营养需要，饲喂食物或液体的方法不得

引起畜禽的痛苦或伤害，所饲喂的食物或液体中也不得含有可能造成畜禽痛苦和受伤的物质，饲喂间隔应符合畜禽的生理需要。所有畜禽应有适当的饮用水供应，饲喂和饮水设备的设计、制造和安装应确保把饲料和水的污染及动物之间竞争的有害影响降到最低等。

畜牧法自制定以来，一直关注并支持畜禽养殖者为其饲养的畜禽提供适当的繁殖条件和生存、生长环境，这是充分考虑我国国情实际和社会发展需求，以及宗教、文化、经济发展水平等情况，针对畜禽养殖环节的特点，将保护动物意识深入其中的重要体现。

八、畜禽养殖禁止行为

畜牧法第四十三条规定："从事畜禽养殖，不得有下列行为：（一）违反法律、行政法规和国家有关强制性标准、国务院农业农村主管部门的规定使用饲料、饲料添加剂、兽药；（二）使用未经高温处理的餐馆、食堂的泔水饲喂家畜；（三）在垃圾场或者使用垃圾场中的物质饲养畜禽；（四）随意弃置和处理病死畜禽；（五）法律、行政法规和国务院农业农村主管部门规定的危害人和畜禽健康的其他行为。"

（一）禁止违法、违规使用饲料、饲料添加剂、兽药

畜禽养殖是决定畜禽产品质量安全的关键环节，其

中，饲料等主要投入品是养殖业的物质基础，直接关系养殖业稳定发展、畜禽产品质量安全和公众健康，从事畜禽养殖应当提高质量安全意识，安全、合理使用饲料、饲料添加剂、兽药等投入品。

目前，我国已经构建并完善了以畜牧法、农产品质量安全法、动物防疫法、《饲料和饲料添加剂管理条例》《兽药管理条例》等法律法规为基础的多层次法律法规体系，在规范畜禽养殖行为、保障畜禽产品质量安全等方面发挥了重要作用。例如，农产品质量安全法第二十九条规定："农产品生产经营者应当依照有关法律、行政法规和国家有关强制性标准、国务院农业农村主管部门的规定，科学合理使用农药、兽药、饲料和饲料添加剂、肥料等农业投入品，严格执行农业投入品使用安全间隔期或者休药期的规定；不得超范围、超剂量使用农业投入品危及农产品质量安全。禁止在农产品生产经营过程中使用国家禁止使用的农业投入品以及其他有毒有害物质。"本条第一项作出衔接性、指引性规定，从事畜禽养殖，不得违反法律、行政法规和国家有关强制性标准、国务院农业农村主管部门的规定使用饲料、饲料添加剂、兽药。

1. 饲料、饲料添加剂。饲料由饲料原料、饲料添加剂组成，在我国工业化加工、制作的饲料和饲料添加剂实行生产许可制，未经批准生产或者使用禁用原料、添

加剂的均违反法律规定。于 1999 年 5 月制定发布，2001
年、2011 年、2013 年、2016 年、2017 年五次修订完善
的《饲料和饲料添加剂管理条例》对饲料、饲料添加剂
的审定和登记，生产、经营、使用以及法律责任等作了
详细规定。

其中，关于饲料和饲料添加剂的使用有以下要求：
(1) 养殖者应当按照产品使用说明和注意事项使用饲料。
在饲料或者动物饮用水中添加饲料添加剂的，应当符合饲
料添加剂使用说明和注意事项的要求，遵守农业农村部制
定的饲料添加剂安全使用规范。(2) 养殖者使用自行配制
饲料的，应当遵守农业农村部制定的自行配制饲料有关规
定，并不得对外提供自行配制的饲料。(3) 使用限制使用
的物质养殖动物的，应当遵守农业农村部的限制性规定。
(4) 禁止在饲料、动物饮用水中添加农业农村部公布禁用
的物质以及对人体具有直接或者潜在危害的其他物质，或
者直接使用上述物质养殖动物。禁止在反刍动物饲料中添
加乳和乳制品以外的动物源性成分。(5) 禁止使用无产品
标签、无生产许可证、无产品质量标准、无产品质量检验
合格证的饲料、饲料添加剂。禁止使用无产品批准文号的
饲料添加剂和未经备案的混合型饲料添加剂、添加剂预混
合饲料。禁止使用未取得饲料、饲料添加剂进口登记证的
进口饲料、进口饲料添加剂。

为了保证饲料的质量和安全，农业农村部每年都在全国开展饲料质量安全例行监测工作。2022 年抽检各类商品饲料合格率为 98.8％。可以说，我国饲料产品总体上是安全可靠的，畜牧养殖业可持续健康发展是有保障的。

2. 兽药。兽药是畜牧业重要的投入品，对防控动物疫病、保障动物健康具有重要作用。通常情况下，为了预防健康畜禽感染传染性疾病的风险，养殖者会针对具体病种注射预防用疫苗；针对口蹄疫等重大动物疫病，则由国家采取强制免疫措施，统一预防控制该类风险；在发生细菌性疾病或其他群体疾病时，养殖者一般会在兽医指导下，饲喂治疗性兽药防治疾病；针对外伤、难产等情况，一般要由兽医进行专门治疗。

有的单位和个人在畜禽养殖过程中违法违规使用兽药，带来较大安全隐患。2004 年 3 月制定发布的《兽药管理条例》对新兽药研制，兽药生产、经营、进出口、使用、监督管理以及法律责任等作了详细规定。

其中，关于兽药使用的规定有：（1）兽药使用单位，应当遵守国务院兽医行政管理部门制定的兽药安全使用规定，并建立用药记录。（2）禁止使用假、劣兽药以及国务院兽医行政管理部门规定禁止使用的药品和其他化合物。禁止使用的药品和其他化合物目录由国务院兽医行政管理部门制定公布。（3）有休药期规定的兽药用于食用动物时，饲养者应当向购买者或者屠宰者提供准确、真实的用药记录；购买者或者屠宰者应当确保动物及其产品在用药期、休药期内不被用于食品消费。（4）禁止在饲料和动物饮用水中添加激素类药品和国务院兽医行政管理部门规定的其他禁用药品。禁止将原料药直接添加到饲料及动物饮用水中或者直接饲喂动物。禁止将人用药品用于动物。（5）国务院兽医行政管理部门，应当制定并组织实施国家动物及动物产品兽药残留监控计划。县级以上人民政府兽医行政管理部门，负责组织对动物产品中兽药残留量的检测。（6）禁止销售含有违禁药物或者兽药残留量超过标准的食用动物产品。

近年来，农业农村部高度重视兽药使用监管工作，组织开展兽药残留超标问题专项整治，严厉打击畜禽养殖过程中违法违规使用兽药等行为；依据《兽药管理条例》有关规定，督促指导地方各级畜牧兽医部门加强畜禽养殖用药管理，制定发布《食品动物中禁止使用的药品及其他化合物清单》，将21类物质列为国家明令禁用的投入品。印发《食用农产品"治违禁 控药残 促提升"三年行动方案》，全面整治兽药残留超标问题；不断强化养殖科学用药宣传，实施"科学使用兽用抗菌药"公益接力行动、科技下乡活动，切实提高从业人员安全、规范用药水平。通过微信公众号等媒介，持续刊发兽药使用与食品安全知识问答，营造良好氛围，引导龙头企业做好有关标准和质量把关的引领作用，共同提升我国畜牧养殖源头的质量安全水平。

畜禽经营者如果违法使用禁用药物，或者明知使用过禁用药物而提供屠宰等加工服务或销售其制品的，除依照食品安全法、《兽药管理条例》《生猪屠宰条例》等相关法律法规处罚外，行为情节或者后果达到一定程度后，要依照刑法，以生产、销售有毒、有害食品罪追究刑事责任，处五年以下有期徒刑，并处罚金。对人体健康造成严重危害或者有其他严重情节的，处五年以上十年以下有期徒刑，并处罚金；致人死亡或者有其他特别严重情节的，处十年以上有期徒刑、无期徒刑或者死刑，并处罚金或者没收财产。

（二）禁止使用未经高温处理的餐馆、食堂的泔水饲喂家畜

泔水包括餐桌剩余食物、餐厨加工剩余物、餐厨废弃物，即人们餐后剩下弃用的饭菜混合物。餐馆、食堂是产生泔水较多的地方，一直以来，特别是在散户养殖中，有使用泔水饲喂生猪等家畜的习惯，但泔水特别是餐馆、食堂的剩饭残羹，由于收储过程不封闭，容易滋生各种致病微生物，如果直接饲喂家畜，将对畜产品安全造成较大威

胁。因此，本条第二项规定，从事畜禽养殖，不得使用未经高温处理的餐馆、食堂的泔水饲喂家畜。此处的高温是指能够达到消毒和杀灭致病微生物要求的合适温度。固体废物污染环境防治法第五十七条也规定："县级以上地方人民政府环境卫生主管部门负责组织开展厨余垃圾资源化、无害化处理工作。产生、收集厨余垃圾的单位和其他生产经营者，应当将厨余垃圾交由具备相应资质条件的单位进行无害化处理。禁止畜禽养殖场、养殖小区利用未经无害化处理的厨余垃圾饲喂畜禽。"

国家鼓励对泔水进行分类收集和科学处理，实施分类资源化利用。支持收集餐桌剩余食物进行规范工艺处理加工，达到饲料有关标准或规定要求后，在特定范围内实施饲料化利用。目前，农业农村部已经在部分城市开展了试点，实施效果良好，为下一步扩大推广应用奠定了基础。

（三）禁止在垃圾场或者使用垃圾场中的物质饲养畜禽

直接在垃圾场放养畜禽，或者用在垃圾场捡来的物质喂养畜禽，这种饲养方式生产的畜禽及其产品严重威胁消费者的健康和安全。因此，从保障畜禽产品质量安全的立法宗旨出发，本条第三项规定，从事畜禽养殖，不得在垃圾场或者使用垃圾场中的物质饲养畜禽。同时，通过畜禽标识和销售环节的监督管理，在制度上堵住垃圾畜禽及其产品上市的漏洞。

（四）禁止随意弃置和处理病死畜禽

随意弃置和处理病死畜禽会增加动物疫病传播流行的风险。动物防疫法第五十七条规定："从事动物饲养、屠宰、经营、隔离以及动物产品生产、经营、加工、贮藏等活动的单位和个人，应当按照国家有关规定做好病死动物、病害动物产品的无害化处理，或者委托动物和动物产品无害化处理场所处理。任何单位和个人不得买卖、加工、随意弃置病死动物和病害动物产品。"病死动物和病害动物产品的无害化处理工作是动物防疫的重要内容，是切断动物疫病传播的重要措施。畜禽养殖是产生病死动物的主要环节，畜禽养殖场（户）是饲养环节病死畜禽无害化处理的第一责任人，负有对病死畜禽及时进行无害化处理并向当地畜牧兽医部门报告畜禽死亡及处理情况的责任。因此，本条第四项作出衔接性规定，从事畜禽养殖，不得随意弃置和处理病死畜禽。

（五）禁止危害人和畜禽健康的其他行为

本条第五项属于兜底性规定。在畜禽养殖中可能发生新的危害人和畜禽健康的养殖行为，现有法律法规难以涵盖，更不可能完全预见，故在本项中为相关法律、行政法规及农业农村部门出台有关危害人和畜禽健康的禁止性规定留出空间。

九、畜禽疫病防治和质量安全

为与动物防疫法、农产品质量安全法相关规定衔接，畜牧法第四十四条规定："从事畜禽养殖，应当依照《中华人民共和国动物防疫法》、《中华人民共和国农产品质量安全法》的规定，做好畜禽疫病防治和质量安全工作。"

（一）畜禽疫病防治

民间有句俗语"家财万贯，带毛的不算"，说的就是畜禽疫病对养殖业造成的巨大风险。我国畜禽养殖是在一家一户基础上发展起来的，目前，在数量上，中小养殖户仍占绝对主体。动物防疫基本靠各级政府及畜牧兽医部门组织，乡镇畜牧兽医站和村级防疫员承担了免疫注射等具体的防疫工作。这种养殖方式和动物防疫工作机制，使得广大中小养殖户对动物防疫责任的认识存在偏差，缺乏规范开展动物防疫活动的自觉性和主动性。

从事畜禽养殖的单位和个人是动物防疫相关活动的实施者，也是动物防疫的直接受益者。由生产经营者承担必要的动物防疫责任和义务是国际上的普遍做法。近十几年来，我国规模化、标准化养殖快速发展，场均养殖规模不断扩大，农村散养户加快退出，规模养殖场已成为我国肉蛋奶生产供应的主体。出于生产安全和经济收益的考虑，畜禽养殖者对防疫能力和主体责任的认识快速提高，主动开展动物防疫活动成为普遍情况。生产经营者由于与饲养的动物接触更为密切，能够第一时间掌握信息，对动物疫病也更为敏感，压实相关生产经营者在动物防疫中的主体责任，有利于动物防疫工作向更高水平发展。因此，新修订的动物防疫法明确规定，从事动物饲养的单位和个人，依照动物防疫法和国务院农业农村主管部门的规定，做好免疫、消毒、检测、隔离、净化、消灭、无害化处理等动物防疫工作，承担动物防疫相关责任。

目前，畜禽疫病防治面临着新问题新挑战，畜禽疫病特别是非洲猪瘟、禽流感和口蹄疫等重大动物疫病已经成为现代畜牧业高质量发展的重要制约因素。非洲猪瘟病原污染广泛并出现变异，存在多种毒株混合感染的情况，尚无有效防控疫苗和药物，防控形势仍然严峻；口蹄疫、高致病性禽流感和布鲁氏菌病等重大动物疫病和重点人畜共患病防治面临的形势依然不容乐观，局部发生疫情的风险依然较高。部分中小养殖户生物安全建设不到位，应对重大疫情能力弱，养殖风险较大。动物防疫法是我国动物防疫方面带有基础性的重要法律，构建了科学、合理、健全的动物防疫法律制度，畜禽养殖者应当依照动物防疫法落实动物防疫条件，做好强制免疫，依法落实检测、消毒、申报检疫和无害化处理等工作。

（二）畜禽质量安全

近年来，我国畜禽产品质量安全水平大幅提升，质量兴牧稳步推进，源头治理、过程管控、产管结合等措施全面推行，产品质量安全保持总体可控、稳定向好的态势，近 5 年来未发生重大质量安全事件。全国生鲜乳违禁添加物已连续多年保持"零检出"，规模奶牛场乳蛋白、乳脂肪等指标达到或超过发达国家水平。

畜禽作为畜牧业的初级产品，其生产活动应当遵守农产品质量安全法相关规定。农产品质量安全法第七条规定："农产品生产经营者应当对其生产经营的农产品质量安全负责。农产品生产经营者应当依照法律、法规和农产品质量安全标准从事生产经营活动，诚信自律，接受社会监督，承担社会责任。"具体到畜禽养殖来讲，包括：（1）畜禽养殖场建立生产记录，如实记载使用饲料、饲料添加剂、兽药等投入品的名称、来源、用法、用量和使用、停用的日期；动物疫病的发生和防治情况；鼓励畜禽养殖户建立农产品生产记录。（2）畜禽养殖场（户）应当依照有关法律、行政法规和国家有关强制性标准、国务院农业农村主管部门的规定，科学合理使用兽药、饲料和饲料添加剂等农业投入品，严格执行使用安全间隔期或者休药期的规定；不得超范围、超剂量使用危及农产品质量安全。禁止在生产经营过程中使用国家禁止使用的投入品以及其他有毒有害物质。（3）生产场所以及生产活动中使用的设施、设备、消毒剂、洗涤剂等应当符合国家有关质量安全规定，防止污染畜禽及畜禽产品。

根据现行食品安全法、农产品质量安全法等法律法规和相关部门"三定"规定，我国食用农产品质量安全监管没有按产业链条由一个部门统一、全程管理，而主要是按照环节由农业农村、市场监管部门实行分段监管。食用农产品从种植养殖到进入批发、零售市场或生产加工企业前（简称"三前"），原则上由农业农村部门负责监管；进入批发、零售市场或生产加工企业后（简称"三后"），由市场监管部门负责监管。对于畜禽养殖环节的监管，农业农村部门主要负责疫病防控、检疫、兽药饲料安全使用监管等。

十、畜禽标识

为有效防控重大动物疫病，保障畜禽产品质量安全，建立畜禽及畜禽产品可追溯制度，有必要建立并实施严密的标识制度，即动物的"身份证"制度。畜牧法第四十五条规定："畜禽养殖者应当按照国家关于畜禽标识管理的规定，在应当加施标识的畜禽的指定部位加施标识。农业农村主管部门提供标识不得收费，所需费用列入省、自治区、直辖市人民政府预算。禁止伪造、变造或者重复使用畜禽标识。禁止持有、使用伪造、变造的畜禽标识。"

（一）畜禽标识管理

畜禽标识是指经农业农村部批准使用的耳标、电子标签、脚环以及其他承载畜禽信息的标识物。2006 年，依照畜牧法、动物防疫法和农产品质量安全法的相关规定，《畜禽标识和养殖档案管理办法》公布并施行。该办法对畜禽标识管理作出了详细规定。实践中，为满足动物疫病防控需要，不断创新畜禽标识管理。（1）畜禽标识实行一畜一标，编码应当具有唯一性。（2）畜禽标识编码由畜禽种类代码、县级行政区域代码、标识顺序号共 15 位数字及专用条码组成。猪、牛、羊的畜禽种类代码分别为 1、2、3。编码形式为：×（种类代码）—××××××（县级行政区域代码）—××××××××（标识顺序号）。（3）农业农村部制定并公布畜禽标识技术规范，生产企业生产的畜禽标识应当符合该规范规定。省级或省级授权市级和县级畜牧兽医管理机构统一采购畜禽标识，逐级供应；省级授权养殖企业、金融机构、保险机构采购畜禽标识。（4）畜禽标识生产企业不得向省级或省级授权机构以外的单位和个人提供畜禽标识。（5）畜禽标识申领时间：新出生畜禽，在出生后 30 天内申领畜禽标识；从国外引进畜禽，在畜禽到达目的地 10 日内申领畜禽标识，在离开饲养地前加施畜禽标识。（6）畜禽标识加施部位：猪、牛、羊在左耳中部加施畜禽标识，需要再次加施畜禽标识的，在右耳中部加施。（7）畜禽标识严重磨损、破损、脱落后，应当及时加施新的标识，并在免疫档案中记录新标识编码。（8）动物卫生监督机构实施产地检疫时，应当查验畜禽标识，并在检疫证明中注明畜禽标识编码。没有加施畜禽标识的，不得出具检疫证明。（9）动物卫生监督机构应当在畜禽屠宰前，查验畜禽标识。畜禽屠宰经营者应当在畜禽屠宰时回收畜禽标识，由动物卫生监督机构监督畜禽屠宰经营者销毁。

畜禽养殖者要按照国务院农业农村主管部门制定的畜禽标识管理办法的规定加施畜禽标识。农业农村部建立国家畜禽标识信息中央数据库，省级农业农村主管部门建立本行政区域畜禽标识信息数据库，成为国家畜禽标识信息中央数据库的子数据库。县级以上农业农村主管部门根据数据采集要求，组织畜禽养殖者录入、上传和更新相关信息。在检疫、流通、屠宰、无害化处理等环节查验畜禽标识编码所对应的数据库信息，可以查明该畜禽的来源地、畜主、免疫记录、检疫记录等信息，实现畜禽疫病和畜禽防疫责任主体快速追溯的目标。

（二）农业农村主管部门提供畜禽标识不得收费

考虑到对畜禽加施标识的目的是建立完善畜禽疫病和畜禽质量安全可追溯体系，涉及公众身体健康安全和畜牧业可持续发展，属于公共利益范畴，而且各地养殖数量差异较大，因此，畜牧法规定有关费用应当列入省级人民政府财政预算。实践中，省级人民政府农业农村主管部门建立畜禽标识及所需配套设备的采购、保管、发放、使用、登记、回收、销毁等制度。基层农业农村部门负责畜禽标识使用和管理相关工作，并督促落实标识加施与溯源信息上传。目前，畜禽标识的实施暂时只针对猪、牛、羊等三类牲畜，且提供畜禽标识不得收费。

此外，本条对畜禽标识的使用作了禁止性的规定，禁止伪造、变造或者重复使用畜禽标识。禁止持有、使用伪造、变造的畜禽标识。对这几种违法行为，畜牧法第八十八条和动物防疫法第一百零三条明确规定了相应的法律责任。

十一、畜禽粪污无害化处理和资源化利用

畜禽粪污是指畜禽养殖过程中产生的粪便、尿液、污水、养殖垫料和少量散落饲料等的总称。随着我国畜禽养殖总量不断扩大，每年产生大量的畜禽粪污。据统计，2022 年全国畜禽粪污年产生量约 30.5 亿吨，综合利用率仅 78%，畜禽粪污对畜牧业绿色发展的制约愈发突出。大量的畜禽粪污如果未经处理直接排放进入水体或者其他环境，将加剧河流、湖泊的富营养化，严重时使水体发

黑、变臭。未经有效处理的畜禽粪污直接施用于农田，也会危害农作物生长，并可能导致土壤孔隙堵塞，造成土壤透气性、透水性下降。同时，畜禽粪污产生的恶臭气体中含有氨、硫化物等有毒有害成分，过量吸入会危及人的生命安全；畜禽粪污中含有大量的病原微生物、寄生虫虫卵等，未经无害化处理，将会加大人、畜传染病尤其是人畜共患病疫情的发生风险。

因此，畜牧法第四十六条规定："畜禽养殖场应当保证畜禽粪污无害化处理和资源化利用设施的正常运转，保证畜禽粪污综合利用或者达标排放，防止污染环境。违法排放或者因管理不当污染环境的，应当排除危害，依法赔偿损失。国家支持建设畜禽粪污收集、储存、粪污无害化处理和资源化利用设施，推行畜禽粪污养分平衡管理，促进农用有机肥利用和种养结合发展。"

（一）畜禽粪污处理相关法律规定

现代畜牧业发展与畜禽养殖污染防治必须同步推进，这样的畜牧业发展才是可持续的。农业法第六十五条规定："从事畜禽等动物规模养殖的单位和个人应当对粪便、废水及其他废弃物进行无害化处理或者综合利用，从事水产养殖的单位和个人应当合理投饵、施肥、使用药物，防止造成环境污染和生态破坏。"畜牧法第三十九条规定，兴办养殖场的，应当有与畜禽粪污无害化处理和资源化利用相适应的设施设备。畜禽规模养殖污染防治条例第十三条规定："畜禽养殖场、养殖小区应当根据养殖规模和污染防治需要，建设相应的畜禽粪便、污水与雨水分流设施，畜禽粪便、污水的贮存设施，粪污厌氧消化和堆沤、有机肥加工、制取沼气、沼渣沼液分离和输送、污水处理、畜禽尸体处理等综合利用和无害化处理设施。"固体废物污染环境防治法、水污染防治法、大气污染防治法等法律也有相关规定，因此，畜禽养殖场应当遵守上述规定，参照《畜禽养殖场（户）粪污处理设施建设技术指南》，根据养殖污染防治要求和当地环境承载力，配备与设计生产能力、粪污处理利用方式相匹配的畜禽粪污处理设施设备，满足防雨、防渗、防溢流和安全防护要求，并确保正常运行。交由第三方处理机构处理畜禽粪污的，应按照转运时间间隔建设粪污暂存设施。

除畜禽养殖场外，畜禽养殖户也应当采取措施，对畜禽粪污进行科学处理利用，防止污染环境。本法第三十九条规定，畜禽养殖户的畜禽粪污无害化处理和资源化利用要求，由省、自治区、直辖市人民政府农业农村主管部门会同有关部门规定。

（二）违法排放或者因管理不当污染环境的，应当排除危害，依法赔偿损失

按照《农业农村部办公厅　生态环境部办公厅关于进

一步明确畜禽粪污还田利用要求 强化养殖污染监管的通知》（农办牧〔2020〕23号）有关要求，对配套土地充足的养殖场（户），粪污经无害化处理后还田利用具体要求及限量应符合《畜禽粪便无害化处理技术规范》（GB/T 36195）和《畜禽粪便还田技术规范》（GB/T 25246），配套土地面积应达到《畜禽粪污土地承载力测算技术指南》要求的最小面积。同时，应依法配置粪污贮存设施，设施总容积不得低于当地农林作物生产用肥的最大间隔时间内产生粪污的总量。

畜禽养殖场没有畜禽粪污无害化处理和资源化利用设施，或者设施不能充分利用、利用方式不规范等，导致污染物排放造成环境污染危害的，应当立即采取补救措施，将污染影响降低到最低程度，并依法对受害人进行合理赔偿。

（三）畜禽粪污综合利用

综合利用是解决畜禽养殖污染问题的根本出路。传统农耕方式中，畜禽粪污作为宝贵的肥料资源还田利用，不会造成污染，但是，随着农业农村生产方式和生活方式的改变，农业生产更多地依赖化肥的大量投入，畜禽粪污逐步失去了原有的用途。据估算，每头出栏生猪产生的粪污如果不是还田利用而是按照工业污染的思路全部处理并做到达标排放，大概需要几百元，这是畜禽养殖者难以承受的，更是一种严重的资源浪费。

畜禽粪污是土地重要的有机质来源，如果按照每亩地消纳3头生猪粪污的标准，我国有充足的土地可以消纳利用畜禽粪污。因此，畜禽粪污还田利用，不仅经济上可行，而且有利于整个农业的可持续发展，理应成为解决畜禽养殖污染问题的根本出路。近年来，各地全面落实《国务院办公厅关于加快推进畜禽养殖废弃物资源化利用的意见》，以农用有机肥为主要利用方向，强化政策支持引导，加强实用技术推广，推动建立市场化机制，畜禽粪肥还田利用取得了阶段性成效。截至2022年，885个养殖大县实现整建制推进畜禽粪污资源化利用，13.3万家大型规模养殖场已全部配套粪污处理设施，有效解决了畜禽粪污直排问题。全国畜禽粪污年产生量下降至30.5亿吨，与2015年相比降幅达19.7%，全国畜禽粪污综合利用率达到78%。

在各方面的共同努力下，畜禽粪污就地就近利用逐渐成为主流，广泛应用于果、菜、茶等经济作物，全国施用面积超过4亿亩次，为耕地提供有机质超过5 500万吨。新增粪肥还田利用1.6亿猪当量，减少化肥（折纯）用量120万吨。以畜禽粪污为主要原料的商品有机肥产量达到3 300万吨，占全国商品有机肥产量的70%。

同时，畜禽粪污能源化利用取得积极进展。全国以畜禽粪污为主要原料的专业化大中型沼气工程 3 000 余个，年产气量达到 25.2 亿米³，大幅提升了畜禽粪污集中处理水平和清洁能源集中供应能力。探索形成了沼气集中供气、发电并网等可持续盈利运营模式。沼气工程实现年处理畜禽粪污 2 亿吨，可替代 180 万吨标准煤，减排二氧化碳当量 486 万吨，为优化农村能源结构、促进可再生能源发展发挥了积极作用。

(四) 畜禽粪污资源化利用区域重点和技术模式

根据我国现阶段畜禽养殖现状和资源环境特点，畜禽粪污的资源化利用应当因地制宜，以源头减量、过程控制、末端利用为核心，根据区域特征、饲养工艺和环境承载力的不同，确定主推技术模式，重点推广经济适用的通用技术。例如，在京津沪、东部沿海等经济发达区域，畜禽养殖规模化水平高，但由于耕地面积少，畜禽养殖环境承载压力大，重点推广肥料化能源化利用、污水深度处理等模式；在东北、中东部、华北平原等我国粮食主产区和畜禽产品优势区，环境承载力和土地消纳能力相对较高，可以重点推广粪污全量收集还田利用、肥料化利用、专业化能源利用等模式；在西南、西北地区，畜禽养殖规模水平较低，以农户和小规模饲养以及草原畜牧业为主，重点推广异位发酵床、粪污肥料化能源化利用、固体粪污垫料回用利用等模式。

十二、支持、引导畜禽养殖户发展

近年来，国家出台了一系列扶持畜牧业发展的政策措施，特别是 2019 年以来，先后出台了基础建设、财政补贴、金融保险、养殖用地、环评承诺制、绿色通道等 19 项政策措施，政策力度之大、含金量之高前所未有，完善了支持畜禽养殖产业发展的政策体系。在畜禽养殖特别是生猪、家禽养殖领域，养殖主体格局已经发生深刻变化，小散养殖场（户）加速退出，规模养殖快速发展，呈现龙头企业引领、集团化发展、专业化分工的发展趋势，组织化程度和产业集中度显著提升，按照《"十四五"全国畜牧兽医行业发展规划》，到 2025 年，全国畜牧业现代化建设取得重大进展，奶牛、生猪、家禽养殖率先基本实现现代化。

我国畜禽养殖区域分布广、基数大，2021 年，我国有畜禽养殖场（户）6 600 万个，生猪、奶牛、肉牛、肉羊、蛋鸡和肉鸡的规模养殖比重分别为 62.0%、70.8%、32.9%、44.7%、81.9%、85.7%，在我国农村仍将大量存在中小畜禽养殖户。大量的中小畜禽养殖户没有跟龙头企业有效联结，面向中小畜禽养殖户的畜牧业社会化服务体系尚未建立起来，养殖户的利益得不到保障，中小畜禽养殖户生产不规范，支持、引导畜禽养殖户有序发展显得尤其迫切和重要。

本次修改畜牧法，吸收采纳各方面意见，从规范有序发展和支持引导转型升级两方面着手，针对上述问题和情况，完善畜禽养殖户有关法律规定。畜牧法第四十七条规定："国家引导畜禽养殖户按照畜牧业发展规划有序发展，加强对畜禽养殖户的指导帮扶，保护其合法权益，不得随意以行政手段强行清退。国家鼓励涉农企业带动畜禽养殖户融入现代畜牧业产业链，加强面向畜禽养殖户的社会化服务，支持畜禽养殖户和畜牧业专业合作社发展畜禽规模化、标准化养殖，支持发展新产业、新业态，促进与旅游、文化、生态等产业融合。"

（一）继续支持以家庭为核心的养殖户适度养殖

以生猪养殖为例，2019 年 9 月，国务院办公厅印发《关于稳定生猪生产促进转型升级的意见》（国办发〔2019〕44 号），明确提出要积极带动中小养殖场（户）发展。近年来，农业农村部在推动生猪生产加快恢复过程中，把带动中小养猪户发展作为生猪补栏复养的重点工作，加大对中小养殖场（户）的帮扶带动，进一步发挥龙头企业的示范引领作用，带动改变传统的生产方式，发展适度规模标准化养殖，促进其融入现代畜禽养殖产业体系和产业链条。一是指导各地发展由龙头企业牵头、农民专业合作社跟进、中小养殖户参与的生猪产业化联合体，把中小养殖户组织起来，依托龙头企业的技术和市场优势，带动中小养殖户增产增收。二是组织实施龙头企业带万户生猪产业扶贫项目，加大生猪规模养殖场建设补助项目支持，推广"公司＋农户"、托管租赁、入股加盟等模式，推动银行业金融机构积极探索"大带小"金融服务模式，支持龙头企业带动中小养殖户发展标准化生产。

（二）不得随意以行政手段强行清退

近年来，各地按照相关法律法规要求，推进畜禽养殖禁养区划定工作。依法科学划定禁养区，有利于优化产业布局、防范生态环境风险，促进畜禽养殖业平稳健康绿色发展。但是，由于畜牧业没有税收，地方还要承担重大动物疫病、畜产品质量安全以及环境污染的风险，地方政府发展畜牧业积极性不高，甚至盲目禁养限养。有些地方以改善生态环境质量为由，超出法律法规规定划定禁养区，限制养殖业发展或压减生猪产能，甚至搞无猪县、无猪乡。此外，有些地方将本省自定养殖规模标准以下的养殖场（户）纳入关闭搬迁对象，采取"一律关停"等简单粗暴做法。还有一些地方对于因禁养区划定而关闭或搬迁畜禽养殖场的，没有进行合理补偿。从近几年禁养区划定的情况看，畜禽养殖禁养区划定和管理必须依法规范，建立健全政府统一领导、部门协同管理、养殖场户参与、群众主动监督的禁养区管理体系。

党中央、国务院高度关注畜禽养殖场（户）合法权益保护问题。《国务院办公厅关于促进畜牧业高质量发展的意见》（国办发〔2020〕31号）明确要求，加强对中小养殖户的指导帮扶，不得以行政手段强行清退。此次修改畜牧法，把不得以行政手段强行清退的政策规定上升为法律规范，加强畜禽养殖户合法权益的保护。各地对于随意以行政手段强行清退畜禽养殖场户的行为，要建立健全惩处措施；对于确需清退的养殖场（户），完善相应的补偿机制。

（三）加强面向养殖户的社会化服务

农业社会化服务主要指各类市场化服务主体围绕农业生产全链条，根据产前、产中、产后各个环节的需要提供各类经营性服务。具体包括农资供应、技术集成、市场信息、农机作业及维修、疫病防控、农业废弃物资源化利用、农产品营销、仓储物流和初加工等服务。农业社会化服务的蓬勃发展，将农业由孤立的、封闭的生产方式，转变为分工细密、协作广泛、开放型的生产方式。

大国小农是基本国情农情，人均一亩三分地、户均不过十亩田的小农生产方式，是我国农业发展需要长期面对的基本现实。这决定了我国不可能在短期内通过流转土地搞大规模集中经营，也不可能走一些国家高投入高成本、家家户户设施装备小而全的路子。当前，最现实有效的途径就是通过发展农业社会化服务，将先进适用的品种、技术、装备和组织形式等现代生产要素有效导入小农户生产，帮助小农户解决一家一户干不了、干不好、干起来不划算的事，丰富和完善农村双层经营体制的内涵，促进小农户和现代农业有机衔接，推进农业生产过程的专业化、标准化、集约化，以服务过程的现代化实现农业现代化。

党的十九届五中全会提出，健全农业专业化社会化服务体系，发展多种形式适度规模经营，实现小农户和现代农业有机衔接。《国务院办公厅关于促进畜牧业高质量发展的意见》（国办发〔2020〕31号）指出，鼓励新型农业经营主体与中小养殖户建立利益联结机制，带动中小养殖户专业化生产，提升市场竞争力。加强基层畜牧兽医技术推广体系建设，健全社会化服务体系，培育壮大畜牧科技服务企业，为中小养殖户提供良种繁育、饲料营养、疫病检测诊断治疗、机械化生产、产品储运、废弃物资源化利用等实用科技服务。《农业农村部关于加快发展农业社会化服务的指导意见》（农经发〔2021〕2号）指出，发展农业社会化服务是实现中国特色农业现代化的必然选择。

如前所述，在我国农村仍将大量存在中小畜禽养殖户，畜禽养殖社会化服务仍然有必要继续探索和发展。一是要切实提高基层动物卫生监督所、动物疫病防控中心和畜牧技术推广机构的工作水平和能力，全面完善和加强乡镇畜牧兽医站队伍和设施建设，培养和稳定一批动物防疫员及技术员。创新兽医社会化服务，鼓励养殖龙头企业、动物诊疗机构及其他市场主体成立动物防疫服务队、防疫专业合作社等，开展强制免疫等专业技术服务。二是要支持养殖龙头企业通过专业合作社和行业协会向农户提供仔畜、饲料、养殖技术，带动养殖户建立标准化养殖基地。完善冷链运输体系。提高人工授精服务站点社会化服务水平，打通良种推广的"最后一公里"。支持发展专业合作社和行业协会，提高组织化和商品化程度。三是要创新科技服务机制，建立健全专业合作社、畜禽养殖及加工企业、畜牧科研院校广泛参与的多元科技服务体系，提高畜牧科技成果转化与推广应用水平。鼓励养殖场（户）购买社会化服务，推行液体粪肥机械化施用，培育粪肥还田社会化服务组织，推行养殖场（户）付费处理、种植户付费用肥，建立多方利益联接机制。四是要积极推进信息网络向基层延伸，建立和完善畜禽和畜禽产品预警、市场监管和科技信息服务应用系统，逐步推进信息服务社会化。

（四）支持养殖户发展新产业、新业态

2015年，国务院办公厅印发《关于推进农村一二三产业融合发展的指导意见》（国办发〔2015〕93号）指出，推进农村一二三产业融合发展，是拓宽农民增收渠

道、构建现代农业产业体系的重要举措，是加快转变农业发展方式、探索中国特色农业现代化道路的必然要求。强调推动农业与加工流通、休闲旅游、文化体育、科技教育、健康养生和电子商务等产业深度融合，催生出大量的新产业、新业态、新模式。第三次全国农业普查结果显示，2016年全国共有35.5万个规模农业经营户和农业经营单位开展餐饮住宿、采摘、垂钓、农事体验等新型经营活动，占规模农业经营户和农业经营单位总数的比重为5.9%。

2018年，农业农村部印发《关于实施农产品加工业提升行动的通知》（农加发〔2018〕2号）、《关于开展休闲农业和乡村旅游升级行动的通知》（农加发〔2018〕3号）、《关于实施农村一二三产业融合发展推进行动的通知》（农加发〔2018〕5号），引导农村一二三产业跨界融合、紧密相连、一体推进，形成农业与其他产业深度融合格局，继续催生新产业、新业态、新模式发展，拓宽农民就业增收渠道。

具体到畜牧业，有的地方推进畜牧业一二三产融合发展，发展新产业、新业态取得成效。一是大力发展畜产品精深加工，突出发展包括物流业、金融服务业、旅游畜牧业等多方面内容的畜牧服务业。二是以"互联网+"为驱动，推进现代信息技术应用于畜牧业，提高畜牧业生产经

营效率，构建畜牧业新型业态。三是积极培育畜牧业新型
经营主体，引导畜牧业专业合作社规范化发展。四是全面
推进产销对接，鼓励期货、订单等多种交易方式并存发
展。五是推广全产业链发展模式，依靠大型畜牧企业推进
畜牧业三次产业融合发展。

同时，丰富融合业态，农业"内向"融合，催生"林
下养鸡"等业态；产业"顺向"融合，推进农业与加工、
流通融合，催生农商直供、直供直销、个人定制等；功能
"横向"融合，促进农业与文化教育、旅游餐饮等产业融
合，建设休闲农业园、田园综合体等；新技术"逆向"融
合，催生数字农业、智慧农业、直播农业、农村电子商
务等。

十三、鼓励发展特种畜禽

特种畜禽是我国畜牧业生产的重要补充，2020 年 5
月 29 日，农业农村部正式公布经国务院批准的《国家畜
禽遗传资源目录》，首次明确家养畜禽种类 33 种，其中，
有梅花鹿等特种畜禽 16 种。这些物种为人类提供肉、蛋、
奶、毛皮、纤维等产品，或者满足役用、运动、医用药
用、竞技观赏等需要。特种畜禽养殖为农民增收增效拓宽
了渠道，满足了城乡居民多元化消费需求，畜牧法第四十
八条规定："国家支持发展特种畜禽养殖。县级以上人民

政府应当采取措施支持建立与特种畜禽养殖业发展相适应的养殖体系。"

（一）特种畜禽定义

特种畜禽包括三部分：一是我国自有的区域特色种类，已形成比较完善的产业体系，如梅花鹿、马鹿、驯鹿等；二是国外引进种类，虽然在我国养殖时间不长，但在国外已有上千年的驯化史，如羊驼、火鸡、珍珠鸡等；三是非食用特种用途种类，主要用于毛皮加工和产品出口，我国已有成熟的家养品种，如水貂、银狐、北极狐、貉等。此外，这些物种列入《国家畜禽遗传资源目录》后，其野外种群的保护仍依照野生动物保护法进行管理，这些物种的利用不会对野外种群造成影响。

按照《国家畜禽遗传资源目录》《农业农村部　国家林业和草原局关于进一步规范蛙类保护管理的通知》《农业农村部关于贯彻落实全国人大常委会革除滥食野生动物决定的通知》《人工繁育国家重点保护水生野生动物名录》《国家重点保护经济水生动植物资源名录》的规定，人工繁育的梅花鹿、马鹿、驯鹿、羊驼、火鸡、珍珠鸡、雉鸡、鹧鸪、番鸭、绿头鸭、鸵鸟、鸸鹋、水貂（非食用）、银狐（非食用）、北极狐（非食用）、貉（非食用）等动物属于特种畜禽，由农业农村主管部门依照畜牧法进行管理。雉鸡和绿头鸭等以上种类野外分布的种群由林业主管部门依照野生动物保护法进行管理。《国家畜禽遗传资源目录》中传统畜禽与野生种类的杂交后代、引入品种，由农业农村主管部门依照畜牧法进行管理。人工繁育规模较大的黑斑蛙、棘胸蛙、棘腹蛙、中国林蛙（东北林蛙）、黑龙江林蛙等相关蛙类，由农业农村部门按照水生动物管理。

（二）特种畜禽区域布局与发展重点

根据特种畜禽资源分布，因地制宜发展特种畜禽养殖。在吉林、辽宁、黑龙江等省份重点推进梅花鹿养殖业发展，围绕"扩群、提质、增效"，拓展产业链，提升梅花鹿养殖水平。发挥新疆、甘肃、青海、宁夏、内蒙古、西藏等省份马鹿资源优势，优化马鹿产业布局，提升整体效益。在河北、山西、内蒙古、吉林、辽宁、黑龙江、山东等省份加强貂、狐、貉等毛皮动物养殖，保障高质量毛皮原料。鼓励内蒙古、新疆、青海、甘肃等省份开展双峰驼、羊驼养殖，逐步提高规模化、标准化养殖和生产水平，加快形成肉、绒毛同步发展的骆驼全产业链。

（三）发展特种畜禽养殖

特种畜禽养殖产业潜力巨大，对促进经济发展、满足人民群众多样化产品需求发挥着重要作用。有关部门要加强规划指导，加大政策支持，规范养殖等环节管理，不断提升产业发展水平。一是着重完善品种遗传资源保护体系，扩大优质种群规模，加大特色畜禽品种商业化培育和地方品种产业化开发力度。二是结合地方实际，推动创建特种畜禽养殖标准化示范场，辐射带动养殖标准化水平。制定特种畜禽养殖技术标准，促进特种畜禽有标可依，推进标准化生产。三是延伸产业链条，推进产业化发展，强化品牌创建，打造特色优势产区。积极引导特种畜禽企业"龙头公司＋合作社＋农户"发展模式，促进建立完善产加销一体化的经营体系，加强特种畜禽的综合开发利用，提升附加值。四是依托科研院所和行业协会加强养殖的技术指导和服务，引导农民因地制宜发展特种畜禽产业。发挥好特种畜禽养殖在巩固拓展脱贫攻坚成果同乡村振兴有效衔接过程中的重要作用。五是强化特种畜禽养殖管理，健全管理制度。

十四、支持养蜂业发展

养蜂是一项不争田、不占地、投资少、见效快的"空中农业"，是有百利无一害、无污染的资源节约型产业，是促使农民增收致富的一条捷径，养蜂业已成为现代生态农业中的重要组成部分。多年来，我国蜂群数量、蜜蜂产品的生产量和出口量一直居于世界第一。目前，我国年产蜂蜜约 45 万吨、占全球总产量的 1/4 左右；蜂王浆约4 000 吨、蜂花粉约 5 000 吨、蜂胶约 400 吨、蜂王幼虫约 60 吨、雄蜂蛹约 50 吨；此外，还生产少量蜂毒等产品。全国现有 30 余万养蜂从业者，养蜂数量达 1 000 余万群，约占世界总量的 1/10。我国蜂蜜产量的 35％、蜂王浆的 25％、蜂花粉的 60％、蜂胶的 60％用于出口。

我国养蜂生产主要集中在河南、浙江、四川、湖北、黑龙江等省，这五省的蜂蜜产量约占全国的一半以上。养蜂业不仅是畜牧业的重要组成部分，也是现代农业的重要组成部分，对提高农作物产量、促进农民增收、维护生态平衡都具有重要意义。新修订的畜牧法在第四十九条、第五十条、第五十一条对养蜂业作了专门规定。

（一）保护养蜂生产者的合法权益

在我国，养蜂业属于劳动密集型产业，养蜂生产仍未摆脱传统模式：现代化水平低，养蜂生产方式落后，收成很大程度上取决于外界自然条件。同时，蜂农收入低、养蜂条件艰苦、设施落后、劳动强度大的状况长期存在。从蜜蜂品种和蜂蜜质量上看，我国养蜂业还存在以下主要问题：一是蜂种退化问题。我国目前饲养的蜂种以西方蜜蜂为主，由于缺乏科学的繁育体系，多是随机支配，蜂种混杂退化，本土的中华蜜蜂资源挖掘和利用不够，一些资源面临杂化消失的风险；育种基础工作尚未有效开展，无法满足产业对良种的迫切需求。生产力低。二是蜂蜜的品质问题。用不同植物来源花蜜酿成的蜂蜜风味、口感和功能存在差异，蜂蜜的品种鉴别标准缺乏；现有"产稀蜜，后浓缩"的蜂蜜生产方式，导致易发酵变质的不成熟蜂蜜占据市场主导地位，在影响产品质量的同时，糖浆掺假时有发生，影响产品质量。三是病害扩散问题。近年来，蜂螨病、蜜蜂微孢子虫病、美洲幼虫腐臭病、囊状幼虫病等蜂群疫病有所扩散，不仅降低产蜜量，而且造成蜂群死亡。这些问题，特别是蜂群疫病的问题，使养蜂业的发展受到制约。养蜂生产者在放蜂的过程中受到很多限制，尤其是转地放蜂，蜂农不仅遭到当地居民的阻碍，在交通运输、检疫检查等方面同样会遇到障碍，驱赶蜂农、毁坏蜂具等事件时有发生，给蜂农造成很大的经济损失。因此，以法律形式明确国家鼓励和支持发展养蜂业十分必要，既有利于养蜂业这一传统产业的发展，更有利于保护养蜂生产者的合法权益。畜牧法第四十九条第一款规定："国家支持发展养蜂业，维护养蜂生产者的合法权益。"

针对我国蜂场规模小，养蜂机具研发滞后，先进、适用、安全、可靠的机具供给不足，机械化生产水平与养蜂发达国家相比差距较大的问题，近年来，为促进养蜂业持续健康稳定发展，国务院农业农村主管部门将蜂农养殖机械纳入农机购置补贴范畴，改善蜂农设施装备条件，提高养蜂业机械化水平。除此以外，相关部门还应当按照本法的规定尽快研究出台扶持养蜂业发展的其他财政、金融、信贷、保险等政策支持措施，支持养蜂业发展。

养蜂业是国家保护并鼓励发展的产业，任何单位和个人都不得阻碍养蜂业的发展，不得破坏蜂种资源，不得乱砍乱伐蜜粉源植物，不得损害蜂群，不得破坏养蜂机具，保证蜂产品质量安全及维护养蜂生产者的利益，不得违反国家财政规定进行乱收费、乱罚款，养蜂者的人身安全及其财产受国家保护。

（二）积极宣传和推广蜜蜂授粉农艺措施

养蜂业发展的重要使命之一是为农作物授粉，蜜蜂授粉与农业生态、农业增产、农民增收利益相关，效益显著。养蜂业不与农争地、不与人争粮，靠饲养蜜蜂为植物传授花粉，从而使农作物的产量和品质得到提高。蜜蜂授粉立足生态、服务"三农"、造福人类，在关键环节开辟"空中农业"，将农业生态要素有机连接，是环境友好型农业的重要组成部分，因此在法律中明确有关部门要积极宣传和推广蜜蜂授粉农艺措施，将对我国生态农业和养蜂业发展起到积极的推动作用。

国际上把蜜蜂授粉作为现代农业发展的重要标志。我国疆域广阔，植被众多，一年四季均有蜜源植物开花泌蜜。多年来，我国养蜂业片面注重蜂产品，采用"追花夺蜜"的生产方式，重产品、轻授粉。当前，现代农业高度集约化管理，大面积平整土地，大量使用杀虫剂、除草剂和其他农药化肥，造成野生授粉昆虫数量锐减，虫媒授粉环节普遍缺失。因此，采用可以控制、便于管理的蜜蜂为农作物授粉，既可填补虫媒授粉的不足，又可以减少农药和化肥的使用，促进生态农业和绿色农业的发展。同时，蜜蜂作为最重要的生物授粉资源，对维护农业生物多样性、稳定性具有重要的生态功能，蜜蜂授粉行为对于保持作物的多样性以及维护自然界野生植物资源来说是必不可少的。蜜蜂为农、林、果、蔬等作物授粉，不仅能够大幅度地提高作物的质量和产量，其所产生的经济效益和生态效益更加可观，是蜂产品经济效益的百倍。有专家估算，如果我国农业能普遍推广蜜蜂授粉这项技术，其增加的产量相当于扩种了5%～10%的耕地。

由于蜜蜂授粉是我国养蜂业需要亟待发展和推广的重要产业，畜牧法第四十九条第二款规定："有关部门应当积极宣传和推广蜜蜂授粉农艺措施。"农业农村主管部门和相关部门应当广泛宣传蜜蜂为农作物授粉的增产提质作用，积极推广蜜蜂授粉技术，探索建立蜜蜂授粉示范基地，提倡有偿蜜蜂授粉，争取实现种植业和养蜂业的双赢。县级以上地方人民政府农业农村主管部门应当做好辖区内蜜粉源植物调查工作，制定蜜粉源植物的保护和利用措施。

（三）为转地放蜂提供必要的条件

养蜂需要大量的蜜源，而本地资源通常不能满足，养蜂业具有转地放蜂的特殊性，阻碍转地放蜂将会制约养蜂业的发展，影响养蜂生产者的经济收益。同时，我国疆土辽阔，蜜粉资源丰富，气候不一，转地放蜂已成为我国养蜂生产的特色，因此，畜牧法第五十一条第一款规定："养蜂生产者在转地放蜂时，当地公安、交通运输、农业农村等有关部门应当为其提供必要的便利。"也就是说，为保护养蜂生产者转地放蜂，相关部门应当提供必要的便利条件。任何单位和个人不得阻止转地养蜂生产者在当地安置蜂群。同时，当地农业农村主管部门应当积极指导安排环境良好的养蜂场地，不得收取占地费；当地公安部门有责任维护转地养蜂生产者的人身和财产安全，积极协助解决发生的意外事故和纠纷，保护养蜂生产者的合法权益；在蜂群运输过程中，蜜蜂属于生、活动物，交通运输部门应明确港口、路口优先放行，允许运蜂车辆进入高速公路，以避免运蜂车辆由于天气炎热、堵车或停滞时间过长而导致蜜蜂窒息而死，造成不必要的损失；允许蜜蜂及蜂产品列入"绿色通道"范围；积极为转地放蜂创造条件，切实将转场蜜蜂纳入生活必需品应急运输保障范围，确保便捷快速通行。不得拦截蜜蜂转场及其产品运输车辆，确保养蜂生产物资、机具及产品运输车辆不停车、不检查、不收费，切实打通蜂农转场"最后一公里"，为养蜂生产提供必要的便利。

（四）确保蜂产品质量安全

改革开放以来，我国养蜂业持续稳定发展，逐步由家庭副业发展成为支柱产业，为发展国民经济、提高人民生活水平、增加农民收入发挥着重要作用。目前我国蜂产品中的兽药残留问题比较突出，主要来源于三方面：一是饲养过程。有的养蜂员为了达到防病治病、减少蜜蜂死亡的目的，实行药物与饲料同步投喂。二是外部环境。目前环境中残存的农药污染，通过蜜蜂的采集进入蜂产品。三是加工过程的残留和装蜜容器的污染。食品污染和有害物质残留使广大消费者缺乏安全感，为了维护消费者的健康，加强蜂产品安全管理工作，尽快解决蜂产品安全方面存在的问题，是一项十分紧迫的任务。

我国新修订的农产品质量安全法强调要大力发展新的"三品一标"农产品（绿色食品、有机农产品、地理标志农产品和达标合格农产品），推行农业标准化生产、推广绿色生产技术，加强农产品质量安全信用体系建设，让放心消费更有保障，并首次在法律层面上提出发展绿色优质农产品，围绕增加绿色优质农产品供给、提升农业质量效益竞争力等方面，提出强化标准化生产、突出品质提升、突出质量标志管理等。畜牧法第五十条规定："养蜂生产者在生产过程中，不得使用危害蜂产品质量安全的药品和容器，确保蜂产品质量。养蜂器具应当符合国家标准和国务院有关部门规定的技术要求。"

按照这一规定，养蜂生产者应当遵守农产品质量安全法等有关法律法规，对所生产的蜂产品质量安全负责。养蜂生产者在生产过程中，应当按照国家相关规定正确使用生产投入品，按照相关规定和技术要求规范生产和用药，不得在蜂产品中添加有害物质。如在养蜂生产时要遵守《无公害食品 蜜蜂饲养管理准则》（NY/T 5139）、《蜂蜜生产技术规范》（NY/T 639）、《蜂王浆生产技术规范》（NY/T 638）、《蜂花粉生产技术规范》（NY/T 637）、《蜂胶及其制品》（NY/T 629）、《无公害农产品 兽药使用准则》（NY/T 5030）等，不得乱用、滥用蜂药，不得使用不符合规定、危害蜂产品质量安全的药品。养蜂器具也需要符合国家技术规范的强制性要求，不得使用不符合国家技术规范和要求的、污染蜂产品、危害蜂产品质量安全的养蜂器具；不得使用不符合国家技术规范和要求的，盛装过药品、燃料油、食用油或其他化工产品的容器盛装蜂产品，蜂产品包装必须符合《食品安全国家标准 食品生产通用卫生规范》（GB 14881）、《食品安全国家标准 蜂蜜》（GB 14963）、《蜂蜜》（GH/T 18796）及其他相关国家标准的规定和要求，以确保蜂产品的质量。生产出的蜂产品，其质量安全必须符合蜂产品质量相关国家标准、卫生标准和兽药残留最高限量的要求，确保蜂产品的质量安全。

（五）持检疫合格证明运输蜂群

蜜蜂疾病是影响养蜂生产发展的严重障碍，不仅造成蜜蜂体质衰弱，削弱蜂群群势，降低蜂产品产量，严重时还会导致整个蜂群死亡和蜂场破产；同时，蜂群疾病也会影响到蜂群授粉效果，从而降低农产品的产量与质量。转地放蜂是导致蜜蜂疾病发生和传播的主要因素，原因在于：首先，长途转运蜂群时，由于热、闷、缺水和震动等，破坏了蜜蜂正常的生物学特性，致使蜜蜂抵抗能力下降；其次，转地放蜂的场地选择不当，例如，早春将蜂群放在低洼潮湿、没有阳光的地方，夏季放在无遮阳物或者缺少清洁饮用水的地方；再次，转地蜂场相对集中，放养密度大，只要一个场或几群蜂发病，相互传染，很快就会蔓延，花期结束之后各个蜂场又带着病原转往其他地方，加剧蜂病的传播；最后，治疗保健措施不足，如转地蜂场的养蜂员大多忙于追花夺蜜取浆，对突来的蜂病预期不足，无法及时控制蜜蜂病情。为了防止蜜蜂传染性疾病的传播蔓延，保护蜂群的健康，促进养蜂业的发展，必须实行蜜蜂检疫。蜜蜂检疫是为了防治疾病传入和传出而采取的防御措施，可以有效地消除转地放蜂可能带来的隐患。

畜牧法第五十一条第二款规定："养蜂生产者在国内转地放蜂，凭国务院农业农村主管部门统一格式印制的检疫合格证明运输蜂群，在检疫合格证明有效期内不得重复检疫。"

　　国务院农业农村部门主管全国蜜蜂的检疫管理工作，在国内转地放蜂的检疫工作由县级畜牧兽医站或由该站委托的养蜂管理站等单位负责。外出转地放蜂人员必须提前向检疫部门报检，取得蜜蜂检疫证明后方可承运。在检疫合格证明有效期内不得重复检疫。

第五章

草原畜牧业

草原畜牧业是我国畜牧业的重要组成部分，是牧区的支柱产业，是牧民增收的主要来源。加强草原保护与建设，扶持草原畜牧业发展，对于保障畜产品供给，促进农牧民增产增收，促进少数民族地区团结，保持边疆安定和社会稳定，维护草原生态安全，全面推进乡村振兴都具有十分重要的意义。我国草原畜牧业生产基础比较薄弱，草畜矛盾依然突出，发展方式相对落后，草原生态保护和产业发展面临诸多挑战。新修订的畜牧法增加"草原畜牧业"一章，共9条，对草原畜牧业发展方针、发展方式、饲草供给、经营模式、提质增效、防灾减灾、政策支持、一二三产业融合发展等作了明确规定。

一、草原畜牧业发展方针

近年来，我国草原畜牧业发展坚持生态优先，在落实草畜平衡制度的前提下，科学合理利用天然草原，加强人工饲草料基地建设，牛羊生产稳步增长，生产效率不断提高，牧民收入逐年增加，草原生态状况和生产能力持续提升，为牧区生产生活生态协同发展奠定了坚定基础。畜牧法第五十二条规定："国家支持科学利用草原，协调推进草原保护与草原畜牧业发展，坚持生态优先、生产生态有机结合，发展特色优势产业，促进农牧民增加收入，提高草原可持续发展能力，筑牢生态安全屏障，推进牧区生产生活生态协同发展。"

（一）科学利用草原，协调推进草原保护与草原畜牧业发展

草原是指以生长草本植物为主体的生物群落及环境构成的陆地生态系统，是人类经济社会发展的重要载体。草原不仅是一种土地类型或自然景观，而且是具有重要生态、经济和社会保障功能的战略资源，也是牧民赖以为生的重要生产生活资料。

草原具有多功能性。第一，草原有重要的环境价值，具有涵养水源、保持水土、防风固沙、固碳释氧、调节气候、净化空气、维护生物多样性等重要功能。草原是江河的发源地和水源涵养区，能够对降水进行截留、吸收、贮存和净化，对维护国家水安全发挥着重要作用。草原植物根系及枯落物不仅能够显著增加土壤有机质，改善土壤结

构，提高土壤肥力，还能有效减少土壤水蚀和风蚀，对土壤发挥着重要的保护作用。草原植被通过蒸腾作用、光合作用等，改变草原和大气间水分和能量交换，发挥着降低局地温度、增加空气相对湿度的重要作用；通过释放氧气和负氧离子，以及阻挡、过滤、吸附、滞留空气中悬浮颗粒物，发挥着净化、优化空气质量的作用。我国草原面积39.68亿亩（第三次全国国土调查数据），是耕地的2.2倍，生态价值尤为重要。第二，草原是重要的生物资源和能源资源宝库。草原是世界上重要的植物基因库，已知我国有草原饲用植物6 704种，其中，属于我国草原特有的饲用植物约有490种。草原还是重要的动物资源库。据统计，我国草原上繁衍的野生动物有2 000多种，其中国家一级保护动物14种、二级保护动物30多种。我国草原地区矿产种类繁多，能源资源十分丰富，包括化石能源、风能、太阳能和生物质能源。化石能源主要以煤、石油、天然气等为主。草原煤、石油、天然气资源主要分布在陕西、内蒙古和新疆北部等煤炭富集区。草原地区石油资源量占全国可开采石油资源量三成左右。草原风能和太阳能资源极为丰富，具有无污染、可再生、分布广的特点，草原地区的风能资源占全国风能资源的50%以上。第三，草原具有重要的生存保障功能和经济功能。我国草原资源是众多人口特别是少数民族赖以为生的基本生产资料，少数民族人口的 70％集中生活在草原区，55 个少数民族在草原上都有分布。草原地区是我国畜产品的重要产区，牧区牧业产值占农业总产值的 50％左右。据测算，我国草原单位面积畜产品产值为每公顷 770 元，全国近 40 亿亩草地每年畜牧业产值可达 2 000 多亿元。2021 年，13 个草原牧区省份的牛肉、羊肉和牛奶产量分别是 464.44 万吨、358.44 万吨和 2 754.5 万吨，分别占全国的 66.6％、69.7％和 72.9％；牧业产值为 17 603.1 亿元，占全国牧业总产值的 44.1％，占 13 省份农牧渔业总产值的 33.7％。

利用草原是草原畜牧业的重要方面，但是，利用必须注意方式方法。草原法第三十三条规定，草原承包经营者应当合理利用草原，不得超过草原行政主管部门核定的载畜量。《国务院办公厅关于加强草原保护修复的若干意见》（国办发〔2021〕7 号）提出，在保护好草原生态的基础上，科学利用草原资源。综合草原保护利用工作的实践，畜牧法提出科学利用草原，协调推进草原保护与草原畜牧业发展，强调草原利用的方法就是科学利用，草原牧区要坚持以草定畜，不得超过草原承载能力，要正确处理草原保护与利用的关系。

（二）坚持生态优先、生产生态有机结合

《国务院关于促进牧区又好又快发展的若干意见》（国发〔2011〕17 号）指出，长期以来，受农畜产品绝对短

缺时期优先发展生产的影响，强调草原的生产功能，忽视草原的生态功能，由此造成草原长期超载过牧和人畜草关系持续失衡，这是导致草原生态难以走出恶性循环的根本原因。必须认识到，只有实现草原生态良性循环，才能为草原畜牧业可持续发展奠定坚实基础，也才能满足建设生态文明的迫切需要。随着我国综合国力日益增强，农牧业综合生产能力不断提升，已经有条件更好地处理草原生态、牧业生产和牧民生活的关系。在新的历史条件下，牧区发展必须树立坚持生态优先、生产生态有机结合的基本方针，走出一条经济社会又好又快发展新路子。

党的二十大报告明确指出，必须牢固树立和践行绿水青山就是金山银山的理念，站在人与自然和谐共生的高度谋划发展。坚持山水林田湖草沙一体化保护和系统治理。因此，畜牧法贯彻习近平生态文明思想，提出发展草原畜牧业要坚持生态优先、生产生态有机结合，明确把草原生态保护摆在优先位置，在此基础上通过生产生态有机结合，统筹谋划草原畜牧业发展。

(三) 发展特色优势产业，促进农牧民增加收入

草原地域辽阔，孕育着丰富的动植物物种资源，为发展草原特色优势产业奠定了坚实的基础。党的二十大报告明确指出，发展乡村特色产业，拓宽农民增收致富渠道。2021 年，习近平总书记在全国两会期间参加内蒙古代表团审议时指出，发展优势特色产业，发展适度规模经营，促进农牧业产业化、品牌化，并同发展文化旅游、乡村旅游结合起来，增加农牧民收入。2019 年，《国务院关于促进乡村产业振兴的指导意见》（国发〔2019〕12 号）提出，要突出优势特色，壮大乡村产业。与农区相比，牧区条件更艰苦，产业基础更薄弱，迫切需要通过发展特色优势产业，延长产业链条，提高产品附加值，做大做强草原畜牧业，促进农牧民收入稳定增加，切实增强获得感、幸福感和安全感，确保推进农业农村现代化进程中牧区不掉队。

（四）提高草原可持续发展能力，筑牢生态安全屏障，推进牧区生产生活生态协同发展

党的十八大以来，习近平总书记在内蒙古、青海、甘肃考察时多次强调，要筑牢国家生态安全屏障。2021 年 3 月 12 日，国务院办公厅印发了《关于加强草原保护修复的若干意见》，提出要以完善草原保护修复制度、推进草原治理体系和治理能力现代化为主线，加强草原保护管理，推进草原生态修复，促进草原合理利用，改善草原生态状况，推动草原地区绿色发展，为建设生态文明和美丽中国奠定重要基础。

草原是我国重要的绿色生态安全屏障，是长江、黄河、澜沧江等大江大河的重要水源涵养区，具有保持水土、涵养水源、防风固沙、净化空气、固碳释氧、维护生物多样性等重要生态功能。综合各方面研究成果，我国草原总碳储量仅次于森林，是第二大陆地生态系统碳汇，在碳达峰、碳中和中发挥重要的作用。加强草原保护修复，推行草原休养生息，维持草畜平衡，促进草原生态系统健康稳定，提升草原在保持水土、涵养水源、防止荒漠化、应对气候变化、维护生物多样性、发展草业等方面的支持服务功能，对维护国家生态安全，满足人民日益增长的优美生态环境需要，实现建设美丽中国宏伟目标，具有重要的战略意义。

同时，草原是承载牧民繁衍生息日常生活的基础，是开展畜牧业生产的关键要素，要利用草原，难免对草原生态造成影响。必须坚持系统观念，通过推动草原畜牧业发展，实现多赢，这是草原畜牧业发展需要实现的主要目标。草原利用要科学适度，不能贪一时之需，通过科学利用提高生产效率，促进有效保护，增加农牧民收入，实现草原永续利用和可持续发展，人草畜和谐共生，推动牧区经济社会又好又快发展。

二、转变草原畜牧业发展方式

转变草原畜牧业发展方式，既是解决草原生态可持续发展的客观要求，也是扩大国内优质畜产品供应的重要举措。畜牧法第五十三条规定："国家支持牧区转变草原畜牧业发展方式，加强草原水利、草原围栏、饲草料生产加工储备、牲畜圈舍、牧道等基础设施建设。国家鼓励推行舍饲半舍饲圈养、季节性放牧、划区轮牧等饲养方式，合理配置畜群，保持草畜平衡。"

本条是在原畜牧法第三十五条基础上的修订完善，主要修改之处：一是明确国家层面支持草原畜牧业发展方式转变及重点建设的基础设施；二是规定草原畜牧业生产方式转变的具体措施。

（一）支持草原畜牧业发展方式转变具有良好基础

传统草原畜牧业靠天吃饭，面临超载过牧、生产力水平偏低、牛羊牲畜越冬难等问题。当前，我国草原畜牧业正处于传统畜牧业向现代畜牧业转变的关键时期，草原畜牧业的发展优势和潜力正在逐步显现。一是草原生态和基础设施改善，为转变草原畜牧业生产方式奠定了物质基础。近年来，牧区实施了草原生态保护补助奖励政策、定居兴牧、游牧民定居和退牧还草等一系列重点工程，通过开展草原生态修复，建设草原围栏、人工饲草地和牧民住房、牲畜棚圈等设施，促进草原综合植被盖度和生产力稳步提高，为草原畜牧业发展方式转变奠定了良好基础。二是牧区特有的地域气候优势，为绿色畜产品生产提供了有利条件。牧区地域辽阔，资源丰富，通过建设牲畜暖棚、日光节能温室等设施农业，可以有效提高发展绿色畜产品的生产资源利用率。三是新技术的推广应用，为草原畜牧业转变方式提供了技术支撑。牲畜胚胎移植等畜牧业先进技术的成功推广，牛羊新品种选育、草食家畜配合饲料的开发、防疫水平的提高，为草原畜牧业转变发展方式提供了技术支撑。四是新型畜牧业生产经营模式的出现，为草原畜牧业转变方式提供了发展方向。草原牧户已经由分散经营向联合经营和多种方式经营转变，草原畜牧业合作经济组织大量出现，为草原畜牧业转变奠定了组织基础。

2021 年，全国牧区半牧区县牧业人口数为 1 704.2 万人，仅占全国乡村人口数的 3.4%；牧区半牧区县全年牛肉、羊肉和奶类产量分别为 200.56 万吨、187.1 万吨和 773.02 万吨，分别占全国总量的 28.8%、36.4% 和 19.4%，在保障牛羊肉和乳制品供给中发挥了不可替代的作用。随着草原畜牧业的快速发展，牧民收入水平得以显著提升。2005—2021 年间，全国牧区半牧区县牧民人均纯收入由 2 615.92 元增加至 12 717.92 元，牧业收入由 1 473.31 元增加至 6 014.89 元，增幅分别达到 386%、308%，牧民人均纯收入、牧业收入呈明显的逐年递增趋势。

（二）加强草原基础设施建设

我国草原主要分布在干旱、半干旱地区，水利基础设施是草原生态保护和牧区经济发展的基本保障。草原围栏建设是实施草原封育、草原植被恢复等保护措施和实行划区轮牧等科学利用的必要条件。饲草料生产加工储备设施是解决我国牧区饲草供应不足，提高饲草料供应保障能力的重要手段。牲畜圈舍是牛羊牲畜舍饲必备的饲养场所，有助于牛羊标准化生产以及冬春季节的防寒保暖。牲畜根据四季变化利用天然草场，一年要转场几次，各放牧地点距离牧民居住点较远，修建牧道对牲畜转场、抗灾保畜、牧民生产经营活动等都起到了重要作用。

1. 草原水利。草原水利是为草地建设和畜牧业生产而采取的水利工程技术措施，按其在畜牧业生产中的作用主要分为：草地供水工程，指解决人畜饮水的各种水利工程，包括用以解决水质不符合人畜饮用水标准而修建的各种改水工程；草地灌溉工程，指灌溉天然草地和人工草地的各种水利工程；草地排水工程，指有些草地因地下水水位过高或地表积水，生长的草质差，牲畜不食或不喜食，成为沼泽，在这些草地用来排除多余的地表水和地下水的各种排水工程。

新中国成立以来牧区草原水利发展大致分为三个阶段。第一阶段：20世纪50～70年代，主要是草场上建设供水基本井，建蓄、引小型水利工程，重点解决人畜饮水问题。第二阶段：20世纪80年代，结合牧区范围广、可集中开发利用水资源少，兴建小型化、多样化牧区水利工程，解决牧区人畜饮水困难问题，发展小规模节水灌溉饲草料地。第三阶段：20世纪90年代至今，围绕牧区民生，从牧区水土资源条件出发，高效利用水资源，重点改善牧民生产生活条件，保障牧区饮水安全；增强牧区防灾减灾能力，为牧区畜牧业发展提供支撑。

2. 草原围栏。草原围栏是在一定范围内用来控制牲畜，保证牲畜在固定的范围内采食和活动，让牧草得到恢复和生长的空间，从而调节牧草持续生长，使长期放牧或者经过人为的、气候的原因而退化、沙化的草原植被得以恢复的一种设施，也是用来明确草原使用权的建筑物。实践证明，草原围栏能保护牧草更好地生长和恢复，使草原实现可持续发展；有利于草地饲草打草，提高产量。2021年全国天然草原鲜草总产量达5.95亿吨，折合干草约1.92亿吨，畜产品生产能力折合14 508.2万羊单位。

3. 饲草料生产加工储备设施。主要指饲草料种植、收获、加工和储藏等过程中使用的设施装备。其中饲草种植机械主要包括播种机、补播机等；收获加工机械主要包括割草机、压扁机、搂草机、摊晒机、打捆机、干草调制机、青贮饲料联合收割机、揉丝机、裹包机等；饲草储备有多种方式，包括就地储存、饲草青贮和干草调制等，主要设施有储草棚、青贮窖等。

4. 牲畜圈舍。草原畜牧业生产中所饲养的家畜对环境温度有适宜范围要求，以保障牲畜热量得失平衡，生理机能运转正常，生长发育良好。建设牲畜圈舍可以防风保暖，减少牲畜低温消耗，从而保膘健体，提高经济效益。有文献研究表明，圈舍温度保持在−8℃，牲畜的环境温度提高 8～9℃，平均减少抗冷消耗 30%～35%，总体消耗相当于无圈消耗的 70%。圈舍温度保持在−5℃，牲畜的环境温度提高 15～16℃，平均减少抗冷消耗 50%～60%，总体消耗相当于无圈消耗的 60%。

5. 牧道。牧道是供牲畜转场、移动时通行的道路。牧道作为"逐水草而居"的重要通道，是牧民转场过程中从事畜牧业生产的重要生产基础设施。随着社会经济的发展，现代化进程日益加快，牧道作用越来越突显。

（三）科学饲养

切实转变牧区畜牧业生产方式，优化畜群结构，加快牲畜品种改良，提高资源利用率和草原产出率；采取舍饲圈养、划区轮牧等措施，解决草原过牧等问题，逐步做到草畜平衡，从而改善草原生态环境。

1. 舍饲半舍饲圈养是指将传统草原放牧为主的养殖方式，转变为舍饲圈养或半舍饲圈养，鼓励农牧民积极发展饲草料种植，采取放牧与舍饲圈养相结合的方式，提高牲畜生产水平，增加养殖收入，从而降低放牧强度，减少草原压力。

2. 季节性放牧又称草原季节性利用，即根据气候、草地植被、地形、水源和管理等条件差异以及牧民对草原的利用习惯，按季节划分放牧草原，随着季节更替，按顺序有计划地轮换放牧。通过季节性放牧，既可以充分利用草原饲养牛羊，又可以有效地保护草原，实现草原可持续利用。

3. 划区轮牧是科学利用草原的一种方式，根据草原类型、生产力、牲畜头数等，将草原分成若干小区，按一定顺序定期轮流放牧。与自由放牧相比，划区轮牧有利于保护草原植被，改善草原植被成分，提高牧草的产量、品质和利用效率。

4. 畜群结构是指一个家畜群体中各个体间性别、年龄和血统等的比例。结构合理的畜群，可保证畜群数量和质量高效增长。合理配置畜群就是要适当调整畜群结构，辅以相应的饲养管理措施，如保持合理的适龄母畜数量、及时出栏商品畜等，提高畜群生产效率和草原利用率。

5. 草畜平衡是国家管理草原的制度性安排。广义草畜平衡，是指为保持草原生态系统良性循环，在一定时间内，通过草原和其他途径获取的可利用饲草饲料总量与饲养牲畜所需的饲草饲料量保持动态平衡。狭义草畜平衡，是指草原的产草量能够满足草原上所饲养牲畜的需要。保持草畜平衡应当坚持以草定畜，增草增畜。

三、提高饲草料供应保障能力

饲草是草食畜牧业发展的物质基础，也是实现草食畜产品优质安全的可靠保障。我国草原生态系统整体比较脆弱，天然草原载畜量有限，牧区草畜矛盾突出，不少地方发展牛羊生产要从其他地区调草调料。优质饲草供应增加，可有效支撑牛羊养殖发展，促进草食畜牧业提质增效。人工种草可推动牧区养殖由传统放牧向舍饲半舍饲加快转变，有效缓解天然草原放牧压力，实现生产生活生态协调发展。因此，畜牧法第五十四条规定："国家支持优良饲草品种的选育、引进和推广使用，因地制宜开展人工草地建设、天然草原改良和饲草料基地建设，优化种植结构，提高饲草料供应保障能力。"

（一）优良饲草品种选育、引进和推广使用

优良饲草品种是改良天然草原、建立人工草地的重要生产资料，是饲草产业发展的重要基础和根本保障。我国饲草的良种支撑能力不强，审定通过的 604 个草品种中，大部分为抗逆不丰产的品种，缺少适应干旱、半干旱或高

寒、高纬度地区种植的丰产优质饲草品种。国产饲草种子世代不清、品种混杂、制种成本高等问题突出，良种扩繁滞后，质量水平不高，总量供给不足，苜蓿、黑麦草等优质饲草种子长期依赖进口。

饲草产业发展，种业必须先行。种业创新具有基础性、公益性、持续性以及投入大、研发周期长等特点，因此，国家要加大对优良饲草品种的选育、引进和推广使用的支持。我国对新饲草品种实行审定制度，鼓励单位和个人从事饲草品种选育，鼓励科研单位与企业相结合选育饲草品种，鼓励企业投资选育饲草品种；允许企业从国外引进优良饲草品种在国内审定；推广优良饲草品种，可以提高良种覆盖面，提升饲草单产水平。

（二）因地制宜开展人工草地建设、天然草原改良和饲草料基地建设

人工草地建设是指选择适宜的草种通过人工措施建植或改良草地；天然草原改良是对退化的草场采取人工灌溉、松土、补播等方式促进天然草原牧草生长、恢复生产力；饲草料基地建设是指在合适的土地上种植适宜的饲草饲料作物。这三项措施都是在坚持生态保护优先的前提下，牧区增加饲草料供应能力的主要方式。

北方牧区要坚持生态保护优先，促进天然草原生态改良，适度发展人工草地建设。严格落实草原禁牧和草畜平

衡制度，加大种草改良力度，保障国家生态安全。传统农区要发展适度规模养殖，重点开展优质高产人工饲草料基地建设，充分开发利用农作物秸秆资源，打造饲草产业带和规模化养殖基地。南方草山草地要合理利用好草山草坡，开展高产优质人工草地改良建设，推行草田轮作，挖掘利用好地方特色畜种，走特色发展之路。农牧交错带重点发展草牧业，要合理调整种植结构，适度退耕还草，大力发展草食畜牧业，推进产业转型升级，促进农牧业发展与生态环境有机融合，走绿色可持续发展道路。

（三）优化种植结构

优化种植结构主要是对粮经饲结构的优化调整。2016年中共中央、国务院《关于深入推进农业供给侧结构性改革　加快培育农业农村发展新动能的若干意见》提出，统筹调整粮经饲种植结构。按照稳粮、优经、扩饲的要求，加快构建粮经饲协调发展的三元种植结构。要扩大饲草饲料作物种植面积，发展青贮玉米、苜蓿、饲用燕麦等优质饲草，建立健全现代饲草产业体系。

为贯彻落实党中央、国务院深入推进农业供给侧结构性改革部署，农业农村部启动粮改饲项目，实施范围包括河北、山西、内蒙古、辽宁、吉林、黑龙江、安徽、山东、河南、广西、贵州、云南、陕西、甘肃、青海、宁夏、新疆等17个省（自治区）和新疆生产建设兵团及北大荒农垦集团有限公司（原黑龙江省农垦总局）。粮改饲政策落实中，各地在稳定粮食生产的基础上，适当调整粮饲结构，优化种植结构，全株青贮玉米等优质饲草料种植面积不断扩大，优质饲草供给显著增加，极大地推动了草食畜牧业增产增效增收。2022 年，项目省份共完成收储面积 2 312 万亩，累计收储全株青贮玉米、苜蓿等优质饲草料 6 565 万吨。

四、支持发展现代家庭牧场和农牧民专业合作社

发展畜牧业专业合作社和现代家庭牧场是加快促进牧区畜牧业生产方式转变、有效提高牧区生产组织化程度和促进牧民增收的重要生产方式，国家应加大政策支持和引导。畜牧法第五十五条规定："国家支持农牧民发展畜牧业专业合作社和现代家庭牧场，推行适度规模养殖，提升标准化生产水平，建设牛羊等重要畜产品生产基地。"

（一）适度规模养殖是草原畜牧业的发展方向

适度规模经营是在一定的适合的环境和适合的社会经济条件下，各生产要素（土地、劳动力、资金、设备、经营管理、信息等）的最优组合和有效运行，以取得最佳的经济效益、生态效益和社会效益。在牧区，适度规模养殖是指与农牧民拥有或租赁的草场数量和质量、劳动力资源

等相适应的牛羊等牲畜饲养规模的养殖。

《国务院办公厅关于促进畜牧业高质量发展的意见》（国办发〔2020〕31号）明确提出，草原牧区要坚持以草定畜，科学合理利用草原，鼓励发展家庭生态牧场和生态牧业合作社。长期以来，草原畜牧业主要以农牧民放牧为主，集约化程度不高，基础设施条件差，饲养管理水平落后。就草原畜牧业生产的主要畜种而言，肉牛和羊的规模化起点标准和规模化水平都较低，2021年全国年出栏50头肉牛和100只羊的规模化比重仅为32.9％和44.7％，远低于全国畜禽养殖规模化率69％的水平。通过发展适度规模经营可以逐步提高肉牛和羊养殖规模化率，推动转变生产方式，提升牛羊肉的生产供应能力。

（二）畜牧业专业合作社

农民专业合作社，是指在农村家庭承包经营基础上，农产品的生产经营者或者农业生产经营服务的提供者、利用者，自愿联合、民主管理的互助性经济组织。从牧区看，畜牧业专业合作社是草原牧区为促进生态、生产、生活共同发展和转变传统畜牧业生产经营方式，在生态保护前提下，主要由牧民通过草地经营权有序流转或者牲畜等牧业生产资料作为出资等方式，自愿联合起来的新型生产经营合作组织。其核心内涵是，农牧业基础设施统一布局建设，牲畜统一分群管理，草原统一划区轮牧，劳动力统一分工分业，农牧业科技服务统一组织实施，农畜产品统一经营、销售，生产绩效统一考核奖惩，经营收益按股分红。

（三）现代家庭牧场

家庭牧场是一种新型农牧业经营主体，以牧民家庭成员为主要劳动力，以畜牧业经营收入为主要收入来源，从事规模化、集约化养殖生产的经营形式，是传统畜牧业向现代畜牧业转型发展的重要载体。

（四）建设重要畜产品生产基地

牛羊生产是畜牧业的重要组成部分，牛羊肉是百姓"菜篮子"的重要品种。发展肉牛肉羊生产，增强牛羊肉供给保障能力，对巩固脱贫攻坚成果，全面推进乡村振兴，促进经济社会稳定具有重要意义。草原牧区是牛羊肉生产的主要产区。2021年，农业农村部《推进肉牛肉羊生产发展五年行动方案》提出，在巩固提升传统牛羊肉主产区基础上，挖掘潜力发展区，拓展增产空间，增加牛羊肉供给。支持以肉牛肉羊为主导产业，创建国家、省、市、县现代产业园，培育壮大肉牛肉羊产业集群，建设重要畜产品生产基地。

五、加强草原畜牧业的技术指导和服务

畜牧法第五十六条规定："牧区各级人民政府农业农

村主管部门应当鼓励和指导农牧民改良家畜品种，优化畜群结构，实行科学饲养，合理加快出栏周转，促进草原畜牧业节本、提质、增效。"

《国务院办公厅关于加强草原保护修复的若干意见》（国办发〔2021〕7号）提出，牧区要以实现草畜平衡为目标，优化畜群结构，控制放牧牲畜数量，提高科学饲养和放牧管理水平，减轻天然草原放牧压力。草原法第三十三条规定："草原承包经营者应当采取种植和储备饲草饲料、增加饲草饲料供应、调剂处理牲畜、优化畜群结构、提高出栏率等措施，保持草畜平衡。"

改良家畜品种，优化畜群结构，实行科学饲养，合理加快出栏周转是优化牧区草畜资源，提高牛羊生产效率，降低养殖成本，增加养殖效益的最有效的综合配套措施。改良家畜品种，可以从种源上改善家畜生产性能，提高生长速度、饲草料转化效率和繁殖率。优化畜群结构，主要指按照牛羊等家畜的年龄结构和性别进行组群，有利于结合家畜不同生长阶段、不同性别的生理需求进行科学精准饲养，有助于节约饲草料成本。实行科学饲养，指围绕种、料、病等关键环节，结合牧区实际，采取科学高效的技术、模式等手段，提高生产效率。合理加快出栏周转，提高家畜出栏率，有助于减轻冬季饲草料供应压力，降低养殖成本，加速资金周转，提高劳动生产率。

六、草原畜牧业防灾减灾

由于草原牧区特殊的自然地理环境，草原灾害频繁发生，不仅影响草原生态安全，也严重影响到草原畜牧业正常生产秩序和牧民增收，成为制约牧区经济社会持续健康发展的瓶颈。畜牧法第五十七条规定："国家加强草原畜牧业灾害防御保障，将草原畜牧业防灾减灾列入预算，优化设施装备条件，完善牧区牛羊等家畜保险制度，提高抵御自然灾害的能力。"

根据《林业和草原主要灾害种类及其分级（试行）》，林业和草原主要灾害包括森林草原火灾、林业和草原生物灾害、陆生野生动物疫病、外来生物入侵、森林草原气象灾害、森林草原地质灾害、森林草原地震灾害。

影响牧区草原畜牧业的自然灾害主要是雪灾。草原雪灾是指受冬春季节降雪量过多、积雪过厚，雪层维持时间过长以及大风、强降温等天气过程叠加影响，形成雨雪冰冻灾害，造成以天然草原放牧为主的草原牧区的家畜无法正常放牧，缺乏饲草供给，严重影响母畜产羔和仔畜安全越冬，进而导致畜牧业生产遭受损失的一种气象灾害。

（一）加强草原畜牧业灾害防御保障

我国草原牧区主要集中在边远地区、高寒地区和生态脆弱地区，地方经济发展滞后，牧民收入渠道单一，防灾减灾基础设施建设薄弱，一旦发生重特大自然灾害，将直接危及牧区人民群众正常生产生活秩序，制约地区经济发展，影响社会安定和民族团结，需要从财政、金融政策等方面予以支持保障。目前，中央财政已将应对农业灾害的农业生产救灾资金列入财政预算。针对牧区雪灾，资金主要用于牧区抗灾保畜所需储草棚（库）、牲畜暖棚（圈）等生产设施建设和饲草料调运补助等。

（二）优化设施装备条件

针对草原雪灾，按照防灾重于救灾的思路，发挥广大牧民的主体责任意识和政府的引导作用，加强抗灾减灾基础设施建设，改善设施装备条件，提升抗灾保畜能力。在雪灾发生频度高和发生强度大的草原牧区，建设牲畜越冬暖棚，降低牲畜越冬死亡率。在适宜地区建设饲草储备库，推进建立保障储备库所需牧草的及时更新补充，建立饲草储备周转长效机制，保障灾期牧草供应，改善牲畜越冬条件，提高成活率。同时，配备必要的疏通牧区交通的破雪机械，逐步完善草原雪情监测预警、灾害评估、应急响应机制，提高应急保障能力。

（三）完善牧区牛羊等家畜保险制度

2008年起，中央财政建立养殖业保险保费补贴制度。当前，中央财政补贴险种的养殖业保险标的包括：能繁母猪、育肥猪、奶牛，以及牦牛、藏系羊等特定品种。对中央财政补贴的险种，中央财政和省级财政按一定比例进行保费补贴。

对未纳入中央财政农业保险保费补贴范围的地方优势特色农产品保险，中央财政通过以奖代补政策给予支持。2019 年，中央财政对地方优势特色农产品保险开展以奖代补试点；2020 年，试点范围扩大至内蒙古等 20 个省（自治区），试点保险标的或保险产品由不超过两种增加至三种。在地方财政至少补贴 35％的基础上，中央财政对中西部地区和东北地区补贴 30％，对东部地区补贴 25％，对新疆生产建设兵团补贴 65％。地方按照自主自愿原则开展地方优势特色农产品保险，并申请中央财政补贴支持。本次修订畜牧法，从法律层面对完善牧区牛羊等家畜保险制度进行规定，进一步明确了草原畜牧业保险支持政策。

七、草原生态保护补助奖励政策

畜牧法第五十八条规定："国家完善草原生态保护补助奖励政策，对采取禁牧和草畜平衡措施的农牧民按照国家有关规定给予补助奖励。"

（一）生态保护补助奖励政策现状

2011 年起，针对我国草原生态保护和牧民增收问题面临的严峻形势，国家在内蒙古、新疆（含新疆生产建设兵团）、西藏、青海、四川、甘肃、宁夏和云南等 8 个主要草原牧区省（自治区），全面建立草原生态保护补助奖励机制。中央财政安排补助奖励资金，主要用于禁牧补助、草畜平衡奖励、牧民生产性补贴，在此基础上，中央财政安排绩效考核奖励资金，由地方统筹用于草原生态保护工作。2012 年，实施范围增加河北、山西、辽宁、吉林、黑龙江 5 个省份，将全国 268 个牧区半牧区县（旗）全部纳入政策覆盖范围。

2016—2020 年是"第二轮"草原生态保护补助奖励政策实施期，在内蒙古、四川、云南、西藏、甘肃、宁夏、青海、新疆等 8 个省（自治区）和新疆生产建设兵团实施禁牧补助、草畜平衡和绩效评价奖励；在河北、山西、辽宁、吉林、黑龙江等 5 个省和黑龙江农垦总局实施"一揽子"政策和绩效评价奖励，补助奖励资金可统筹用于国家牧区半牧区县草原生态保护建设，也可延续第一轮政策的好做法。

2021—2025 年为"第三轮"草原生态保护补助奖励政策实施期，保持政策目标、实施范围、补助标准、补助对象"四稳定"，继续坚持补助奖励资金、任务、目标、责任"四到省"原则。目前实施范围包括河北、山西、内蒙古、辽宁、吉林、黑龙江、四川、云南、西藏、甘肃、青海、宁夏、新疆等 13 个省（自治区）及新疆生产建设兵团和北大荒农垦集团有限公司，实施周期为五年。资金主要用于支持实施草原禁牧、推动草畜平衡。河北、山西、辽宁、吉林、黑龙江5省和北大荒农垦集团有限公司可实施"一揽子"政策，有条件的地方用于推动生产转型，提高草原畜牧业现代化水平，缓解天然草原放牧压力。

（二）禁牧补助

禁牧补助，指对生存环境恶劣、退化严重、不宜放牧，以及位于大江大河水源涵养区的草原实施禁牧封育，中央财政按一定测算标准给予禁牧补助。五年为一个补助周期，禁牧期满后，根据草原生态功能恢复情况，继续实施禁牧或转入草畜平衡管理。

（三）草畜平衡奖励

草畜平衡奖励，指对禁牧区域以外的草原，根据承载能力核定载畜量，实施草畜平衡管理，中央财政对履行草畜平衡义务的牧民按照一定测算标准给予草畜平衡奖励。引导鼓励牧民在草畜平衡的基础上实施季节性放牧和划区轮牧，形成草原合理利用的长效机制。

八、推动草原畜牧业一二三产业融合

畜牧法第五十九条规定："有关地方人民政府应当支持草原畜牧业与乡村旅游、文化等产业协同发展，推动一二三产业融合，提升产业化、品牌化、特色化水平，持续增加农牧民收入，促进牧区振兴。"

一二三产业融合发展，是以农业为基础，通过产业链条的延伸、产业融合、技术与体制创新等方式，将资本、技术以及资源要素进行集约化配置，加快转变农业发展方式，拓宽"三农"增收渠道。推进草原畜牧业一二三产业融合发展，是拓宽牧民增收渠道、构建现代畜牧产业体系的重要举措，是加快转变草原畜牧业发展方式的必然要求。2011年，国务院发布《关于促进牧区又好又快发展的若干意见》（国发〔2011〕17号），明确积极发展牧区特色优势产业，进一步发掘民族文化、民俗文化、草原文化和民族民间传统体育，发展以草原风光、民族风情为特色的草原文化产业和旅游业。2021年，习近平总书记在全国两会期间参加内蒙古代表团审议时指出，促进农牧业产业化、品牌化，并同发展文化旅游、乡村旅游结合起来，增加农牧民收入。

草原牧区具备独特的草畜资源和草原文化优势，草原畜牧业与乡村旅游、草原文化等产业相互融合，协同发展，市场前景广阔。牧区地方各级人民政府应当支持以传统畜牧业为基础的草原畜牧业新功能拓展，推进畜牧业主导产业和特色优势产业与乡村旅游、草原文化等产业的深度融合，进一步延伸产业链条，夯实农牧业基础地位，促进一产与加工、服务等二三产业融合，提升产业化、品牌化、特色化水平，让广大农牧民分享增值收益，加快牧区振兴。

九、草原保护、建设、利用和管理活动的法律适用

畜牧法第六十条规定："草原畜牧业发展涉及草原保护、建设、利用和管理活动的，应当遵守有关草原保护法律法规的规定。"

发展草原畜牧业，与草原保护、建设和利用密不可分。依照草原法第二条规定："在中华人民共和国领域内从事草原规划、保护、建设、利用和管理活动，适用《中华人民共和国草原法》。"目前颁布的有关草原保护的行政法规和司法解释还包括《草原防火条例》《最高人民法院关于审理破坏草原资源刑事案件应用法律若干问题的解释》《草原征占用审核审批管理规范》等，以及地方性法规。畜牧法从产业发展的角度出发，支持科学利用草原和牧区转变草原畜牧业发展方式，草原畜牧业发展过程中涉及草原保护、建设、利用和管理等相关活动的，应当遵守上述法律法规的规定。

第六章

畜禽交易与运输

    畜禽交易与运输是畜牧业全产业链的重要组成部分，是连接畜禽养殖与屠宰加工、实现畜牧业经济价值和社会价值的关键环节。畜禽交易与运输的具体形式，很大程度上受到养殖模式的影响。我国长期以小散养殖模式为主，养殖区域差异明显，畜禽交易与运输也呈现出畜禽来源分散、中间环节较多、长途调运频繁、安全风险突出的明显特征，与我国现代畜牧业建设和人民群众对高质量畜禽产品的需求具有较大差距。当前，一方面加快推进畜禽交易与运输相关业态转型升级势在必行；另一方面加强对这一环节的管理与监督，有利于畜禽及畜禽产品大流通、动物疫病控制、畜禽产品安全管理，加快构建现代畜产品市场流通体系。本章共4条，对加快建立畜禽交易市场体系、扶持建设畜禽批发市场、鼓励缩短畜禽交易链条以及畜禽批发市场选址、畜禽交易与运输防疫和质量要求等作出了规定。

一、畜禽交易市场体系建设

畜禽和畜禽产品通过市场交易实现其经济价值和资源配置。由于分工要以交易为前提，没有交易也就没有专业分工，具体到畜牧业，市场交易是畜禽养殖专业化、规模化的前提和保障，畜禽交易市场体系建设对畜牧业转型升级和高质量发展至关重要。市场是畜禽交易的重要途径之一，可以把畜禽养殖、运输、屠宰、加工等各个环节有机联系起来，可以有效降低交易各方的搜寻成本。而且，市场价格一般反映畜禽产品的供求关系，可以引导畜禽养殖场（户）按照市场需求调整生产节奏和优化生产结构，促进提高畜禽产品质量和竞争力。

改革开放以来，我国畜禽交易市场体系逐步发育、成长，在服务"三农"、促进农业和农村经济发展、保障和丰富城乡居民食品供应等方面发挥了重要作用。随着新时代构建国内国际双循环的新发展格局，实行更加积极主动的开放战略，形成更大范围、更宽领域、更深层次的对外开放格局，畜禽交易市场体系建设面临新的机遇和挑战。在加快建设高效畅通、安全规范、竞争有序的农产品市场体系基础上，结合畜牧业和畜禽产品的特点，畜牧法第六十一条规定："国家加快建立统一开放、竞争有序、安全便捷的畜禽交易市场体系。"这是关于畜禽交易市场体系的一般要求，由原畜牧法第五十条修改而来。本次修改，将原法关于畜禽交易市场体系"开放统一、竞争有序"的要求修改为"统一开放、竞争有序、安全便捷"，尤其强调了安全便捷。同时将原法第五十条第二款的内容移至第八章"保障与监督"的第七十五条第二款并作了修改。

（一）统一开放、竞争有序

统一开放、竞争有序，是市场经济公平与效率原则的体现，是构建高水平社会主义市场经济体制的重要内容。统一性、开放性、竞争性和有序性是现代市场体系的基本特征。

统一性是指全国范围内的市场体系是统一的，运行规则在全国范围内是一致的，也就是说畜禽产品作为生产、生活资料可以在不同行业、不同地区之间依法流动，不能存在条块分割和地方保护主义。开放性是指市场体系不仅对国内不同地区间是开放的，对国外市场也是开放的，要促进资源要素自由流动并积极参与国际竞争和分工合作，充分利用好国际国内两个市场、两种资源。开放和统一相辅相成，通过对外开放建立与国际市场的联系，可以实现畜禽资源在更大范围内的优化配置。竞争性是指市场体系必须在一个公平竞争的环境下运行，形成充分竞争、优胜劣汰的公平竞争环境，通过市场机制形成合理价格信号，从而有效引导畜禽产品流动，实现资源的均衡配置。竞争性是市场经济有效性的根本保证。有序性是指通过运用一定的市场规则来维持市场的正常秩序，充分发挥市场在资源配置中的决定性作用，更好发挥政府作用，保证竞争的公平和资源的合理流动。市场规则既包括法律法规规定的各类约束性法律制度，也包括正式或者非正式的行业规范、国际惯例、商业信用等。

党的二十大报告要求"构建全国统一大市场，深化要素市场化改革，建设高标准市场体系。完善产权保护、市场准入、公平竞争、社会信用等市场经济基础制度，优化营商环境。"这是坚持扩大内需战略、构建新发展格局、建设高水平社会主义市场经济体制的内在要求。建设统一开放、竞争有序的畜禽交易市场体系，要健全开放透明、规范高效的市场主体准入和退出机制，依法办理行政许可事项，维护公平竞争秩序，坚持对各类市场主体平等对待，着力破除区域分割和地方保护等不合理限制，不得滥用行政权力排除、限制竞争的行为，不得限制或者排斥外地企业等市场主体在本地投资或者设立分支机构，不得对外地畜禽生产经营者实行同本地市场主体不平等的歧视性待遇，不得设置具有地方保护性质的各类优惠政策。要严禁地区封锁，保障畜禽运销畅通，除了依照法律规定为防控动物疫病而实施的监督和管理措施外，不得以任何方式限制畜禽及畜禽产品流动，不得随意设置关卡阻碍外地产品进入或者本地产品运出，不得规定歧视性收费标准或者歧视性价格，一视同仁落实好畜禽监督管理和疫病防控的各项制度。

（二）安全便捷

安全便捷，是针对畜禽交易市场体系的独特性作出的规定。畜禽是特殊商品，动物疫病防控和畜禽产品质量安全事关重大，作为鲜活农产品，畜禽及畜禽产品有一定保质期，这就要求畜禽交易必须安全且便捷。

建设安全的畜禽交易市场体系，是防范动物疫病传播、保障畜产品质量安全、保障人民群众生命健康安全的重要内容。

便捷主要是指尽量减少交易环节和交易时间，保障消费者需求和市场供给顺畅衔接，避免交易链条过长、交易过程环节太多带来的疫病防控风险和财产损失。本次修改畜牧法增加了关于鼓励畜禽屠宰经营者直接从畜禽养殖者收购畜禽，建立稳定购销渠道等规定，体现了提倡"点对点"定向销售和运输畜禽，有效控制疫病风险的法律导向。

二、支持畜禽批发市场建设

当前我国农产品流通已经形成了区域化生产、全国性消费的格局，大市场、大流通的特点非常突出。我国农业由千家万户小规模分散经营的格局在短期内不会改变，而且由于地理位置、季节特点、消费习惯等因素影响，农产品产地与消费地分离，甚至两地距离遥远的情况客观存在。以功能集聚的农产品批发市场为中心，以绿色便捷的农产品零售市场为基础，以高效规范的电子商务等新型市场为重要补充的市场体系建设显得尤为重要。畜禽批发市场建设既可以解决农产品销售问题，也可以满足和保障城乡居民消费需求。畜牧法第六十二条规定："县级以上地方人民政府应当根据农产品批发市场发展规划，对在畜禽集散地建立畜禽批发市场给予扶持。畜禽批发市场选址，应当符合法律、行政法规和国务院农业农村主管部门规定的动物防疫条件，并距离种畜禽场和大型畜禽养殖场三公里以外。"

（一）畜禽批发市场的重要性

畜禽交易市场体系包括零售市场、电子商务市场、批发市场和期货市场等。畜禽批发市场是指经政府主管部门依法批准，以服务农业、农民、城乡消费者为宗旨，主要进行畜禽产品现货集中批量交易的场所。按照批发环节，畜禽批发市场可以分为一级、二级、三级批发市场。一级批发市场直接从农产品生产基地收购农产品，然后销售给中间批发商；二级批发市场又称区域性批发市场，货源多

数来自一级批发市场，然后再销售给中间商或者零售终
端；三级批发市场货源多数来自二级批发市场，再销售给
零售终端。

畜禽批发市场是集商流、物流、信息流于一体的载
体，具有集货功能、交易功能、信息功能、价格形成功能
和结算功能，五个功能相辅相成，构成批发市场运转的有
机整体。改革开放以来，我国农产品批发市场迅速发展，
经由批发市场销售的农产品一度占比高达80％，成为我
国农产品流通的主渠道和中心枢纽，加快了我国农产品
流通现代化进程，对解决小生产和大市场之间的矛盾、
解决农产品"卖难买贵"、推进农产品供给侧结构性改革、
保障城市供应、解决劳动人口就业等方面起到了重要
作用。

近年来，电子商务迅速发展，农产品销售渠道日益多
元化，但是由于农产品生产具有生产者众多、规模小、产
地分散的生产特点，农产品消费量大以及本身不耐储存和
鲜活消费、需要及时到达消费端的流通特点，批发市场在
农产品销售中的作用不可替代。据商务部数据，全国现有
各类农产品市场4万多家，其中批发市场有4 000多家，
年交易额亿元以上的有1 300多家，当前约60％的农产品
经由批发市场到达消费者厨房和餐桌。批发市场1卡车的
出货量，大约相当于电商1万件订单的农产品数量。消费

者日常消费的畜禽产品大多购自农贸市场、社区店、商超，而这些畜禽产品大都来自当地批发市场。新冠肺炎疫情期间，一些大城市的批发市场供应渠道突然中断，导致买菜难现象，客观上表明了批发市场的不可或缺和重要性。

（二）扶持畜禽集散地建立批发市场

按照市场的城乡区位分布分类，畜禽批发市场可分为产地、销地或者集散地批发市场。产地批发市场一般建在产地，市场交易者多为本地农民、农民专业合作社、收购商。第三次全国农业普查结果显示，2016 年年末，10.8％的乡镇有以畜禽为主的专业市场。销地批发市场一般建设在具有消费功能的大中城市，市场交易者多为外地商户、当地批发商、零售商。集散地批发市场则多建设在生产地区和销售地区之间，市场交易者多为生产地区和销售地区的贩运商户，其功能定位是提高畜禽和畜禽产品流通速度，其成市的关键在于交通便捷。集散地畜禽批发市场一头联结产地、一头联结消费地，在批发市场体系中具有重要地位和作用。农业法规定"国家逐步建立统一、开放、竞争、有序的农产品市场体系，制定农产品批发市场发展规划。"同时按照本条规定，县级以上地方人民政府应当根据农产品批发市场发展规划，对在畜禽集散地建立畜禽批发市场给予扶持。在制定农产品批发市场发展规划时，应当统筹考虑当地畜禽产品生产、销售、消费等实际需要，合理布局畜禽批发市场。

（三）畜禽批发市场选址的防疫要求

畜禽批发市场汇集了不同来源的畜禽、生产者、运输车辆、运输人员，经营主体集中、畜禽来源复杂，如果防疫措施不当，极易造成动物疫病的传播和流行，因此，建设畜禽批发市场时，一定要注意所选地点的防疫条件。

动物防疫法强化对集贸市场的防疫管理，规定经营动物、动物产品的集贸市场应当具备国务院农业农村主管部门规定的动物防疫条件。《动物防疫条件审查办法》对经营动物和动物产品的集贸市场应当符合的动物防疫条件作了具体规定。需要指出的是，依照动物防疫法的规定，兴办集贸市场要符合相关动物防疫条件，但无须申请取得动物防疫条件合格证；而且2022年新修订的《动物防疫条件审查办法》删除了对经营动物和动物产品的集贸市场选址距离的规定。

考虑到种畜禽场和大型畜禽养殖场对畜牧业发展和保障畜禽产品供给极为重要，为防范畜禽批发市场给种畜禽和大型畜禽养殖场带来的疫病风险，2005年制定畜牧法时就对批发市场与种畜禽场和大型畜禽养殖场之间的距离作了专门规定，即畜禽批发市场要距离种畜禽场和大型畜禽养殖场三公里以外。本次修改畜牧法，综合考虑仍然予以保留。因此，畜禽批发市场仍需要符合本条关于选址距离的规定。

三、畜禽交易要求

畜禽和畜禽产品经过交易最终到达屠宰场、加工厂等场所，即将成为食用农产品，必须符合法律规定的质量标准，才能够有效保障畜禽产品质量安全。畜牧法第六十三条规定："进行交易的畜禽应当符合农产品质量安全标准和国务院有关部门规定的技术要求。国务院农业农村主管部门规定应当加施标识而没有标识的畜禽，不得销售、收购。国家鼓励畜禽屠宰经营者直接从畜禽养殖者收购畜禽，建立稳定收购渠道，降低动物疫病和质量安全风险。"

本次修改畜牧法，将本条第一款中"国家技术规范的强制性要求"修改为"农产品质量安全标准和国务院有关部门规定的技术要求"，增加一款作为第三款，鼓励"点对点"直接收购畜禽。

（一）应当符合农产品质量安全标准和国务院有关部门规定的技术要求

农产品质量安全标准和国务院有关部门规定的技术要求，是农产品质量安全监管的重要执法依据，也是支撑和规范农产品生产经营的重要技术保障。农产品质量安全标准包括两个大的方面，一个是农产品质量和卫生方面的要求，另一个是旨在保障人的健康、安全的生产技术规范和检验检测方法。农产品质量安全标准体系非常全面，就畜禽而言，主要是与产地环境、投入品使用、动物疫病以及其他与动物健康有关的技术要求，包括做好疫病防控和质量安全管理工作，不得违法使用饲料、饲料添加剂、兽药，不得在垃圾场或者使用垃圾场中的物质饲养畜禽，不得使用未经高温处理的餐馆、食堂的泔水饲喂家畜，农药残留和兽药残留不得超标，等等。本条规定的农产品质量安全标准和国务院有关部门规定的技术要求，是保障畜禽质量安全的最基本要求，进行交易的畜禽必须符合这些标准和要求。

（二）交易畜禽应当依法加施畜禽标识

国家建立畜禽标识管理制度，规定应当在猪、牛、羊的适当部位加施标识。通过畜禽标识，建立畜禽产品质量安全责任追溯制度，能够更好地加强畜禽质量监管。依照本法第七十二条规定，国务院农业农村主管部门应当制定畜禽标识和养殖档案管理办法，采取措施落实畜禽产品质量安全追溯和责任追究制度。畜禽养殖场（户）应当完善畜禽标识管理措施，保证畜禽出栏上市时，按规定加施标识，对没有按规定加施标识的畜禽，不得销售。畜禽经营者收购畜禽时，应当查验畜禽标识，对没有按规定加施标识的畜禽，不得收购。

（三）鼓励直接收购

畜禽的频繁交易和运输，畜禽之间、畜禽与人之间的接触增多，增加了动物疫病传播风险。2020年国务院办公厅《关于促进畜牧业高质量发展的意见》（国办发〔2020〕31号），提出防疫优先，将动物疫病防控作为防范畜牧业产业风险和防治人畜共患病的第一道防线。在加快构建现代加工流通体系方面，要求引导畜禽屠宰加工企业向养殖主产区转移，推动畜禽就地屠宰，减少畜禽长距离运输；推动物流配送企业完善冷链配送体系，拓展销售网络，促进运活畜禽向运肉转变；规范活畜禽跨区域调运管理，完善"点对点"调运制度。

通过鼓励畜禽屠宰经营者与畜禽养殖者直接建立购销关系，实现畜禽从养殖场直接到达屠宰场，能够减少畜禽的交易环节和运输次数，有效防控疫病传播，保障畜禽产品质量安全水平。本次修改畜牧法，从降低动物疫病和质量安全风险的角度出发，对畜禽屠宰经营者的收购和交易形式作出引导性规定。

此外，根据动物防疫法相关规定，县级以上地方人民政府可以决定本行政区域内的城市特定区域是否禁止活畜禽交易。

四、畜禽运输要求

畜牧法第六十四条规定："运输畜禽，应当符合法律、行政法规和国务院农业农村主管部门规定的动物防疫条件，采取措施保护畜禽安全，并为运输的畜禽提供必要的空间和饲喂饮水条件。有关部门对运输中的畜禽进行检查，应当有法律、行政法规的依据。"

(一) 运输动物的防疫条件

为防止畜禽运输过程中散播病原和传播疫病，运输畜禽必须符合法律、行政法规和国务院农业农村主管部门规定的动物防疫条件。依照动物防疫法，主要规定有：

一是运输的单位、个人以及车辆应当符合条件。从事动物运输的单位、个人以及车辆，应当向所在地县级人民政府农业农村主管部门备案，妥善保存行程路线和托运人提供的动物名称、检疫证明编号、数量等信息；运载工具在装载前和卸载后应当及时清洗、消毒；患有人畜共患传染病的人员不得直接从事易感染动物的运输活动。

二是运输的畜禽必须符合条件。运输动物前，货主应当按照国务院农业农村主管部门的规定向所在地动物卫生监督机构申报检疫；运输的动物，应当附有检疫证明。经检疫不合格的动物，货主应当在农业农村主管部门的监督下按照国家有关规定处理，处理费用由货主承担。禁止运输以下畜禽：封锁疫区内与所发生动物疫病有关的；疫区内易感染的；依法应当检疫而未经检疫或者检疫不合格的；染疫或者疑似染疫的；病死或者死因不明的；其他不符合国务院农业农村主管部门有关动物防疫规定的。

三是遵守疫区封锁期的规定。发生一类动物疫病时，所在地县级以上地方人民政府农业农村主管部门依法对疫区实行封锁，在封锁期间，禁止染疫、疑似染疫和易感染的动物、动物产品流出疫区，禁止非疫区的易感染动物进入疫区，并根据需要对出入疫区的人员、运输工具及有关物品采取消毒和其他限制性措施。

四是运输途中防止动物疫病传播。从事动物运输活动的单位和个人，发现动物染疫或者疑似染疫的，应当立即向所在地农业农村主管部门或者动物疫病预防控制机构报告，并迅速采取隔离等控制措施，防止动物疫情扩散。从事动物运输的单位和个人，应当配合做好病死动物和病害动物产品的无害化处理，不得在途中擅自弃置和处理有关动物和动物产品。

五是遵守畜禽进入异地的有关要求。省、自治区、直辖市人民政府确定并公布通过道路运输的动物进入本行政区域的指定通道，设置引导标志。跨省、自治区、直辖市通过道路运输动物的，应当经省、自治区、直辖市人民政府设立的指定通道入省境或者过省境。输入到无规定动物疫病区的动物，货主应当按照国务院农业农村主管部门的规定向无规定动物疫病区所在地动物卫生监督机构申报检疫，经检疫合格的，方可进入。跨省、自治区、直辖市引进的种用、乳用动物到达输入地后，货主应当按照国务院农业农村主管部门的规定对引进的种用、乳用动物进行隔离观察。

（二）运输环境条件

运输途中的环境条件，包括承运人在运输畜禽时，应当给所有动物提供充足的空间；运输工具应当易于清洁并能防止动物逃逸，应能确保运输过程中动物的安全，避免对动物造成不必要的伤害；对长途运输的畜禽，还应当提供适当的通风、饮水、喂料条件等。注重活畜禽运输环境改善，能够减少发生传染性疫病或者其他疾病的风险，减少货主损失；同时也能够更好保持运输途中的畜禽健康，保障畜禽产品质量安全。

（三）畜禽运输过程监管

依照动物防疫法，县级以上地方人民政府农业农村主管部门依法对畜禽运输活动中的动物防疫实施监督管理，从事运输活动的单位和个人不得拒绝或者阻碍。开展严格规范的动物、动物产品运输监管是降低动物疫病传播风险的重要措施。非洲猪瘟防控以来，我国采取了指定通道运输、车辆备案、贩运人信息登记等一系列综合性措施，效果明显。新修订的动物防疫法，对上述措施予以明确规定。2022 年，农业农村部第 531 号公告就强化动物检疫监督工作，结合动物检疫申报点设置，对运输备案、运输车辆、运输台账以及相关信息化工作作出了详细规定。

加强畜禽运输过程监管是防止畜禽疫病扩散传播的重要措施，但是，为保证畜禽及畜禽产品正常交易和流通，有关部门对运输中的畜禽进行检查，应当有法律、行政法规的依据，不得随意扣车、罚款，确保畜禽运输畅通。即进行检查的适格主体以及处罚依据必须符合动物防疫法、行政处罚法等法律和相关行政法规的规定，行政执法人员应当依照法定权限履行行政执法职责，做到严格、规范、公正、文明执法，不得玩忽职守、超越职权、滥用职权。例如，动物防疫法第九章"监督管理"相关条款对运输环节的动物防疫监督检查以及设立检查站、派驻官方兽医或者工作人员、监督检查措施、执法人员行为规范等作了明确规定。

第七章

畜禽屠宰

　　强化畜禽屠宰行业管理，事关畜禽产品质量安全和防范公共卫生风险，有利于促进一二三产业融合发展。近几年，《生猪屠宰管理条例》以及部分省（自治区、直辖市）地方性法规陆续修订实施，畜禽屠宰操作规程系列、畜禽屠宰成套设备系列，以及《禽类屠宰与分割车间设计规范》《牛羊屠宰与分割车间设计规范》等100余项畜禽屠宰国家标准发布执行，畜禽屠宰法规标准体系不断完善；农业农村部门组织开展"扫雷行动""百日行动"、两项制度（非洲猪瘟自检制度和官方兽医派驻制度）落实等专项整治行动，完善屠宰环节全过程管理，健全屠宰环节质量安全风险监测体系，畜禽产品质量安全形势整体向好；持续开展屠宰资格审核清理，推进屠宰标准化示范创建，屠宰机械化水平和行业集中度稳步提升。畜禽屠宰监管工作取得积极成效，为促进畜禽屠宰行业良性发展提供了有力的保障。但是，随着城乡居民肉品消费需求保持较快增长，消费结构不断升级，对畜禽屠宰与养殖融合发展提出新要求；屠宰行业发展不平衡、不充分，屠宰场点"多、小、散、乱"等传统问题仍然存在；生猪以外畜禽屠宰监管工作处于起步阶段；基层力量薄弱，执法条件不足。针对上述突出问题，在总结《生猪屠宰管理条例》实施经验的基础上，结合畜禽屠宰行业发展实际，此次修改畜牧法专门增加"畜禽屠宰"一章，从国家法律层面规范畜禽屠宰，健全畜禽屠宰监管体系，确保畜禽产品质量安全。本章共5条，主要对屠宰管理制度、畜禽屠宰的行业发展规划、企业条件要求、质量安全管理和风险监测制度、无害化处理及补助等作出规定。这样规定既进一步加强畜禽屠宰管理，又完善了畜牧法的调整范围，有利于促进畜牧产业高质量发展。

一、畜禽屠宰管理制度

畜禽屠宰环节不仅要密切防范自身可能产生的非法添加等质量安全风险，而且还要密切防范上游的质量安全风险向下游传导。国家实行生猪定点屠宰、集中检疫制度，能有效地防止和控制病死生猪和其他不合格生猪产品进入市场销售环节，防止人畜共患疾病的传播，保证消费者吃肉安全和身体健康，维护国家利益和消费者的合法权益。

生猪定点屠宰已经成为维护生猪产品质量安全的一项重要制度，社会各界对此已形成广泛共识。但是，由于畜禽品种差异和产业发展水平不同，在实践工作中，推行定点屠宰制度的范围和时机有所不同。总结《生猪屠宰管理条例》实施经验，综合考虑城乡差异、生活习俗、行业发展现状等因素，畜牧法第六十五条第一款规定："国家实行生猪定点屠宰制度。对生猪以外的其他畜禽可以实行定点屠宰，具体办法由省、自治区、直辖市制定。农村地区个人自宰自食的除外。"

（一）生猪定点屠宰制度

我国既是生猪生产大国，也是生猪产品消费大国，多数地区群众的日常肉食消费以猪肉为主，生猪屠宰行业直接关系到人民群众的身体健康乃至生命安全。1985 年，国家放开生猪经营后，生猪屠宰行业出现了私屠滥宰抬头、病害肉增多、环境污染加剧等问题，四川省首先提出"定点屠宰、集中检疫"的办法，将分散的屠宰户相对集中到符合兽医卫生要求的场所进行屠宰，由检疫人员在现场实施检疫。1987 年，国务院办公厅转发商务部、财政部、物价局《关于生猪产销情况和安排意见的通知》（国办发〔1987〕7 号），首次提出对上市生猪采取"定点屠宰、集中检疫、统一纳税、分散经营"的办法。1997 年12 月 19 日，国务院令第 238 号发布《生猪屠宰管理条例》，将上述十六字方针确定为法律制度，规定"国家对生猪实行定点屠宰、集中检疫、统一纳税、分散经营的制度"。

"定点屠宰"作为生猪屠宰管理的基本制度，在2008年5月、2011年1月、2016年2月、2021年6月的四次修订《生猪屠宰管理条例》过程中均予以保留。通过实施生猪定点屠宰制度，政府监管能力得到提升，生猪屠宰经营行为得到规范，屠宰行业集中度和产品质量安全保障能力有了明显提升。据统计，2022年全国生猪屠宰企业数量5 624家，与2013年的14 720家相比减少约62%；全国年屠宰2万头以上规模生猪屠宰企业2 496家，占全国生猪屠宰企业总数的44.38%，规模以上生猪屠宰企业年屠宰量占全国生猪屠宰量的93.99%。近年来，生猪屠宰环节"瘦肉精"抽检合格率均保持在99%以上。实践证明，生猪定点屠宰制度是一项行之有效的重要制度。新修订的畜牧法在国家法律层面确认生猪定点屠宰制度，巩固多年监管成果，有利于保证肉品质量安全和行业健康发展。

（二）生猪以外的其他畜禽定点屠宰

本法所称畜禽，是指列入依照本法第十二条规定公布的畜禽遗传资源目录的畜禽。2020年5月27日，农业农村部第303号公告公布了经国务院批准的《国家畜禽遗传资源目录》，明确家养畜禽种类 33 种，包括其地方品种、培育品种、引入品种及配套系。这些畜禽种类众多，出栏重量、体积差异大，屠宰环节特点不一。2016 年至 2020 年，最低的年份猪肉占肉类消费比重接近 54%，高的时候，在 2017 年超过 60%，肉类消费 2/3 都是猪肉。重点加强生猪屠宰规范，对其他的畜禽由地方进行立法规范，符合猪肉是我们肉品消费大头的实际。而且，各地的肉类产品消费结构不太一样，牛羊等是否执行定点屠宰制度，还需要尊重当地的民俗习惯。针对这些情况，畜牧法规定，对生猪以外的其他畜禽可以实行定点屠宰，具体办法由省、自治区、直辖市制定。即对生猪以外的其他畜禽，哪种畜禽实行定点屠宰管理或者是否实行定点屠宰管理，以及实行定点屠宰管理的具体办法，由各省、自治区、直辖市结合本行政区域内的实际情况确定。

目前，全国已有 16 个省份根据本地实际出台了地方性法规、规章或规范性文件，除生猪以外的其他畜禽实行了定点屠宰管理。其中，天津、浙江、内蒙古、福建、贵州、陕西、甘肃等 7 个省份对牛、羊实行定点屠宰管理，北京、河北、山西、辽宁、吉林、黑龙江、青海、宁夏、新疆等 9 个省份对牛、羊、禽等动物实行定点屠宰管理。

（三）农村地区个人自宰自食

虽然我国畜禽规模化养殖比重在逐年攀升，生猪等主要畜禽产业已进入标准化、规模化养殖为主的新阶段，但在广大农村地区始终还有一些家庭保留着饲养畜禽、自宰自食的传统习惯和风俗。畜牧法尊重风俗习惯，对农村地区以个人食用或者赠予亲友、乡邻等为目的，且不进行交易的畜禽屠宰活动，可以不实行定点屠宰。《生猪屠宰管理条例》规定："在边远和交通不便的农村地区，可以设置仅限于向本地市场供应生猪产品的小型生猪屠宰场点，具体管理办法由省、自治区、直辖市制定。"在边远和交通不便的农村地区设立小型生猪屠宰场点，向本地市场供应生猪产品是客观需要，也是现实需要，目的就是保障边远和交通不便的农村地区肉品供应。在东中部交通便利、配送体系比较健全的地区，可以考虑取消小型生猪屠宰场点。在中西部的山区、林区、草原牧区等交通不便的地区可以继续保留。

（四）小型生猪屠宰场点

在边远山区、林区和草原，存在一些交通不便的村镇，人口数量也不多，肉品供应可以依靠三种方式解决。一是由临近的较大生猪屠宰企业配送，但成本的增加，使得肉品价格提高。二是在当地按照《生猪屠宰管理条例》要求建立生猪定点屠宰企业，但屠宰量很少，导致生产成本极高，不利于企业经营。三是根据当地实际情况，依据法律法规，建立小型生猪定点屠宰场点，每天屠宰几头或隔几天屠宰一次。上述三种情况在现实中都有，但第三种情况较多。因此，与生猪定点屠宰厂（场）相比较，小型生猪屠宰场点是按照省、自治区、直辖市的屠宰行业发展规划设立的，设施设备可以简单些，但产品质量要求不能降低，产品必须经过动物检疫、肉品品质检验合格才能出售。

二、畜禽屠宰行业发展规划

畜禽产品是我国居民生活必需品，在国民经济中占重要地位。畜禽产品供应链涉及养殖、屠宰、加工、运输、流通和消费等多个环节，畜禽屠宰是联系畜牧业生产与人民生活的重要中间环节，是肉类加工产业链的关键环节。屠宰行业对畜牧业生产起到蓄水池的调节作用，既能够防止畜牧业生产过剩，又能够满足我国居民多元化的消费需求，通过屠宰加工转化实现畜产品的增值，促进可持续发展。

畜禽屠宰行业面临着从分散的小农生产到机械化、标准化、规模化的现代化生产转型的关键时期，各地畜禽屠宰行业发展水平参差不齐，个别地方养殖与屠宰产能不匹配，"憋猪现象"和屠宰产能过剩并存。有效地解决屠宰行业发展中存在的问题，更好地推动屠宰行业朝着科学、有序、健康的方向迈进，需要政府进行顶层设计。多年来，各省（自治区、直辖市）通过生猪屠宰厂（场）设置规划对生猪屠宰行业进行规范引导，与设置规划相比，屠宰行业发展规划在对畜禽屠宰企业设置数量和区域布局提出要求的同时，更强调行业发展目标、产业政策措施等方面的指导作用。畜牧法第六十五条第二款规定："省、自治区、直辖市人民政府应当按照科学布局、集中屠宰、有利流通、方便群众的原则，结合畜禽养殖、动物疫病防控和畜禽产品消费等实际情况，制定畜禽屠宰行业发展规划并组织实施。"

（一）畜禽屠宰行业现状

1. 生猪屠宰行业情况。近年来，农业农村部持续开展专项整治，淘汰落后产能，推动行业转型升级，全国生猪屠宰企业总量大幅减少，已由 2013 年年底的 14 720 家降至 2022 年的 5 624 家，其中年屠宰生猪 2 万头以上的屠宰企业（规模以上屠宰企业）2 496 家，占总数的 44.38%。2022 年，全国屠宰生猪 3.19 亿头，其中规模屠宰企业屠宰 3 亿头，占 93.99%。生猪定点屠宰厂（场）资产总额 2 714.94 亿元、营业收入 4 112.44 亿元。

2. 牛羊禽屠宰行业情况。据调研统计，截至 2020 年年底，全国共有牛屠宰企业 1 409 家，规模以上企业（单班设计年屠宰牛 3 000 头及以上）占比 51.7%；羊屠宰企业 1 368 家，规模以上企业（单班设计年屠宰羊 3 万只及以上）占比 62.9%；全年共屠宰牛羊 4 294.6 万头（只）。鸡屠宰企业 1 537 家，规模以上企业（单班设计年屠宰鸡 200 万羽及以上）占比 49.3%；鸭屠宰企业 535 家，规模以上企业（单班设计年屠宰 100 万羽及以上）占比 87.3%；鹅屠宰企业 209 家，规模以上企业占比 36.4%；全年共屠宰家禽 112.3 亿羽。

（二）畜禽屠宰行业发展规划

为保障肉品或畜禽产品质量安全和推进畜禽屠宰行业高质量发展，建立设施先进、质量可靠、规范有序、融合发展的现代畜禽屠宰加工体系，各省、自治区、直辖市人民政府应当制定并组织实施畜禽屠宰行业发展规划，明确畜禽屠宰行业发展的指导思想、基本原则、发展目标、重点任务等，对畜禽屠宰行业作出全方位、系统性部署，充分发挥畜禽屠宰行业对畜牧产业链高质量发展、保障食品安全、引导消费的重要作用。

根据本款规定，各地在制定和组织实施畜禽屠宰行业发展规划时，要注意以下几点：一是该规划制定和组织实施的主体是省、自治区、直辖市人民政府。省、自治区、直辖市人民政府要坚持稳中求进、绿色发展、严格监管，着力提高基层屠宰监管能力，提升产业发展质量，增强肉品质量安全保障水平，满足人民群众对优质安全肉品的消费需求。二是要遵照科学布局、集中屠宰、有利流通、方便群众的规划原则。综合考虑城乡建设规划、养殖规模、屠宰能力、市场消费水平、交通运输条件以及环境承载能力等多种因素，优化资源配置，统一规划布局，防止重复建设。三是制定规划要结合畜禽养殖、动物疫病防控和畜禽产品消费等实际情况。根据当地和周边地区畜禽养殖规模、消费习惯等，可以设置跨区域的屠宰加工企业，鼓励发展畜禽综合屠宰加工中心模式，实行猪、牛、羊、家禽屠宰一体规划、合并设置、分区屠宰、集中处污、统一管理。严格动物防疫条件合格证、排污许可证管理。

三、推进屠宰行业转型升级

推动屠宰行业转型升级，有助于畜禽产品供给侧结构性改革，优化畜禽产品结构，为广大人民群众提供质量信得过、安全有保证的畜禽产品。《国务院办公厅关于稳定生猪生产促进转型升级的意见》（国办发〔2019〕44号）提出，要统筹环境条件，引导生猪养殖向环境容量大的地区转移。农业农村部印发的《加快生猪生产恢复三年行动方案》（农牧发〔2019〕39号）中明确东北、黄淮海、中南地区为生猪及产品调出区，要支持优势屠宰产能向上述养殖集中区转移，实现与养殖布局相匹配。推进屠宰行业转型发展，培育以畜禽屠宰为纽带，连接畜禽养殖、冷链物流、食品加工的肉类产业群，对推动畜禽养殖、食品加工、餐饮产业健康发展，加快一二三产业融合，具有重要的引领作用。因此，畜牧法第六十六条规定："国家鼓励畜禽就地屠宰，引导畜禽屠宰企业向养殖主产区转移，支持畜禽产品加工、储存、运输冷链体系建设。"

（一）鼓励畜禽就地屠宰，引导畜禽屠宰企业向养殖主产区转移

随着我国经济发展和城市化进程加快，畜禽产品产销分离显现。长期以来，生猪等畜禽养殖地和屠宰地不统一，大量活畜禽需长距离运到异地的畜禽屠宰企业屠宰，极易引发疫病传播风险。以生猪为例，自 2018 年 8 月 3 日辽宁省沈阳市沈北新区首次发现非洲猪瘟疫情后，在较短时间内疫情快速蔓延至全国各地，据调查显示，在报告发现的非洲猪瘟疫情中，多数是由跨省长距离调运生猪引发。针对这种情况，农业农村部出台系列政策，鼓励通过"标准化屠宰""产销衔接"等方式加快新型畜禽产品供应体系建设。2020 年 9 月，国务院办公厅印发《关于促进畜牧业高质量发展的意见》（国办发〔2020〕31 号），引导畜禽屠宰加工企业向养殖主产区转移，推动畜禽就地屠宰，减少活畜禽长距离运输；要求提升畜禽屠宰加工行业整体水平，持续推进生猪屠宰行业转型升级，开展生猪屠宰标准化示范创建,实施生猪屠宰企业分级管理;鼓励大型畜禽养殖企业、屠宰加工企业开展养殖、屠宰、加工、配送、销售一体化经营,提高肉品精深加工和副产品综合利用水平。这些政策措施为畜禽屠宰行业发展注入活力。经过几年实践,各地坚持屠宰与养殖布局相匹配,支持优势屠宰产能向养殖集中区转移,实现畜禽就近屠宰加工已经取得较好成效。从世界上畜牧业发达国家产业发展进程来看,20世纪末,这些国家大多都先后出现畜禽产业链并购整合风潮,企业为了保持成本优势和经营效率,通过合同生产、协议采购和自行纵向一体化扩张等方式兼并重组,企业数量减少、规模增加,工业化水平快速提高,畜禽产品保供能力大幅提升。

规定"鼓励畜禽就地屠宰,引导畜禽屠宰企业向养殖主产区转移",目的是通过政策引导,推进畜禽养殖、屠宰等各环节协作重组、产销顺畅衔接。这样做有利于解决畜禽养殖、屠宰、加工、配送、销售发展不平衡不充分的问题;有利于构建新型畜禽产品供应体系,提升供应体系的质量和效益;有利于促进生产、生活、生态有机契合,形成城乡融合发展新格局。

(二)支持畜禽产品加工、储存、运输冷链体系建设

畜禽产品冷链流通体系由冷冻加工、冷冻贮藏、冷藏运输及配送、冷冻销售等方面构成。建设畜禽产品冷链流

通体系，有利于提高流通效率、控制流通环境，提高畜禽产品保鲜能力，延长畜禽产品存储期；在确保安全的前提下，还能保持畜禽产品的营养和味道，提高产业整体的质量和效益。但是，在冷链流通配送中，为确保产品始终处于规定的低温条件，必须安装温控设备，使用冷藏车或低温仓库，采用先进的信息控制系统等，比一般常温物流系统的要求更高、更复杂，要求各环节具有更高的组织协调性和更精准的时效性，因此具有建设投资大、运营成本高、组织协调难等特点，需要国家和各级地方政府的产业政策支持。

《国务院办公厅关于促进畜牧业高质量发展的意见》（国办发〔2020〕31号）提出，加快健全畜禽产品冷链加工配送体系。鼓励屠宰加工企业建设冷却库、低温分割车间等冷藏加工设施，配置冷链运输设备。推动物流配送企业完善冷链配送体系，拓展销售网络，促进运活畜禽向运肉转变。近年来，国务院以及国家发展和改革委员会、农业农村部等部门多次出台政策，鼓励畜禽屠宰企业配备冷藏车等设备，提高长距离运输能力；鼓励提高终端配送能力，打通畜禽产品销售"最后一公里"。同时，支持农产品冷链物流等设施建设。2016—2017年，支持10个省份发展农产品冷链物流，加强冷库、冷藏车等设施设备温度控制体系建设。2019—2020年，支持15个省份建设具有集中采购和跨区域配送能力的农产品冷链物流集散中心，配备预冷、低温分拣加工、冷藏运输等冷链设施设备。本款将这些政策规定上升为国家法律，有助于相关政策保持连续性、稳定性、可持续性。

四、畜禽屠宰企业应当具备的条件

目前，全国畜禽屠宰整体机械化屠宰占比仍然较低，存在大量小规模、作坊式、手工或半机械化的屠宰场点。牛羊小型屠宰场点占比 80％以上。从实际工作看，小型场点很少能做到"小而优"，大多产能落后，有的场点屠宰环境恶劣，污水横流、血污遍地，存在微生物、寄生虫、动物疫病等生物性危害和风险；有的小型场点从事注水、注药等非法行为，干扰行业正常经营秩序。众多的小型屠宰场点、偶有发生的私宰行为已经成为屠宰环节质量安全最大的风险隐患。提高行业门槛，严格屠宰行业准入条件，引导企业对设施设备进行升级改造，淘汰落后产能势在必行。

因此，畜牧法第六十七条规定："畜禽屠宰企业应当具备下列条件：（一）有与屠宰规模相适应、水质符合国家规定标准的用水供应条件；（二）有符合国家规定的设施设备和运载工具；（三）有依法取得健康证明的屠宰技术人员；（四）有经考核合格的兽医卫生检验人员；

（五）依法取得动物防疫条件合格证和其他法律法规规定的证明文件。"

（一）畜禽屠宰企业水源条件

畜禽屠宰企业应当有与屠宰规模相适应、水质符合国家规定标准的水源条件。一是水量应能够满足屠宰设计规模的需要，用水量可参考《猪屠宰与分割车间设计规范》（GB 50317）、《牛羊屠宰与分割车间设计规范》（GB 51225）和《禽类屠宰与分割车间设计规范》（GB 51219）等国家标准。二是屠宰与分割车间生产用水应符合国家标准《生活饮用水卫生标准》（GB 5749）的要求。屠宰车间、待宰圈地面冲洗可采用城市杂用水或中水作为水源，其水质应达到国家标准《城市污水再生利用　城市杂用水水质》（GB/T 18920）的规定。畜禽屠宰企业在提交定点屠宰申请或接受监督检查时，应当提供水源说明以及具有水质检验资质的机构出具的水质检验报告或者与生活饮用水集中式供水单位签订的供水用水合同。

（二）畜禽屠宰企业设施设备和运载工具

畜禽屠宰企业应当有符合国家规定要求的畜禽屠宰设施设备和运载工具。一是畜禽屠宰企业的建筑、布局和屠宰设施设备应符合国家相关标准规定，主要有：《猪屠宰与分割车间设计规范》（GB 50317）、《牛羊屠宰与分割车间设计规范》（GB 51225）、《禽类屠宰与分割车间设计规范》（GB 51219）和《食品安全国家标准　畜禽屠宰加工卫生规范》（GB 12694）等。二是畜禽屠宰企业选址、设计、布局、建造等应符合动物防疫、环境保护、卫生防护和安全生产等相关要求。三是生产设备、工器具和容器的设计、选型、安装、改造和维护应当符合屠宰质量安全管理要求，满足屠宰加工能力和工艺要求。四是有符合国家规定要求的检验设备、消毒设施、无害化处理设施、运载工具以及符合环境保护要求的污染防治设施。

1. 检验设备。 畜禽屠宰企业应当设立检验室，配备与屠宰规模相适应的、符合国家规定要求的、必要的检验设备，具备检验所需要的检测方法和相关标准资料，并建立完整的内部管理制度，以确保检验结果的准确性。

2. 消毒设施。 畜禽屠宰企业应当根据清洗消毒要求，配备清洗消毒机、泡沫机、消毒池、消毒通道、专用消毒车辆等消毒设施、设备，有条件的可以建设洗消中心，保障日常消毒和定期消毒工作的实施。

3. 无害化处理设施。 动物防疫法第五十七条第一款规定，从事动物饲养、屠宰、经营、隔离以及动物产品生产、经营、加工、贮藏等活动的单位和个人，应当按照国家有关规定做好病死动物、病害动物产品的无害化处理，或者委托动物和动物产品无害化处理场所处理。对于待宰、屠宰过程中检疫检验出的病死动物或病害动物产品，畜禽屠宰企业应当按照要求进行无害化处理，配备专用的轨道及密闭不漏水的专用容器、运输工具和符合规定的病死动物或病害动物产品化制、焚烧等无害化处理设施设备，设施设备应当符合《病死及病害动物无害化处理技术规范》规定的技术条件。

近几年来，随着社会发展和工作需要，各地都加大投入力度，强化了病死动物及其产品无害化处理场所的建设，建设了一批区域性的病死动物及其产品无害化处理中心，来承担病死动物及其产品的无害化处理工作。畜禽屠宰企业也可以通过与病死动物及其产品无害化处理中心签订无害化处理委托协议，委托其对病死畜禽及其产品进行无害化处理。

4. 运载工具。主要包括畜禽运输车辆及畜禽产品运输专用冷藏、冷冻等车辆。运载工具应符合《食品安全国家标准　畜禽屠宰加工卫生规范》（GB 12694）的要求。

5. 污染防治设施。环境保护法第四十九条规定，从事畜禽养殖和屠宰的单位和个人应当采取措施，对畜禽粪便、尸体和污水等废弃物进行科学处置，防止污染环境。

（三）畜禽屠宰企业屠宰技术人员

畜禽屠宰企业应当有依法取得健康证明的屠宰技术人员。具体要求应符合有关法律的规定：一是传染病防治法第十六条第二款规定，传染病病人、病原携带者和疑似传染病病人，在治愈前或者在排除传染病嫌疑前，不得从事法律、行政法规和国务院卫生行政部门规定的禁止从事的易使该传染病扩散的工作。二是食品安全法第四十五条规定，食品生产经营者应当建立并执行从业人员健康管理制度。患有国务院卫生行政部门规定的有碍食品安全疾病的人员，不得从事接触直接入口食品的工作。从事接触直接入口食品工作的食品生产经营人员应当每年进行健康检查，取得健康证明后方可上岗工作。三是动物防疫法第三十五条规定，患有人畜共患传染病的人员不得直接从事动物疫病监测、检测、检验检疫、诊疗以及易感染动物的饲养、屠宰、经营、隔离、运输等活动。按照卫生行政部门有关要求，屠宰技术人员经健康体检单位进行预防性健康检查，检查结果符合发放健康证明条件的，经卫生监督机构组织的卫生法律法规知识培训合格后，发放健康证明。

（四）畜禽屠宰企业兽医卫生检验人员

畜禽屠宰企业应当有经考核合格的兽医卫生检验人员。兽医卫生检验人员依据国家有关法律、法规、标准和规程，对屠宰的畜禽及其产品进行品质检验并协助官方兽医开展屠宰检疫工作。按照农业农村部有关规定，生猪屠宰企业兽医卫生检验人员应当符合《生猪屠宰兽医卫生检验人员岗位技能要求》（NY/T 3350），经农业农村部门考核合格后方可上岗。直接从事实验室检测检验工作的兽医卫生检验人员还应当具有相关专业（或同等学力）大学专科以上学历，经过岗前培训。兽医卫生检验人员应当每年至少进行一次健康检查，并取得健康证明。患有人畜共患病的，不得从事畜禽产品品质检验工作。其他畜禽品种屠宰企业兽医卫生检验人员应当符合相关岗位技能要求。

（五）畜禽屠宰企业依法取得的证明文件

畜禽屠宰企业应当依法取得动物防疫条件合格证、排污许可证（固定污染源排污登记回执）、营业执照等法律法规规定的证明文件。

1. 动物防疫条件合格证。动物防疫法第二十五条规定："国家实行动物防疫条件审查制度。开办动物饲养场和隔离场所、动物屠宰加工场所以及动物和动物产品无害化处理场所，应当向县级以上地方人民政府农业农村主管部门提出申请，并附具相关材料。受理申请的农业农村主管部门应当依照本法和《行政许可法》的规定进行审查。经审查合格的，发给动物防疫条件合格证；不合格的，应当通知申请人并说明理由。"《动物防疫条件审查办法》对动物屠宰加工场所应当符合的防疫条件作了详细规定。

2. 排污许可证或者固定污染源排污登记回执。畜禽屠宰企业在建设过程中要按照生态环境部门要求开展环境评估，建设配备能达到《肉类加工工业水污染物排放标准》(GB 13457) 和《恶臭污染物排放标准》(GB 14554) 等国家和地方污染物排放标准要求的污染防治设施。《排污许可管理条例》第六条规定："排污单位应当向其生产经营场所所在地设区的市级以上地方人民政府生态环境主管部门申请取得排污许可证"。

《固定污染源排污许可分类管理名录（2019 年版）》要求，对年屠宰生猪 10 万头及以上的，年屠宰肉牛 1 万头及以上的，年屠宰肉羊 15 万头及以上的，年屠宰禽类 1 000 万只及以上的，实行重点管理；对年屠宰生猪 2 万头及以上 10 万头以下的，年屠宰肉牛 0.2 万头及以上 1 万头以下的，年屠宰肉羊 2.5 万头及以上 15 万头以下的，年屠宰禽类 100 万只及以上 1 000 万只以下的，年加工肉禽类 2 万吨及以上的，实行简化管理；对其他污染物产生量、排放量和对环境的影响程度很小的排污单位，实行排污登记管理。实行重点管理和简化管理的排污单位，需要申请取得排污许可证。实行登记管理的排污单位，不需要申请取得排污许可证，应当在全国排污许可证管理信息平台填报排污登记表，登记基本信息、污染物排放去向、执行的污染物排放标准以及采取的污染防治措施等信息，并取得固定污染源排污登记回执。

3. 营业执照。《国务院关于取消和调整一批行政审批项目等事项的决定》(国发〔2014〕50 号) 要求，屠宰证书核发改为工商登记后置审批。即：申请畜禽屠宰企业设置审查前，应当取得营业执照等合法市场主体资格。

五、畜禽屠宰质量安全管理

肉品质量安全直接关系到人民群众的身体健康和生命安全，强化畜禽屠宰质量安全管理是屠宰监管工作的重中之重。为落实畜禽屠宰经营者主体责任，依法规范畜禽屠宰行为，畜牧法对加强畜禽屠宰质量安全管理、畜禽产品的检验和检疫、不合格畜禽产品处理、无害化处理及其补助等内容作出规定。

根据食用农产品质量安全监管职责划分，农业农村部门负责畜禽屠宰环节的质量安全监管，包括屠宰场所的畜禽产品检疫和肉品品质检验。进入市场、加工、餐饮环节后的畜禽产品，由市场监管部门负责。同时农业农村部门可以进入市场和加工场所，开展畜禽产品质量安全风险评估和风险监测工作，并对动物防疫实施监督管理。

（一）加强畜禽屠宰质量安全管理

畜牧法第六十八条第一款规定："畜禽屠宰经营者应当加强畜禽屠宰质量安全管理。畜禽屠宰企业应当建立畜禽屠宰质量安全管理制度。"

为保证畜禽产品质量安全，畜禽屠宰经营者应当加强畜禽屠宰质量安全管理，重点加强待宰畜禽健康管理、屠宰过程质量安全管理、畜禽产品出库管理和不合格畜禽产品无害化处理管理等。畜禽屠宰企业在加强畜禽屠宰质量安全管理的同时，还应当建立畜禽屠宰质量安全管理制度，具体包括畜禽入厂（场）查验登记制度、屠宰全过程管理制度、肉品品质检验管理制度、畜禽产品出厂（场）登记制度、不合格产品召回制度、不合格产品处理制度等。

（二）畜禽产品的检验、检疫

畜牧法第六十八条第二款规定："未经检验、检疫或者经检验、检疫不合格的畜禽产品不得出厂销售。经检验、检疫不合格的畜禽产品，按照国家有关规定处理。"

畜禽产品的检验、检疫是防止动物疫病传播、扩散，保障肉品品质质量安全的重要措施。动物防疫法、食品安全法相关规定以及畜禽屠宰相关检验规程和检疫规程对检验、检疫的实施主体、内容、程序、方法、处理等作出了明确规定。

未经肉品品质检验、检疫或者经肉品品质检验、检疫不合格的畜禽产品不得出厂销售。违反规定出厂销售的，将依照动物防疫法、食品安全法、农产品质量安全法以及《生猪屠宰管理条例》等法律法规处罚。而且，《最高人民法院、最高人民检察院关于办理危害食品安全刑事案件适用法律若干问题的解释》规定，生产、销售属于病死、死因不明或者检验检疫不合格的畜、禽、兽、水产动物肉类及其制品的，应当认定为刑法规定的"足以造成严重食物中毒事故或者其他严重食源性疾病"，以生产、销售不符合安全标准的食品罪定罪处罚。需要指出的是，依照动物防疫法的相关规定，因实施集中无害化处理需要暂存、运输畜禽产品并按照规定采取防疫措施的，可以出厂但不得经营、销售。

1. 屠宰畜禽的检验是指肉品品质检验，由畜禽屠宰经营者按照国家的规定自行实施，并依法接受农业农村主管部门的监督。以生猪为例，中华人民共和国农业农村部公告第 637 号《生猪屠宰肉品品质检验规程（试行）》规定，肉品品质检验岗分为宰前检验岗、宰后检验岗和实验室检验岗。宰后应实施同步检验，应对每头猪进行头蹄检验、内脏检验、胴体检验、复验与加施标识。肉品品质检验内容包括，一是生猪健康状况的检查；二是动物疫病以外的疾病的检验及处理；三是甲状腺、肾上腺和病变淋巴结、病变组织的摘除、修割及处理；四是注水或注入其他物质的检验及处理；五是食品动物中禁止使用的药品及其他化合物等有毒有害非食品原料的检验及处理；六是白肌肉、黑干肉、黄脂、种猪及晚阉猪等的检验及处理；七是肉品卫生状况的检查及处理；八是国家规定的其他检验内容。

截至目前，除《生猪屠宰产品品质检验规程》（GB/T 17996）外，还有《牛羊屠宰产品品质检验规程》（GB 18393）正在实施中。

2. 屠宰畜禽的检疫是指畜禽的屠宰检疫，由动物卫生监督机构按照动物防疫法和《动物检疫管理办法》的规定执行。动物卫生监督机构的官方兽医具体实施检疫。检疫合格的，由官方兽医出具检疫证明、加施检疫标志。实施检疫的官方兽医应当在检疫证明、检疫标志上签字或者盖章，并对检疫结论负责。截至目前，农业农村部相继印发生猪、牛、羊、家禽、兔屠宰检疫规程，指导畜禽屠宰检疫工作。2020 年，《农业农村部关于进一步强化动物检疫工作的通知》明确，马、驴、骆驼、梅花鹿、马鹿、羊驼的屠宰检疫，依照《畜禽屠宰卫生检疫规范》（NY 467）执行。

（三）检验、检疫不合格畜禽产品处理

首先，从动物疫病防控和食品安全的角度，检验、检疫不合格的畜禽产品不得出厂销售，更不得出厂作为食品销售，具体怎么处理，本条第二款明确"经检验、检疫不合格的畜禽产品，按照国家有关规定进行处理"。依照相关法律、法规和国家标准的技术要求，检验、检疫不合格的畜禽产品按照国家有关规定进行处理，处理方式主要分为无害化处理和非食用处理两种方式。

1. 相关法律法规的规定。动物防疫法第五十六条规

定："经检疫不合格的动物、动物产品，货主应当在农业
农村主管部门的监督下按照国家有关规定处理，处理费用
由货主承担。"《动物检疫管理办法》第四十条规定："经
检疫不合格的动物、动物产品，由官方兽医出具检疫处理
通知单，货主或者屠宰加工场所应当在农业农村主管部门
的监督下按照国家有关规定处理"。《生猪屠宰管理条例》
第十五条要求，经检验不合格的生猪产品，应该在兽医卫
生检验人员的监督下，按照国家有关规定处理，并如实记
录处理情况；处理情况记录保存期限不得少于2年。第十
八条规定："生猪定点屠宰厂（场）对其生产的生猪产品
质量安全负责，发现其生产的生猪产品不符合食品安全标
准、有证据证明可能危害人体健康、染疫或者疑似染疫
的，应当立即停止屠宰，报告农业农村主管部门，通知销
售者或者委托人，召回已经销售的生猪产品，并记录通知
和召回情况。生猪定点屠宰厂（场）应当对召回的生猪产
品采取无害化处理等措施，防止其再次流入市场。"

2. 屠宰检疫不合格畜禽的处理。《动物检疫管理办
法》第三十九条规定，禁止屠宰、经营、运输依法应当检
疫而未经检疫或者检疫不合格的动物。禁止生产、经营、
加工、贮藏、运输依法应当检疫而未经检疫或者检疫不合
格的动物产品。第四十条规定，经检疫不合格的动物、动
物产品，由官方兽医出具检疫处理通知单，货主或者屠宰

加工场所应当在农业农村主管部门的监督下按照国家有关规定处理。动物卫生监督机构应当及时向同级农业农村主管部门报告检疫不合格情况。截至目前已出台的畜禽屠宰检疫规程包括生猪屠宰检疫规程、牛屠宰检疫规程、羊屠宰检疫规程、家禽屠宰检疫规程、兔屠宰检疫规程和马属动物屠宰检疫规程、鹿屠宰检疫规程。

按照上述规程实施屠宰检疫，检疫结果处理如下：一是检疫合格，且运输车辆、承运单位（个人）及车辆驾驶员备案符合要求的，出具动物检疫证明；运输车辆、承运单位（个人）及车辆驾驶员备案不符合要求的，应当及时向农业农村部门报告，由农业农村部门责令改正的，方可出具动物检疫证明。官方兽医应当及时将动物检疫证明有关信息上传至动物检疫管理信息化系统。二是检疫不合格的，出具检疫处理通知单，并按照下列规定处理，发现申报主体信息与检疫申报单不符、风险分级管理不符合规定、畜禽标识与检疫申报单不符等情形的，货主按规定补正后，方可重新申报检疫。未按照规定进行强制免疫或强制免疫不在有效保护期的，及时向农业农村部门报告，货主按规定对生猪实施强制免疫并在免疫有效保护期内，方可重新申报检疫。发现患有上述规程规定动物疫病的，向农业农村部门或者动物疫病预防控制机构报告，应当按照相应疫病防治技术规范规定处理。发现患有上述规程规定检疫对象以外动物疫病，影响动物健康的，向农业农村部门或者动物疫病预防控制机构报告，按规定采取相应防疫措施。发现不明原因死亡或怀疑为重大动物疫情的，应当按照《中华人民共和国动物防疫法》《重大动物疫情应急条例》和《农业农村部关于做好动物疫情报告等有关工作的通知》（农医发〔2018〕22号）的有关规定处理。发现病死动物的，按照《病死畜禽和病害畜禽产品无害化处理管理办法》等规定处理。发现货主提供虚假申报材料、养殖档案或畜禽标识不符合规定等涉嫌违反有关法律法规情形的，应当及时向农业农村部门报告，由农业农村部门按照规定处理。

3. 检验不合格产品的处理。《生猪屠宰肉品品质检验规程（试行）》规定，应做无害化处理的包括：头部、蹄部修割部分，检出的头部病变淋巴结；病变及异常变化的内脏；胴体局部修割的病变部分、脓包、严重淤血、严重污染及异常部分；检出黄疸的猪胴体及其他产品；胴体上检出的病变淋巴结；注水、注入违禁物质的猪胴体及其他产品；患有脓毒症、尿毒症、急性及慢性中毒、全身性肿瘤、肌肉变质、高度水肿的猪胴体及其他产品；其他需要做无害处理的猪屠体、猪胴体及其他产品。

应做非食用处理或者无害化处理的包括：甲状腺、肾上腺；修割的严重白肌肉和严重黑干肉；严重的并带有不良气味的黄脂。

动物防疫法对畜禽屠宰经营者出厂未经检疫或者检疫不合格的畜禽产品的违法行为，设定了相应的法律责任。在具体实施过程中应当注意，畜禽屠宰经营者同动物和动物产品无害化处理场所签订委托合同，委托其对经检验、检疫不合格的畜禽产品进行无害化处理的，不属于违反本条"未经检验、检疫或者经检验、检疫不合格的畜禽产品不得出厂销售"的情形。

（四）无害化处理及其补助

畜牧法第六十八条第三款规定："地方各级人民政府应当按照规定对无害化处理的费用和损失给予补助。"

国家高度重视病死畜禽和病害畜禽产品无害化处理工作，这不仅是阻断重大动物疫病传播流行的有效手段，还是维护畜禽产品质量安全和生态环境安全的重要举措。《国务院办公厅关于建立病死畜禽无害化处理机制的意见》（国办发〔2014〕47号）指出，按照"谁处理、补给谁"的原则，建立与养殖量、无害化处理率相挂钩的财政补助机制。各地区要综合考虑病死畜禽收集成本、设施建设成本和实际处理成本等因素，制定财政补助、收费等政策，确保无害化处理场所能够实现正常运营。将病死猪无害化处理补助范围由规模养殖场（区）扩大到生猪散养户。从事病死畜禽无害化处理的，按规定享受国家有关税收优惠。

对病死畜禽及病害畜禽产品实施无害化处理，可以有效杜绝病死畜禽及病害畜禽产品进入流通、加工等领域。动物防疫法第六十条规定："各级财政对病死动物无害化处理提供补助。具体补助标准和办法由县级以上人民政府财政部门会同本级人民政府农业农村、野生动物保护等有关部门制定。"目前，国家政策仅明确对病死猪无害化处理费用予以补贴，对于其他种类的死亡畜禽没有明确的政策。从 2016 年开始，中央财政不再安排原列入"固定数额补助"的屠宰环节病害猪无害化处理补贴资金，相关工作由地方统筹包括均衡性转移支付在内的自有财力予以保障。一些地方为了消除食品安全风险，根据实际情况，使用地方财政资金对除生猪之外其他畜禽的无害化处理进行补助。

《生猪屠宰管理条例》第十九条规定："生猪定点屠宰厂（场）对病害生猪及生猪产品进行无害化处理的费用和损失，由地方各级人民政府结合本地实际予以适当补贴。"对于生猪屠宰环节，部分地方已制定相关补助办法和资金管理办法。2022 年 4 月，农业农村部印发《病死畜禽和病害畜禽产品无害化处理管理办法》指出，病死畜禽和病害畜禽产品的无害化处理费用由财政进行补助或者由委托方承担。

对于屠宰环节其他畜禽无害化处理补助，畜牧法明确地方各级人民政府应当按照规定对无害化处理的费用和损失给予补助。为贯彻本法规定，需要地方各级农业农村主管部门积极协调地方财政部门，推动地方人民政府结合本地区畜禽屠宰实际，出台本地屠宰环节病死畜禽及病害畜禽产品无害化处理费用和损失补贴的标准。

六、畜禽屠宰质量安全风险监测

畜禽屠宰质量安全风险监测，不同于监督抽检，不属于标准符合性判定，而是基于风险调查及预警的一项前瞻性工作，是农业农村主管部门落实食品安全"预防为主、风险管理"原则的重要方式，为畜禽质量安全监督管理提供技术决策、技术服务和技术咨询。

（一）制定畜禽屠宰质量安全风险监测计划

畜牧法第六十九条第一款规定："国务院农业农村主管部门负责组织制定畜禽屠宰质量安全风险监测计划。"

国家畜禽屠宰质量安全风险监测计划，由农业农村部根据近年来在屠宰环节发现的违法添加物、疫病用药、流行现状及趋势、环境和基础设备污染情况等影响产品质量安全的主要风险因素变化情况来组织制定。该计划对监测的内容、任务分工、工作要求、组织保障措施和统一的检测方法等内容作出规定。根据实际监管工作需要，可分为国家级风险监测和省级风险监测。其中，各省、自治区、直辖市人民政府农业农村主管部门根据国家畜禽屠宰质量安全风险监测计划，结合本行政区域的畜禽屠宰行业现状、监测技术水平和经费支持能力等具体情况，组织制定适合本行政区域的畜禽屠宰质量安全风险监测方案。

工作中，畜禽屠宰质量安全风险监测应兼顾常规监测范围和年度重点，遵循以下原则：一是监测项目（风险因子）的选择要科学、合理，要选择风险隐患较大、较突出的因素；二是监测范围和对象（样品和企业）要具有代表性，要充分发挥资金的最大效用；三是监测参数（具体某种物质或药物）要有针对性，能反映屠宰环节的特点；四是监测过程要统一规范，任务分工要充分发挥承担单位的优势。

（二）畜禽屠宰质量安全风险监测的实施

实行畜禽屠宰环节的质量安全风险监测制度，有利于发现潜在影响屠宰质量安全的风险隐患，全面掌握和分析违法添加、药物残留及其他有害因素的污染水平和趋势，有利于发现疫病防控和产品质量安全监管中存在的问题，提高畜禽屠宰监管工作的针对性和有效性。畜牧法第六十九条第二款规定："省、自治区、直辖市人民政府农业农村主管部门根据国家畜禽屠宰质量安全风险监测计划，结合实际情况，制定本行政区域畜禽屠宰质量安全风险监测方案并组织实施。"

畜禽屠宰质量安全风险监测工作的组织实施，包括制定实施方案、组织监测、结果分析和数据报送等内容。国家畜禽屠宰质量安全风险监测工作由国务院农业农村主管部门负责组织实施。省级畜禽屠宰质量安全风险监测工作由各省、自治区、直辖市人民政府农业农村主管部门负责组织实施。

承担畜禽屠宰质量安全风险监测工作的技术机构，应具备检验检测机构资质认定条件和按照规范进行检验的能力。严格按照有关法律法规、国家畜禽屠宰质量安全风险监测计划和方案的要求，认真记录样品采集和监测情况，按时完成规定的监测任务，定期向下达监测任务的农业农村主管部门报送监测数据和分析结果，保证监测数据真实、准确、客观。按照职能分工，中国动物疫病预防控制中心（农业农村部屠宰技术中心）负责对承担国家和省级畜禽屠宰质量安全风险监测工作的技术机构获得的数据进行收集和汇总分析，按时向农业农村部提交科学的风险监测结论和分析报告。

2011年开始，农业部在全国范围内逐步开展屠宰环节"瘦肉精"监督检测工作。2016年开始，又在部分省份增加开展屠宰环节的风险监测工作。目前，农业农村部开展的屠宰环节质量安全风险监测工作已覆盖全国 31 个省份，风险监测因子主要涉及产品品质、违法添加、微生物和动物疫病等，包括水分、β-受体激动剂、糖皮质激素类药物、抗胆碱类药物、麻醉类药物、镇静类药物、菌落总数、大肠菌群数和食源性致病微生物等多种参数，已初步构建了覆盖全国，以风险因子为目标、潜在区域为重点、科学检测技术为手段，兼顾多种畜禽的部、省两级监测体系。

　　需要注意的是，农业农村主管部门应当根据每年风险监测结果，及时分析、评估，研判畜禽屠宰环节质量安全风险，及时调整监测项目、监测范围等内容。未来，畜禽屠宰质量安全风险监测，将重点着眼于畜禽屠宰环节违法添加、药物残留、环境微生物污染以及其他有害因素的持续监测、综合分析，及时发现畜禽屠宰环节质量安全风险。

第八章

保障与监督

　　肉蛋奶等畜禽产品是百姓"菜篮子"的重要品种，是人类动物性蛋白的主要来源；畜禽产品质量安全事关人类健康和安全，是公共安全的重要内容。当前，我国有些地方畜牧业生产方式总体上还比较粗放，产业体系还不完善，资源环境的硬约束日益加剧，产业发展质量效益不高、支持保障体系不健全、抵御各种风险能力偏弱等问题突出。依靠进口调剂畜禽产品余缺的不稳定性、不确定性明显增加，稳产保供压力大；疯牛病、口蹄疫、高致病性猪蓝耳病、禽流感、非洲猪瘟等重大动物疫病使得世界各国都对畜禽及畜禽产品的生产采取了更为严格的监管措施，尤其是加强了畜禽及其产品的可追溯性方面的立法。畜禽产品市场波动较大，价格大幅上涨和下跌，交替出现，对畜牧业生产经营带来了较大风险，也不利于稳定的畜禽产品供给。针对上述问题，此次修改畜牧法，将"质量安全保障"一章修改为"保障与监督",在监督畜禽产品质量安全的同时,强化对畜禽生产的扶持和畜禽产品市场的监测预警。

本章共 7 条,主要规定以下内容:一是明确省级以上人民政府应当安排预算对畜牧业发展进行良种补贴、贷款贴息、保费补贴以及金融服务,重点支持购买良种、防疫、无害化处理等;二是县级以上人民政府及其主管部门应当加强对畜禽饲养环境、种畜禽质量、畜禽交易与运输、畜禽屠宰以及饲料和兽药等投入品的生产、经营、使用等主要环节的监督管理;三是为建立和完善畜禽产品质量责任追究制度,制定畜禽标识和养殖档案管理办法、畜禽质量安全监督检查计划;四是省级以上人民政府农业农村主管部门应当制定畜禽生产规范,指导畜禽安全生产;五是为促进畜牧业稳定发展和畜禽产品市场平稳运行,维护养殖者和消费者利益,提升畜禽产品供应安全保障能力,建立畜禽市场监测预警制度,完善畜禽产品储备调节机制,鼓励产销区合作和明确稳产保供责任。

一、加大扶持畜牧业发展的财政投入力度

当前,我国畜牧业正处于转型升级,加快构建畜牧业高质量发展新格局的关键时期。今后一段时期,我国畜牧业发展以提高畜禽产品供给保障能力和动物卫生安全水平

为主攻方向，以提升质量效益和竞争力为核心任务，补短板、强弱项、优结构、促融合、壮主体、增动能，着力强化科技支撑和政策支持，加快建成产出高效、产品安全、资源节约、环境友好、调控有效的现代畜牧业。到2025年，主要畜禽产品自给率保持较高水平，猪肉自给率保持在95％左右，牛羊肉自给率保持在85％左右，奶源自给率保持在70％以上，禽肉和禽蛋实现基本自给。畜禽粪污综合利用率达到80％以上，畜禽养殖规模化率达到75％以上。要实现上述目标，需要国家的全方位扶持，各省（自治区、直辖市）要认真落实党中央、国务院决策部署，对本地区畜牧业生产制定规划，抓好责任落实，加大投入力度，提供坚强保障。为此，畜牧法第七十条规定："省级以上人民政府应当在其预算内安排支持畜禽种业创新和畜牧业发展的良种补贴、贴息补助、保费补贴等资金，并鼓励有关金融机构提供金融服务，支持畜禽养殖者购买优良畜禽、繁育良种、防控疫病，支持改善生产设施、畜禽粪污无害化处理和资源化利用设施设备、扩大养殖规模，提高养殖效益。"

（一）中央和省级财政对畜牧业发展的支持方式

1. 良种补贴。 畜禽良种补贴是为推动畜禽品种改良，提高畜禽生产水平，带动养殖户增收，由财政安排资金，对畜禽养殖者购买良种畜禽给予补贴。畜禽良种是现代畜牧业生产的基础，实施畜禽良种专项补贴，不仅可以加快我国畜禽良种的繁育推广，提高畜牧业生产水平和畜禽产品质量，而且可以进一步发挥畜牧业在促进农民增收致富中的作用。

2005年中央一号文件提出畜牧良种补贴政策，即"从2005年起，实施奶牛良种繁育项目补贴"。此后，投入资金规模不断扩大，补贴范围随着畜牧业发展逐步调整优化和完善，覆盖猪、牛、羊、牦牛等品种。

农业农村部、财政部《关于做好2022年农业生产发展等项目实施工作的通知》（农计财发〔2022〕13号）对实施良种补贴作出规定。在主要草原牧区省份对项目区内使用良种精液开展人工授精的肉牛养殖场（户），以及购买优良种公畜进行繁殖且存栏能繁母羊30只以上、能繁牦牛母牛25头以上的养殖场（户）给予适当补助，支持牧区畜牧良种推广。在生猪大县对使用良种猪精液开展人工授精的生猪养殖场（户）给予适当补助，加快生猪品种改良。

2. 贴息补助。又称贷款贴息，是常用的财政政策工具，是一种特殊的补贴形式。作为扶持产业发展的政策，对符合产业发展政策的养殖主体给予贷款贴息，既能弥补财政资金的不足，又能发挥银行信贷资金的优势，具有杠杆的作用，可以引导社会资金投入农业，带动效应强。

在 2004 年、2005 年应对禽流感冲击时,均采用了财政贴息的措施,由中央和省级财政对重点家禽养殖企业和加工企业的贷款给予贴息,对缓解企业资金周转困难,起到了一定的作用。2019 年,为应对非洲猪瘟疫情等多重因素对生猪产能造成的不利影响,中央财政对达到一定规模的生猪养殖企业给予短期贷款贴息政策支持。贴息范围重点是企业用于购买饲料和购买母猪、仔猪等的生产流动资金,贴息比例原则上不超过 2%,贴息时间从 2018 年 8 月 1 日至 2019 年 7 月 31 日。随后,根据生猪生产实际发展形势需要,2019 年 9 月又将贷款贴息政策实施期限延长至 2020 年 12 月 31 日,并适当扩大了贴息范围,将用于新建、改扩建猪场的建设资金纳入支持范围。目前,贷款贴息是农业生产发展资金、农业资源及生态保护补助资金可以采取的支持方式之一,各地对畜牧业经营主体贷款贴息项目继续实施。

3. 保费补贴。是指各级财政对政府引导的有关农业保险经营机构开展的符合条件的农业保险业务,按照保费的一定比例,为投保农户、农业生产经营组织等提供补贴。目前,中央财政保险保费补贴政策,主要对能繁母猪、育肥猪、奶牛、牦牛、藏系羊保险给予保费补贴支持。2022 年,为贯彻稳生猪增牛羊政策,保险保额继续执行能繁母猪 1 500 元、育肥猪 800 元标准,根据生产成本变动对保额进行动态调整，实现养殖场（户）愿保尽保。

农业是高风险、低收益的弱质产业，农业风险不但包括与其他产业同样的市场风险，还面临不以人的意志为转移的更具危害性的自然风险。我国 20 世纪 50 年代开始探索实践农业保险，在商业性保险框架下尝试过多种模式和经营方式后，开始探索建立政策性农业保险制度。2007 年中央财政开始对农业保险实施保费补贴。2012 年，国务院颁布《农业保险条例》，中央和地方各级财政支持农业保险的范围不断扩大，农业保险的经济补偿和风险保障能力日益显现。2021 年，财政部修订印发《中央财政农业保险保费补贴管理办法》，对农业保险保费补贴政策作出新的规定：中央财政对中西部和东部地区养殖业分别补贴 50％和 40％；中央财政对涉藏特定品种补贴 40％。同时，鼓励地方探索开展优势特色畜产品保险，支持中央财政对地方优势特色农产品保险开展以奖代补试点。

4. 金融服务。中央和省级政府可以制定相关政策，鼓励金融机构为畜牧业发展提供各类金融服务。一是银行业金融机构要积极探索推进土地经营权、养殖圈舍、大型养殖机械抵押贷款，支持具备活体抵押登记、流转等条件的地区按照市场化和风险可控原则，积极稳妥开展活畜禽抵押贷款试点。二是地方政府产业基金及金融、担保机构加强与养殖主体对接，满足生产发展资金需求。三是大力推进畜禽养殖保险，鼓励有条件的地方自主开展畜禽养殖收益险、畜产品价格险试点，逐步实现全覆盖。四是鼓励社会资本设立畜牧业产业投资基金和畜牧业科技创业投资基金。五是稳妥推进生猪、禽蛋等畜禽产品期货以及"保险＋期货"项目，为养殖等生产经营主体提供规避市场风险的工具。

（二）中央和地方支持畜牧业发展的主要效果和举措

1. 改善生产设施。生产设施是现代农业的重要物质基础，也是先进农业科学技术的重要载体。在畜牧业发展的过程中，要用现代工业提供的先进适用的生产设施武装畜牧业，不断提高劳动生产率，提升畜牧业机械化水平，制定主要畜禽品种规模化养殖设施装备配套技术规范，推进养殖工艺与设施装备的集成配套。落实农机购置补贴政策，将养殖场（户）购置自动饲喂、环境控制、疫病防控、废弃物处理等农机装备按规定纳入补贴范围。遴选推介一批全程机械化养殖场和示范基地。提高饲草料和畜禽生产加工等关键环节设施装备自主研发能力。

2. 推进畜禽养殖废弃物资源化利用。畜禽养殖废弃物处理和资源化利用，关系农村居民生产生活环境，关系农村能源革命，关系土壤地力改善和农业面源污染治理。

2016 年年底，习近平总书记在中央财经领导小组第 14 次会议上强调，加快推进畜禽养殖废弃物处理和资源化。经过一系列举措的实施，2022 年全国畜禽粪污综合利用率达到 78％，规模养殖场粪污处理设施装备配套率达到 97％。下一步，要继续支持符合条件的县（市、区、旗）整县推进畜禽粪污资源化利用，鼓励液体粪肥机械化施用。发挥农机购置补贴政策引导作用，将畜禽粪污资源化利用装备列入农机补贴范围，实行敞开补贴、应补尽补。

3. 扩大养殖规模。 因地制宜发展规模化养殖，引导养殖场（户）改造提升基础设施条件，提升标准化养殖水平，发展适度规模经营。加快养殖专业合作社和现代家庭牧场发展，鼓励其以产权、资金、劳动、技术、产品为纽带，开展合作和联合经营。鼓励畜禽养殖龙头企业发挥引领带动作用，与养殖专业合作社、家庭牧场紧密合作，通过统一生产、统一服务、统一营销、技术共享、品牌共创等方式，形成稳定的产业联合体。完善畜禽标准化饲养管理规程，开展畜禽养殖标准化示范创建。

4. 生猪（牛羊）调出大县奖励。 为了调动地方发展生猪生产的积极性，进一步促进生猪生产的规模化、产业化，2007 年中央财政首次设立生猪调出大县奖励资金。包括生猪调出大县奖励、牛羊调出大县奖励和省级统筹奖励资金。按照现行制度规定，生猪调出大县奖励资金和牛羊调出大县奖励资金属于一般性转移支付，由县级人民政府统筹安排，用于支持本县的生猪（牛羊）生产流通和产业发展，支持范围主要包括生猪（牛羊）生产环节的圈舍改造、良种引进、粪污处理、防疫、保险等，以及流通加工环节的冷链物流、仓储、加工设施设备等。省级统筹奖励资金由省级人民政府统筹安排，用于支持本省（自治区、直辖市）生猪（牛羊）生产流通和产业发展。2021年全国498个生猪（牛羊）调出大县共获得26.90亿元奖励资金。2022年中央财政安排生猪（牛羊）调出大县奖励资金37亿元。

5. 鼓励畜禽种业创新。 我国部分畜禽种源对外依存度仍然较高，要以创新为路径，加大政府扶持力度，鼓励畜禽种业创新，推动畜禽种业振兴。开展国家育种联合攻关，实施畜禽遗传改良计划和现代种业提升工程，健全产学研联合育种机制，重点开展白羽肉鸡育种攻关，推进瘦肉型猪本土化选育，加快牛羊专门化品种选育，逐步提高核心种源自给率。强化畜禽遗传资源保护，加强国家级和省级保种场、保护区、基因库建设，推动地方品种资源应保尽保、有序开发。2021年，启动实施第三次全国畜禽遗传资源普查，强化种质资源安全保存和精准鉴定。中央财政支持符合条件的国家级畜禽遗传资源保种场、保护区和基因库开展畜禽遗传资源保护，支持符合条件的国家畜禽核心育种场、种公畜站、奶牛生产性能测定中心等开展种畜禽生产性能测定。

2019年国务院办公厅印发《关于加强农业种质资源保护与利用的意见》，明确农业种质资源实施国家和省级两级管理，建立国家统筹、分级负责、有机衔接的保护机制。2021年开始，通过中央财政专项转移支付项目，对国家畜禽遗传资源保护予以支持，3年累计安排3.99亿元，重点用于饲料、生物安全防护等方面支出补助。

6. 动物疫病防控。中央财政对动物疫病强制免疫、强制扑杀和销毁、养殖环节无害化处理工作给予补助。强制免疫补助经费主要用于开展口蹄疫、高致病性禽流感、小反刍兽疫、布鲁氏菌病、包虫病等动物疫病强制免疫疫苗（驱虫药物）采购、储存、注射（投喂）以及免疫效果监测评价、人员防护等相关防控工作，以及对实施和购买动物防疫服务等予以补助；继续对符合条件的养殖场（户）实施强制免疫"先打后补"。国家对在动物疫病预防、控制、净化、消灭过程中强制扑杀的动物、销毁的动物产品和相关物品的所有者给予补偿，补助经费由中央财政和地方财政共同承担。国家对养殖环节病死猪无害化处理予以支持，由各地根据有关要求，结合当地实际，完善无害化处理补助政策，切实做好养殖环节无害化处理工作。

二、畜禽养殖投入品监管

畜牧法第七十一条规定："县级以上人民政府应当组织农业农村主管部门和其他有关部门，依照本法和有关法律、行政法规的规定，加强对畜禽饲养环境、种畜禽质量、畜禽交易与运输、畜禽屠宰以及饲料、饲料添加剂、兽药等投入品的生产、经营、使用的监督管理。"对畜禽饲养环境、种畜禽质量、畜禽交易与运输、畜禽屠宰以及饲料和兽药等投入品的生产、经营、使用等涉及畜牧业健康发展的各个环节的监督管理作出规范。

1. 监督管理的主体。一是县级以上人民政府。畜牧业是国民经济和社会发展的重要组成部分，涉及多个部门、多个环节，需要县级以上各级人民政府在宏观层面加以统筹协调，由人民政府组织农业农村主管部门和其他有关部门进行监督管理。二是农业农村主管部门和其他有关部门。依照本法第五条规定，农业农村主管部门负责畜牧业的监督管理工作，其他有关部门在各自的职责范围内，负责有关促进畜牧业发展的工作。其他有关部门主要包括发展改革、财政、市场监管、商务、生态环境、交通、公安、海关等部门。县级以上人民政府组织农业农村主管部门和其他有关部门行使监督管理职能，应当依照本法和有关法律、行政法规的规定，要依法行政、依法执法。

2. 监督管理的措施。县级以上人民政府有关主管部门行政执法人员在履行监督管理职能时，有权采取以下措施：要求被监督管理单位或者个人说明情况，提供有关文件、证件、资料；责令被监督管理单位或者个人停止违法行为，履行法定义务。同时要求，行政执法人员履行监督管理职能时，应当向被监督管理单位或者个人出示行政执法证件，遵守执法程序，有关单位或者个人应当配合行政执法人员依法执行职责，不得拒绝和阻碍。

3. 监督管理的主要内容。依法加强监督管理，主要是做好以下几个方面的工作：

第一，关于畜禽饲养环境的监督管理。随着畜牧业生产方式的转变，集约化的规模养殖面临着不少问题，特别是畜禽粪污等废弃物的环境污染问题，制约着畜牧业的进一步发展。畜牧业发展应当统筹畜禽养殖和环境保护，坚持绿色引领，走可持续发展的道路。结合疫病防控和环境保护实际，畜牧法规定了畜禽养殖场应当具备的条件，要求畜禽养殖场兴办者向养殖场所在地县级农业农村主管部门备案，取得畜禽标识代码；畜禽养殖户的防疫条件、畜禽粪污无害化处理和资源化利用，应当符合省级农业农村主管部门的要求。畜禽养殖场的选址、建设应当符合国土空间规划，并遵守有关法律法规的规定；畜禽养殖者应当为其饲养的畜禽提供适当的繁殖条件和生存、生长环境。

为了处理好规模养殖和环境保护的关系，畜禽养殖场应当保证畜禽粪污无害化处理和资源化利用设施的正常运转，保证畜禽粪污综合利用或者达标排放，防止污染环境。

第二，关于种畜禽质量的监督管理。畜牧法关于种畜禽质量的规定主要包括：一是实行畜禽品种审定制度。培育的畜禽新品种、配套系和新发现的畜禽遗传资源在销售、推广前，应当通过国家畜禽遗传资源委员会审定或者鉴定，并由国务院农业农村主管部门公告。二是实行种畜禽生产经营许可制度。明确从事种畜禽生产经营或者生产经营商品代仔畜、雏禽的单位、个人，应当取得种畜禽生产经营许可证，规定了申请取得种畜禽生产经营许可证应当具备的条件和农民自繁自养种畜禽的例外情形。三是销售的种畜禽、家畜配种站（点）使用的种公畜，应当符合种用标准。销售种畜禽不得有以其他畜禽品种、配套系冒充所销售的种畜禽品种、配套系等禁止性行为。四是明确销售商品代仔畜、雏禽的，应当向购买者提供主要生产性能指标、免疫情况、饲养技术要求和有关咨询服务。

上述规定为加强种畜禽质量监管，提高种畜禽质量提供了法律保障。各级农业农村主管部门、市场监督管理等部门应当依法强化落实种畜禽生产经营许可管理，规范种畜禽生产经营许可审核工作流程和管理制度。严格种畜禽市场监管，加大力度，持续开展种畜禽质量监督检测，完善监管和技术标准，加大执法检查力度，营造良好市场环境。积极开展种畜禽场主要垂直传播动物疫病净化试点和示范，推动种畜禽场提升生物安全防护水平，保障种畜禽质量。

第三，关于畜禽交易与运输的监督管理。畜禽交易与运输是畜禽饲养与畜禽产品加工的重要联结环节。加强对交易与运输环节的管理，有利于搞活流通，促进畜牧业的健康发展，也有利于控制动物疫病的发生和蔓延，有助于保障畜禽产品安全和畜禽产品质量。本法第六章"畜禽交易与运输"专门对畜禽交易和运输的监督管理作了规定，主要包括对畜禽批发市场建设、交易和运输畜禽的一般要求、交易和运输畜禽的防疫要求等内容。畜禽批发市场选址，应当符合法律、行政法规和国务院农业农村主管部门规定的动物防疫条件。运输畜禽，必须符合法律、行政法规和国务院农业农村主管部门规定的动物防疫条件，采取措施保护畜禽安全，并为运输的畜禽提供必要的空间和饲喂饮水条件。交易的畜禽应当符合农产品质量安全标准和国务院有关部门规定的技术要求。

动物防疫法从动物疫病防控的角度对畜禽交易和运输作了专门规定：经营动物、动物产品的集贸市场应当具备国务院农业农村主管部门规定的动物防疫条件，并接受农业农村主管部门的监督检查；县级以上地方人民政府应当根据本地情况，决定在城市特定区域禁止家畜家禽活体交易；动物、动物产品的运载工具、垫料、包装物、容器等应当符合国务院农业农村主管部门规定的动物防疫要求；患有人畜共患传染病的人员不得直接从事易感染动物的饲养、屠宰、经营、隔离、运输等活动；运输动物的托运人应当提供检疫证明，没有检疫证明的，承运人不得承运；从事动物运输的单位、个人以及车辆，应当向所在地县级人民政府农业农村主管部门备案，妥善保存行程路线等信息；跨省运输动物，应当经指定通道运输。

各级农业农村等主管部门应当指导相关生产经营者改善畜禽交易、运输的条件和环境，强化监督管理。制定动物运输环节防疫管理办法，建立从事动物运输的单位、个人及车辆备案和动态管理制度。加强活畜禽运输监管，强化运输工具管控，落实畜禽运输过程及车辆生物安全要求。规范活畜禽网上交易活动，实行"点对点、场对场"定向运输、定点屠宰。全面加快和优化动物防疫指定通道建设，支持指定通道升级改造。

第四，关于加强畜禽屠宰监督管理。畜禽屠宰是保障畜禽产品质量和公共卫生安全的关键环节。新修改的畜牧法增加了"畜禽屠宰"一章，在国家法律层面明确定点屠宰制度，对畜禽屠宰行业发展规划、畜禽屠宰企业应当符合的条件要求、畜禽屠宰质量安全管理和风险监测制度、不合格畜禽产品的无害化处理及补助等作出规定。

我国对生猪实行定点屠宰、集中检疫制度。2021 年 6 月 25 日，国务院公布了修订后的《生猪屠宰管理条例》，自 2021 年 8 月 1 日起施行。除生猪之外的其他畜禽可由各省、自治区、直辖市根据本地实际，参照《生猪屠宰管理条例》制定具体管理办法，农村地区个人自宰自食的除外。目前，全国已有 16 个省份根据本地区实际出台了管理办法，对生猪以外的牛、羊、禽等其他动物实行了定点屠宰管理，其中天津、浙江、内蒙古、福建、贵州、陕西、甘肃等 7 个省份对牛、羊实行定点屠宰管理，北京、河北、山西、辽宁、吉林、黑龙江、青海、宁夏、新疆等 9 个省份对牛、羊、禽等动物实行定点屠宰管理。下一步，要继续推进屠宰行业转型升级。强化屠宰行业清理整顿，持续推进小型生猪屠宰场点撤停并转。提升牛、羊、禽屠宰现代化水平，推行畜禽标准化屠宰。持续开展生猪屠宰标准化示范创建，强化屠宰环节全过程监管，压实屠宰企业主体责任，规范委托屠宰行为。

不合格畜禽产品的处理是畜禽屠宰监管的另一项重要内容。畜牧法第六十八条第二款规定，未经检验、检疫或者经检验、检疫不合格的畜禽产品不得出厂销售。经检验、检疫不合格的畜禽产品，按照国家有关规定处理。动物防疫法规定，从事动物屠宰等活动的单位和个人，应当按照国家有关规定做好病死动物、病害动物产品的无害化处理，或者委托动物和动物产品无害化处理场所处理。任何单位和个人不得买卖、加工、随意弃置病死动物和病害动物产品。动物和动物产品无害化处理管理办法由国务院农业农村、野生动物保护主管部门按照职责制定。在屠宰环节发现和产生的经检验、检疫不合格的畜禽产品，属于动物防疫法规定的病害动物产品，如果处理不当，可能造成动物疫病和人畜共患传染病的传播，危害动物卫生安全、公共卫生安全和人民群众的身体健康。因此，经检验、检疫不合格的畜禽产品的处理，应该严格依照动物防疫法和《生猪屠宰管理条例》以及国务院相关主管部门制定的相关规定和程序进行。

第五，关于对饲料、饲料添加剂和兽药等投入品生产、经营、使用的监督管理。畜禽产品质量安全与饲料、饲料添加剂、兽药等投入品密切相关，养殖投入品既要高效，又要安全。为切实加强饲料、饲料添加剂和兽药管理，促进养殖业持续健康发展，保障畜禽产品质量安全，畜牧法修改完善了相关规定：畜禽养殖场应当建立养殖档案，载明饲料、饲料添加剂、兽药等投入品的来源、名称、使用对象、时间和用量等内容；从事畜禽养殖，不得违反法律、行政法规和国家有关强制性标准、国务院农业农村主管部门的规定使用饲料、饲料添加剂、兽药；不得使用未经高温处理的餐馆、食堂的泔水饲喂家畜;不得在垃圾场或者使用垃圾场中的物质饲养畜禽。

农业法对饲料、饲料添加剂、兽药等投入品管理进行了规范。兽药、饲料和饲料添加剂等可能危害人畜安全的农业生产资料的生产经营,依照相关法律、行政法规的规定实行登记或者许可制度;各级人民政府应当健全农业生产资料的安全使用制度,农民和农业生产经营组织不得使用国家明令淘汰和禁止使用的农药、兽药、饲料添加剂等农业生产资料和其他禁止使用的产品;农业生产资料的生产者、销售者应当对其生产、销售的产品的质量负责,禁止以次充好、以假充真、以不合格的产品冒充合格的产品;禁止生产和销售国家明令淘汰的兽药、饲料添加剂等农业生产资料。

目前,饲料、饲料添加剂、兽药等投入品管理依据的行政法规、部门规章和规范性文件主要有《饲料和饲料添加剂管理条例》《兽药管理条例》《饲料和饲料添加剂生产许可管理办法》《新饲料和新饲料添加剂管理办法》《饲料添加剂安全使用规范》《进口饲料和饲料添加剂登记管理办法》《兽药管理条例实施细则》《兽药经营质量管理规范》《兽用生物制品经营管理办法》等。同时,饲料、饲料添加剂、兽药等投入品的生产、经营、使用还应当符合产品质量等相关法律法规的规定。

　　饲料和饲料添加剂是现代畜牧业发展的重要物质基础，优质的饲料和高效安全的饲料添加剂是实现畜牧业绿色高质量发展的重要手段。经过 40 多年的发展，我国已成为世界第一饲料生产大国，工业饲料产量连年位居世界第一。尽管成就巨大，但是大而不强、大而不优的局面仍未得到根本扭转，在饲料生产、经营和使用中，依然存在饲料原材料质量不高，饲料配方不够合理，添加违禁药品，超量、超范围使用药物饲料添加剂和兽药，饲料中药物、重金属及其他有毒有害物质超标，养殖场（户）对饲料质量鉴别和科学使用能力不足等问题。社会各界对在饲料中违规添加抗生素、超剂量添加铜锌等矿物质问题反映强烈，亟须进行规范，加强监管。做强现代饲料工业，加强饲料质量安全风险监测预警和饲料企业日常监管，规范饲料、饲料添加剂生产经营使用行为。

　　兽药是影响畜禽产品质量安全的重要因素。目前我国已形成由《中华人民共和国兽药典》、每年新发布《兽药质量标准》和注册兽药标准构成的兽药标准体系，并设置休药期，严控兽药残留。但是，兽药生产、经营和使用环节执行制度不严格等问题依然存在，养殖场（户）规范用药水平仍需提高。为确保畜禽产品质量，保障人民群众健康，对兽药生产、经营和使用中存在的制假售假、不具备资质无证经营违规经营、不按照兽药安全使用规则使用、超剂量使用、不遵守停药期、使用违禁药物等行为，要从饲料、养殖、屠宰等各个环节加强监管。要加快药物饲料添加剂退出，推动兽药产业转型升级，推进兽用抗菌药减量使用。

三、质量安全追溯和责任追究

畜禽标识和养殖档案管理涉及畜禽繁育、饲养、屠宰、加工、流通等环节的全程监管，实施畜禽标识和养殖档案管理，建立畜禽产品可追溯监管制度，对于规范畜牧业生产经营行为，有效防控重大动物疫病，落实畜禽产品质量安全责任追究制度，促进畜牧业持续健康发展具有重要意义。畜牧法第七十二条规定："国务院农业农村主管部门应当制定畜禽标识和养殖档案管理办法，采取措施落实畜禽产品质量安全追溯和责任追究制度。"

从国际经验看，建立畜禽标识和养殖档案管理制度，是各国规范畜牧业生产、经营行为，加强动物卫生工作，保证畜禽产品质量安全的重要措施。根据世贸组织《关于实施动植物卫生措施的协定》（WTO/SPS 协定）有关规定，对畜禽标识和养殖档案管理以及可追溯性的要求已成为国际畜禽产品市场新的技术壁垒措施。2006 年，世界动物卫生组织通过了动物标识及可追溯管理工作指南，并以此作为评价各国兽医工作能力的重要指标。据统计，目前全世界有 78％的国家制定了畜禽标识相关法规，69％的国家有关于可追溯管理的法律规定。

（一）制定畜禽标识和养殖档案管理办法

畜禽标识、养殖档案是承载动物繁育、饲养、免疫、检疫、运输、屠宰、加工和屠宰生产记录等信息的重要载体，是畜禽产品质量安全追溯的重要依据。畜禽养殖者应当按照法律和国家有关规定，加施畜禽标识，建立养殖档案，农业农村主管部门在监督管理过程中，有权对畜禽标识、养殖档案进行查验。

1. 畜禽标识管理。畜牧法规定，畜禽养殖者应当按照国家关于畜禽标识管理的规定，在应当加施标识的畜禽的指定部位加施标识。所谓畜禽标识是指经农业农村部门批准使用的耳标、电子标签、脚环及其他承载畜禽信息的标识物。畜禽标识实行一畜一标，编码具有唯一性，便于识读和追溯。畜禽标识编码由畜禽种类代码、县级行政区域代码、标识顺序号共 15 位数字及专用条码组成。畜禽标识虽然不是免疫标识，但其承载了免疫信息，可以证明饲养动物的单位和个人对强制免疫的动物是否履行了强制免疫义务，以及实施强制免疫接种的动物是否达到免疫质量要求。畜禽养殖者应当向所在地县级动物疫病预防控制机构申领畜禽标识，并按照有关规定对畜禽加施畜禽标识。动物卫生监督机构实施畜禽产地检疫和屠宰检疫时，应当查验畜禽标识。没有加施畜禽标识的，不得出具检疫合格证明。

2. 养殖档案管理。养殖档案由养殖场按照农业农村主管部门规定建立。畜禽养殖档案记载的内容包括：一是畜禽的品种、数量、繁殖记录、标识情况、来源和进出场日期；二是饲料、饲料添加剂、兽药等投入品的来源、名称、使用对象、时间和用量；三是检疫、免疫、消毒情况；四是畜禽发病、死亡和无害化处理情况；五是畜禽粪污收集、储存、无害化处理和资源化利用情况；六是国务院农业农村主管部门规定的其他内容。由于我国畜禽饲养方式、饲养水平很不平衡，目前还难以做到要求所有饲养者建立养殖档案。因此，畜牧法只对规模养殖的畜禽养殖场要求建立养殖档案。

3. 屠宰生产记录。为规范畜禽屠宰全过程质量安全管理，屠宰企业应建立完善的屠宰生产记录。屠宰生产记录包括畜禽入厂（场）记录、待宰记录、肉品品质检验记录、产品出厂（场）记录、病害畜禽无害化处理记录等。《生猪屠宰管理条例》第十三条规定，生猪定点屠宰厂（场）应当建立生猪进厂（场）查验登记制度。生猪定点屠宰厂（场）应当依法查验检疫证明等文件，利用信息化手段核实相关信息，如实记录屠宰生猪的来源、数量、检疫证明号和供货者名称、地址、联系方式等内容，并保存相关凭证。发现伪造、变造检疫证明的，应当及时报告农业农村主管部门。发生动物疫情时，还应当查验、记录运输车辆基本情况。记录、凭证保存期限不得少于2年。生猪定点屠宰厂（场）接受委托屠宰的，应当与委托人签订委托屠宰协议，明确生猪产品质量安全责任。委托屠宰协议自协议期满后保存期限不得少于2年。第十五条规定，生猪定点屠宰厂（场）应当建立严格的肉品品质检验管理制度。肉品品质检验应当遵守生猪屠宰肉品品质检验规程，与生猪屠宰同步进行，并如实记录检验结果。检验结果记录保存期限不得少于2年。经肉品品质检验合格的生猪产品，生猪定点屠宰厂（场）应当加盖肉品品质检验合格验讫印章，附具肉品品质检验合格证。未经肉品品质检验或者经肉品品质检验不合格的生猪产品，不得出厂（场）。经检验不合格的生猪产品，应当在兽医卫生检验人员的监督下，按照国家有关规定处理，并如实记录处理情况；处理情况记录保存期限不得少于2年。第十七条规定，生猪定点屠宰厂（场）应当建立生猪产品出厂（场）记录制度，如实记录出厂（场）生猪产品的名称、规格、数量、检疫证明号、肉品品质检验合格证号、屠宰日期、出厂（场）日期以及购货者名称、地址、联系方式等内容，并保存相关凭证。记录、凭证保存期限不得少于2年。第十八条规定，生猪定点屠宰厂（场）对其生产的生猪产品质量安全负责，发现其生产的生猪产品不符合肉品安全标准、有证据证明可能危害人体健康、染疫或者疑似染疫的，应当立即停止屠宰，报告农业农村主管部门，通知销售者或者委托人，召回已经销售的生猪产品，并记录通知和召回情况。第十四条还规定了，生猪定点屠宰厂（场）屠宰生猪，应当遵守国家规定的操作规程、技术要求和生猪屠宰质量管理规范，并严格执行消毒技术规范。发生动物疫情时，应当按照国务院农业农村主管部门的规定，开展动物疫病检测，做好动物疫情排查和报告。同时，动物卫生监督机构实施屠宰检疫，应将检疫数量、检疫情况等进行记录。

（二）落实畜禽产品质量安全追溯和责任追究制度

实施畜禽标识和养殖档案管理，对畜禽个体或群体进行标识，记录畜禽及畜禽产品生产、经营等环节的相关信息，目的是规范畜禽生产经营行为，以便在发生畜禽产品质量安全事件时及时溯源，逐步实施畜禽产品生产经营的全过程质量安全监督管理，落实畜禽产品质量责任追究制度，保障畜禽产品的消费安全。动物防疫法、畜牧法和农产品质量安全法对动物疫病可追溯体系建设，畜禽养殖及动物和动物产品全程监管，确保畜禽产品安全都提出了明确要求。《畜禽标识和养殖档案管理办法》进一步细化了畜禽标识和养殖档案管理的具体内容，对畜禽标识及养殖档案信息化管理、建立可追溯体系、实现畜禽及畜禽产品可追溯等也提出了具体要求。农业农村等有关主管部门要按照上述法律法规的要求，采取有效措施，依法加强畜禽生产经营的监督管理，及时发现和处理违法行为，真正落实畜禽产品质量责任追究制度，保障人民群众的身体健康和生命安全。随着畜牧业信息化的发展，还应当引导养殖场（户）建立健全电子养殖档案，构建养殖大数据系统，全面推行信息直联直报。

四、畜禽质量安全监督抽查

畜禽产品是百姓"菜篮子"的重要品种，畜禽产品的质量安全是农产品质量安全的重要内容，关系到人民群众"舌尖上的安全"和身体健康。农业农村主管部门依照法律和规定的职责，对农产品质量安全实施监督管理。畜牧法第七十三条规定："县级以上人民政府农业农村主管部门应当制定畜禽质量安全监督抽查计划，并按照计划开展监督抽查工作。"

（一）制定畜禽质量安全监督抽查计划

按照法律规定，只有符合质量安全要求的畜禽产品才能进入市场销售。对畜禽产品质量进行抽查，是畜禽产品质量安全监督管理的重要手段，是保障畜禽产品消费安全的重要措施。我国各地经济发展不平衡，自然条件千差万别，畜牧业结构各有差异。因此，法律赋予县级以上人民政府农业农村主管部门根据本地的实际情况制定畜禽质量安全监督检查计划的职责。

国务院农业农村主管部门依据职责和上年度畜禽和畜禽产品质量安全监督检查情况、风险监测情况等制定当年度全国畜禽和畜禽产品质量安全监督抽查计划。各级地方农业农村主管部门制定畜禽质量安全监督抽查计划，应当与上级农业农村主管部门制定的抽查计划做好衔接，应当与农产品质量安全法有关规定做好衔接，要根据畜禽产品质量安全风险监测、风险评估结果和畜禽产品质量安全状况等，制定监督抽查计划，确定监督抽查的重点、方式和频次。畜禽质量安全监督抽查计划，涉及畜禽产品质量安全检验检测体系的建设，要统筹规划，做好队伍、资源整合，应当充分利用现有的检测力量和资源，科学规划，防止和杜绝重复建设，避免资源浪费。检验检测参数指标、仪器设备和专业技术要求相近的，鼓励实行资源整合和共享，合理进行检验检测分工。畜禽质量安全监督抽查计划的变更，须经制定原计划的畜禽产品监督检查部门的同意。

(二)开展畜禽质量安全监督抽查工作

畜禽产品质量监督抽查，是行政执法主体履行职责、执行公务，对畜禽产品质量安全实施监督的一种行政行为，是一项强制性的行政措施。这种行政性的监督检查，并不影响生产者、销售者及其他有关人员的实体权利和义务，而只是监督检查其是否执行了法定的义务。如果在检查中发现有不履行或不正当履行畜禽产品质量安全义务的行为，将依法对其作出相应的行政处罚。

开展监督抽查工作，可以针对饲养、屠宰、运输、流通等环节中的畜禽和畜禽产品。凡没有畜禽产品质量监督行政职能的单位，不得自行制定监督抽查计划，不得组织任何形式的畜禽产品质量监督抽查。抽查检测应当委托符合本法规定条件的农产品质量安全检测机构进行。按计划开展抽查工作，要求行政机关力避重复抽查、随意检查，提高检查的效率。监督抽查不得向被抽查人收取费用。抽查结果的公布应当依照法定程序。2022年，饲料、兽药投入品的抽检合格率达到98%以上。畜禽产品质量安全保持总体可控、稳定向好的态势，近5年来未发生重大质量安全事件。全国生鲜乳违禁添加物已连续多年保持"零检出"，规模奶牛场乳蛋白、乳脂肪等指标达到或超过发达国家水平。

五、组织制定畜禽生产规范

为保障畜禽质量安全，增强我国畜禽产品市场竞争力，必须制定畜禽生产规范。畜牧法第七十四条规定：

"省级以上人民政府农业农村主管部门应当组织制定畜禽生产规范，指导畜禽的安全生产。"

（一）畜禽生产规范的制定主体

依照畜牧法的规定，畜禽生产规范的制定主体是省级以上人民政府农业农村主管部门，即国务院农业农村主管部门和省级人民政府农业农村主管部门。国务院农业农村主管部门和省级人民政府农业农村主管部门组织制定畜禽生产规范，是对规范畜禽生产作出的统一安排。饲养畜禽的单位和个人应该按照规范的要求，做好相关工作。农业农村主管部门应当按照畜禽生产规范，指导畜禽的安全生产。

（二）畜禽生产规范的主要内容

畜禽生产规范应该针对我国畜牧业存在的主要问题。近年来，随着我国规模养殖比重稳步提升，产业集中度持续提高，畜禽生产的规范化水平也越来越高，但是千家万户的农户分散饲养依然大量存在，滥用饲料添加剂、不按规定使用抗生素等时有发生。畜禽生产不规范，一方面，生产的畜禽产品质量安全难以保证，兽药残留风险极大；另一方面，畜禽粪污污染环境，造成水体富氧化，土壤重金属超标。

畜禽生产规范应当依照相关法律法规制定。畜牧法对种畜禽品种选育、饲料和兽药等投入品管理、粪污处理、疫病控制、流通管理等环节作了规定。国务院农业农村主管部门和省级人民政府农业农村主管部门在制定畜禽生产规范时，应在畜牧法规定的基础上，结合农业法、动物防疫法、农产品质量安全法、食品安全法等法律，《饲料和饲料添加剂管理条例》《种畜禽管理条例》等行政法规的规定，制定畜禽生产规范。畜禽生产规范既可以是关于某行政区域内全部畜禽生产的综合性生产规范，也可以是关于某类或者某种畜禽生产的特定性生产规范，在制定畜禽生产规范时可以灵活掌握。

（三）指导畜禽的安全生产

我国畜禽分散养殖还占相当比重，各地饲养水平差异较大，即使同一区域内各类主体饲养水平也相差很大，容易造成疫病难以控制、畜禽产品质量安全难以保障、环境污染难以治理等问题，这就需要对畜禽饲养进行指导，引导不同层次的养殖方式向规模化、标准化养殖方式转型。这里涉及许多具体工作要做，如兽药规范化使用，需要农业农村主管部门制定出既能够提高效果，又能够降低有害物质残留的用药规程和畜禽疫病防治技术规程，通过多种形式广泛宣传指导，引导畜禽生产者科学使用高效、低毒、低残留药物，按照规定的用量、次数、用药方法和安全间隔期进行施药，努力减少用药量，确保用药安全。

六、畜禽生产和畜禽产品市场监测预警

当前，畜牧业正处于转型升级关键时期，新情况和新问题不断出现。特别是 2006 年畜牧法颁布实施以来，生猪生产共经历四轮"猪周期"，猪肉价格大幅度波动，引起了社会广泛关注，对宏观经济运行产生了一些影响。加强畜禽生产和畜禽产品市场的监测预警，完善储备调节机制，加大政府引导和调控力度，确保畜牧业持续健康发展十分必要。深化农业供给侧结构性改革，要坚持市场主导，充分发挥市场在资源配置中的决定性作用，消除限制畜牧业发展的不合理壁垒，增强畜牧业发展活力，全面提升畜禽产品供应安全保障能力，科学引导生产和消费，推动实现产需平衡。畜牧法第七十五条规定："国家建立统一的畜禽生产和畜禽产品市场监测预警制度，逐步完善有关畜禽产品储备调节机制，加强市场调控，促进市场供需平衡和畜牧业健康发展。县级以上人民政府有关部门应当及时发布畜禽产销信息，为畜禽生产经营者提供信息服务。"

（一）建立市场监测预警制度

畜禽生产和畜禽产品市场监测预警工作是一项重要的基础性工作，准确、及时、权威的统计监测信息是科学决策和宏观调控的根本前提。2007 年，《国务院关于促进生猪生产发展稳定市场供应的意见》（国发〔2007〕22 号）提出，"改进生猪等畜禽产品生产消费统计工作。国家统计局要组织各地调查总队开展以生猪为主的主要畜禽生产抽样调查，直接上报汇总，分季定产，减少统计误差；在城市、农村住户调查中要增加相应的畜禽品种，提供更全面的住户消费量和消费价格信息。农业部要加强生猪生产信息的分析和预警。商务部要完善生猪屠宰量和猪肉等畜禽产品市场销售量的调查统计。发展改革委要进一步加强对生猪等副食品的成本调查和价格监测统计工作。"2008年，农业部成立畜牧业监测预警专家组。2013 年，国务院机构改革，随着职能划转，"商务部要完善生猪屠宰量和猪肉等畜禽产品市场销售量的调查统计"也随之划转到农业部，具体由农业部屠宰技术中心承担。2019 年，《国务院办公厅关于稳定生猪生产促进转型升级的意见》（国办发〔2019〕44 号）提出，"加强生猪产销监测。加大生猪生产统计调查频次，为宏观调控决策提供及时有效支撑。建立规模养猪场（户）信息备案管理和生产月度报告制度，及时、准确掌握生猪生产形势变化。强化分析预警，定期发布市场动态信息，引导生产，稳定预期。"2020 年，《国务院办公厅关于促进畜牧业高质量发展的意见》（国办发〔2020〕31 号）提出，"强化市场调控。依托现代信息技术，加强畜牧业生产和畜禽产品市场动态跟踪监测，及时、准确发布信息，科学引导生产和消费。完善政府猪肉储备调节机制，缓解生猪生产和市场价格周期性波动。各地根据需要研究制定牛羊肉等重要畜产品保供和市场调控预案。"

结合近些年来各地各有关部门在引导畜牧业生产发展和畜禽产品市场平稳运行方面的实践经验，回应全行业对生产和市场权威信息越来越迫切的需求，顺应畜牧业市场化程度不断提高的发展趋势和阶段，更好发挥政府作用，畜牧法明确从国家层面建立统一的畜禽生产和畜禽产品市场监测预警制度，更好地服务于畜禽产品稳产保供工作需要。

（二）完善畜禽产品储备调节机制

国家储备是国家治理的重要物质基础，要完善国家储备市场调节机制，强化战略保障、宏观调控和应对急需功能，增强大宗商品储备和调节能力，发挥国家储备的稳定市场功能，实现稳供保价和稳定市场价格预期功能。党的十八大以来，国家深化储备管理体制机制改革，对国家储备作出顶层设计，对中央政府储备实行集中统一管理，加快建设覆盖全国的物资储存和调运基础设施网络，国家储备基础和实力不断增强，在防范化解重大风险方面发挥了重要作用。

畜禽产品储备是国家储备的重要内容。按照党的十九届五中全会提出"保障粮、棉、油、糖、肉等重要农产品供给安全，提升收储调控能力"的要求，相关部门通过采取完善监测预警体系、建立常规储备和临时储备制度、健全不同情形下响应措施及中央地方分级调控体系等多种方式，加快构建监测精准、预警及时、响应高效、运作规范的储备调节机制，为畜禽市场平稳运行提供有力支撑。完善政府冻猪肉储备调节机制，缓解生猪生产和市场价格周期性波动。各地根据需要研究制定牛羊肉等重要畜禽产品保供和市场调控预案。

政府猪肉储备是民生商品储备体系的重要组成部分，是做好生猪和猪肉市场保供稳价工作的重要政策工具。改革开放以来，我国多次实施猪肉储备和投放。特别是近几年，为稳定生猪生产、保障猪肉市场稳定供给，政府冻猪肉储备发挥了保供稳价积极作用，但也暴露出储备体系不健全、储备规模弹性不足、储备吞吐机制不灵活、工作协同性不强等问题。为适应新形势新要求，国家发展和改革委员会等部门联合印发了《完善政府猪肉储备调节机制做好猪肉市场保供稳价工作预案》，加强政府冻猪肉储备调节工作，提升生猪和猪肉市场调控能力，合理引导市场主体积极应对市场风险和自然风险，保障生猪生产相对稳定、猪肉市场有效供给和价格总体平稳。

（三）为畜禽生产经营者提供信息服务

信息是现代社会一种非常重要的经济资源，信息的匮乏或失真，往往会给生产者带来决策的盲目性。农产品供需信息是小农户衔接大市场、小生产连接大流通的重要桥梁。一方面，我国农民的经营规模小，农民科技文化水平不高，农民的市场经济意识不强，对市场信号反应不够灵敏，生产经营什么，生产经营多少，往往凭经验或者互相仿效，出现比较明显的盲目性和地区趋同性，小生产与大市场的矛盾比较突出，增大了农产品生产的市场风险和利益流失；另一方面，由于农业的信息化体系建设滞后，农民难以得到及时有用的市场与技术信息。

农业信息产品多数具有公共产品性质，需要由政府提供。农业信息体系的建设与服务是政府对农业进行宏观调控的重要领域，各级农业农村主管部门以及其他相关的市场监管部门、商务部门、统计部门等，应当建立权威性的农产品市场信息统计、分析与报告制度；组织收集、整理和发布畜禽产销信息，为农民、合作社、企业等各类经营主体提供及时、全面、精确的市场信息和参考资料，指导畜禽生产者安排生产、销售畜禽，引导他们按照市场需求从事生产经营，减少生产的盲目性，减小农产品市场波动，提高畜禽市场流通效率。

七、畜禽产品稳产保供

保障粮食和主要农产品稳定安全供给，始终是建设农业强国的头等大事。畜禽产品稳产保供是畜牧业发展的首要任务。畜牧法第七十六条规定："国家加强畜禽生产、加工、销售、运输体系建设，提升畜禽产品供应安全保障能力。省、自治区、直辖市人民政府负责保障本行政区域内的畜禽产品供给，建立稳产保供的政策保障和责任考核体系。国家鼓励畜禽主销区通过跨区域合作、建立养殖基地等方式，与主产区建立稳定的合作关系。"

（一）提升畜禽产品供应安全保障能力

畜禽产品供给涉及畜禽养殖、屠宰、销售、运输等多个环节。为促进畜牧业高质量发展、全面提升畜禽产品供应安全保障能力，2020年，国务院办公厅印发《关于促进畜牧业高质量发展的意见》（国办发〔2020〕31号）提出，加快构建现代养殖体系、现代加工流通体系。《"十四五"全国畜牧兽医行业发展规划》提出，到2025年，全国畜牧业现代化建设取得重大进展，奶牛、生猪、家禽养殖率先基本实现现代化。产业质量效益和竞争力不断增强，畜牧业产值稳步增长，动物疫病防控体系更加健全，畜禽产品供应能力稳步提升，现代加工流通体系加快形成，绿色发展成效逐步显现。同时，明确"十四五"期间畜禽产品的保障目标。即，产业结构和区域布局进一步优化，畜牧业综合生产能力和供应保障能力大幅提升，猪肉自给率保持在95％左右，牛羊肉自给率保持在85％左右，奶源自给率达到70％以上，禽肉和禽蛋保持基本自给。产品结构不断优化，优质、特色差异化产品供给持续增加。要实现上述全面提升畜禽产品供应安全保障能力的目标，就需要加强畜禽生产、加工、销售、运输体系建设。

（二）明确省级人民政府畜禽产品供给主体责任

保障粮食等重要农产品有效供给，是经济社会稳定发展的基础。为应对粮食等主要农产品价格上涨，在1995年召开的全国两会上，"米袋子"省长负责制和"菜篮子"市长负责制，被一同写进当年的政府工作报告。此后，这项制度逐步完善。"菜篮子"市长负责制指地方各级人民政府特别是地市级人民政府负责辖区内蔬菜、肉蛋奶、水产品等供应，统筹抓好生产发展、产销衔接、流通运输、市场调控、质量安全、保供稳价等工作。肉蛋奶是百姓"菜篮子"的重要品种，肉蛋奶的有效供给是"菜篮子"市长负责制的重要内容。但是在实践中，畜牧业发展涉及用地、生态环境保护、市场流通、交通运输等各个领域，需要从更高层面予以重视，加以统筹。2020年，《国务院办公厅关于促进畜牧业高质量发展的意见》（国办发〔2020〕31号）首次提出，各省（自治区、直辖市）人民政府对本地区发展畜牧业生产、保障肉蛋奶供应负总责，制定发展规划，强化政策措施，不得超越法律法规规定禁养限养。要求省级人民政府强化政策措施，保障畜牧业发展用地，加强财政保障和金融服务，加强市场调控，满足人民群众对肉蛋奶的消费需求。新修改的畜牧法将"省负总责"要求制度化、法治化，进一步强化畜禽产品稳产保供属地责任，要求建立稳产保供的政策保障和责任考核体系。

（三）鼓励畜禽主销区与主产区建立稳定的合作关系

我国地域辽阔，不同地区间的地理环境、资源禀赋和经济发展水平的差异明显，不同地区间的畜牧业发展情况也不尽相同。从产业结构看，形成了以新疆、内蒙古、青海等省份为代表的牧区畜牧业和以河南、山东等省份为代表的农区畜牧业两种类型；从产销需求看，以生猪为例，《"十四五"全国畜牧兽医行业发展规划》对生猪养殖区进行了划分，分别为调出区、主销区和产销平衡区。湖北、湖南、河南、广西、辽宁、吉林、黑龙江、河北、安徽、山东、江西等11个省份为生猪调出区，广东、浙江、江苏、北京、天津、上海等6个省份为主销区，内蒙古、山西、海南、四川、重庆、云南、贵州、福建、西藏、陕西、甘肃、青海、宁夏、新疆（含新疆生产建设兵团）等14个省份则为产销平衡区。近年来，畜禽主产区养殖业的迅速发展丰富了全国城乡居民的"菜篮子"，但所在地区土地等资源及环境问题也日显突出。在高质量发展的背景下，如何加强产销对接，处理好畜禽主产区和主销区的关系，对于保障全国畜禽产品供给尤为重要。

为此，畜牧法规定，国家鼓励畜禽主销区通过跨区域合作、建立养殖基地等方式，与主产区建立稳定的合作关系。畜禽主销区与主产区建立稳定的合作关系，可以通过多种形式。一是政府间建立合作机制。探索建立销区补偿产区的长效机制，进一步调动主产省份发展生猪生产的积极性。鼓励畜禽主销区政府通过资源环境补偿、签订长期稳定购销协议、跨区合作建立养殖基地等方式支持主产区发展畜禽生产，推动形成主销区补偿主产区的长效机制。二是企业间建立产销联接机制。鼓励主销区的畜牧业龙头企业、大型超市等通过自建、联建、订单、协议等方式，延伸产业链，建立稳定的产加销联结机制，发展订单生产，推进一体化发展。三是科学规划畜禽养殖布局。提升主产区屠宰加工能力和产能利用率，促进就地就近屠宰，推动养殖屠宰匹配、产销衔接。四是建设冷链物流网络。加强生猪、肉羊、肉牛、家禽优势产区冷链物流设施建设，构建畜禽主产区和主销区有效对接的冷链物流基础设施网络。

第九章

法律责任

法律责任，是指违反法律的规定而必须承担的法律后果。法律责任由法律作出规定，由法律规定的机关依法追究。法律责任按违法行为的性质不同，可以分为民事法律责任、行政法律责任和刑事法律责任三大类。

民事法律责任是指公民或法人因侵权、违约或者因法律规定的其他事由而依法承担的不利后果。民事法律责任主要是由违法行为或违约行为引起的，这种违法行为、违约行为除民事违法行为和违约行为外，还包括部分刑事违法行为和行政违法行为。民事法律责任具有以下特征：第一，在追究行为人的民事法律责任时，原则上应当由受害人主张，农业农村主管部门和人民法院一般不主动追究。第二，民事法律责任尽管也有处罚违法行为人的目的，但主要目的是弥补受害人的损失。这与主要侧重于处罚违法犯罪的刑事法律责任和行政法律责任不同。第三，民事法律责任是通过协商、调解、仲裁、诉讼等民事法律程序追究的。

行政法律责任是指因违反行政法律或行政法规规定的事由而应当承担的法定的不利后果。行政法律责任既包括行政机关及其工作人员、授权或委托的社会组织及其工作人员在行政管理中因违法失职、滥用职权或行政不当而产生的行政法律责任，又包括公民、社会组织等行政相对人违反行政法律而产生的行政法律责任。

行政法律责任分为处分和行政处罚。处分是行政机关对公务员或者国家机关工作人员违法失职行为的惩戒措施。公务员法第六十一条规定，公务员因违法违纪应当承担纪律责任的，依法给予处分。公务员法第六十二条规定，处分分为：警告、记过、记大过、降级、撤职、开除。行政处罚是国家行政机关对违反行政法律规范尚未构成犯罪的行为（违反行政管理秩序的行为）所给予的法律制裁。行政处罚法第九条规定了行政处罚的种类：（1）警告、通报批评；（2）罚款、没收违法所得、没收非法财物；（3）暂扣许可证件、降低资质等级、吊销许可证件；（4）限制开展生产经营活动、责令停产停业、责令关闭、限制从业；（5）行政拘留；（6）法律、行政法规规定的其他行政处罚。

刑事法律责任是指因违反刑事法律而应当承担的法定

的不利后果。行为人违反刑事法律的行为必须具备犯罪的构成要件才承担刑事法律责任。刑事法律责任的主体，不仅包括公民，也包括法人和其他社会组织。刑事法律责任主要承担方式为刑罚，刑罚分为主刑和附加刑。主刑的种类如下：（1）管制；（2）拘役；（3）有期徒刑；（4）无期徒刑；（5）死刑。附加刑的种类如下：（1）罚金；（2）剥夺政治权利；（3）没收财产。附加刑也可以独立适用。

同一违法行为，可能同时承担民事法律责任，并被追究行政法律责任和刑事法律责任。具体采取哪一种法律责任形式，应当根据违法行为人所侵害的社会关系的性质、特点及侵害的程度等多种因素来确定。本章共 16 条，主要对违反本法有关畜禽遗传资源的保护、利用、管理，种畜禽的生产、经营，畜禽养殖、屠宰、交易与运输，农业农村主管部门及其工作人员渎职行为等规定了法律责任。此次修改畜牧法，针对新修改和增加的法律条款，完善法律责任：一是与公职人员政务处分法衔接，加强对相关公职人员的监督，完善了农业农村主管部门及其工作人员不依法履行职责的法律责任；二是加大了违反畜禽遗传资源保护、畜禽标识管理等违法行为的处罚力度；三是明确农业农村主管部门、市场监督管理部门按照职责分工做好种畜禽销售的监督管理，明确种畜禽生产经营许可证以及种畜禽销售的监督管理由地方人民政府相关部门负责；四是增加和完善兴办畜禽养殖场未备案、伪造变造种畜禽生产经营许可证等行为的法律责任；五是与食品安全法、农产品质量安全法等法律衔接，相应增加畜禽屠宰相关活动的法律责任。

一、农业农村主管部门及其工作人员的法律责任

畜牧法第七十七条规定："违反本法规定，县级以上人民政府农业农村主管部门及其工作人员有下列行为之一的，对直接负责的主管人员和其他直接责任人员依法给予处分：（一）利用职务上的便利，收受他人财物或者牟取其他利益；（二）对不符合条件的申请人准予许可，或者超越法定职权准予许可；（三）发现违法行为不予查处；（四）其他滥用职权、玩忽职守、徇私舞弊等不依法履行监督管理工作职责的行为。"

承担本条规定的法律责任的主体为特定主体，即农业农村主管部门及其工作人员。农业农村主管部门作为负责国家畜牧业监督管理的行政机关，应当依法行使其权力，在法定职权范围内按照法律规定的条件和程序履行职责，实施各项行政许可、行政检查和行政处罚。农业农村主管部门的工作人员未依法履行职责，则应当承担相应的法律责任。此次修改畜牧法，完善了农业农村主管部门及其工

作人员不依法履行职责的法律责任，以保障和监督各级农业农村主管部门及其工作人员依法行政、依法履职。按照本条规定，农业农村主管部门及其工作人员有以下几种行为的，应当承担相应的法律责任。

（一）利用职务上的便利，收受他人财物或者牟取其他利益

农业农村主管部门的工作人员在行使职权时应当公正无私，不得以手中的权力谋取私利。如果利用职务上的便利索取或者收受他人财物，构成犯罪的，应当依法追究刑事责任，情节轻微不构成犯罪的，应当依法给予处分。公职人员政务处分法第三十三条规定，利用职权或者职务上的影响为本人或者他人谋取私利的，予以警告、记过或者记大过；情节较重的，予以降级或者撤职；情节严重的，予以开除。第三十四条规定，收受可能影响公正行使公权力的礼品、礼金、有价证券等财物的，予以警告、记过或者记大过；情节较重的，予以降级或者撤职；情节严重的，予以开除。

（二）对不符合条件的申请人准予许可，或者超越法定职权准予许可

为了规范畜牧业生产经营行为，保障畜禽产品的质量安全，保护和合理利用畜禽遗传资源，畜牧法赋予了农业农村主管部门及其工作人员必要的监督管理职权，一些重要的生产经营环节必须经过农业农村主管部门的批准或者许可。例如：1. 畜牧法第十六条规定，从境外引进畜禽遗传资源，除另有规定的外，须经国务院农业农村主管部门批准。2. 畜牧法第二十一条规定，培育的新品种、配套系和新发现的畜禽遗传资源在销售、推广前，应当通过国家畜禽遗传资源委员会审定或者鉴定。3. 畜牧法第二十四条、第二十五条规定，从事种畜禽以及商品代仔畜、雏禽的生产经营，生产家畜卵子、精液、胚胎等遗传材料的单位和个人，应当取得种畜禽生产经营许可证。4. 畜牧法第三十二条规定，申请进口种畜禽，应当持有种畜禽生产经营许可证；进口的种畜禽应当符合国务院农业农村主管部门规定的技术要求；首次进口的种畜禽还应当由国家畜禽遗传资源委员会进行种用性能评估；利用进口畜禽培育的新品种、配套系在推广前，应当经过国家畜禽遗传资源委员会审定。

农业农村主管部门作为这些行政许可的审批机关，在接到当事人的申请后，应当依法进行审查，并在法律规定的时间内依法决定是否给予行政许可。对不符合条件的申请人准予许可，或者超越法定职权准予许可，都是不依法作出行政许可的行为，应当给予处分。公职人员政务处分法第三十九条规定，滥用职权，危害国家利益、社会公共利益或者侵害公民、法人、其他组织合法权益，造成不良后果或者影响的，予以警告、记过或者记大过；情节较重的，予以降级或者撤职；情节严重的，予以开除。

（三）发现违法行为不予查处

畜牧法规定，国务院农业农村主管部门负责全国畜牧业的监督管理工作，县级以上地方人民政府农业农村主管部门负责本行政区域内的畜牧业监督管理工作。对违反畜牧法的行为进行监督检查并依法进行查处是农业农村主管部门的工作人员应当依法履行的职责。农业农村主管部门应当依照畜牧法和有关法律、行政法规的规定，加强对畜禽繁育、饲养、交易、运输、屠宰等环节，以及饲料、饲料添加剂、兽药等投入品的生产、经营、使用的监督管理，依照畜牧法和国家有关规定履行职责，忠于职守，秉公执法，对发现或者接到举报的违法行为及时依法予以查处。农业农村主管部门的工作人员应当作为而不作为，不履行监督检查职责或者发现违法行为不予查处，即构成违法，应当承担法律责任。公职人员政务处分法第三十九条规定，不履行或者不正确履行职责，玩忽职守，贻误工作，造成不良后果或者影响的，予以警告、记过或者记大过；情节较重的，予以降级或者撤职；情节严重的，予以开除。

（四）其他滥用职权、玩忽职守、徇私舞弊等不依法履行监督管理工作职责的行为

实践中农业农村主管部门及其工作人员违法履职的情

形可能不属于前述三种行为，畜牧法在列举相关违法行为的同时作了兜底规定，即"其他滥用职权、玩忽职守、徇私舞弊等不依法履行监督管理工作职责的行为"。滥用职权是指农业农村主管部门的工作人员违反法律规定的权限和程序，不认真履行职责范围内的权力或者超越职务范围行使权力的违法行为；玩忽职守是指农业农村主管部门的工作人员不履行、不正确履行或者怠于履行职责的行为；徇私舞弊是指农业农村主管部门的工作人员为徇个人私利或者亲友私情违法行使权力的行为。

二、擅自处理受保护的畜禽遗传资源的法律责任

畜牧法第七十八条规定："违反本法第十四条第二款规定，擅自处理受保护的畜禽遗传资源，造成畜禽遗传资源损失的，由省级以上人民政府农业农村主管部门处十万元以上一百万元以下罚款。"

依照畜牧法第十四条第二款的规定，享受中央和省级财政资金支持的畜禽遗传资源保种场、保护区和基因库承担着保护珍贵、稀有、濒危的国家级或者省级重点畜禽遗传资源的任务。国务院农业农村主管部门应当依照本法规定，制定畜禽遗传资源保种场、保护区和基因库的管理办法，与省级人民政府农业农村主管部门一同加强对畜禽遗

传资源保种场、保护区和基因库的监督管理。对擅自处理受保护的畜禽遗传资源，造成畜禽遗传资源损失的，给予罚款的处罚。

本条规定的被处罚主体为享受中央和省级财政资金支持的畜禽遗传资源保种场、保护区和基因库。违法行为是指未经国务院农业农村主管部门或者省级人民政府农业农村主管部门批准，擅自处理受保护的畜禽遗传资源，并造成畜禽遗传资源损失的行为。这里的损失是指造成受保护的畜禽遗传资源的损失，这种损失短时间内看起来"不大"，但对国家畜禽遗传资源长期保护而言可能是无法弥补的。因此，对这种违法行为的罚款额度比较高，并且，此次修改畜牧法进一步加大了处罚力度，将由省级以上人民政府农业农村主管部门根据畜禽遗传资源损失的大小，"处五万元以上五十万元以下罚款"提高到"处十万元以上一百万元以下罚款"。

三、违法引进、合作利用畜禽遗传资源的法律责任

畜牧法第七十九条规定："违反本法规定，有下列行为之一的，由省级以上人民政府农业农村主管部门责令停止违法行为，没收畜禽遗传资源和违法所得，并处五万元以上五十万元以下罚款：（一）未经审核批准，从境外引

进畜禽遗传资源；（二）未经审核批准，在境内与境外机构、个人合作研究利用列入保护名录的畜禽遗传资源；（三）在境内与境外机构、个人合作研究利用未经国家畜禽遗传资源委员会鉴定的新发现的畜禽遗传资源。"

（一）未经审核批准，从境外引进畜禽遗传资源

对从境外引进畜禽遗传资源实行许可审批是各国通行的做法。畜牧法第十六条规定，从境外引进畜禽遗传资源的，除另有规定的外，应当向省级农业农村主管部门提出申请，经审核后，报国务院农业农村主管部门批准。有关企业、科研机构等从境外引进畜禽遗传资源必须依照规定经过审核批准，未经审核批准，从境外引进畜禽遗传资源的，就要依照本条规定，由省级以上人民政府农业农村主管部门给予行政处罚。

（二）未经审核批准，在境内与境外机构、个人合作研究利用列入保护名录的畜禽遗传资源

畜牧法第十七条第一款对在境内与境外机构、个人合作研究利用列入保护名录的畜禽遗传资源的审批程序作了规定，即在境内与境外机构、个人合作研究利用列入保护名录的畜禽遗传资源的，应当向省级农业农村主管部门提出申请，同时提出国家共享惠益的方案，经审核后，报国务院农业农村主管部门批准。违反这一规定的，未经审核批准，在境内与境外机构、个人合作研究利用列入保护名

录的畜禽遗传资源的，就要依照本条规定，由省级以上人民政府农业农村主管部门给予行政处罚。

（三）在境内与境外机构、个人合作研究利用未经国家畜禽遗传资源委员会鉴定的新发现的畜禽遗传资源

畜牧法第十七条第三款规定，新发现的畜禽遗传资源在国家畜禽遗传资源委员会鉴定前，不得与境外机构、个人合作研究利用。这一规定是突出对新发现的畜禽遗传资源的保护，防止利用未经鉴定新发现的畜禽遗传资源与境外机构、个人合作研究，给国家畜禽遗传资源造成损失。违反这一规定，就要依照本条规定，由省级以上人民政府农业农村主管部门给予行政处罚。

对于上述所列的三种情形，按照本条规定，实施行政处罚的主体是省级以上人民政府农业农村主管部门，包括省级人民政府农业农村主管部门和国务院农业农村主管部门。

本条规定的法律责任属于行政处罚，包括责令停止违法行为、没收畜禽遗传资源和违法所得以及罚款。（1）责令停止违法行为。对违法引进、与境外合作研究利用畜禽遗传资源的，由省级以上人民政府农业农村部门责令违法行为人立即停止违法行为，违法行为人应当立即停止。（2）没收畜禽遗传资源和违法所得。不论情节轻重，只要有上述三种违法行为之一的，就要没收畜禽遗传资源和违法所得。（3）罚款。罚款是给予违法行为人的一种经济制裁，省级以上人民政府农业农村主管部门在作出责令停止违法行为，没收畜禽遗传资源和违法所得的同时，还应当对违法行为人处以罚款。本条修改时，提高了罚款数额，由"一万元以上五万元以下"提高到"五万元以上五十万元以下"。农业农村主管部门应当根据违法行为人的违法情节、危害程度在本条规定的幅度内对违法行为人处以罚款。

上述三种行政处罚属于并罚的关系，对同一违法行为，在给予责令停止违法行为，没收畜禽遗传资源和违法所得处罚的同时，还要给予罚款。

四、违法向境外输出畜禽遗传资源的法律责任

畜牧法第八十条："违反本法规定，未经国务院农业农村主管部门批准，向境外输出畜禽遗传资源的，依照《中华人民共和国海关法》的有关规定追究法律责任。海关应当将扣留的畜禽遗传资源移送省、自治区、直辖市人民政府农业农村主管部门处理。"

本法第十七条规定，向境外输出畜禽遗传资源，须经国务院农业农村主管部门批准；新发现的畜禽遗传资源在国家畜禽遗传资源委员会鉴定前，不得向境外输出。向境外输出畜禽遗传资源，不管出于商业或科研目的，都应当

依照本法的规定经国务院农业农村主管部门批准，否则，即构成走私行为，就要依照海关法的规定追究法律责任。《中华人民共和国海关法》第八十二条规定，违反海关法及有关法律、行政法规，运输、携带、邮寄国家禁止或者限制进出境货物、物品的，逃避海关监管、逃避国家有关进出境的禁止性或者限制性管理，属于走私行为。尚不构成犯罪的，由海关没收走私货物、物品及违法所得，可以并处罚款。专门或者多次用于掩护走私的货物、物品，专门或多次用于走私的运输工具，予以没收，藏匿走私货物、物品的特制设备，责令拆毁或者没收。构成犯罪的，依法追究刑事责任。

本条规定的依照海关法的有关规定追究法律责任，就是指依照海关法第八十二条的有关规定追究行政责任和刑事责任。畜禽遗传资源不同于一般的走私货物、物品，在对走私的畜禽遗传资源的处置上，本条作了特别规定，即海关应当将扣留的畜禽遗传资源移送省级人民政府农业农村主管部门处理。

五、销售、推广未经审定或者鉴定的畜禽品种、配套系的法律责任

畜牧法第八十一条规定："违反本法规定，销售、推广未经审定或者鉴定的畜禽品种、配套系的，由县级以上

地方人民政府农业农村主管部门责令停止违法行为，没收畜禽和违法所得；违法所得在五万元以上的，并处违法所得一倍以上三倍以下罚款；没有违法所得或者违法所得不足五万元的，并处五千元以上五万元以下罚款。"

本条是对原法第六十一条的修改完善，主要修改了两处：一是增加了销售、推广未经审定或者鉴定的"配套系"的法律责任；二是将实施行政处罚的主体限定为县级以上地方人民政府农业农村主管部门，包括县、市、省级人民政府农业农村主管部门，不包括国务院农业农村主管部门。

培育、推广、利用畜禽优良品种，提高良种化程度，对于促进畜牧业高质量发展具有重要作用。因此，本法确立了种畜禽品种的审定和鉴定制度。本法第二十一条规定，培育的畜禽新品种、配套系和新发现的畜禽遗传资源在销售、推广前，应当通过国家畜禽遗传资源委员会审定或者鉴定，并由国务院农业农村主管部门公告。未按照本法上述规定销售、推广未经审定或者鉴定的畜禽品种、配套系的，就属于本条规定的违法行为，应当承担本条规定的法律责任。

按照本条规定，销售、推广未经审定或者鉴定的畜禽新品种、配套系，应当承担的法律责任主要是行政法律责任。具体包括：

1. 责令停止违法行为。即执法机关发现行为人有违反本法第二十一条规定，销售、推广未经审定或者鉴定的畜禽品种、配套系的，立即发出要求违法行为人停止违法行为的命令，使其不能继续销售、推广未经审定或者鉴定的畜禽品种、配套系。

2. 没收畜禽和违法所得。执法机关在责令违法行为人停止违法行为的同时，给予其没收畜禽和违法所得的行政处罚。

3. 罚款。罚款与没收畜禽和违法所得的处罚是并罚的关系，即执法机关必须既对违法行为人处以没收畜禽和违法所得的处罚，同时也必须对违法行为人处以罚款。本条规定的罚款是与违法所得额相联系的，违法所得在五万元以上的，并处违法所得一倍以上三倍以下罚款；没有违法所得或者违法所得不足五万元的，并处五千元以上五万元以下罚款。

六、无种畜禽生产经营许可证或者违反许可证规定生产经营种畜禽，或者伪造、变造、转让、租借许可证的法律责任

畜牧法第八十二条规定："违反本法规定，无种畜禽生产经营许可证或者违反种畜禽生产经营许可证规定生产经营，或者伪造、变造、转让、租借种畜禽生产经营许可

证的，由县级以上地方人民政府农业农村主管部门责令停止违法行为，收缴伪造、变造的种畜禽生产经营许可证，没收种畜禽、商品代仔畜、雏禽和违法所得；违法所得在三万元以上的，并处违法所得一倍以上三倍以下罚款；没有违法所得或者违法所得不足三万元的，并处三千以上三万元以下罚款。违反种畜禽生产经营许可证的规定生产经营或者转让、租借种畜禽生产经营许可证，情节严重的，并处吊销种畜禽生产经营许可证。"

畜牧法规定除了农户饲养的种畜禽用于自繁自养和有少量剩余仔畜、雏禽出售的，农户饲养种公畜进行互助配种的情形外，其他都必须办理符合本法规定的种畜禽生产经营许可证。畜牧法第二十七条还规定，禁止无种畜禽生产经营许可证或者违反种畜禽生产经营许可证的规定生产经营种畜禽或者商品代仔畜、雏禽。禁止伪造、变造、转让、租借种畜禽生产经营许可证。违反上述规定的违法行为，就要承担本条规定的法律责任。

本条规定的违法行为，主要包括以下几种：一是无种畜禽生产经营许可证而生产经营种畜禽的；二是违反种畜禽生产经营许可证规定生产经营种畜禽的，也就是说违法行为人已经取得种畜禽生产经营许可证，但未按照种畜禽生产经营许可证规定的范围等生产经营种畜禽；三是伪造、变造、转让、租借种畜禽生产经营许可证的。违法行为人只要实施了上述违法行为之一，就应当承担本条规定的法律责任。

对于本条所列的三种情形，本条规定的法律责任主要是行政处罚，有责令停止违法行为，收缴伪造、变造的种畜禽生产经营许可证，没收种畜禽、商品代仔畜、雏禽和违法所得以及罚款直至吊销种畜禽生产经营许可证。

1. 责令停止违法行为。执法机关发现行为人有违反本法第二十四条、第二十五条、第二十七条第二款规定，无种畜禽生产经营许可证或者违反种畜禽生产经营许可证的规定生产经营种畜禽，或者伪造、变造、转让、租借种畜禽生产经营许可证的，立即发出要求违法行为人停止违法行为的命令，使其不能再进行违法活动。违法行为人应当立即停止违法行为，否则将会受到更严厉的处罚。

2. 收缴伪造、变造的种畜禽生产经营许可证。使用伪造、变造的种畜禽生产经营许可证，就会扰乱正常的种畜禽生产经营活动，执法机关要予以收缴。此项行政处罚为本次修改时新增的规定。

3. 没收种畜禽，商品代仔畜、雏禽。种畜禽以及商品代仔畜、雏禽不同于其他畜禽，具有特殊性，违法生产经营的，要予以没收。此项行政处罚为本次修改时新增。

4. 没收违法所得。执法机关在责令违法行为人停止违法行为的同时，给予其没收违法所得的行政处罚。

5. 罚款。 罚款处罚与没收违法所得的处罚是并罚的关系，即执法机关必须既对违法行为人处以没收违法所得，同时也必须对违法行为人处以罚款。本条规定的罚款数额是按照违法所得额的多少确定的，即违法所得在三万元以上的，并处违法所得一倍以上三倍以下罚款；没有违法所得或者违法所得不足三万元的，并处三千以上三万元以下罚款。

6. 吊销种畜禽生产经营许可证。 这是本条规定的最严厉的一项行政处罚，即违反种畜禽生产经营许可证的规定生产经营或者转让、租借种畜禽生产经营许可证，情节严重的，执法机关在对违法行为人处以上述行政处罚后，还需要同时对其处以吊销种畜禽生产经营许可证的处罚。给予违法行为人这一处罚的前提条件是违反种畜禽生产经营许可证的规定生产经营或者转让、租借种畜禽生产经营许可证，情节严重。如果违法行为人只是从事了轻微的违反种畜禽生产经营许可证的规定生产经营或者转让、租借种畜禽生产经营许可证的，不能处以吊销种畜禽生产经营许可证的处罚。情节是否严重，执法机关要根据违法行为造成的社会影响程度、数额多少等确定。

需要注意的是，上述一至五种行政处罚属于并罚的关系，对同一违法行为，可以同时给予责令停止违法行为，收缴伪造、变造的种畜禽生产经营许可证，没收种畜禽、

商品代仔畜、雏禽，没收违法所得以及罚款的处罚。例
如，违法行为人无种畜禽生产经营许可证生产经营种畜禽
的，在责令停止违法行为的同时，没收种畜禽、商品代仔
畜、雏禽，同时还要没收其违法所得，并根据违法所得数
额处以罚款。

此次修改畜牧法，将实施行政处罚的主体限定为县级
以上地方人民政府农业农村主管部门，包括县、市、省级
人民政府农业农村主管部门。吊销种畜禽生产经营许可证
的处罚由原发放证机关实施，也就是说，谁许可谁吊销。
依照行政处罚法相关规定，行政机关拟作出吊销许可证件
的行政处罚决定，应当告知当事人有要求听证的权利，当
事人要求听证的，行政机关应当组织听证。

七、违法发布种畜禽广告的法律责任

畜牧法第八十三条规定："违反本法第二十九条规定
的，依照《中华人民共和国广告法》的有关规定追究法律
责任。"

本条属于指引性规定。本法第二十九条规定，发布种
畜禽广告的，广告主应当持有或者提供种畜禽生产经营许
可证和营业执照。广告内容应当符合法律、行政法规的规
定，并注明种畜禽品种、配套系的审定或者鉴定名称，对
主要性状的描述应当符合该品种、配套系的标准。

广告法第二章"广告内容准则"对广告的内容作出了严格规定，主要有：1. 第八条规定，广告中对商品的性能、功能、产地、质量、成分、价格、生产者、有效期限、允诺等或者对服务的内容、提供者、形式、质量、价格、允诺等有表示的，应当准确、清楚、明白。法律、行政法规规定广告中应当明示的内容，应当显著、清晰表示。2. 第九条采用列举的方式规定了十一项在广告中不得存在的情形。3. 第十条规定，广告不得损害未成年人和残疾人的身心健康。4. 第十一条规定，广告的内容涉及的事项需要取得行政许可的，应当与许可的内容相符合。广告使用数据、统计资料、调查结果等引证内容的，应当真实、准确，并表明出处。引证内容有适用范围和有效期限的，应当明确表示。5. 第十二条规定，广告中涉及专利产品或者专利方法的，应当标明专利号和专利种类。未取得专利的，不得在广告中谎称取得专利权。禁止使用未授予专利权的专利申请和已经终止、撤销、无效的专利作广告。6. 第十三条规定，广告不得贬低其他生产经营者的商品或者服务。7. 第十四条规定，广告应当具有可识别性，能够使消费者辨明其为广告。大众传播媒介不得以新闻报道形式变相发布广告。8. 第二十七条还对种畜禽广告的内容作出了特殊规定，种畜禽广告关于品种名称、生产性能、生长量或者产量、品质、抗性、特殊使用价值、经济价值、适宜养殖的范围和条件等方面的表述应当真实、清楚、明白，并不得含有下列内容：（1）作科学上无法验证的断言或者保证；（2）表示功效的断言或者保证；（3）对经济效益进行分析、预测或者作保证性承诺；（4）利用科研单位、学术机构、技术推广机构、行业协会或者专业人士、用户的名义或者形象作推荐、证明。因此种畜禽广告的内容既要符合广告法的原则性、一般性规定，还要符合广告法第二十七条的特殊规定。

违反畜牧法第二十九条规定，以及广告内容违反广告法的上述规定的，都要承担本条规定的法律责任。本条并未对违法发布种畜禽广告的行为规定具体的处罚，而是采用指引性方式，规定依照广告法的有关规定追究法律责任。也就是说，违反畜牧法规定发布种畜禽广告时，广告主未提供种畜禽生产经营许可证和营业执照；广告内容不符合有关法律、行政法规的规定；未注明种畜禽品种、配套系的审定或者鉴定名称；对主要性状的描述不符合该品种、配套系的标准等，应当依照广告法的有关规定追究法律责任。

广告法对有关违法行为规定的法律责任主要包括：

1. 未提供种畜禽生产经营许可证和营业执照发布种畜禽广告的，依照广告法第六十五条和第六十六条的规定，追究违法行为人的法律责任。广告法第六十五条规定，隐瞒真实情况或者提供虚假申请材料申请广告审查的，广告审查机关不予受理或者不予批准，予以警告，一年内不受理该申请人的广告审查申请；以欺骗、贿赂等不正当手段取得广告审查批准的，广告审查机关予以撤销，处十万元以上二十万元以下的罚款，三年内不受理该申请人的广告审查申请。第六十六条规定，伪造、变造或者转让广告审查批准文件的，由市场监督管理部门没收违法所得，并处一万元以上十万元以下的罚款。

2. 广告内容不符合有关法律、行政法规的规定；未注明种畜禽品种、配套系的审定或者鉴定名称；对主要性状的描述不符合该品种、配套系的标准的，依照广告法的有关规定，受到的行政处罚主要是由市场监督管理部门责令停止发布广告，责令广告主在相应范围内消除影响，处广告费用一倍以上三倍以下的罚款，广告费用无法计算或者明显偏低的，处十万元以上二十万元以下的罚款；情节严重的，处广告费用三倍以上五倍以下的罚款，广告费用无法计算或者明显偏低的，处二十万元以上一百万元以下的罚款，可以吊销营业执照，并由广告审查机关撤销广告审查批准文件、一年内不受理其广告审查申请。 对违反有关广告应当具有可识别性，能够使消费者辨明其为广告，以及大众传媒以新闻报道形式发布广告等规定的，由市场监督管理部门责令停止发布广告，对广告主处十万元以下的罚款。

八、使用的种畜禽不符合种用标准的法律责任

畜牧法第八十四条规定："违反本法规定，使用的种畜禽不符合种用标准的，由县级以上地方人民政府农业农村主管部门责令停止违法行为，没收种畜禽和违法所得；违法所得在五千元以上的，并处违法所得一倍以上二倍以下罚款；没有违法所得或者违法所得不足五千元的，并处一千元以上五千元以下罚款。"

畜牧法第三十条规定，销售的种畜禽、家畜配种站（点）使用的种公畜，应当符合种用标准。如果使用的种畜禽不符合种用标准，就要承担本条规定的法律责任。

本条规定的法律责任主要是行政处罚，有责令停止违法行为，没收种畜禽和违法所得以及罚款。实施本条规定的行政处罚的主体是县级以上地方人民政府农业农村主管部门，包括县、市、省级人民政府农业农村主管部门。

1. 责令停止违法行为。这是对违法行为人实施的一种制止其违法行为继续的行政处罚措施。违法行为人在接到责令停止违法行为的通知后，应当立即停止使用不符合种用标准的种畜禽。

2. 没收种畜禽和违法所得。执法机关在责令违法行为人停止违法行为的同时，给予其没收种畜禽和违法所得的行政处罚。此次修改，增加了没收"种畜禽"的行政处

罚，防止使用或者流入市场。

3. 罚款。执法机关在作出责令停止违法行为，没收种畜禽和违法所得的同时，还应当对违法行为人处以罚款。本条规定的罚款分为两档，违法所得在五千元以上的，并处违法所得一倍以上二倍以下罚款；没有违法所得或者违法所得不足五千元的，并处一千元以上五千元以下罚款。执法机关应当根据违法行为人的违法情节、危害程度等，在本条规定的幅度内对违法行为人处以罚款。

九、违法销售假劣种畜禽的法律责任

畜牧法第八十五条规定："销售种畜禽有本法第三十一条第一项至第四项违法行为之一的，由县级以上地方人民政府农业农村主管部门和市场监督管理部门按照职责分工责令停止销售，没收违法销售的（种）畜禽和违法所得；违法所得在五万元以上的，并处违法所得一倍以上五倍以下罚款；没有违法所得或者违法所得不足五万元的，并处五千元以上五万元以下罚款；情节严重的，并处吊销种畜禽生产经营许可证或者营业执照。"

为推进种畜禽产业健康高质量发展，保障正常的种畜禽生产经营活动，严厉打击假劣种畜禽坑农害农事件的发生，畜牧法第三十一条规定了销售种畜禽的禁止性规定，销售种畜禽有本法第三十一条第一项至第四项违法行为之一的，就要承担本条规定的法律责任。

此次修改畜牧法，将实施行政处罚的主体限定为县级以上地方人民政府农业农村主管部门和市场监督管理部门，并明确农业农村主管部门和市场监督管理部门"按照职责分工"实施行政处罚。即根据本条规定，实施行政处罚的主体是县级以上地方人民政府农业农村主管部门和市场监督管理部门，包括县、市、省级人民政府农业农村主管部门和市场监督管理部门。吊销种畜禽生产经营许可证或者营业执照的行政处罚，由发证机关实施，也就是说，谁核发的许可证或营业执照就由谁吊销。吊销种畜禽生产经营许可证的行政处罚由核发许可证的农业农村主管部门实施，吊销营业执照的行政处罚由发放营业执照的市场监督管理部门实施。

本条规定的法律责任主要是行政处罚，有责令停止销售，没收违法销售的（种）畜禽和违法所得，以及罚款和吊销种畜禽生产经营许可证或者营业执照。

1. 责令停止销售。 执法机关在行政执法中，发现并确认违法行为人销售种畜禽时有本法第三十一条第一项至第四项违法行为之一的，应当责令违法行为人立即停止销售种畜禽。违法行为人在接到责令停止违法行为的通知后，应当立即停止销售。

2. 没收违法销售的（种）畜禽和违法所得。 执法机关在责令违法行为人停止销售的同时，还要没收（种）畜禽和违法销售种畜禽所获得的收入；没有违法所得的，没收违法销售的种畜禽。同时，没有违法所得并不影响执法机关要求违法行为人承担本条规定的其他行政责任。此次修改增加没收违法销售的种畜禽的行政处罚。

3. 罚款。执法机关在作出责令停止销售，没收（种）畜禽和违法所得的同时，还应当对违法行为人处以罚款。本条规定的罚款的行政处罚是一种"并罚"的行政处罚，不是一项单独实施的行政处罚，即罚款的行政处罚是与本条规定的其他行政处罚相联系的，即执法机关在对违法行为人处以其他处罚时，同时对其处以罚款。同时处以罚款就是要给予其一定的经济制裁，使其付出代价。本条规定的罚款分为两档，违法所得在五万元以上的，并处违法所得一倍以上五倍以下罚款；没有违法所得或者违法所得不足五万元的，并处五千元以上五万元以下罚款。执法机关应当根据违法行为人的违法情节、危害程度，在本条规定的幅度内对违法行为人处以罚款。

4. 吊销种畜禽生产经营许可证或者营业执照。这是本条规定的最严厉的一项行政处罚，即销售种畜禽有本法第三十一条第一项至第四项规定的违法行为之一，情节严重的，执法机关在对违法行为人处以上述行政处罚后，还需要同时对其处以吊销种畜禽生产经营许可证或者营业执照的处罚。给予违法行为人这一处罚的前提条件是情节严重。情节是否严重，执法机关要根据违法行为的性质、造成的危害程度、数额多少等具体情况确定。根据本条规定，吊销种畜禽生产经营许可证或者营业执照的处罚是一种并罚的行政处罚，即它不能单独使用，而是由发证机关根据违法行为的性质、情节和造成的后果等具体情况，在作出责令停止销售，没收违法销售的（种）畜禽和违法所得以及罚款的同时，决定是否给予其吊销种畜禽生产经营许可证或者营业执照的处罚。

十、兴办畜禽养殖场未备案或者未建立、保存养殖档案的法律责任

畜牧法第八十六条规定："违反本法规定，兴办畜禽养殖场未备案，畜禽养殖场未建立养殖档案或者未按照规定保存养殖档案的，由县级以上地方人民政府农业农村主管部门责令限期改正，可以处一万元以下罚款。"

加强对畜禽养殖生产过程的规范，是保障畜禽产品质量安全，促进畜牧业高质量发展的关键。畜牧法第三十九条第二款规定，畜禽养殖场兴办者应当将畜禽养殖场的名称、养殖地址、畜禽品种和养殖规模，向养殖场所在地县级人民政府农业农村主管部门备案，取得畜禽标识代码。这是对畜禽养殖场开展有效监管的基础。第

四十一条对畜禽养殖场明确规定了要建立养殖档案，载明畜禽的品种、数量、繁殖记录，饲料、饲料添加剂、兽药等投入品的使用等情况。养殖档案的内容涉及畜禽养殖的全过程，畜禽养殖场的养殖档案应当真实、完整、及时，确保畜禽产品质量的可追溯性。同时，畜牧法第七十二条规定，国务院农业农村主管部门应当制定畜禽标识和养殖档案管理办法，采取措施落实畜禽产品质量安全追溯和责任追究制度。该规定授权国务院农业农村主管部门制定畜禽标识和养殖档案管理办法，畜禽养殖场未建立养殖档案的，或者未按照规定保存养殖档案的，应当承担本条规定的行政法律责任。《畜禽标识和养殖档案管理办法》第二十二条明确规定养殖档案保存时间为：商品猪、禽为 2 年，牛为 20 年，羊为 10 年，种畜禽长期保存。

　　违反上述规定，兴办畜禽养殖场未备案，畜禽养殖场未建立养殖档案或者未按照规定保存养殖档案的，由县级以上地方人民政府农业农村主管部门责令其限期改正，及时进行备案，或者建立养殖档案并按照规定保存养殖档案。同时，县级以上地方人民政府农业农村主管部门还可以对违法行为人处以罚款。本条规定的罚款是一种供选择的行政处罚措施，根据违法行为的情节轻重决定是否采用。罚款额度是一万元以下，具体数额由县级以上地方人民政府农业农村主管部门根据违法行为的具体情况来确定。

十一、违反畜禽养殖禁止性规定的法律责任

畜牧法第八十七条规定："违反本法第四十三条规定养殖畜禽的，依照有关法律、行政法规的规定处理、处罚。"

畜牧法第四十三条规定：从事畜禽养殖，不得有下列行为：（一）违反法律、行政法规和国家有关强制性标准、国务院农业农村主管部门的规定使用饲料、饲料添加剂、兽药；（二）使用未经高温处理的餐馆、食堂的泔水饲喂家畜；（三）在垃圾场或者使用垃圾场中的物质饲养畜禽；（四）随意弃置和处理病死畜禽；（五）法律、行政法规和国务院农业农村主管部门规定的危害人和畜禽健康的其他行为。根据本条规定，对上述五种违法行为的处理、处罚应当依照有关法律、行政法规的规定。

（一）关于违反农业投入品相关规定的法律责任

畜牧法第四十三条第一项至第三项是关于畜禽养殖投入品相关要求的规定，与之相关的法律法规主要有农产品质量安全法、《兽药管理条例》《饲料和饲料添加剂管理条例》等。其中，农产品质量安全法第二十九条规定，农产品生产经营者应当依照有关法律、行政法规和国家有关强制性标准、国务院农业农村主管部门的规定，科学合理使

用农药、兽药、饲料和饲料添加剂、肥料等农业投入品，严格执行农业投入品使用安全间隔期或者休药期的规定；不得超范围、超剂量使用农业投入品危及农产品质量安全。禁止在农产品生产经营过程中使用国家禁止使用的农业投入品以及其他有毒有害物质。相应的第七十条规定，在农产品生产经营过程中使用国家禁止使用的农业投入品或者其他有毒有害物质，尚不构成犯罪的，由县级以上地方人民政府农业农村主管部门责令停止生产经营、追回已经销售的农产品，对违法生产经营的农产品进行无害化处理或者予以监督销毁，没收违法所得，并可以没收用于违法生产经营的工具、设备、原料等物品；违法生产经营的农产品货值金额不足一万元的，并处十万元以上十五万元以下罚款，货值金额一万元以上的，并处货值金额十五倍以上三十倍以下罚款；对农户，并处一千元以上一万元以下罚款；情节严重的，有许可证的吊销许可证，并可以由公安机关对其直接负责的主管人员和其他直接责任人员处五日以上十五日以下拘留。

　　根据《兽药管理条例》的规定，兽药使用单位，应当遵守国务院兽医行政管理部门制定的兽药安全使用规定，并建立用药记录；禁止使用假、劣兽药以及国务院兽医行政管理部门规定禁止使用的药品和其他化合物；禁止在饲料和动物饮用水中添加激素类药品和国务院兽医行政管理部门规定的其他禁用药品；禁止将原料药直接添加到饲料及动物饮用水中或者直接饲喂动物；禁止将人用药品用于动物。这里的"兽药"是指用于预防、治疗、诊断动物疾病或者有目的地调节动物生理机能的物质（含药物饲料添加剂），主要包括：血清制品、疫苗、诊断制品、微生态制品、中药材、中成药、化学药品、抗生素、生化药品、放射性药品及外用杀虫剂、消毒剂等。法律、行政法规和国务院畜牧兽医行政主管部门规定的危害人和畜禽健康的其他行为，目前主要有使用盐酸克仑特罗（即通常说的"瘦肉精"）等违禁投入品。违反本条例规定，未按照国家有关兽药安全使用规定使用兽药的、未建立用药记录或者记录不完整真实的，或者使用禁止使用的药品和其他化合物的，或者将人用药品用于动物的，责令其立即改正，并对饲喂了违禁药物及其他化合物的动物及其产品进行无害化处理；对违法单位处 1 万元以上 5 万元以下罚款；给他人造成损失的，依法承担赔偿责任。

根据《饲料和饲料添加剂管理条例》的规定，养殖者应当按照产品使用说明和注意事项使用饲料。在饲料或者动物饮用水中添加饲料添加剂的，应当符合饲料添加剂使用说明和注意事项的要求，遵守国务院农业行政主管部门制定的饲料添加剂安全使用规范；使用自行配制的饲料的，应当遵守国务院农业行政主管部门制定的自行配制饲料使用规范，并不得对外提供自行配制的饲料；使用限制使用的物质养殖动物的，应当遵守国务院农业行政主管部门的限制性规定。禁止在饲料、动物饮用水中添加国务院农业行政主管部门公布禁用的物质以及对人体具有直接或者潜在危害的其他物质，或者直接使用上述物质养殖动物。禁止在反刍动物饲料中添加乳和乳制品以外的动物源性成分。这里的"饲料"，是指经工业化加工、制作的供动物食用的产品，包括单一饲料、添加剂预混合饲料、浓缩饲料、配合饲料和精料补充料。这里的"饲料添加剂"，是指在饲料加工、制作、使用过程中添加的少量或者微量物质，包括营养性饲料添加剂和一般饲料添加剂。养殖者有下列行为之一的，由县级人民政府饲料管理部门没收违法使用的产品和非法添加物质，对单位处 1 万元以上 5 万元以下罚款，对个人处 5 000 元以下罚款；构成犯罪的，依法追究刑事责任：（1）使用未取得新饲料、新饲料添加剂证书的新饲料、新饲料添加剂，或者未取得饲料、饲料添加剂进口登记证的进口饲料、进口饲料添加剂的；（2）使用无产品标签、无生产许可证、无产品质量标准、无产品质量检验合格证的饲料、饲料添加剂的；（3）使用无产品批准文号的饲料添加剂、添加剂预混合饲料的；（4）在饲料或者动物饮用水中添加饲料添加剂，不遵守国务院农业行政主管部门制定的饲料添加剂安全使用规范的；（5）使用自行配制的饲料，不遵守国务院农业行政主管部门制定的自行配制饲料使用规范的；（6）使用限制使用的物质养殖动物，不遵守国务院农业行政主管部门的限制性规定的；（7）在反刍动物饲料中添加乳和乳制品以外的动物源性成分的。

此外，在饲料或者动物饮用水中添加国务院农业行政主管部门公布禁用的物质以及对人体具有直接或者潜在危害的其他物质，或者直接使用上述物质养殖动物的，由县级以上地方人民政府饲料管理部门责令其对饲喂了违禁物质的动物进行无害化处理，处3万元以上10万元以下罚款；构成犯罪的，依法追究刑事责任。

（二）关于随意弃置和处理病死畜禽的法律责任

动物防疫法第五十七条第三款规定，任何单位和个人不得买卖、加工、随意弃置病死动物和病害动物产品。第九十八条规定，未按照规定处理或者随意弃置病死动物、病害动物产品的，由县级以上地方人民政府农业农村主管部门责令改正，处三千元以上三万元以下罚款；情节严重的，责令停业整顿，并处三万元以上十万元以下罚款。

十二、销售种畜禽"三证"不齐全以及违反畜禽标识管理的法律责任

畜牧法第八十八条规定："违反本法规定，销售的种

畜禽未附具种畜禽合格证明、家畜系谱，销售、收购国务院农业农村主管部门规定应当加施标识而没有标识的畜禽，或者重复使用畜禽标识的，由县级以上地方人民政府农业农村主管部门和市场监督管理部门按照职责分工责令改正，可以处二千元以下罚款。销售的种畜禽未附具检疫证明，伪造、变造畜禽标识，或者持有、使用伪造、变造的畜禽标识的，依照《中华人民共和国动物防疫法》的有关规定追究法律责任。"

此次修改畜牧法，将农业农村主管部门和市场监督管理部门明确为"按照职责分工"实施行政处罚。即根据本条规定，实施行政处罚的主体是县级以上地方人民政府农业农村主管部门和市场监督管理部门，包括县、市、省级人民政府农业农村主管部门和市场监督管理部门。具体是由农业农村主管部门还是市场监督管理部门实施处罚，应按照国务院"三定"方案确定的农业农村部和国家市场监督管理总局的职责分工实施。

1. 销售的种畜禽未附具种畜禽合格证明、家畜家谱。种畜禽的质量关系到我国种畜禽产品的质量，必须加以严格管理。畜牧法第三十条规定，销售种畜禽时，应当附具种畜禽场出具的种畜禽合格证明、家畜系谱。第三十一条第五项作出了禁止性规定，即不得销售未附具种畜禽合格证明、家畜系谱的种畜禽。因此，种畜禽的生产经营者在销售种畜禽时，应当严格依照本法的规定，附具种畜禽合格证明、家畜系谱。违者就要依照本条规定追究其法律责任。

2. 销售、收购国务院农业农村主管部门规定应当加施标识而没有标识的畜禽。畜禽标识制度是落实畜禽产品质量追究制度的基础，为畜禽加施标识，既有利于提高我国畜禽产品的市场竞争力，更能够保护广大消费者的权益。为此，畜牧法第六十三条第二款规定，国务院农业农村主管部门规定应当加施标识而没有标识的畜禽，不得销售、收购。否则，就要承担本条规定的法律责任。依照《畜禽标识和养殖档案管理办法》，目前农业农村部门规定应当加施标识的畜禽包括猪、牛、羊，其他畜禽标识实施时间和具体措施由农业农村部另行规定。

3. 重复使用畜禽标识。依照畜牧法第三十九第二款的规定，畜禽养殖兴办者应当将畜禽养殖场的名称、养殖地址、畜禽品种和养殖规模，向养殖场所在地县级人民政府农业农村主管部门备案后，取得畜禽标识代码。按照国家关于畜禽标识管理的规定，实行一畜一标，在应当加施标识的畜禽的指定部位加施标识。畜禽标识记录有畜禽养殖者的基本信息，对于建立畜禽产品质量追溯制度有重要意义，而且农业农村主管部门提供标识不得收费，加施畜禽标识一般不会增加畜禽养殖者的生产经营成本。同时第四十五条第二款还作出了禁止性规定，即禁止重复使用畜禽标识。违反畜牧法规定，重复使用畜禽标识的，就要承担本条规定的法律责任。

对于上述三种情形，即本条第一款规定的销售的种畜禽未附具种畜禽合格证明、家畜系谱，销售、收购国务院农业农村主管部门规定应当加施标识而没有标识的畜禽，或者重复使用畜禽标识的违法行为人，由县级以上地方人民政府农业农村主管部门和市场监督管理部门按照职责分工，首先责令改正，然后根据违法情节的轻重程度，可以处罚款，罚款的额度为二千元以下；情节轻微的，也可以不罚款。

4. 销售的种畜禽未附具检疫证明。种畜禽场的一个重要任务是繁育优良的种畜禽，出售种畜禽时应当给购买者提供种畜禽质量和健康证明资料，主要包括动物卫生监督机构出具的检疫证明、种畜禽场出具的种畜禽合格证明和家畜系谱，即通常说的销售种畜禽应当"三证"齐全。此次修改畜牧法，考虑到动物防疫法对销售种畜禽未附具检疫证明的情形已经作了具体罚则规定，因此与动物防疫法衔接，规定销售的种畜禽未附具检疫证明，依照动物防疫法有关规定追究法律责任。动物防疫法第一百条规定，违反本法规定，屠宰、经营、运输的动物未附有检疫证明，经营和运输的动物产品未附有检疫证明、检疫标志的，由县级以上地方人民政府农业农村主管部门责令改正，处同类检疫合格动物、动物产品货值金额一倍以下罚款；对货主以外的承运人处运输费用三倍以上五倍以下罚款，情节严重的，处五倍以上十倍以下罚款。违反本法规定，用于科研、展示、演出和比赛等非食用性利用的动物未附有检疫证明的，由县级以上地方人民政府农业农村主管部门责令改正，处三千元以上一万元以下罚款。

5. 伪造、变造畜禽标识，或者持有、使用伪造、变造的畜禽标识。此次修改，增加了伪造、变造畜禽标识的法律责任。畜禽标识的真伪直接关系到畜禽产品的质量追溯制度能否落实，消费者的权益能否得到切实有效的保护，必须确保畜禽标识所记载内容的真实、准确、完整。伪造的畜禽标识是指无权制作、发行畜禽标识的人或单位，仿制畜禽标识的式样，制作的假畜禽标识。伪造的方法可以是各种各样的，不同的伪造方法对本条规定追究法律责任并无影响。变造的畜禽标识是指合法取得的畜禽标识的内容被非法改变的畜禽标识，如改变畜禽产品的品种名称、改变签发日期、改变有效期等。伪造、变造畜禽标识都会破坏畜禽标识管理秩序，失去畜禽标识应有的功能。畜牧法第四十五条明确规定，禁止伪造、变造或者重复使用畜禽标识。禁止持有、使用伪造、变造的畜禽标识。违反相关规定即应承担法律责任。此外，动物防疫法

第七十八条也对此作出规定：禁止转让、伪造或者变造检疫证明、检疫标志或者畜禽标识。禁止持有、使用伪造或者变造的检疫证明、检疫标志或者畜禽标识。第一百零三条规定，违反本法规定，转让、伪造或者变造检疫证明、检疫标志或者畜禽标识的，由县级以上地方人民政府农业农村主管部门没收违法所得和检疫证明、检疫标志、畜禽标识，并处五千元以上五万元以下罚款。持有、使用伪造或者变造的检疫证明、检疫标志或者畜禽标识的，由县级以上人民政府农业农村主管部门没收检疫证明、检疫标志、畜禽标识和对应的动物、动物产品，并处三千元以上三万元以下罚款。

十三、违法从事畜禽屠宰活动的法律责任

畜牧法第八十九条规定："违反本法规定，未经定点从事畜禽屠宰活动的，依照有关法律法规的规定处理、处罚。"

畜禽屠宰是保障畜禽产品质量和公共卫生安全的关键环节。此次修改畜牧法，为加强畜禽屠宰管理，增加"畜禽屠宰"一章，对畜禽屠宰的行业发展规划、企业条件要求、质量安全管理和风险监测制度、无害化处理及补助等作出规定。畜牧法第六十五条明确国家实行生猪定点屠宰制度。对生猪以外的其他畜禽可以实行定点屠宰，具体办

法由省、自治区、直辖市制定。目前，处罚应当定点而未经定点的情形，依据主要是《生猪屠宰管理条例》以及地方有关畜禽屠宰的法规。

2021 年修订的《生猪屠宰管理条例》第三十一条规定，违反本条例规定，未经定点从事生猪屠宰活动的，由农业农村主管部门责令关闭，没收生猪、生猪产品、屠宰工具和设备以及违法所得；货值金额不足 1 万元的，并处 5 万元以上 10 万元以下的罚款；货值金额 1 万元以上的，并处货值金额 10 倍以上 20 倍以下的罚款。

对生猪以外的其他畜禽，授权地方制定具体办法，违反有关规定的，依法承担法律责任。目前，全国已有 16 个省份根据本地实际出台了地方性法规、规章和规范性文件，对生猪以外的其他畜禽实行了定点屠宰管理，并规定了法律责任。

十四、不具备畜禽屠宰企业条件的法律责任

畜牧法第九十条规定："县级以上地方人民政府农业农村主管部门发现畜禽屠宰企业不再具备本法规定条件的，应当责令停业整顿，并限期整改；逾期仍未达到本法规定条件的，责令关闭，对实行定点屠宰管理的，由发证机关依法吊销定点屠宰证书。"

畜牧法第六十七条规定，畜禽屠宰企业应当具备下列

条件：（一）有与屠宰规模相适应、水质符合国家规定标准的用水供应条件；（二）有符合国家规定的设施设备和运载工具；（三）有依法取得健康证明的屠宰技术人员；（四）有经考核合格的兽医卫生检验人员；（五）依法取得动物防疫条件合格证和其他法律法规规定的证明文件。不符合上述任何一项或多项条件的，即为不再具备本法规定的条件，应当承担相应的法律责任。具体分别是：

1. 畜禽屠宰企业水源条件不符合《食品安全国家标准　畜禽屠宰加工卫生规范》（GB 12694）规定，屠宰与分割车间生产用水不符合《生活饮用水卫生标准》（GB 5749）规定的。

2. 畜禽屠宰企业设施设备不符合《猪屠宰与分割车间设计规范》（GB 50317）、《牛羊屠宰与分割车间设计规范》（GB 51225）、《禽类屠宰与分割车间设计规范》（GB 51219）和《食品安全国家标准　畜禽屠宰加工卫生规范》（GB 12694）等国家标准的要求；畜禽产品的运载工具不符合《食品安全国家标准　畜禽屠宰加工卫生规范》（GB 12694）等国家标准的要求的。运载工具既包括运输可食用畜禽产品的运输车辆及相关设备，又包括运输不可食用需要进行无害化处理畜禽产品的运输车辆和相关设备。

3.畜禽屠宰企业屠宰技术人员未取得健康证明或取得健康证明后但每年未进行健康检查的。

4.畜禽屠宰企业兽医卫生检验人员未经农业农村主管部门组织开展的考核合格的。

5.畜禽屠宰企业未取得动物防疫条件合格证或动物防疫条件合格证被撤销、撤回或者吊销的，以及未取得其他依法应当取得的证明文件或证明文件过期、被撤销、撤回或者吊销等。

发现畜禽屠宰企业不再具备上述规定条件的，县级以上地方人民政府农业农村主管部门应当责令停业整顿，并限期整改；逾期仍未达到本法规定条件的，责令关闭，对实行定点屠宰管理的，由发证机关依法吊销定点屠宰证书。具体内容如下：

1. 责令停业整顿，并限期整改。 责令停业整顿是执法机关依法责令违法行为人停止生产经营活动，并进行整改的处罚形式。畜禽屠宰企业不再具备相应条件，即违反了本法的强制性要求，就应当适用停业整顿的处罚。农业农村主管部门在责令畜禽屠宰企业整改时，必须附有一定的期限，应针对不同违法行为，合理确定整改期限，即违法行为人能够在该期限内完成需要整改事项的合理期限。受到处罚的违法行为人按照规定整改完成，符合要求的，应当保障当事人在停止处罚期限结束后恢复生产经营。逾期仍未达到本法规定条件的，则应责令关闭。实施责令停业整顿的行政处罚和作出限期整改的行政命令时，应当制作不同的法律文书。

2. 吊销定点屠宰证书。根据《生猪屠宰管理条例》第九条的规定，生猪定点屠宰厂（场）由设区的市级人民政府根据生猪屠宰行业发展规划，组织农业农村、生态环境主管部门以及其他有关部门，依照本条例规定的条件进行审查，经征求省、自治区、直辖市人民政府农业农村主管部门的意见确定，并颁发生猪定点屠宰证书和生猪定点屠宰标志牌。对不再具备畜牧法规定条件的畜禽屠宰企业，限期整改，逾期仍未达到本法规定条件的，责令关闭，同时对实行定点屠宰管理的，还应当吊销定点屠宰证书。适用吊销定点屠宰证书处罚的前提是畜禽屠宰企业在限期整改的期限届满后，仍达不到本法规定条件。对因不再符合本法规定的条件而被吊销定点屠宰证书的，只要当事人进行整改后，重新又符合条件的，可以重新申请定点屠宰证书。

十五、违反畜禽屠宰质量安全管理制度的法律责任

畜牧法第九十一条规定："违反本法第六十八条规定，畜禽屠宰企业未建立畜禽屠宰质量安全管理制度，

或者畜禽屠宰经营者对经检验不合格的畜禽产品未按照国家有关规定处理的，由县级以上地方人民政府农业农村主管部门责令改正，给予警告；拒不改正的，责令停业整顿，并处五千元以上五万元以下罚款，对直接负责的主管人员和其他直接责任人员处二千元以上二万元以下罚款；情节严重的，责令关闭，对实行定点屠宰管理的，由发证机关依法吊销定点屠宰证书。违反本法第六十八条规定的其他行为的，依照有关法律法规的规定处理、处罚。"

新时代畜牧业高质量发展要求加快构建现代畜禽养殖、动物防疫和加工流通体系，不断提升畜牧业质量效益和竞争力，更好地满足人民群众多元化的畜禽产品消费需求。然而，我国畜牧业动物疫病防控和屠宰质量安全监管、防范重大公共卫生风险能力依旧比较薄弱。畜牧法第六十八条强调畜禽屠宰经营者应当加强畜禽屠宰质量安全管理。根据食用农产品质量安全监管职责划分，农业农村部门负责畜禽从养殖到屠宰环节的质量安全监管。

动物防疫法、食品安全法、农产品质量安全法等法律已对畜禽产品质量安全相关法律责任作出了一些规定，此次修改畜牧法时，本着已有规定不再重复的原则，本条对相应的违法行为的法律责任作出衔接性规定。为了便于理解，这里将畜禽产品质量相关的违法行为分为以下

三类:

1. 畜禽屠宰企业未建立畜禽屠宰质量安全管理制度。畜禽屠宰一头连着生产、一头连着消费,是保障畜禽产品质量安全的关键环节,尤其是规模化的畜禽屠宰企业,畜禽屠宰量较大,直接关系到消费安全。畜禽屠宰企业未按照本法要求建立畜禽屠宰质量安全管理制度的,应当承担相应的法律责任。

2. 畜禽屠宰经营者对经检验不合格的畜禽产品未按照国家有关规定处理。经检验合格的畜禽产品,由畜禽屠宰经营者加盖肉品品质检验合格验讫印章,附具肉品品质检验合格证;经检验不合格的畜禽产品,必须按照有关技术规范要求做非食用处理或者无害化处理,如未按照国家规定进行处理的,便可能带来质量安全风险,应当承担法律责任。这里的国家规定主要指农业农村部制定的相关检验规程或国家相关标准等,比如《生猪屠宰肉品品质检验规程》对应做非食用处理或者无害化处理作了明确规定。

3. 违反本法第六十八条规定的其他行为。包括出厂销售未经检验、检疫或者经检验、检疫不合格的畜禽产品;经检疫不合格的畜禽产品未按照国家有关规定处理的行为。

未经检验、检疫或者经检验、检疫不合格的畜禽产品，健康或者质量安全状况不明，存在传播疫病或质量安全风险。如果这些畜禽产品被销售出去，进入流通环节，可能造成疫病流行或引发食品安全事件，危害人体健康。因此，未经检验、检疫或者经检验、检疫不合格的畜禽产品不得出厂销售。违反规定出厂销售的，将依照动物防疫法、食品安全法、农产品质量安全法以及《生猪屠宰管理条例》等法律、行政法规及相关地方性法规处罚。而且，《最高人民法院、最高人民检察院关于办理危害食品安全刑事案件适用法律若干问题的解释》规定，生产、销售属于病死、死因不明或者检验检疫不合格的畜、禽、兽、水产动物肉类及其制品的，应当认定为刑法规定的"足以造成严重食物中毒事故或者其他严重食源性疾病"，以生产、销售不符合安全标准的食品罪定罪处罚。需要指出的是，依照动物防疫法的相关规定，因实施集中无害化处理需要暂存、运输畜禽产品并按照规定采取防疫措施的，可以出厂但不得经营、销售。

对上述前两类违法行为，按照情节严重程度，明确畜禽屠宰企业未建立畜禽屠宰质量安全管理制度，或者畜禽屠宰经营者对经检验不合格的畜禽产品未按照国家有关规定处理的法律责任。

1. 责令改正，给予警告。根据本条规定，畜禽屠宰企业未建立畜禽屠宰质量安全管理制度，或者畜禽屠宰经营者对经检验不合格的畜禽产品未按照国家有关规定处理的，应当由县级以上地方人民政府农业农村主管部门以行政命令的方式责令违法行为人按要求改正，同时，给予警告。责令改正不属于行政处罚的种类，其目的是纠正违法行为人的违法行为，维护正常的社会管理秩序、经济秩序。警告系行政处罚法设定的行政处罚种类之一，属于申诫罚，是指行政处罚主体向违反行政法律规范的行政相对人提出警告或者谴责，申明其行为的违法性，教育行为人避免以后再犯的一种处罚形式。其特点在于对违法行为人实施精神上或者名誉、信誉方面的惩戒。

2. 责令停业整顿，并对单位和相关人员处以罚款。作出责令改正，给予警告的行政命令和处罚后，违法行为人拒不改正的，应责令停业整顿。责令停业整顿是由执法机关依法责令违法行为人停止生产经营活动，并进行整改的处罚形式。同时，并处五千元以上五万元以下的罚款。此外，对上述违法行为的直接负责的主管人员和其他直接责任人员处二千元以上二万元以下罚款。上述罚款均是"应当"给予罚款，处罚标准由执法机关根据违法行为的性质、情节轻重以及造成的后果大小来决定。

3. 责令关闭，吊销定点屠宰证书。对违法情节严重的，本条直接规定了责令关闭。对实行定点屠宰管理的，还应当吊销定点屠宰证书。

十六、违反本法规定的刑事责任

畜牧法第九十二条规定："违反本法规定，构成犯罪的，依法追究刑事责任。"

刑事责任，是指具有刑事责任能力的人实施了刑事法律所禁止的行为即犯罪行为所必须承担的法律责任。畜牧生产经营活动中的当事人如果有本法规定的违法行为，且其行为符合我国刑法所规定的犯罪的构成要件的，就要依据刑法有关条款的规定承担相应的刑事法律责任。按照本法规定的违法行为，须承担的刑事责任主要有以下两类：

1. 农业农村主管部门工作人员因渎职行为所应承担的刑事责任。 刑法第三百八十五条第一款规定："国家工作人员利用职务上的便利，索取他人财物的，或者非法收受他人财物，为他人谋取利益的，是受贿罪。"第三百八十六条规定："对犯受贿罪的，根据受贿所得数额及情节，依照本法第三百八十三条的规定处罚。索贿的从重处罚。"第三百八十三条规定："对犯贪污罪的，根据情节轻重，分别依照下列规定处罚：（一）贪污数额较大或者有其他较重情节的，处三年以下有期徒刑或者拘役，并处罚金。（二）贪污数额巨大或者有其他严重情节的，处三年以上十年以下有期徒刑，并处罚金或者没收财产。（三）贪污数额特别巨大或者有其他特别严重情节的，处十年以上有期徒刑或者无期徒刑，并处罚金或者没收财产；数额特别巨大，并使国家和人民利益遭受特别重大损失的，处无期徒刑或者死刑，并处没收财产。对多次贪污未经处理的，按照累计贪污数额处罚。"刑法第三百八十七条第一款规定："国家机关、国有公司、企业、事业单位、人民团体，索取、非法收受他人财物，为他人谋取利益，情节严重的，对单位判处罚金，并对其直接负责的主管人员和其他直接责任人员，处五年以下有期徒刑或者拘役。"刑法第三百九十七条第一款规定："国家机关工作人员滥用职权或者玩忽职守，致使公共财产、国家和人民利益遭受重大损失的，处三年以下有期徒刑或者拘役；情节特别严重的，处三年以上七年以下有期徒刑。本法另有规定的，依照规定。"

2. 畜牧生产经营者有违反本法的行为，构成犯罪，所应承担的刑事责任。刑法第二百二十二条规定："广告主、广告经营者、广告发布者违反国家规定，利用广告对商品或者服务作虚假宣传，情节严重的，处二年以下有期徒刑或者拘役，并处或者单处罚金。"刑法第二百二十五条规定："违反国家规定，有下列非法经营行为之一，扰乱市场秩序，情节严重的，处五年以下有期徒刑或者拘役，并处或者单处违法所得一倍以上五倍以下罚金；情节特别严重的，处五年以上有期徒刑，并处违法所得一倍以上五倍以下罚金或者没收财产：（一）未经许可经营法律、行政法规规定的专营、专卖物品或者其他限制买卖的物品的；（二）买卖进出口许可证、进出口原产地证明以及其他法律、行政法规规定的经营许可证或者批准文件的；（三）未经国家有关主管部门批准非法经营证券、期货、保险业务的，或者非法从事资金支付结算业务的；（四）其他严重扰乱市场秩序的非法经营行为。"刑法第二百八十条第一款规定："伪造、变造、买卖或者盗窃、抢夺、毁灭国家机关的公文、证件、印章的，处三年以下有期徒刑、拘役、管制或者剥夺政治权利，并处罚金；情节严重的，处三年以上十年以下有期徒刑，并处罚金。"第二百八十条第二款规定："伪造公司、企业、事业单位、人民团体的印章的，处三年以下有期徒刑、拘役、管制或者剥夺政治权利，并处罚金。"刑法第三百三十七条规定："违反有关动植物防疫、检疫的国家规定，引起重大动植物疫情的，或者有引起重大动植物疫情危险，情节严重的，处三年以下有期徒刑或者拘役，并处或者单处罚金。""单位犯前款罪的，对单位判处罚金，并对其直接负责的主管人员和其他直接责任人员，依照前款的规定处罚。"

第十章

一、畜禽遗传资源、种畜禽的含义

畜牧法第九十三条规定："本法所称畜禽遗传资源，是指畜禽及其卵子（蛋）、精液、胚胎、基因物质等遗传材料。本法所称种畜禽，是指经过选育、具有种用价值、适于繁殖后代的畜禽及其卵子（蛋）、精液、胚胎等。"

本条明确了畜禽遗传资源和种畜禽的含义。本法所称畜禽遗传资源，是指畜禽及其卵子（蛋）、精液、胚胎、基因物质等遗传材料。本法所称畜禽，在总则第二条第二款有明确规定，是指列入依照本法第十二条规定公布的畜禽遗传资源目录的畜禽。这种规定有利于动态地把握畜禽的范围，有利于更清楚地划分畜禽与野生动物的界限，从而处理好本法与野生动物保护法在保护范围上的衔接。"卵子"，是指成熟的雌性生殖细胞。"蛋"，是指家禽所生的带有硬壳的卵。"精液"，是指由雄性生殖腺和附属腺所分泌的液体。"胚胎",是指由受精卵发育而成的初期发育的动物体。"基因物质",是指由生物体携带和传递遗传信息的物质载体。

本法所称种畜禽,是指经过选育、具有种用价值、适于繁殖后代的畜禽及其卵子(蛋)、精液、胚胎等。种畜禽是畜牧业的基本生产资料,是具有生命力的特殊商品。在现代科技条件下,种畜禽的优劣、余缺,不仅直接关系农民利益,影响畜禽产品的品质和产量,也关系到人类自身健康和生态环境安全。

二、本法生效日期

畜牧法第九十四条规定:"本法自 2023 年 3 月 1 日起施行。"

法律的生效日期,是指一部法律制定出来以后从何时开始正式实施,也就是说从何时起正式具有法律效力。一部法律从何时开始生效,取决于这部法律对生效日期是如何进行规定的。本法由中华人民共和国第十三届全国人民代表大会常务委员会第三十七次会议于 2022 年 10 月 30 日修订通过,同日由中华人民共和国第一二四号主席令发布。从法律的公布到正式实施通常要留出一定时间的过渡期。本次畜牧法修订改动内容较多,正式实施前,应当留出一定的时间充分宣传,并完善配套规定,以便有关单位和人员充分掌握法律内涵，更好守法、执法，避免法律执行出现偏差，更好保障人民群众权益。同时，考虑我国畜牧法高质量发展的迫切需要，又需要尽快实施新修订的法律。在综合考虑两方面因素的基础上，规定本法于 2023 年 3 月 1 日起施行。

附录

中华人民共和国主席令

第一二四号

《中华人民共和国畜牧法》已由中华人民共和国第十三届全国人民代表大会常务委员会第三十七次会议于 2022 年 10 月 30 日修订通过，现予公布，自 2023 年 3 月 1 日起施行。

中华人民共和国主席　习近平

2022 年 10 月 30 日

中华人民共和国畜牧法

（2005 年 12 月 29 日第十届全国人民代表大会常务委员会第十九次会议通过 根据 2015 年 4 月 24 日第十二届全国人民代表大会常务委员会第十四次会议《关于修改〈中华人民共和国计量法〉等五部法律的决定》修正 2022 年 10 月 30 日第十三届全国人民代表大会常务委员会第三十七次会议修订）

目 录

第一章 总 则

第一条 为了规范畜牧业生产经营行为，保障畜禽产品供给和质量安全，保护和合理利用畜禽遗传资源，培育和推广畜禽优良品种，振兴畜禽种业，维护畜牧业生产经营者的合法权益，防范公共卫生风险，促进畜牧业高质量发展，制定本法。

第二条 在中华人民共和国境内从事畜禽的遗传资源保护利用、繁育、饲养、经营、运输、屠宰等活动，适用本法。

本法所称畜禽，是指列入依照本法第十二条规定公布的畜禽遗传资源目录的畜禽。

蜂、蚕的资源保护利用和生产经营，适用本法有关规定。

第三条 国家支持畜牧业发展，发挥畜牧业在发展农业、农村经济和增加农民收入中的作用。

县级以上人民政府应当将畜牧业发展纳入国民经济和社会发展规划，加强畜牧业基础设施建设，鼓励和扶持发展规模化、标准化和智能化养殖，促进种养结合和农牧循环、绿色发展，推进畜牧产业化经营，提高畜牧业综合生产能力，发展安全、优质、高效、生态的畜牧业。

国家帮助和扶持民族地区、欠发达地区畜牧业的发展，保护和合理利用草原，改善畜牧业生产条件。

第四条 国家采取措施，培养畜牧兽医专业人才，加强畜禽疫病监测、畜禽疫苗研制，健全基层畜牧兽医技术推广体系，发展畜牧兽医科学技术研究和推广事业，完善畜牧业标准，开展畜牧兽医科学技术知识的教育宣传工作和畜牧兽医信息服务，推进畜牧业科技进步和创新。

第五条 国务院农业农村主管部门负责全国畜牧业的监督管理工作。县级以上地方人民政府农业农村主管部门负责本行政区域内的畜牧业监督管理工作。

县级以上人民政府有关主管部门在各自的职责范围内，负责有关促进畜牧业发展的工作。

第六条 国务院农业农村主管部门应当指导畜牧业生产经营者改善畜禽繁育、饲养、运输、屠宰的条件和环境。

第七条 各级人民政府及有关部门应当加强畜牧业相关法律法规的宣传。

对在畜牧业发展中做出显著成绩的单位和个人，按照国家有关规定给予表彰和奖励。

第八条 畜牧业生产经营者可以依法自愿成立行业协会，为成员提供信息、技术、营销、培训等服务，加强行业自律，维护成员和行业利益。

第九条 畜牧业生产经营者应当依法履行动物防疫和生态环境保护义务，接受有关主管部门依法实施的监督检查。

第二章 畜禽遗传资源保护

第十条 国家建立畜禽遗传资源保护制度，开展资源调查、保护、鉴定、登记、监测和利用等工作。各级人民政府应当采取措施，加强畜禽遗传资源保护，将畜禽遗传资源保护经费列入预算。

畜禽遗传资源保护以国家为主、多元参与，坚持保护优先、高效利用的原则，实行分类分级保护。

国家鼓励和支持有关单位、个人依法发展畜禽遗传资源保护事业，鼓励和支持高等学校、科研机构、企业加强畜禽遗传资源保护、利用的基础研究，提高科技创新能力。

第十一条 国务院农业农村主管部门设立由专业人员组成的国家畜禽遗传资源委员会，负责畜禽遗传资源的鉴定、评估和畜禽新品种、配套系的审定，承担畜禽遗传资源保护和利用规划论证及有关畜禽遗传资源保护的咨询工作。

第十二条 国务院农业农村主管部门负责定期组织畜禽遗传资源的调查工作，发布国家畜禽遗传资源状况报告，公布经国务院批准的畜禽遗传资源目录。

经过驯化和选育而成，遗传性状稳定，有成熟的品种和一定的种群规模，能够不依赖于野生种群而独立繁衍的驯养动物，可以列入畜禽遗传资源目录。

第十三条　国务院农业农村主管部门根据畜禽遗传资源分布状况，制定全国畜禽遗传资源保护和利用规划，制定、调整并公布国家级畜禽遗传资源保护名录，对原产我国的珍贵、稀有、濒危的畜禽遗传资源实行重点保护。

省、自治区、直辖市人民政府农业农村主管部门根据全国畜禽遗传资源保护和利用规划及本行政区域内的畜禽遗传资源状况，制定、调整并公布省级畜禽遗传资源保护名录，并报国务院农业农村主管部门备案，加强对地方畜禽遗传资源的保护。

第十四条　国务院农业农村主管部门根据全国畜禽遗传资源保护和利用规划及国家级畜禽遗传资源保护名录，省、自治区、直辖市人民政府农业农村主管部门根据省级畜禽遗传资源保护名录，分别建立或者确定畜禽遗传资源保种场、保护区和基因库，承担畜禽遗传资源保护任务。

享受中央和省级财政资金支持的畜禽遗传资源保种场、保护区和基因库，未经国务院农业农村主管部门或者省、自治区、直辖市人民政府农业农村主管部门批准，不得擅自处理受保护的畜禽遗传资源。

畜禽遗传资源基因库应当按照国务院农业农村主管部门或者省、自治区、直辖市人民政府农业农村主管部门的规定，定期采集和更新畜禽遗传材料。有关单位、个人应当配合畜禽遗传资源基因库采集畜禽遗传材料，并有权获得适当的经济补偿。

县级以上地方人民政府应当保障畜禽遗传资源保种场和基因库用地的需求。确需关闭或者搬迁的，应当经原建立或者确定机关批准，搬迁的按照先建后拆的原则妥善安置。

畜禽遗传资源保种场、保护区和基因库的管理办法，由国务院农业农村主管部门制定。

第十五条 新发现的畜禽遗传资源在国家畜禽遗传资源委员会鉴定前，省、自治区、直辖市人民政府农业农村主管部门应当制定保护方案，采取临时保护措施，并报国务院农业农村主管部门备案。

第十六条 从境外引进畜禽遗传资源的，应当向省、自治区、直辖市人民政府农业农村主管部门提出申请；受理申请的农业农村主管部门经审核，报国务院农业农村主管部门经评估论证后批准；但是国务院对批准机关另有规定的除外。经批准的，依照《中华人民共和国进出境动植物检疫法》的规定办理相关手续并实施检疫。

从境外引进的畜禽遗传资源被发现对境内畜禽遗传资

源、生态环境有危害或者可能产生危害的，国务院农业农村主管部门应当商有关主管部门，及时采取相应的安全控制措施。

第十七条　国家对畜禽遗传资源享有主权。向境外输出或者在境内与境外机构、个人合作研究利用列入保护名录的畜禽遗传资源的，应当向省、自治区、直辖市人民政府农业农村主管部门提出申请，同时提出国家共享惠益的方案；受理申请的农业农村主管部门经审核，报国务院农业农村主管部门批准。

向境外输出畜禽遗传资源的，还应当依照《中华人民共和国进出境动植物检疫法》的规定办理相关手续并实施检疫。

新发现的畜禽遗传资源在国家畜禽遗传资源委员会鉴定前，不得向境外输出，不得与境外机构、个人合作研究利用。

第十八条　畜禽遗传资源的进出境和对外合作研究利用的审批办法由国务院规定。

第三章　种畜禽品种选育与生产经营

第十九条　国家扶持畜禽品种的选育和优良品种的推广使用，实施全国畜禽遗传改良计划；支持企业、高等学校、科研机构和技术推广单位开展联合育种，建立健全畜禽良种繁育体系。

县级以上人民政府支持开发利用列入畜禽遗传资源保护名录的品种，增加特色畜禽产品供给，满足多元化消费需求。

第二十条 国家鼓励和支持畜禽种业自主创新，加强育种技术攻关，扶持选育生产经营相结合的创新型企业发展。

第二十一条 培育的畜禽新品种、配套系和新发现的畜禽遗传资源在销售、推广前，应当通过国家畜禽遗传资源委员会审定或者鉴定，并由国务院农业农村主管部门公告。畜禽新品种、配套系的审定办法和畜禽遗传资源的鉴定办法，由国务院农业农村主管部门制定。审定或者鉴定所需的试验、检测等费用由申请者承担。

畜禽新品种、配套系培育者的合法权益受法律保护。

第二十二条 转基因畜禽品种的引进、培育、试验、审定和推广，应当符合国家有关农业转基因生物安全管理的规定。

第二十三条 省级以上畜牧兽医技术推广机构应当组织开展种畜质量监测、优良个体登记，向社会推荐优良种畜。优良种畜登记规则由国务院农业农村主管部门制定。

第二十四条 从事种畜禽生产经营或者生产经营商品代仔畜、雏禽的单位、个人，应当取得种畜禽生产经营许可证。

申请取得种畜禽生产经营许可证，应当具备下列条件：

（一）生产经营的种畜禽是通过国家畜禽遗传资源委员会审定或者鉴定的品种、配套系，或者是经批准引进的境外品种、配套系；

（二）有与生产经营规模相适应的畜牧兽医技术人员；

（三）有与生产经营规模相适应的繁育设施设备；

（四）具备法律、行政法规和国务院农业农村主管部门规定的种畜禽防疫条件；

（五）有完善的质量管理和育种记录制度；

（六）法律、行政法规规定的其他条件。

第二十五条 申请取得生产家畜卵子、精液、胚胎等遗传材料的生产经营许可证，除应当符合本法第二十四条第二款规定的条件外，还应当具备下列条件：

（一）符合国务院农业农村主管部门规定的实验室、保存和运输条件；

（二）符合国务院农业农村主管部门规定的种畜数量和质量要求；

（三）体外受精取得的胚胎、使用的卵子来源明确，供体畜符合国家规定的种畜健康标准和质量要求；

（四）符合有关国家强制性标准和国务院农业农村主

管部门规定的技术要求。

第二十六条 申请取得生产家畜卵子、精液、胚胎等遗传材料的生产经营许可证，应当向省、自治区、直辖市人民政府农业农村主管部门提出申请。受理申请的农业农村主管部门应当自收到申请之日起六十个工作日内依法决定是否发放生产经营许可证。

其他种畜禽的生产经营许可证由县级以上地方人民政府农业农村主管部门审核发放。

国家对种畜禽生产经营许可证实行统一管理、分级负责，在统一的信息平台办理。种畜禽生产经营许可证的审批和发放信息应当依法向社会公开。具体办法和许可证样式由国务院农业农村主管部门制定。

第二十七条 种畜禽生产经营许可证应当注明生产经营者名称、场（厂）址、生产经营范围及许可证有效期的起止日期等。

禁止无种畜禽生产经营许可证或者违反种畜禽生产经营许可证的规定生产经营种畜禽或者商品代仔畜、雏禽。禁止伪造、变造、转让、租借种畜禽生产经营许可证。

第二十八条 农户饲养的种畜禽用于自繁自养和有少量剩余仔畜、雏禽出售的，农户饲养种公畜进行互助配种的，不需要办理种畜禽生产经营许可证。

第二十九条 发布种畜禽广告的，广告主应当持有或者提供种畜禽生产经营许可证和营业执照。广告内容应当符合有关法律、行政法规的规定，并注明种畜禽品种、配套系的审定或者鉴定名称，对主要性状的描述应当符合该品种、配套系的标准。

第三十条　销售的种畜禽、家畜配种站（点）使用的种公畜，应当符合种用标准。销售种畜禽时，应当附具种畜禽场出具的种畜禽合格证明、动物卫生监督机构出具的检疫证明，销售的种畜还应当附具种畜禽场出具的家畜系谱。

生产家畜卵子、精液、胚胎等遗传材料，应当有完整的采集、销售、移植等记录，记录应当保存二年。

第三十一条　销售种畜禽，不得有下列行为：

（一）以其他畜禽品种、配套系冒充所销售的种畜禽品种、配套系；

（二）以低代别种畜禽冒充高代别种畜禽；

（三）以不符合种用标准的畜禽冒充种畜禽；

（四）销售未经批准进口的种畜禽；

（五）销售未附具本法第三十条规定的种畜禽合格证明、检疫证明的种畜禽或者未附具家畜系谱的种畜；

（六）销售未经审定或者鉴定的种畜禽品种、配套系。

第三十二条　申请进口种畜禽的，应当持有种畜禽生产经营许可证。因没有种畜禽而未取得种畜禽生产经营许可证的，应当提供省、自治区、直辖市人民政府农业农村主管部门的说明文件。进口种畜禽的批准文件有效期为六个月。

进口的种畜禽应当符合国务院农业农村主管部门规定的技术要求。首次进口的种畜禽还应当由国家畜禽遗传资源委员会进行种用性能的评估。

种畜禽的进出口管理除适用本条前两款的规定外，还适用本法第十六条、第十七条和第二十二条的相关规定。

国家鼓励畜禽养殖者利用进口的种畜禽进行新品种、配套系的培育；培育的新品种、配套系在推广前，应当经国家畜禽遗传资源委员会审定。

第三十三条 销售商品代仔畜、雏禽的，应当向购买者提供其销售的商品代仔畜、雏禽的主要生产性能指标、免疫情况、饲养技术要求和有关咨询服务，并附具动物卫生监督机构出具的检疫证明。

销售种畜禽和商品代仔畜、雏禽，因质量问题给畜禽养殖者造成损失的，应当依法赔偿损失。

第三十四条 县级以上人民政府农业农村主管部门负责种畜禽质量安全的监督管理工作。种畜禽质量安全的监督检验应当委托具有法定资质的种畜禽质量检验机构进行；所需检验费用由同级预算列支，不得向被检验人收取。

第三十五条 蜂种、蚕种的资源保护、新品种选育、生产经营和推广，适用本法有关规定，具体管理办法由国务院农业农村主管部门制定。

第四章 畜禽养殖

第三十六条 国家建立健全现代畜禽养殖体系。县级以上人民政府农业农村主管部门应当根据畜牧业发展规划和市场需求，引导和支持畜牧业结构调整，发展优势畜禽生产，提高畜禽产品市场竞争力。

第三十七条 各级人民政府应当保障畜禽养殖用地合理需求。县级国土空间规划根据本地实际情况，安排畜禽养殖用地。畜禽养殖用地按照农业用地管理。畜禽养殖用地使用期限届满或者不再从事养殖活动，需要恢复为原用途的，由畜禽养殖用地使用人负责恢复。在畜禽养殖用地范围内需要兴建永久性建（构）筑物，涉及农用地转用的，依照《中华人民共和国土地管理法》的规定办理。

第三十八条 国家设立的畜牧兽医技术推广机构，应当提供畜禽养殖、畜禽粪污无害化处理和资源化利用技术培训，以及良种推广、疫病防治等服务。县级以上人民政府应当保障国家设立的畜牧兽医技术推广机构从事公益性技术服务的工作经费。

国家鼓励畜禽产品加工企业和其他相关生产经营者为

畜禽养殖者提供所需的服务。

第三十九条 畜禽养殖场应当具备下列条件：

（一）有与其饲养规模相适应的生产场所和配套的生产设施；

（二）有为其服务的畜牧兽医技术人员；

（三）具备法律、行政法规和国务院农业农村主管部门规定的防疫条件；

（四）有与畜禽粪污无害化处理和资源化利用相适应的设施设备；

（五）法律、行政法规规定的其他条件。

畜禽养殖场兴办者应当将畜禽养殖场的名称、养殖地址、畜禽品种和养殖规模，向养殖场所在地县级人民政府农业农村主管部门备案，取得畜禽标识代码。

畜禽养殖场的规模标准和备案管理办法，由国务院农业农村主管部门制定。

畜禽养殖户的防疫条件、畜禽粪污无害化处理和资源化利用要求，由省、自治区、直辖市人民政府农业农村主管部门会同有关部门规定。

第四十条 畜禽养殖场的选址、建设应当符合国土空间规划，并遵守有关法律法规的规定；不得违反法律法规的规定，在禁养区域建设畜禽养殖场。

第四十一条 畜禽养殖场应当建立养殖档案，载明下列内容：

（一）畜禽的品种、数量、繁殖记录、标识情况、来源和进出场日期；

（二）饲料、饲料添加剂、兽药等投入品的来源、名称、使用对象、时间和用量；

（三）检疫、免疫、消毒情况；

（四）畜禽发病、死亡和无害化处理情况；

（五）畜禽粪污收集、储存、无害化处理和资源化利用情况；

（六）国务院农业农村主管部门规定的其他内容。

第四十二条　畜禽养殖者应当为其饲养的畜禽提供适当的繁殖条件和生存、生长环境。

第四十三条　从事畜禽养殖，不得有下列行为：

（一）违反法律、行政法规和国家有关强制性标准、国务院农业农村主管部门的规定使用饲料、饲料添加剂、兽药；

（二）使用未经高温处理的餐馆、食堂的泔水饲喂家畜；

（三）在垃圾场或者使用垃圾场中的物质饲养畜禽；

（四）随意弃置和处理病死畜禽；

（五）法律、行政法规和国务院农业农村主管部门规定的危害人和畜禽健康的其他行为。

第四十四条 从事畜禽养殖，应当依照《中华人民共和国动物防疫法》、《中华人民共和国农产品质量安全法》的规定，做好畜禽疫病防治和质量安全工作。

第四十五条 畜禽养殖者应当按照国家关于畜禽标识管理的规定，在应当加施标识的畜禽的指定部位加施标识。农业农村主管部门提供标识不得收费，所需费用列入省、自治区、直辖市人民政府预算。

禁止伪造、变造或者重复使用畜禽标识。禁止持有、使用伪造、变造的畜禽标识。

第四十六条 畜禽养殖场应当保证畜禽粪污无害化处理和资源化利用设施的正常运转，保证畜禽粪污综合利用或者达标排放，防止污染环境。违法排放或者因管理不当污染环境的，应当排除危害，依法赔偿损失。

国家支持建设畜禽粪污收集、储存、粪污无害化处理和资源化利用设施，推行畜禽粪污养分平衡管理，促进农用有机肥利用和种养结合发展。

第四十七条 国家引导畜禽养殖户按照畜牧业发展规划有序发展，加强对畜禽养殖户的指导帮扶，保护其合法权益，不得随意以行政手段强行清退。

国家鼓励涉农企业带动畜禽养殖户融入现代畜牧业产业链，加强面向畜禽养殖户的社会化服务，支持畜禽养殖户和畜牧业专业合作社发展畜禽规模化、标准化养殖，支持发展新产业、新业态，促进与旅游、文化、生态等产业融合。

第四十八条 国家支持发展特种畜禽养殖。县级以上人民政府应当采取措施支持建立与特种畜禽养殖业发展相适应的养殖体系。

第四十九条 国家支持发展养蜂业，保护养蜂生产者的合法权益。

有关部门应当积极宣传和推广蜂授粉农艺措施。

第五十条 养蜂生产者在生产过程中，不得使用危害蜂产品质量安全的药品和容器，确保蜂产品质量。养蜂器具应当符合国家标准和国务院有关部门规定的技术要求。

第五十一条 养蜂生产者在转地放蜂时，当地公安、交通运输、农业农村等有关部门应当为其提供必要的便利。

养蜂生产者在国内转地放蜂，凭国务院农业农村主管部门统一格式印制的检疫证明运输蜂群，在检疫证明有效期内不得重复检疫。

第五章 草原畜牧业

第五十二条 国家支持科学利用草原，协调推进草原保护与草原畜牧业发展，坚持生态优先、生产生态有机结合，发展特色优势产业，促进农牧民增加收入，提高草原可持续发展能力，筑牢生态安全屏障，推进牧区生产生活生态协同发展。

第五十三条 国家支持牧区转变草原畜牧业发展方式，加强草原水利、草原围栏、饲草料生产加工储备、牲畜圈舍、牧道等基础设施建设。

国家鼓励推行舍饲半舍饲圈养、季节性放牧、划区轮牧等饲养方式，合理配置畜群，保持草畜平衡。

第五十四条 国家支持优良饲草品种的选育、引进和推广使用，因地制宜开展人工草地建设、天然草原改良和饲草料基地建设，优化种植结构，提高饲草料供应保障能力。

第五十五条 国家支持农牧民发展畜牧业专业合作社和现代家庭牧场，推行适度规模养殖，提升标准化生产水平，建设牛羊等重要畜产品生产基地。

第五十六条 牧区各级人民政府农业农村主管部门应当鼓励和指导农牧民改良家畜品种，优化畜群结构，实行科学饲养，合理加快出栏周转，促进草原畜牧业节本、提质、增效。

第五十七条 国家加强草原畜牧业灾害防御保障，将草原畜牧业防灾减灾列入预算，优化设施装备条件，完善牧区牛羊等家畜保险制度，提高抵御自然灾害的能力。

第五十八条 国家完善草原生态保护补助奖励政策，

对采取禁牧和草畜平衡措施的农牧民按照国家有关规定给予补助奖励。

第五十九条　有关地方人民政府应当支持草原畜牧业与乡村旅游、文化等产业协同发展，推动一二三产业融合，提升产业化、品牌化、特色化水平，持续增加农牧民收入，促进牧区振兴。

第六十条　草原畜牧业发展涉及草原保护、建设、利用和管理活动的，应当遵守有关草原保护法律法规的规定。

第六章　畜禽交易与运输

第六十一条　国家加快建立统一开放、竞争有序、安全便捷的畜禽交易市场体系。

第六十二条　县级以上地方人民政府应当根据农产品批发市场发展规划，对在畜禽集散地建立畜禽批发市场给予扶持。

畜禽批发市场选址，应当符合法律、行政法规和国务院农业农村主管部门规定的动物防疫条件，并距离种畜禽场和大型畜禽养殖场三公里以外。

第六十三条　进行交易的畜禽应当符合农产品质量安全标准和国务院有关部门规定的技术要求。

国务院农业农村主管部门规定应当加施标识而没有标

识的畜禽，不得销售、收购。

国家鼓励畜禽屠宰经营者直接从畜禽养殖者收购畜禽，建立稳定收购渠道，降低动物疫病和质量安全风险。

第六十四条 运输畜禽，应当符合法律、行政法规和国务院农业农村主管部门规定的动物防疫条件，采取措施保护畜禽安全，并为运输的畜禽提供必要的空间和饲喂饮水条件。

有关部门对运输中的畜禽进行检查，应当有法律、行政法规的依据。

第七章 畜禽屠宰

第六十五条 国家实行生猪定点屠宰制度。对生猪以外的其他畜禽可以实行定点屠宰，具体办法由省、自治区、直辖市制定。农村地区个人自宰自食的除外。

省、自治区、直辖市人民政府应当按照科学布局、集中屠宰、有利流通、方便群众的原则，结合畜禽养殖、动物疫病防控和畜禽产品消费等实际情况，制定畜禽屠宰行业发展规划并组织实施。

第六十六条 国家鼓励畜禽就地屠宰，引导畜禽屠宰企业向养殖主产区转移，支持畜禽产品加工、储存、运输冷链体系建设。

第六十七条　畜禽屠宰企业应当具备下列条件：

（一）有与屠宰规模相适应、水质符合国家规定标准的用水供应条件；

（二）有符合国家规定的设施设备和运载工具；

（三）有依法取得健康证明的屠宰技术人员；

（四）有经考核合格的兽医卫生检验人员；

（五）依法取得动物防疫条件合格证和其他法律法规规定的证明文件。

第六十八条　畜禽屠宰经营者应当加强畜禽屠宰质量安全管理。畜禽屠宰企业应当建立畜禽屠宰质量安全管理制度。

未经检验、检疫或者经检验、检疫不合格的畜禽产品不得出厂销售。经检验、检疫不合格的畜禽产品，按照国家有关规定处理。

地方各级人民政府应当按照规定对无害化处理的费用和损失给予补助。

第六十九条　国务院农业农村主管部门负责组织制定畜禽屠宰质量安全风险监测计划。

省、自治区、直辖市人民政府农业农村主管部门根据国家畜禽屠宰质量安全风险监测计划，结合实际情况，制定本行政区域畜禽屠宰质量安全风险监测方案并组织实施。

第八章 保障与监督

第七十条 省级以上人民政府应当在其预算内安排支持畜禽种业创新和畜牧业发展的良种补贴、贴息补助、保费补贴等资金，并鼓励有关金融机构提供金融服务，支持畜禽养殖者购买优良畜禽、繁育良种、防控疫病，支持改善生产设施、畜禽粪污无害化处理和资源化利用设施设备、扩大养殖规模，提高养殖效益。

第七十一条 县级以上人民政府应当组织农业农村主管部门和其他有关部门，依照本法和有关法律、行政法规的规定，加强对畜禽饲养环境、种畜禽质量、畜禽交易与运输、畜禽屠宰以及饲料、饲料添加剂、兽药等投入品的生产、经营、使用的监督管理。

第七十二条 国务院农业农村主管部门应当制定畜禽标识和养殖档案管理办法，采取措施落实畜禽产品质量安全追溯和责任追究制度。

第七十三条 县级以上人民政府农业农村主管部门应当制定畜禽质量安全监督抽查计划，并按照计划开展监督抽查工作。

第七十四条 省级以上人民政府农业农村主管部门应当组织制定畜禽生产规范，指导畜禽的安全生产。

第七十五条 国家建立统一的畜禽生产和畜禽产品市

场监测预警制度，逐步完善有关畜禽产品储备调节机制，加强市场调控，促进市场供需平衡和畜牧业健康发展。

县级以上人民政府有关部门应当及时发布畜禽产销信息，为畜禽生产经营者提供信息服务。

第七十六条　国家加强畜禽生产、加工、销售、运输体系建设，提升畜禽产品供应安全保障能力。

省、自治区、直辖市人民政府负责保障本行政区域内的畜禽产品供给，建立稳产保供的政策保障和责任考核体系。

国家鼓励畜禽主销区通过跨区域合作、建立养殖基地等方式，与主产区建立稳定的合作关系。

第九章　法律责任

第七十七条　违反本法规定，县级以上人民政府农业农村主管部门及其工作人员有下列行为之一的，对直接负责的主管人员和其他直接责任人员依法给予处分：

（一）利用职务上的便利，收受他人财物或者牟取其他利益；

（二）对不符合条件的申请人准予许可，或者超越法定职权准予许可；

（三）发现违法行为不予查处；

（四）其他滥用职权、玩忽职守、徇私舞弊等不依法履行监督管理工作职责的行为。

第七十八条 违反本法第十四条第二款规定，擅自处理受保护的畜禽遗传资源，造成畜禽遗传资源损失的，由省级以上人民政府农业农村主管部门处十万元以上一百万元以下罚款。

第七十九条 违反本法规定，有下列行为之一的，由省级以上人民政府农业农村主管部门责令停止违法行为，没收畜禽遗传资源和违法所得，并处五万元以上五十万元以下罚款：

（一）未经审核批准，从境外引进畜禽遗传资源；

（二）未经审核批准，在境内与境外机构、个人合作研究利用列入保护名录的畜禽遗传资源；

（三）在境内与境外机构、个人合作研究利用未经国家畜禽遗传资源委员会鉴定的新发现的畜禽遗传资源。

第八十条 违反本法规定，未经国务院农业农村主管部门批准，向境外输出畜禽遗传资源的，依照《中华人民共和国海关法》的有关规定追究法律责任。海关应当将扣留的畜禽遗传资源移送省、自治区、直辖市人民政府农业农村主管部门处理。

第八十一条 违反本法规定，销售、推广未经审定或者鉴定的畜禽品种、配套系的，由县级以上地方人民政府农业农村主管部门责令停止违法行为，没收畜禽和违法所得；违法所得在五万元以上的，并处违法所得一倍以上三倍以下罚款；没有违法所得或者违法所得不足五万元的，并处五千元以上五万元以下罚款。

第八十二条 违反本法规定，无种畜禽生产经营许可证或者违反种畜禽生产经营许可证规定生产经营，或者伪造、变造、转让、租借种畜禽生产经营许可证的，由县级以上地方人民政府农业农村主管部门责令停止违法行为，收缴伪造、变造的种畜禽生产经营许可证，没收种畜禽、商品代仔畜、雏禽和违法所得；违法所得在三万元以上的，并处违法所得一倍以上三倍以下罚款；没有违法所得或者违法所得不足三万元的，并处三千元以上三万元以下罚款。违反种畜禽生产经营许可证的规定生产经营或者转让、租借种畜禽生产经营许可证，情节严重的，并处吊销种畜禽生产经营许可证。

第八十三条 违反本法第二十九条规定的，依照《中华人民共和国广告法》的有关规定追究法律责任。

第八十四条 违反本法规定，使用的种畜禽不符合种用标准的，由县级以上地方人民政府农业农村主管部门责令停止违法行为，没收种畜禽和违法所得；违法所得在五千元以上的，并处违法所得一倍以上二倍以下罚款；没有违法所得或者违法所得不足五千元的，并处一千元以上五千元以下罚款。

第八十五条 销售种畜禽有本法第三十一条第一项至第四项违法行为之一的，由县级以上地方人民政府农业农村主管部门和市场监督管理部门按照职责分工责令停止销售，没收违法销售的（种）畜禽和违法所得；违法所得在五万元以上的，并处违法所得一倍以上五倍以下罚款；没有违法所得或者违法所得不足五万元的，并处五千元以上五万元以下罚款；情节严重的，并处吊销种畜禽生产经营许可证或者营业执照。

第八十六条 违反本法规定，兴办畜禽养殖场未备案，畜禽养殖场未建立养殖档案或者未按照规定保存养殖档案的，由县级以上地方人民政府农业农村主管部门责令限期改正，可以处一万元以下罚款。

第八十七条 违反本法第四十三条规定养殖畜禽的，依照有关法律、行政法规的规定处理、处罚。

第八十八条 违反本法规定，销售的种畜禽未附具种畜禽合格证明、家畜系谱，销售、收购国务院农业农村主管部门规定应当加施标识而没有标识的畜禽，或者重复使用畜禽标识的，由县级以上地方人民政府农业农村主管部门和市场监督管理部门按照职责分工责令改正，可以处二千元以下罚款。

销售的种畜禽未附具检疫证明，伪造、变造畜禽标识，或者持有、使用伪造、变造的畜禽标识的，依照《中华人民共和国动物防疫法》的有关规定追究法律责任。

第八十九条　违反本法规定，未经定点从事畜禽屠宰活动的，依照有关法律法规的规定处理、处罚。

第九十条　县级以上地方人民政府农业农村主管部门发现畜禽屠宰企业不再具备本法规定条件的，应当责令停业整顿，并限期整改；逾期仍未达到本法规定条件的，责令关闭，对实行定点屠宰管理的，由发证机关依法吊销定点屠宰证书。

第九十一条　违反本法第六十八条规定，畜禽屠宰企业未建立畜禽屠宰质量安全管理制度，或者畜禽屠宰经营者对经检验不合格的畜禽产品未按照国家有关规定处理的，由县级以上地方人民政府农业农村主管部门责令改正，给予警告；拒不改正的，责令停业整顿，并处五千元以上五万元以下罚款，对直接负责的主管人员和其他直接责任人员处二千元以上二万元以下罚款；情节严重的，责令关闭，对实行定点屠宰管理的，由发证机关依法吊销定点屠宰证书。

违反本法第六十八条规定的其他行为的，依照有关法律法规的规定处理、处罚。

第九十二条　违反本法规定，构成犯罪的，依法追究刑事责任。

第十章　附　则

第九十三条　本法所称畜禽遗传资源，是指畜禽及其卵子（蛋）、精液、胚胎、基因物质等遗传材料。

本法所称种畜禽，是指经过选育、具有种用价值、适于繁殖后代的畜禽及其卵子（蛋）、精液、胚胎等。

第九十四条　本法自 2023 年 3 月 1 日起施行。

关于《中华人民共和国畜牧法（修订草案）》的说明

——2021 年 10 月 19 日在第十三届全国人民代表大会
常务委员会第三十一次会议上

全国人大农业与农村委员会副主任委员　李家洋

委员长、各位副委员长、秘书长、各位委员：

我受全国人大农业与农村委员会委托，就《中华人民共和国畜牧法（修订草案）》的有关问题作说明。

一、畜牧法修改的必要性

现行畜牧法自 2006 年 7 月 1 日施行以来，对于规范畜牧业生产经营行为，加快转变畜牧业发展方式，增强畜禽产品供给保障能力，促进农牧民持续增收等发挥了重要作用。

畜牧业是关系国计民生的重要产业，也是我国农业农村经济的支柱产业和增加农牧民收入的重要来源。大力发展畜牧业，对全面推进乡村振兴，加快农业农村现代化具有重要意义。新时代畜牧业高质量发展要求加快构建现代畜禽养殖、动物防疫和加工流通体系，不断提升畜牧业质量效益和竞争力，更好地满足人民群众多元化的畜禽产品消费需求。当前，畜牧业发展仍存在一些问题。一是畜禽遗传资源保护力度不够，开发利用水平低，部分品种持续减少、濒临灭绝；二是畜禽种业自主创新能力不强，产学研协同的利益联结机制不健全，市场竞争力不足；三是畜禽粪污资源化利用水平不高，资源环境硬约束日益加剧；四是养殖业发展不均衡，行业集中度低，市场波动大、风险高，监测预警体系不完善，宏观调控能力弱；五是畜禽的防疫和屠宰质量安全监管、防范重大公共卫生风险能力比较薄弱。针对畜牧业发展中的薄弱环节和出现的新情况、新问题，亟须对现行畜牧法作出相应的修改完善。

2020年4月，全国人大常委会将修改畜牧法列入强化公共卫生法治保障立法修法工作计划，明确由全国人大农业与农村委员会牵头负责起草。我委高度重视畜牧法修改工作，成立农业农村部等有关部门参加的工作专班，在认真总结实践经验、深入调研、广泛听取有关方面意见、反复讨论修改完善的基础上，形成《中华人民共和国畜牧法（修订草案）》（以下简称草案）。

二、畜牧法修改的指导思想和总体思路

深入学习贯彻习近平新时代中国特色社会主义思想，落实党的十九大和十九届二中、三中、四中、五中全会精神，贯彻落实习近平总书记关于强化公共卫生法治保障重要指示，适应发展现代畜牧业新要求，逐步完善和健全保障我国畜牧业持续健康发展的管理体系。加强畜禽遗传资源保护和利用、鼓励畜禽种业自主创新，规范畜禽养殖、粪污资源化利用、屠宰等畜牧业生产经营行为，支持草原畜牧业发展，统筹畜牧业公共卫生安全和高质量发展，保障重要畜禽产品有效供给，促进现代畜牧业发展。

三、畜牧法修改的主要内容

（一）完善公共卫生法治保障

一是完善列入畜禽遗传资源目录的条件。为落实《全国人大常委会关于全面禁止非法野生动物交易、革除滥食野生动物陋习、切实保障人民群众生命健康安全的决定》精神，草案规定，经过人类长期驯化和选育而成，遗传性能稳定，有成熟的品种和一定的种群规模，能够不依赖于野生种群而独立繁衍的哺乳纲或者鸟纲驯养动物，可以列入畜禽遗传资源目录。（第十一条）

二是强化畜禽粪污资源化利用。为提高畜禽粪污资源化利用水平，强化主体责任，草案对畜禽养殖场配套畜禽粪污处理利用设施装备、畜禽粪污处理利用的技术培训、养殖档案记录、种养结合等作出规定。明确畜禽养殖户的畜禽粪污处理利用要求，由省、自治区、直辖市人民政府有关部门规定。（第三十七条、第三十八条、第四十条、第四十五条）

三是加强畜禽屠宰管理。畜禽屠宰是保障畜禽产品质量和公共卫生安全的关键环节。草案增加"畜禽屠宰"一章，对畜禽屠宰的行业发展规划、企业条件要求、质量安全管理和风险监测制度、无害化处理及补助等作出规定。综合考虑城乡差异、生活习俗、行业发展现状等因素，草案规定，实行生猪定点屠宰制度；对生猪以外的其他畜禽可以实行定点屠宰，具体办法由省、自治区、直辖市制定。（第七章）

（二）促进畜牧业高质量发展

一是加大畜禽遗传资源保护。畜禽遗传资源是畜牧业可持续发展的物质基础，畜禽遗传资源保护具有基础性、公益性。草案规定，畜禽遗传资源保护以国家为主、多元参与，坚持保护优先、高效利用的原则，实行分类分级保护；鼓励加强畜禽遗传资源保护和利用的基础研究，提高科技创新能力；加强畜禽遗传资源保护用地保障，县级以上地方人民政府应当保障畜禽遗传资源保种场和基因库用地的需求。（第九条、第十三条）

二是支持畜禽种业自主创新。为振兴畜禽种业，草案规定，国家鼓励支持畜禽种业自主创新，加强良种技术攻关，扶持创新型企业发展；支持列入畜禽遗传保护名录的品种开发利用，满足多元化消费需求。同时取消畜禽品种、配套系中间试验的行政审批和专门从事家畜人工授精、胚胎移植等繁殖工作的职业资格许可，加强事中事后

监管。（第十八条、第十九条、第二十条）

三是促进草原畜牧业发展。草原畜牧业是畜牧业重要组成部分，是牧区振兴的前提和基础。草案增加"草原畜牧业"一章，明确国家支持科学利用草原，协调推进草原休养生息与草原畜牧业发展，提高草原可持续发展能力。支持牧区转变草原畜牧业发展方式。对草原畜牧业发展的基础设施建设、饲草料供应、防灾减灾保障、草原生态奖补等作出规定。（第五章）

四是引导畜禽养殖户发展。为拓展农民就业和增收渠道，草案规定，国家引导畜禽养殖户依照畜牧业发展规划有序发展，依法保护畜禽养殖户合法权益；鼓励龙头企业带动畜禽养殖户融入现代畜牧业产业链，加强面向畜禽养殖户的社会化服务；支持畜禽养殖户和畜牧业合作社发展畜禽规模化、标准化养殖，发展新产业、新业态，促进与旅游、文化、生态等产业融合。草案还就鼓励发展特种畜禽养殖作出规定。（第四十六条、第四十七条）

（三）保障畜禽产品有效供给

一是完善畜禽产品保供稳价措施。为促进畜牧业稳定发展和畜禽产品市场平稳运行，维护养殖者和消费者利益，提升畜禽产品供应安全保障能力，草案规定，国家建立统一的畜禽生产和畜禽产品市场监测预警制度，逐步完善畜禽产品储备调节机制，利用畜禽产品进出口、期货等市场调节方式，促进市场供需平衡和畜牧业健康发展；国家鼓励畜禽主销区与主产区建立稳定的合作关系。省、自治区、直辖市人民政府负责保障本行政区域畜禽产品供给，建立稳产保供的政策保障和责任考核体系。（第七十三条、第七十四条）

二是规范畜禽养殖禁养区域划定。为防止违法扩大禁养区域，草案规定，国务院生态环境主管部门会同农业农村、林业草原主管部门负责制定禁养区域划定管理办法。禁养区域由县级以上地方人民政府划定。（第三十九条）

此外，草案就饲料和兽药的生产经营监管、畜禽交易和运输、法律责任等内容作了完善，对部分条款及文字作了修改。

《中华人民共和国畜牧法（修订草案）》及以上说明是否妥当，请审议。

中华人民共和国畜牧法（修订草案）

第一章　总　　则

第一条　为了规范畜牧业生产经营行为，保障畜禽产品供给和质量安全，保护和合理利用畜禽遗传资源，培育和推广畜禽优良品种，振兴畜禽种业，维护畜牧业生产经营者的合法权益，防范公共卫生风险，促进畜牧业高质量发展，制定本法。

第二条　在中华人民共和国境内从事畜禽的遗传资源保护利用、繁育、饲养、经营、运输、屠宰等活动，适用本法。

本法所称畜禽，是指列入依照本法第十一条规定公布的畜禽遗传资源目录的畜禽。

蜂、蚕的资源保护利用和生产经营，适用本法有关规定。

第三条　国家支持畜牧业发展，发挥畜牧业在发展农业、农村经济和增加农民收入中的作用。县级以上人民政府应当采取措施，加强畜牧业基础设施建设，鼓励和扶持发展规模化、标准化和智能化养殖，促进种养结合农牧循环发展，推进畜牧产业化经营，提高畜牧业综合生产能力，发展优质、高效、生态、安全的畜牧业。

国家帮助和扶持少数民族地区、欠发达地区畜牧业的发展，保护和合理利用草原，改善畜牧业生产条件。

第四条 国家采取措施，培养畜牧兽医专业人才，健全基层畜牧兽医技术推广体系，发展畜牧兽医科学技术研究和推广事业，开展畜牧兽医科学技术知识的教育宣传工作和畜牧兽医信息服务，推进畜牧业科技进步和创新。

第五条 畜牧业生产经营者可以依法自愿成立行业协会，为成员提供信息、技术、营销、培训等服务，加强行业自律，维护成员和行业利益。

第六条 畜牧业生产经营者应当依法履行动物防疫和生态环境保护义务，接受有关主管部门依法实施的监督检查。

第七条 国务院农业农村主管部门负责全国畜牧业的监督管理工作。县级以上地方人民政府农业农村主管部门负责本行政区域内的畜牧业监督管理工作。

县级以上人民政府有关主管部门在各自的职责范围内，负责有关促进畜牧业发展的工作。

第八条 国务院农业农村主管部门应当指导畜牧业生产经营者改善畜禽繁育、饲养、运输、屠宰的条件和环境。

第二章 畜禽遗传资源保护

第九条 国家建立畜禽遗传资源保护制度，开展资源调查、保护、鉴定、登记、监测和利用等工作。各级人民政府应当采取措施，加强畜禽遗传资源保护，畜禽遗传资源保护经费列入预算。

畜禽遗传资源保护以国家为主、多元参与，坚持保护优先、高效利用的原则，实行分类分级保护。具体办法由国务院农业农村主管部门制定。

国家鼓励和支持有关单位、个人依法发展畜禽遗传资源保护事业，鼓励和支持高等院校、科研院所加强畜禽遗传资源保护和利用的基础研究，提高科技创新能力。

第十条　国务院农业农村主管部门设立由专业人员组成的国家畜禽遗传资源委员会，负责畜禽遗传资源的鉴定、评估和畜禽新品种、配套系的审定，承担畜禽遗传资源保护和利用规划论证及有关畜禽遗传资源保护的咨询工作。

第十一条　国务院农业农村主管部门负责组织畜禽遗传资源的调查工作，发布国家畜禽遗传资源状况报告，公布经国务院批准的畜禽遗传资源目录。

经过人类长期驯化和选育而成，遗传性能稳定，有成熟的品种和一定的种群规模，能够不依赖于野生种群而独立繁衍的哺乳纲或者鸟纲驯养动物，可以列入畜禽遗传资源目录。

第十二条　国务院农业农村主管部门根据畜禽遗传资

源分布状况，制定全国畜禽遗传资源保护和利用规划，制定并公布国家级畜禽遗传资源保护名录，对原产我国的珍贵、稀有、濒危的畜禽遗传资源实行重点保护。

省级人民政府农业农村主管部门根据全国畜禽遗传资源保护和利用规划及本行政区域内畜禽遗传资源状况，制定和公布省级畜禽遗传资源保护名录，并报国务院农业农村主管部门备案。

第十三条 国务院农业农村主管部门根据全国畜禽遗传资源保护和利用规划及国家级畜禽遗传资源保护名录，省级人民政府农业农村主管部门根据省级畜禽遗传资源保护名录，分别建立或者确定畜禽遗传资源保种场、保护区和基因库，承担畜禽遗传资源保护任务。

享受中央和省级财政资金支持的畜禽遗传资源保种场、保护区和基因库，未经国务院农业农村主管部门或者省级人民政府农业农村主管部门批准，不得擅自处理受保护的畜禽遗传资源。

畜禽遗传资源基因库应当按照国务院农业农村主管部门或者省级人民政府农业农村主管部门的规定，定期采集和更新畜禽遗传材料。有关单位、个人应当配合畜禽遗传资源基因库采集畜禽遗传材料，并有权获得适当的经济补偿。

县级以上地方人民政府应当保障畜禽遗传资源保种场

和基因库用地的需求。确需关闭或者搬迁的,应当经原建立或者确定机关批准,并按照先建后拆的原则妥善安置。

畜禽遗传资源保种场、保护区和基因库的管理办法由国务院农业农村主管部门制定。

第十四条 新发现的畜禽遗传资源在国家畜禽遗传资源委员会鉴定前,省级人民政府农业农村主管部门应当制定保护方案,采取临时保护措施,并报国务院农业农村主管部门备案。

第十五条 从境外引进畜禽遗传资源的,应当向省级人民政府农业农村主管部门提出申请;受理申请的农业农村主管部门经审核,报国务院农业农村主管部门经评估论证后批准。经批准的,依照《中华人民共和国进出境动植物检疫法》的规定办理相关手续并实施检疫。

从境外引进的畜禽遗传资源被发现对境内畜禽遗传资源、生态环境有危害或者可能产生危害的,国务院农业农村主管部门应当商有关主管部门,采取相应的安全控制措施。

第十六条 国家对畜禽遗传资源享有主权。向境外输出或者在境内与境外机构、个人合作研究利用列入保护名录的畜禽遗传资源的,应当向省级人民政府农业农村主管部门提出申请,同时提出国家共享惠益的方案;受理申请的农业农村主管部门经审核,报国务院农业农村主管部门批准。

向境外输出畜禽遗传资源的，还应当依照《中华人民共和国进出境动植物检疫法》的规定办理相关手续并实施检疫。

新发现的畜禽遗传资源在国家畜禽遗传资源委员会鉴定前，不得向境外输出，不得与境外机构、个人合作研究利用。

第十七条 畜禽遗传资源的进出境和对外合作研究利用的审批办法由国务院规定。

第三章　种畜禽品种选育与生产经营

第十八条 国家扶持畜禽品种的选育和优良品种的推广使用，实施全国畜禽遗传改良计划。支持企业、院校、科研机构和技术推广单位开展联合育种，建立健全畜禽良种繁育体系。

县级以上人民政府支持列入畜禽遗传资源保护名录的品种开发利用，满足多元化消费需求。

第十九条 国家鼓励支持畜禽种业自主创新，加强良种技术攻关，扶持选育生产经营相结合的创新型企业发展。

第二十条 培育的畜禽新品种、配套系和新发现的畜禽遗传资源在推广前，应当通过国家畜禽遗传资源委员会审定或者鉴定，并由国务院农业农村主管部门公告。畜禽新品种、配套系的审定办法和畜禽遗传资源的鉴定办法，由国务院农业农村主管部门制定。审定或者鉴定所需的试验、检测等费用由申请者承担。

畜禽新品种、配套系培育者的合法权益受法律保护。

第二十一条 转基因畜禽品种的引进、培育、试验、审定和推广，应当符合国家有关农业转基因生物管理的规定。

第二十二条 省级以上畜牧兽医技术推广机构组织开展种畜质量监测、优良个体登记，向社会推荐优良种畜。优良种畜登记规则由国务院农业农村主管部门制定。

第二十三条 从事种畜禽生产经营或者生产经营商品代仔畜、雏禽的单位、个人，应当取得种畜禽生产经营许可证。

申请取得种畜禽生产经营许可证，应当具备下列条件：

（一）生产经营的种畜禽必须是通过国家畜禽遗传资源委员会审定或者鉴定的品种、配套系，或者是经批准引进的境外品种、配套系；

（二）符合国务院农业农村主管部门规定的种畜禽数量和质量要求；

（三）有与生产经营规模相适应的畜牧兽医技术人员；

（四）有与生产经营规模相适应的繁育设施设备；

（五）具备法律、行政法规和国务院农业农村主管部门规定的种畜禽防疫条件；

（六）有完善的质量管理和育种记录制度；

（七）具备法律、行政法规规定的其他条件。

第二十四条 申请取得生产家畜卵子、冷冻精液、胚胎等遗传材料的生产经营许可证，除应当符合本法第二十三条第二款规定的条件外，还应当具备下列条件：

（一）符合国务院农业农村主管部门规定的实验室、保存和运输条件；

（二）体外授精取得的胚胎、使用的卵子来源明确，供体畜符合国家规定的种畜健康标准和质量要求；

（三）符合国家标准或者国务院农业农村主管部门规定的其他技术要求。

第二十五条 申请取得生产家畜卵子、冷冻精液、胚胎等遗传材料的生产经营许可证，应当向省级人民政府农业农村主管部门提出申请。受理申请的农业农村主管部门应当自收到申请之日起六十个工作日内依法决定是否颁发生产经营许可证。

其他种畜禽的生产经营许可证由县级以上地方人民政府农业农村主管部门审核发放。

国家对种畜禽生产经营许可证实行统一管理、分级负责，在统一的信息平台办理。具体办法和许可证样式由国务院农业农村主管部门制定。

第二十六条　种畜禽生产经营许可证应当注明生产经营者名称、地址、生产经营范围及许可证有效期的起止日期等。

禁止任何单位、个人无种畜禽生产经营许可证或者违反种畜禽生产经营许可证的规定生产经营种畜禽或者生产经营商品代仔畜、雏禽。禁止伪造、变造、转让、租借种畜禽生产经营许可证。

第二十七条　农户饲养的种畜禽用于自繁自养和有少量剩余仔畜、雏禽出售的，农户饲养种公畜进行互助配种的，不需要办理种畜禽生产经营许可证。

第二十八条　发布种畜禽广告的，广告主应当提供种畜禽生产经营许可证和营业执照。广告内容应当符合有关法律、行政法规的规定，并注明种畜禽品种、配套系的审定或者鉴定名称；对主要性状的描述应当符合该品种、配套系的标准。

第二十九条　销售的种畜禽和家畜配种站（点）使用的种公畜，必须符合种用标准。销售种畜禽时，应当附具种畜禽场出具的种畜禽合格证明、动物卫生监督机构出具的检疫证明，销售的种畜还应当附具种畜禽场出具的家畜系谱。

生产家畜卵子、冷冻精液、胚胎等遗传材料，应当有完整的采集、销售、移植等记录，记录应当保存二年。

第三十条　销售种畜禽，不得有下列行为：

（一）以其他畜禽品种、配套系冒充所销售的种畜禽品种、配套系；

（二）以低代别种畜禽冒充高代别种畜禽；

（三）以不符合种用标准的畜禽冒充种畜禽；

（四）销售未经批准进口的种畜禽；

（五）销售未附具本法第二十九条规定的种畜禽合格证明、检疫证明的种畜禽或者未附具家畜系谱的种畜；

（六）销售未经审定或者鉴定的种畜禽品种、配套系。

第三十一条　申请进口种畜禽的，应当持有种畜禽生产经营许可证。尚未取得种畜禽生产经营许可证的新建种畜禽场，应当提供省、自治区、直辖市人民政府农业农村主管部门的说明文件。进口种畜禽的批准文件有效期为六个月。

进口的种畜禽应当符合国务院农业农村主管部门规定的技术要求。首次进口的种畜禽还应当由国家畜禽遗传资源委员会进行种用性能的评估。

种畜禽的进出口管理除适用前两款的规定外，还适用本法第十五条、第十六条和第二十一条的相关规定。

国家鼓励畜禽养殖者对进口的畜禽进行新品种、配套系的选育；选育的新品种、配套系在推广前，应当经国家畜禽遗传资源委员会审定。

第三十二条 种畜禽场和孵化场（厂）销售商品代仔畜、雏禽的，应当向购买者提供其销售的商品代仔畜、雏禽的主要生产性能指标、免疫情况、饲养技术要求和有关咨询服务，并附具动物卫生监督机构出具的检疫证明。

销售种畜禽和商品代仔畜、雏禽，因质量问题给畜禽养殖者造成损失的，应当依法赔偿损失。

第三十三条 县级以上人民政府农业农村主管部门负责种畜禽质量安全的监督管理工作。种畜禽质量安全的监督检验应当委托具有法定资质的种畜禽质量检验机构进行；所需检验费用由同级预算列支，不得向被检验人收取。

第三十四条 蜂种、蚕种的资源保护、新品种选育、生产经营和推广适用本法有关规定，具体管理办法由国务院农业农村主管部门制定。

第四章 畜禽养殖

第三十五条 县级以上人民政府农业农村主管部门应当根据畜牧业发展规划和市场需求，引导和支持畜牧业结构调整，发展优势畜禽生产，提高畜禽产品市场竞争力。

第三十六条 各级人民政府应当在国土空间规划中保

障畜禽养殖用地的需求。畜禽养殖用地按农业用地管理。畜禽养殖用地使用期限届满，需要恢复为原用途的，由畜禽养殖用地使用人负责恢复。在畜禽养殖用地范围内需要兴建永久性建（构）筑物，涉及农用地转用的，依照《中华人民共和国土地管理法》的规定办理。

第三十七条　国家设立的畜牧兽医技术推广机构，应当提供畜禽养殖和畜禽粪污处理利用技术培训、良种推广、疫病防治等服务。县级以上人民政府应当保障国家设立的畜牧兽医技术推广机构从事公益性技术服务的工作经费。

国家鼓励畜禽产品加工企业和其他相关生产经营者为畜禽养殖者提供所需的服务。

第三十八条　畜禽养殖场应当具备下列条件：

（一）有与其饲养规模相适应的生产场所和配套的生产设施；

（二）有为其服务的畜牧兽医技术人员；

（三）具备法律、行政法规和国务院农业农村主管部门规定的防疫条件；

（四）有与畜禽粪污处理利用相适应的设施装备；

（五）具备法律、行政法规规定的其他条件。

养殖场兴办者应当将养殖场的名称、养殖地址、畜禽品种和养殖规模，向养殖场所在地县级人民政府农业农村主管部门备案，取得畜禽标识代码。

国务院农业农村主管部门负责制定畜禽养殖场的规模标准和备案管理办法。

畜禽养殖户的防疫条件、畜禽粪污处理利用要求，由省、自治区、直辖市人民政府农业农村主管部门会同生态环境主管部门规定。

第三十九条 根据环境保护需要，禁止在下列区域内建设畜禽养殖场：

（一）饮用水水源保护区，自然保护地的核心保护区；

（二）城镇居民区、文化教育科学研究区等人口集中区域；

（三）法律、行政法规规定的其他禁养区域。

国务院生态环境主管部门会同农业农村、林业草原主管部门负责制定禁养区域划定管理办法。

禁养区域由县级以上地方人民政府划定。因划定禁养区域关闭或者搬迁畜禽养殖场的，应当予以公平、合理补偿并支持异地重建。

第四十条 畜禽养殖场应当建立养殖档案，载明以下内容：

（一）畜禽的品种、数量、繁殖记录、标识情况、来源和进出场日期；

（二）饲料、饲料添加剂、兽药等投入品的来源、名称、使用对象、时间和用量；

（三）检疫、免疫、消毒情况；

（四）畜禽发病、死亡和无害化处理情况；

（五）畜禽粪污收集、贮存、处理和利用情况；

（六）国务院农业农村主管部门规定的其他内容。

第四十一条 畜禽养殖者应当为其饲养的畜禽提供适当的繁殖条件和生存、生长环境。

第四十二条 从事畜禽养殖，不得有下列行为：

（一）违反法律、行政法规的规定和国家标准或者国务院有关部门规定的技术要求使用饲料、饲料添加剂、兽药；

（二）使用未经高温处理的餐馆、食堂的泔水饲喂家畜；

（三）在垃圾场或者使用垃圾场中的物质饲养畜禽；

（四）法律、行政法规和国务院农业农村主管部门规定的危害人和畜禽健康的其他行为。

第四十三条 从事畜禽养殖，应当依照《中华人民共和国动物防疫法》的规定，做好畜禽疫病的防治工作。

第四十四条 畜禽养殖者应当按照国家关于畜禽标识管理的规定，在应当加施标识的畜禽的指定部位加施标识。农业农村主管部门提供标识不得收费，所需费用列入省级人民政府预算。

畜禽标识不得伪造、变造和重复使用。

第四十五条 畜禽养殖者应当保证畜禽粪污处理利用设施的正常运转，保证畜禽粪污综合利用或者达标排放，防止污染环境。

畜禽养殖者违法排放或者因管理不当造成环境污染危害的，应当排除危害，依法赔偿损失。

国家支持建设畜禽粪污收集、贮存、处理和利用设施，推行畜禽粪污养分平衡管理，促进农用有机肥利用和种养结合发展。

第四十六条 国家引导畜禽养殖户依照畜牧业发展规划有序发展，依法保护畜禽养殖户合法权益，不得随意以行政手段强行清退。

国家鼓励龙头企业带动畜禽养殖户融入现代畜牧业产业链，加强面向畜禽养殖户的社会化服务，支持畜禽养殖户和畜牧业合作社发展畜禽规模化、标准化养殖，支持发展新产业、新业态，促进与旅游、文化、生态等产业融合。

第四十七条 国家鼓励发展特种畜禽养殖。县级以上人民政府应当采取措施，支持建立与特种畜禽养殖业发展相适应的养殖体系。

第四十八条 国家鼓励发展养蜂业，维护养蜂生产者的合法权益。

有关部门应当积极宣传和推广蜂授粉农艺措施。

第四十九条 养蜂生产者在生产过程中，不得使用危害蜂产品质量安全的药品和容器，确保蜂产品质量。养蜂器具应当符合国家标准或者国务院有关部门规定的技术要求。

第五十条 养蜂生产者在转地放蜂时，当地公安、交通运输、农业农村等有关部门应当为其提供必要的便利。

养蜂生产者在国内转地放蜂，凭国务院农业农村主管部门统一格式印制的检疫证明运输蜂群，在检疫证明有效期内不得重复检疫。

第五章　草原畜牧业

第五十一条 国家支持科学利用草原，协调推进草原休养生息与草原畜牧业发展，提高草原可持续发展能力。坚持生态优先、生产生态有机结合，筑牢生态安全屏障，发展特色优势产业，促进农牧民增加收入，推进牧区生产生活生态协同发展。

第五十二条 国家支持牧区转变草原畜牧业发展方式，加强草原水利、草原围栏、饲草饲料生产加工储备、牲畜圈舍、牧道等基础设施建设，支持优良饲草品种的选育、引进和推广使用，因地制宜开展人工草地建设、天然草原改良和饲草饲料基地建设，优化种植结构，提高饲草料供应保障能力。

第五十三条　国家支持农牧民发展现代家庭牧场和畜牧业合作社，推行适度规模标准化养殖，建设牛羊等重要畜产品生产基地。

第五十四条　牧区各级人民政府农业农村主管部门应当加强对农牧民的技术指导与服务，改良家畜品种，优化畜群结构，推行科学饲养，加快出栏周转，促进草原畜牧业节本、提质、增效。

第五十五条　国家建立草原畜牧业灾害防御投入保障机制，将草原畜牧业防灾减灾列入预算，完善设施装备条件，加大牧区牛羊等草食家畜保费补贴力度，提高抵御自然灾害的能力。

第五十六条　国家完善草原生态保护和草原畜牧业发展补贴政策，对采取禁牧和草畜平衡措施的农牧民给予补助奖励。

第五十七条　地方各级人民政府应当支持草原畜牧业与乡村旅游、文化等产业协同发展，推动一二三产业融合，提升产业化、品牌化、特色化水平，持续增加农牧民收入，促进牧区振兴。

第五十八条　草原畜牧业发展涉及草原保护、建设、利用和管理活动的，应当遵守《中华人民共和国草原法》有关规定。

第六章　畜禽交易与运输

第五十九条　县级以上人民政府应当促进开放统一、竞争有序的畜禽交易市场建设。

第六十条　县级以上地方人民政府根据农产品批发市场发展规划，对在畜禽集散地建立畜禽批发市场给予扶持。

畜禽批发市场选址，应当符合法律、行政法规和国务院农业农村主管部门规定的动物防疫条件，并距离种畜禽场和大型畜禽养殖场三公里以外。

第六十一条　进行交易的畜禽必须符合国家标准或者国务院有关部门规定的技术要求。

国务院农业农村主管部门规定应当加施标识而没有标识的畜禽，不得销售和收购。

国家鼓励畜禽屠宰企业直接从畜禽养殖者收购畜禽，建立稳定收购渠道，降低动物疫病和质量安全风险。

第六十二条　运输畜禽，必须符合法律、行政法规和国务院农业农村主管部门规定的动物防疫条件，采取措施保护畜禽安全，并为运输的畜禽提供必要的空间和饲喂饮水条件。

有关部门对运输中的畜禽进行检查，应当有法律、行政法规的依据。

第七章　畜禽屠宰

第六十三条　国家实行生猪定点屠宰制度。对生猪以外其他畜禽可以实行定点屠宰，具体办法由省、自治区、直辖市制定。农村地区个人自宰自食的除外。

国家鼓励畜禽就地屠宰，支持畜禽产品加工冷链体系建设。

第六十四条　省、自治区、直辖市人民政府按照科学布局、集中屠宰、有利流通、方便群众的原则，结合畜禽养殖、动物疫病防控和畜禽产品消费等实际情况制定畜禽屠宰行业发展规划。

第六十五条　畜禽屠宰企业应当具备下列条件：

（一）有与屠宰规模相适应、水质符合国家规定标准的用水供应条件；

（二）有符合国家规定的设施设备和运载工具；

（三）有依法取得健康证明的屠宰技术人员；

（四）有经考核合格的兽医卫生检验人员；

（五）依法取得动物防疫条件合格证和其他法律法规规定的证明文件。

第六十六条　畜禽屠宰企业应当建立畜禽屠宰质量安全管理制度。

未经检验或者经检验不合格的畜禽产品不得出厂销

售。经检验不合格的畜禽产品，按照国家有关规定处理。

未经检疫或者检疫不合格的畜禽产品不得出厂销售。经检疫不合格的畜禽产品，按照国家有关规定进行无害化处理。

地方各级人民政府应当按照规定对无害化处理的费用和损失给予补助。

第六十七条 国家实行畜禽屠宰质量安全风险监测制度。

国务院农业农村主管部门负责组织制定畜禽屠宰质量安全风险监测计划。

省、自治区、直辖市人民政府农业农村主管部门根据国家畜禽屠宰质量安全风险监测计划，结合本行政区域实际情况，制定本行政区域畜禽屠宰质量安全风险监测方案并组织实施。

第八章 保障措施

第六十八条 国务院和省级人民政府应当在其预算内安排支持畜禽种业创新和畜牧业发展的良种补贴、贴息补助、保费补贴等资金，并鼓励有关金融机构提供金融服务，支持畜禽养殖者购买优良畜禽、繁育良种、防控疫病、改善生产设施和畜禽粪污处理利用设施装备、扩大养殖规模，提高养殖效益。

第六十九条　县级以上人民政府应当组织农业农村主管部门和其他有关主管部门，依照本法和有关法律、行政法规的规定，加强对畜禽饲养环境、种畜禽质量、畜禽交易与运输、畜禽屠宰以及饲料和兽药等投入品的生产、经营、使用的监督管理。

第七十条　国务院农业农村主管部门应当制定畜禽标识和养殖档案管理办法，采取措施落实畜禽产品质量追溯和责任追究制度。

第七十一条　县级以上人民政府农业农村主管部门应当制定畜禽质量安全监督检查计划，按计划开展监督抽查工作。

第七十二条　省级以上人民政府农业农村主管部门应当组织制定畜禽生产规范，指导畜禽的安全生产。

第七十三条　国家建立统一的畜禽生产和畜禽产品市场监测预警制度，逐步完善畜禽产品储备调节机制，利用畜禽产品进出口、期货等市场调节方式，促进市场供需平衡和畜牧业健康发展。

县级以上人民政府有关部门应当及时发布畜禽产销信息，为生产者提供信息服务。

第七十四条　国家鼓励畜禽主销区通过资源环境补偿、跨区合作、建立养殖基地等方式，与主产区建立稳定的合作关系。省、自治区、直辖市人民政府负责保障本行政区域畜禽产品供给，建立稳产保供的政策保障和责任考核体系。

第九章　法律责任

第七十五条　违反本法第十三条第二款规定，擅自处理受保护的畜禽遗传资源，造成畜禽遗传资源损失的，由省级以上人民政府农业农村主管部门处十万元以上一百万元以下罚款。

第七十六条　违反本法有关规定，有下列行为之一的，由省级以上人民政府农业农村主管部门责令停止违法行为，没收畜禽遗传资源和违法所得，并处五万元以上五十万元以下罚款：

（一）未经审核批准，从境外引进畜禽遗传资源的；

（二）未经审核批准，在境内与境外机构、个人合作研究利用列入保护名录的畜禽遗传资源的；

（三）在境内与境外机构、个人合作研究利用未经国家畜禽遗传资源委员会鉴定的新发现的畜禽遗传资源的。

第七十七条　未经国务院农业农村主管部门批准，向境外输出畜禽遗传资源的，依照《中华人民共和国海关法》的有关规定追究法律责任。海关应当将扣留的畜禽遗传资源移送省级人民政府农业农村主管部门处理。

第七十八条　违反本法有关规定，销售、推广未经审定或者鉴定的畜禽品种、配套系的，由县级以上地方人民政府农业农村主管部门责令停止违法行为，没收畜禽和违法所得；违法所得在五万元以上的，并处违法所得一倍以上三倍以下罚款；没有违法所得或者违法所得不足五万元的，并处五千元以上五万元以下罚款。

第七十九条 违反本法有关规定，无种畜禽生产经营许可证或者违反种畜禽生产经营许可证规定生产经营的，伪造、变造、转让、租借种畜禽生产经营许可证的，由县级以上地方人民政府农业农村主管部门责令停止违法行为，没收违法所得；违法所得在三万元以上的，并处违法所得一倍以上三倍以下罚款；没有违法所得或者违法所得不足三万元的，并处三千元以上三万元以下罚款。违反种畜禽生产经营许可证的规定生产经营或者伪造、变造、转让、租借种畜禽生产经营许可证，情节严重的，并处吊销种畜禽生产经营许可证。

第八十条 违反本法第二十八条规定的，依照《中华人民共和国广告法》的有关规定追究法律责任。

第八十一条 违反本法有关规定，使用的种畜禽不符合种用标准的，由县级以上地方人民政府农业农村主管部门责令停止违法行为，没收违法所得；违法所得在五千元以上的，并处违法所得一倍以上二倍以下罚款；没有违法所得或者违法所得不足五千元的，并处一千元以上五千元以下罚款。

第八十二条 销售种畜禽有本法第三十条第一项至第四项违法行为之一的,由县级以上地方人民政府农业农村主管部门或者市场监督管理部门责令停止销售,没收违法销售的畜禽和违法所得;违法所得在五万元以上的,并处违法所得一倍以上五倍以下罚款;没有违法所得或者违法所得不足五万元的,并处五千元以上五万元以下罚款;情节严重的,并处吊销种畜禽生产经营许可证或者营业执照。

第八十三条 违反本法有关规定,兴办畜禽养殖场未备案的,畜禽养殖场未建立养殖档案或者未按照规定保存养殖档案的,由县级以上地方人民政府农业农村主管部门责令限期改正,可以处一万元以下罚款。

第八十四条 违反本法第四十二条规定养殖畜禽的,依照有关法律、行政法规的规定处罚。

第八十五条 违反本法有关规定,销售的种畜禽未附具种畜禽合格证明、检疫证明、家畜系谱的,销售、收购国务院农业农村主管部门规定应当加施标识而没有标识的畜禽的,或者重复使用畜禽标识的,由县级以上地方人民政府农业农村主管部门或者市场监督管理部门责令改正,可以处二千元以下罚款。

违反本法有关规定,使用伪造、变造的畜禽标识的,由县级以上地方人民政府农业农村主管部门没收伪造、变造的畜禽标识和违法所得，并处三千元以上三万元以下罚款。

第八十六条　销售不符合国家标准或者国务院有关部门规定技术要求的畜禽的，由县级以上地方人民政府农业农村主管部门或者市场监督管理部门责令停止违法行为，没收违法销售的畜禽和违法所得，并处违法所得一倍以上三倍以下罚款；情节严重的，由市场监督管理部门并处吊销营业执照。

第八十七条　违反有关草畜平衡规定、破坏草原植被的行为，依照《中华人民共和国草原法》有关规定处罚。

第八十八条　违反本法有关规定，未经定点从事畜禽屠宰活动的，依照有关法律、法规的规定处罚。

第八十九条　县级以上地方人民政府农业农村主管部门在监督检查中发现畜禽屠宰企业不再具备本法规定条件的，应当责令停业整顿，并限期整改；逾期仍未达到本法规定条件的，予以关停，对实行定点屠宰管理的畜禽屠宰企业，由发证机关吊销定点屠宰证书。

第九十条　违反本法第六十六条规定，畜禽屠宰企业未建立畜禽屠宰质量安全管理制度的，或者对经检验不合格的畜禽产品未按照国家有关规定处理的，由县级以上地方人民政府农业农村主管部门责令改正，给予警告；拒不改正的，责令停业整顿，并处五千元以上五万元以下的罚款，对其直接负责的主管人员和其他直接责任人员处二万元以上五万元以下的罚款；对实行定点屠宰管理的，情节严重的，由发证机关吊销定点屠宰证书。

违反本法第六十六条规定其他行为的，依照有关法律、法规的规定处罚。

第九十一条 农业农村主管部门的工作人员利用职务上的便利，收受他人财物或者谋取其他利益，对不符合法定条件的单位、个人核发许可证或者有关批准文件，不履行监督职责，或者发现违法行为不予查处的，依法给予处分。

第九十二条 违反本法规定，构成犯罪的，依法追究刑事责任。

第十章 附 则

第九十三条 本法所称畜禽遗传资源，是指畜禽及其卵子（蛋）、胚胎、精液、基因物质等遗传材料。

本法所称种畜禽，是指经过选育、具有种用价值、适于繁殖后代的畜禽及其卵子（蛋）、胚胎、精液等。

第九十四条 本法自 年 月 日起施行。

畜牧法修改对照表

（条文中黑体字为新增或修改内容，阴影为删除内容）

（2022 年 10 月 30 日）

修改前 目录	一审稿 目录	修改后 目录
第一章 总则	第一章 总则	第一章 总则
第二章 畜禽遗传资源保护	第二章 畜禽遗传资源保护	第二章 畜禽遗传资源保护
第三章 种畜禽品种选育与生产经营	第三章 种畜禽品种选育与生产经营	第三章 种畜禽品种选育与生产经营
第四章 畜禽养殖	第四章 畜禽养殖	第四章 畜禽养殖
第五章 畜禽交易与运输	**第五章 草原畜牧业**	第五章 草原畜牧业
第六章 质量安全保障	第六章 畜禽交易与运输	第六章 畜禽交易与运输
第七章 法律责任	**第七章 畜禽屠宰**	第七章 畜禽屠宰
第八章 附则	第八章 保障**措施**	第八章 保障**与监督**
	第九章 法律责任	第九章 法律责任
	第十章 附则	第十章 附则

修改前	一审稿	修改后
第一章 总则	**第一章 总则**	**第一章 总则**
第一条 为了规范畜牧业生产经营行为，保障畜禽产品质量安全，保护和合理利用畜禽遗传资源，维护畜牧业生产经营者的合法权益，促进畜牧业持续健康发展，制定本法。	**第一条** 为了规范畜牧业生产经营行为，保障畜禽产品**供给**和质量安全，保护和合理利用畜禽遗传资源，**培育和推广畜禽优良品种，振兴畜禽种业**，维护畜牧业生产经营者的合法权益，**防范公共卫生风险**，促进畜牧业**高质量发展**，制定本法。	**第一条** 为了规范畜牧业生产经营行为，保障畜禽产品供给和质量安全，保护和合理利用畜禽遗传资源，培育和推广畜禽优良品种，振兴畜禽种业，维护畜牧业生产经营者的合法权益，防范公共卫生风险，促进畜牧业高质量发展，制定本法。
第二条 在中华人民共和国境内从事畜禽的遗传资源保护利用、繁育、饲养、经营、运输等活动，适用本法。 本法所称畜禽，是指列入依照本法第十一条规定公布的畜禽遗传资源目录的畜禽。 蜂、蚕的资源保护利用和生产经营，适用本法有关规定。	**第二条** 在中华人民共和国境内从事畜禽的遗传资源保护利用、繁育、饲养、经营、运输、**屠宰**等活动，适用本法。 本法所称畜禽，是指列入依照本法第十一条规定公布的畜禽遗传资源目录的畜禽。 蜂、蚕的资源保护利用和生产经营，适用本法有关规定。	**第二条** 在中华人民共和国境内从事畜禽的遗传资源保护利用、繁育、饲养、经营、运输、屠宰等活动，适用本法。 本法所称畜禽，是指列入依照本法第十二条规定公布的畜禽遗传资源目录的畜禽。 蜂、蚕的资源保护利用和生产经营，适用本法有关规定。

修改前	一审稿	修改后
第三条 国家支持畜牧业发展，发挥畜牧业在发展农业、农村经济和增加农民收入中的作用。县级以上人民政府应当采取措施，加强畜牧业基础设施建设，鼓励和扶持发展规模化养殖，推进畜牧产业化经营，提高畜牧业综合生产能力，发展优质、高效、生态、安全的畜牧业。 国家帮助和扶持少数民族地区、**资**困地区畜牧业的发展，保护和合理利用草原，改善畜牧业生产条件。	**第三条** 国家支持畜牧业发展，发挥畜牧业在发展农业、农村经济和增加农民收入中的作用。县级以上人民政府应当采取措施，加强畜牧业基础设施建设，鼓励和扶持发展规模化、**标准化和智能化经营，促进种养结合农牧循环发展，推进畜牧产业化经营，提高畜牧业综合生产能力，发展**优质、高效、生态、安全的畜牧业。**欠发达地区**畜牧业的少数民族发展，保护和合理利用草原，改善畜牧业生产条件。	**第三条** 国家支持畜牧业发展，发挥畜牧业在发展农业、农村经济和增加农民收入中的作用。县级以上人民政府应当将畜牧业发展纳入国民经济和社会发展规划，加强畜牧业基础设施建设，鼓励和扶持发展规模化、标准化和智能化养殖，促进种养规模化、结合农牧循环、绿色发展，推进畜牧产业化经营，提高畜牧业综合生产能力，发展安全、优质、高效、生态的畜牧业。 国家帮助和扶持民族地区、欠发达地区畜牧业的发展，保护和合理利用草原，改善畜牧业生产条件。
第四条 国家采取措施，培养畜牧兽医专业人才，发展畜牧兽医科学技术研究和推广事业，开展畜牧兽医科学技术知识的教育宣传工作和推广服务，推进畜牧业科技进步。	**第四条** 国家采取措施，培养畜牧兽医专业人才，**健全基层畜牧兽医技术推广体系**，发展畜牧兽医科学技术研究和推广事业，开展畜牧兽医科学技术知识的教育宣传工作和信息服务，推进畜牧业科技进步和创新。	**第四条** 国家采取措施，培养畜牧兽医人才，**加强畜禽疫病监测，畜禽免疫苗研制，健全基层畜牧兽医技术推广体系，发展畜牧兽医科学技术研究和推广事业，完善畜牧兽医科学标准，开展畜牧兽医科学技术知识的教育宣传工作和畜牧业信息服务，推进畜牧科技进步和创新。**

修改前	一审稿	修改后
第七条 国务院畜牧兽医行政主管部门负责全国畜牧业的监督管理工作。县级以上地方人民政府畜牧兽医行政主管部门负责本行政区域内的畜牧监督管理工作。 县级以上人民政府有关主管部门在各自的职责范围内，负责有关促进畜牧业发展的工作。	**第七条** 国务院农业农村主管部门负责全国畜牧业的监督管理工作。县级以上地方人民政府农业农村主管部门负责本行政区域内的畜牧监督管理工作。 县级以上人民政府有关主管部门在各自的职责范围内，负责有关促进畜牧业发展的工作。	**第五条** 国务院农业农村主管部门负责全国畜牧业的监督管理工作。县级以上地方人民政府农业农村主管部门负责本行政区域内的畜牧监督管理工作。 县级以上人民政府有关主管部门在各自的职责范围内，负责有关促进畜牧业发展的工作。
第八条 国务院畜牧兽医行政主管部门应当指导畜牧业生产经营者改善畜禽繁育、饲养、运输的条件和环境。	**第八条** 国务院农业农村主管部门应当指导畜牧业生产经营者改善畜禽繁育、饲养、运输、屠宰的条件和环境。	**第六条** 国务院农业农村主管部门应当指导畜牧业生产经营者改善畜禽繁育、饲养、运输、屠宰的条件和环境。
		第七条 各级人民政府及有关部门应当加强畜牧业发展中做出显著成绩的单位和个人，按照国家有关规定给予表彰和奖励。

修改前	一审稿	修改后
第五条 畜牧业生产经营者可以依法自愿成立行业协会，为成员提供信息、技术、营销、培训等服务，加强行业自律，维护成员和行业利益。	**第五条** 畜牧业生产经营者可以依法自愿成立行业协会，为成员提供信息、技术、营销、培训等服务，加强行业自律，维护成员和行业利益。	**第八条** 畜牧业生产经营者可以依法自愿成立行业协会，为成员提供信息、技术、营销、培训等服务，加强行业自律，维护成员和行业利益。
第六条 畜牧业生产经营者应当依法履行动物防疫和环境保护义务，接受有关主管部门依法实施的监督检查。	**第六条** 畜牧业生产经营者应当依法履行动物防疫和生态环境保护义务，接受有关主管部门依法实施的监督检查。	**第九条** 畜牧业生产经营者应当依法履行动物防疫和生态环境保护义务，接受有关主管部门依法实施的监督检查。
第七条 国务院畜牧兽医行政主管部门负责全国畜牧业的监督管理工作。县级以上地方人民政府畜牧兽医行政主管部门负责本行政区域内的畜牧业监督管理工作。 县级以上人民政府有关主管部门在各自的职责范围内，负责有关促进畜牧业发展的工作。	**第七条** 国务院农业农村主管部门负责全国畜牧业的监督管理工作。县级以上地方人民政府农业农村主管部门负责本行政区域内的畜牧业监督管理工作。 县级以上人民政府有关主管部门在各自的职责范围内，负责有关促进畜牧业发展的工作。	（前移作为第五条）

修改前	一审稿	修改后
第八条 国务院畜牧兽医行政主管部门应当指导畜牧业生产经营者改善畜禽繁育、饲养、运输、屠宰的条件和环境。	第八条 国务院农业农村主管部门应当指导畜牧业生产经营者改善畜禽繁育、饲养、运输、屠宰的条件和环境。	（前移作为第六条）
第二章 畜禽遗传资源保护 第九条 国家建立畜禽遗传资源保护制度，加强畜禽遗传资源保护、畜禽遗传资源保护经费列入财政预算。 畜禽遗传资源保护以国家为主，鼓励和支持有关单位、个人依法发展畜禽遗传资源保护事业。	第二章 畜禽遗传资源保护 第九条 国家建立畜禽遗传资源保护制度，开展资源调查、保护、鉴定，登记、监测和利用等工作。各级人民政府应当采取措施，加强畜禽遗传资源保护，将畜禽遗传资源保护经费列入预算。 畜禽遗传资源保护以国家为主，多元参与，坚持保护优先，高效利用的原则，实行分类分级保护。**具体办法由国务院农业农村主管部门制定。** 国家鼓励和支持有关单位、个人依法发展畜禽遗传资源保护事业，鼓励和支持高等学校、科研院校、科研院所加强畜禽遗传资源保护和利用的基础研究，提高科技创新能力。	第二章 畜禽遗传资源保护 第十条 国家建立畜禽遗传资源保护制度，开展资源调查、保护、鉴定，登记、监测和利用等工作。加强畜禽遗传资源保护。各级人民政府应当采取措施，加强畜禽遗传资源保护，将畜禽遗传资源保护经费列入预算。 畜禽遗传资源保护以国家为主，多元参与，坚持保护优先，高效利用的原则，实行分类分级保护。 国家鼓励和支持有关单位、个人依法发展畜禽遗传资源保护事业，鼓励和支持高等学校、科研机构、利用的基础研究，企业加强畜禽遗传资源保护、利用的基础研究，提高科技创新能力。

修改前	一审稿	修改后
第十条 国务院畜牧兽医行政主管部门设立由专业人员组成的国家畜禽遗传资源委员会，负责畜禽遗传资源的鉴定、评估和畜禽新品种、配套系的审定，承担畜禽遗传资源保护和利用规划论证及有关畜禽遗传资源保护的咨询工作。	第十条 国务院农业农村主管部门设立由专业人员组成的国家畜禽遗传资源委员会，负责畜禽遗传资源的鉴定、评估和畜禽新品种、配套系的审定，承担畜禽遗传资源保护和利用规划论证及有关畜禽遗传资源保护的咨询工作。	第十一条 国务院农业农村主管部门设立由专业人员组成的国家畜禽遗传资源委员会，负责畜禽遗传资源的鉴定、评估和畜禽新品种、配套系的审定，承担畜禽遗传资源保护和利用规划论证及有关畜禽遗传资源保护的咨询工作。
第十一条 国务院组织畜禽遗传资源调查工作，发布国家畜禽遗传资源状况报告，公布经国务院批准的畜禽遗传资源目录。	第十一条 国务院农业农村主管部门负责组织畜禽遗传资源的调查工作，发布国家畜禽遗传资源状况报告，公布经国务院批准的畜禽遗传资源目录。 经过人类长期驯化和选育而成、遗传性能稳定、有成熟的品种和一定的种群规模，能够不依赖于野生种群而独立繁衍的哺乳纲或者鸟纲驯养动物，可以列入畜禽遗传资源目录。	第十二条 国务院农业农村主管部门负责组织畜禽遗传资源的调查工作，发布国家畜禽遗传资源状况报告，公布经国务院批准的畜禽遗传资源目录。 经过驯化和选育而成、遗传性状稳定、有成熟的品种和一定的种群规模，能够不依赖于野生种群而独立繁衍的驯养动物，可以列入畜禽遗传资源目录。

修改前	一审稿	修改后
第十二条　国务院畜牧兽医行政主管部门根据全国畜禽遗传资源分布状况，制定全国畜禽遗传资源保护和利用规划，制定并公布国家级畜禽遗传资源保护名录，对原产我国的珍贵、稀有、濒危的畜禽遗传资源实行重点保护。 省级人民政府畜牧兽医行政主管部门根据全国畜禽遗传资源保护和利用规划及本行政区域内畜禽遗传资源保护状况，制定和公布省级畜禽遗传资源保护名录，并报国务院畜牧兽医行政主管部门备案。	第十二条　国务院农业农村主管部门根据畜禽遗传资源分布状况，制定全国畜禽遗传资源保护和利用规划，制定并公布国家级畜禽遗传资源保护名录，对原产我国的珍贵、稀有、濒危的畜禽遗传资源实行重点保护。 省级人民政府农业农村主管部门根据全国畜禽遗传资源保护和利用规划及本行政区域内畜禽遗传资源保护状况，制定和公布省级畜禽遗传资源保护名录，并报国务院农业农村主管部门备案。	第十二条　国务院农业农村主管部门根据畜禽遗传资源分布状况，制定全国畜禽遗传资源保护和利用规划，制定、调整并公布国家级畜禽遗传资源保护名录，对原产我国的珍贵、稀有、濒危的畜禽遗传资源实行重点保护。 省、自治区、直辖市人民政府农业农村主管部门根据全国畜禽遗传资源保护和利用规划及本行政区域内的畜禽遗传资源状况，制定、调整并公布省级畜禽遗传资源保护名录，并报国务院农业农村主管部门备案，加强对地方畜禽遗传资源的保护。
第十三条　国务院畜牧兽医行政主管部门根据全国畜禽遗传资源保护和利用规划及国家级畜禽遗传资源保护名录，省级人民政府畜牧兽医行政主管部门根据省级畜禽遗传资源保护名录，分别建立或者确定畜禽遗传资源保种场、保护区和基因库，承担畜禽	第十三条　国务院农业农村主管部门根据全国畜禽遗传资源保护和利用规划及国家级畜禽遗传资源保护名录，省级人民政府农业农村主管部门根据省级畜禽遗传资源保护名录，分别建立或者确定畜禽遗传资源保种场、保护区和基因库，承担畜禽遗传	第十四条　国务院农业农村主管部门根据全国畜禽遗传资源保护和利用规划及国家级畜禽遗传资源保护名录，省、自治区、直辖市人民政府畜牧兽医主管部门根据省级畜禽遗传资源保护名录，分别建立或者确定畜禽遗传资源保种场、保护区和基因库，

修改前	一审稿	修改后
遗传资源保护任务。 享受中央和省级财政资金支持的畜禽遗传资源保种场、保护区和基因库，未经国务院畜牧兽医行政主管部门或者省级人民政府畜牧兽医行政主管部门批准，不得擅自处理受保护的畜禽遗传资源。 畜禽遗传资源基因库应当按照国务院畜牧兽医行政主管部门或者省级人民政府畜牧兽医行政主管部门的规定，定期采集和更新畜禽遗传资源材料。有关单位、个人应当配合畜禽遗传资源基因库采集畜禽遗传材料，并有权获得适当的经济补偿。 畜禽遗传资源保护、保种和基因库的管理办法由国务院畜牧兽医行政主管部门制定。	资源保护任务。 享受中央和省级财政资金支持的畜禽遗传资源保种场、保护区和基因库，未经国务院农业农村主管部门或者省级人民政府农业农村主管部门批准，不得擅自处理受保护的畜禽遗传资源。 畜禽遗传资源基因库应当按照国务院农业农村主管部门或者省级人民政府农业农村主管部门的规定，定期采集和更新畜禽遗传材料。有关单位、个人应当配合畜禽遗传资源基因库采集畜禽遗传材料，并有权获得适当的经济补偿。 县级以上地方人民政府应当保障畜禽遗传资源保种场和基因库用地的需求。确需关闭或者搬迁的，应当按照建立或者确定原则妥善安置。 畜禽遗传资源保护、保种和基因库的管理办法由国务院农业农村主管部门制定。	承担畜禽遗传资源保护任务。 享受中央和省级财政资金支持的畜禽遗传资源保种场、保护区和基因库，未经国务院农业农村主管部门或者省、自治区、直辖市人民政府农业农村主管部门批准，不得擅自处理受保护的畜禽遗传资源。 畜禽遗传资源基因库应当按照国务院农业农村主管部门或者省、自治区、直辖市人民政府农业农村主管部门的规定，定期采集和更新畜禽遗传材料。有关单位、个人应当配合畜禽遗传资源基因库采集畜禽遗传材料，并有权获得适当的经济补偿。 县级以上地方人民政府应当保障畜禽遗传资源保种场、保护区和基因库原种用地的需求。确需关闭或者搬迁的，应当经原建立或者确定机关批准，搬迁的按照先建后拆的原则妥善安置。 畜禽遗传资源保护、保种和基因库的管理办法，由国务院农业农村主管部门制定。

修改前	一审稿	修改后
第十四条 新发现的畜禽遗传资源在全国家畜禽遗传资源委员会鉴定前，省级人民政府畜牧兽医行政主管部门应当制定保护方案，采取临时保护措施，并报国务院畜牧兽医行政主管部门备案。	第十四条 新发现的畜禽遗传资源在全国家畜禽遗传资源委员会鉴定前，省级人民政府农业农村主管部门应当制定保护方案，采取临时保护措施，并报国务院农业农村主管部门备案。	第十五条 新发现的畜禽遗传资源在全国家畜禽遗传资源委员会鉴定前，省、自治区、直辖市人民政府农业农村主管部门应当制定保护措施，并报国务院农业农村主管部门备案。
第十五条 从境外引进畜禽遗传资源的，应当向省级人民政府畜牧兽医行政主管部门提出申请；受理申请的畜牧兽医行政主管部门经审核，报国务院畜牧兽医行政主管部门经评估论证后批准。经批准的，依照《中华人民共和国进出境动植物检疫法》的规定办理相关手续并实施检疫。 从境外引进的畜禽遗传资源，对境内畜禽遗传资源、生态环境有危害或者可能产生危害的，国务院畜牧兽医行政主管部门，采取相应的安全控制措施。	第十五条 从境外引进畜禽遗传资源的，应当向省级人民政府农业农村主管部门提出申请；受理申请的农业农村主管部门经审核，报国务院农业农村主管部门经评估论证后批准。经批准的，依照《中华人民共和国进出境动植物检疫法》的规定办理相关手续并实施检疫。 从境外引进的畜禽遗传资源，对境内畜禽遗传资源、生态环境有危害或者可能产生危害的，国务院农业农村主管部门，采取相应的安全控制措施。	第十六条 从境外引进畜禽遗传资源的，应当向省、自治区、直辖市人民政府农业农村主管部门提出申请；受理申请的农业农村主管部门经审核，报国务院农业农村主管部门经评估论证后批准，但是国务院对批准机关另有规定的除外。经批准的，依照《中华人民共和国进出境动植物检疫法》的规定办理相关手续并实施检疫。 从境外引进畜禽遗传资源，对境内畜禽遗传资源、生态环境有危害或者可能产生危害的，国务院农业农村主管部门应当采取相应的安全控制措施。

修改前	一审稿	修改后
第十六条 向境外输出或者在境内与境外保护名录的畜禽遗传资源的，应当向省级人民政府畜牧兽医行政主管部门提出申请，同时提出国家共享惠益的方案；受理申请的畜牧兽医行政主管部门经审核，报国务院畜牧兽医行政主管部门批准。 向境外输出畜禽遗传资源的，还应当依照《中华人民共和国进出境动植物检疫法》的规定办理相关手续并实施检疫。 新发现的畜禽遗传资源在国家畜禽遗传资源委员会鉴定前，不得向境外输出，不得与境外机构、个人合作研究利用。	第十六条 国家对畜禽遗传资源享有主权。向境外输出或者在境内与境外保护名录的畜禽遗传资源的，应当向省级人民政府农业农村主管部门提出申请，同时提出国家共享惠益的方案；受理申请的农业农村主管部门经审核，报国务院农业农村主管部门批准。 向境外输出畜禽遗传资源的，还应当依照《中华人民共和国进出境动植物检疫法》的规定办理相关手续并实施检疫。 新发现的畜禽遗传资源在国家畜禽遗传资源委员会鉴定前，不得向境外输出，不得与境外机构、个人合作研究利用。	第十七条 国家对畜禽遗传资源在境内与境外保护有主权。向境外输出或者在境内与境外保护名录的畜禽遗传资源的，个人合作研究利用，应当向省、自治区、直辖市人民政府农业农村主管部门提出申请，同时提出国家共享惠益的方案；受理申请的农业农村主管部门经审核，报国务院农业农村主管部门批准。 向境外输出畜禽遗传资源的，还应当依照《中华人民共和国进出境动植物检疫法》的规定办理相关手续并实施检疫。 新发现的畜禽遗传资源在国家畜禽遗传资源委员会鉴定前，不得向境外输出，不得与境外机构、个人合作研究利用。
第十七条 畜禽遗传资源的进出境和对外合作研究利用的审批办法由国务院规定。	第十七条 畜禽遗传资源的进出境和对外合作研究利用的审批办法由国务院规定。	第十八条 畜禽遗传资源的进出境和对外合作研究利用的审批办法由国务院规定。

修改前	一审稿	修改后
第三章　种畜禽品种选育与生产经营	第三章　种畜禽品种选育与生产经营	第三章　种畜禽品种选育与生产经营
第十八条　国家扶持畜禽品种的选育和优良品种的推广使用，支持企业、科研机构和技术推广单位开展联合育种，建立畜禽良种繁育体系。	第十八条　国家扶持畜禽品种的选育和优良品种的推广使用。实施全国畜禽遗传改良计划。支持企业、院校、科研机构和技术推广单位开展联合育种，建立健全畜禽良种繁育体系。 县级以上人民政府支持列入畜禽遗传资源保护名录的品种开发利用，满足多元化消费需求。	第十九条　国家扶持畜禽品种的选育和优良品种的推广使用，实施全国畜禽遗传改良计划；支持企业、高等学校、科研机构和技术推广单位开展联合育种，建立健全畜禽良种繁育体系。 县级以上人民政府支持资源保护品种，加特色畜禽产品供给，满足多元化消费需求。
	第十九条　国家鼓励支持畜禽业自主创新、加强良种技术改关，扶持选育生产经营相结合的创新型企业发展。	第二十条　国家鼓励和支持畜种业自主创新、加强育种技术攻关，扶持育种生产经营相结合的创新型企业发展。

修改前	一审稿	修改后
第十九条　培育的畜禽新品种、配套系和新发现的畜禽遗传资源在推广前，应当通过国家畜禽遗传资源委员会审定或者鉴定，并由国务院畜牧兽医行政主管部门公告。畜禽新品种、配套系和畜禽遗传资源的审定办法、配套系所需的鉴定办法，由国务院畜牧兽医行政主管部门制定。审定或者鉴定所需的试验、检测等费用由申请者承担，收费办法由国务院财政、价格部门会同国务院畜牧兽医行政主管部门制定。 培育新的畜禽品种、配套系进行中间试验，应当经省级人民政府畜牧兽医行政主管部门批准。 畜禽新品种、配套系培育者的合法权益受法律保护。	**第二十条**　培育的畜禽新品种、配套系和新发现的畜禽遗传资源在推广前，应当通过国家畜禽遗传资源委员会审定或者鉴定，并由国务院农业农村主管部门公告。畜禽新品种、配套系和畜禽遗传资源的审定办法、配套系所需的鉴定办法，由国务院农业农村主管部门制定。审定或者鉴定所需的试验、检测等费用由申请者承担。 畜禽新品种、配套系培育者的合法权益受法律保护。	**第二十一条**　培育的畜禽新品种、配套系和新发现的畜禽遗传资源在销售、推广前，应当通过国家畜禽遗传资源委员会审定或者鉴定，并由国务院农业农村主管部门公告。畜禽新品种、配套系和畜禽遗传资源的审定办法、配套系所需的鉴定办法，由国务院农业农村主管部门制定。审定或者鉴定所需的试验、检测等费用由申请者承担。 畜禽新品种、配套系培育者的合法权益受法律保护。
第二十条　转基因畜禽品种的培育、试验、审定和推广，应当符合国家有关农业转基因生物管理的规定。	**第二十一条**　转基因畜禽品种的引进、试验、培育、审定和推广，应当符合国家有关农业转基因生物管理的规定。	**第二十二条**　转基因畜禽品种的引进、试验、培育、审定和推广，应当符合国家有关农业转基因生物安全管理的规定。

修改前	一审稿	修改后
第二十一条 省级以上畜牧兽医技术推广机构可组织开展种畜优良个体登记，向社会推荐优良种畜。优良种畜登记规则由国务院畜牧兽医行政主管部门制定。	**第二十二条** 省级以上畜牧兽医技术推广机构组织开展种畜质量监测，向社会推荐优良种畜。优良种畜登记规则由国务院农业农村主管部门制定。	**第二十三条** 省级以上畜牧兽医技术推广机构应当组织开展种畜质量监测，向社会推荐优良种畜。优良种畜登记规则由国务院农业农村主管部门制定。
第二十二条 从事种畜禽生产经营或者生产商品代仔畜、雏禽的单位、个人，应当取得种畜禽生产经营许可证。 申请取得种畜禽生产经营许可证，应当具备下列条件： （一）生产经营的种畜禽必须是通过国家畜禽遗传资源审定委员会审定或者鉴定的品种、配套系，或者是经审批准引进的境外品种、配套系； （二）有与生产经营规模相适应的畜牧兽医技术人员； （三）有与生产经营规模相适应的繁育设施设备；	**第二十三条** 从事种畜禽生产经营或者生产商品代仔畜、雏禽的单位、个人，应当取得种畜禽生产经营许可证。 申请取得种畜禽生产经营许可证，应当具备下列条件： （一）生产经营的种畜禽是通过国家畜禽遗传资源审定委员会审定或者鉴定的品种、配套系，或者是经审批准引进的境外品种、配套系； （二）**符合国务院农业农村主管部门规定的种畜禽数量和质量要求**； （恢复现行法规定，移回第二十五条）	**第二十四条** 从事种畜禽生产经营或者生产商品代仔畜、雏禽的单位、个人，应当取得种畜禽生产经营许可证。 申请取得种畜禽生产经营许可证，应当具备下列条件： （一）生产经营的种畜禽是通过国家畜禽遗传资源审定委员会审定或者鉴定的品种、配套系，或者是经审批准引进的境外品种、配套系； （二）有与生产经营规模相适应的畜牧兽医技术人员； （三）有与生产经营规模相适应的繁育设施设备；

修改前	一审稿	修改后
（四）具备法律、行政法规和国务院畜牧兽医行政主管部门规定的种畜禽防疫条件； （五）有完善的质量管理和育种记录制度； （六）具备法律、行政法规规定的其他条件。 第二十三条第二项：（二）符合国务院畜牧兽医行政主管部门规定的种畜数量和质量要求； 第二十三条　申请取得生产家畜卵子、冷冻精液、胚胎等遗传材料的生产经营许可证，除应当符合本法第二十三条第二款规定的条件外，还应当具备下列条件： （一）符合国务院畜牧兽医行政主管部门规定的实验室、保存和运输条件；	（三）有与生产经营规模相适应的畜牧兽医技术人员； （四）有与生产经营规模相适应的繁育设施设备； （五）具备法律、行政法规和国务院农业农村主管部门规定的种畜禽防疫条件； （六）有完善的质量管理和育种记录制度； （七）具备法律、行政法规规定的其他条件。 第二十四条　申请取得生产家畜卵子、冷冻精液、胚胎等遗传材料的生产经营许可证，除应当符合本法第二十三条第二款规定的条件外，还应当具备下列条件： （一）符合国务院农业农村主管部门规定的实验室、保存和运输条件；	（四）具备法律、行政法规和国务院农业农村主管部门规定的种畜禽防疫条件； （五）有完善的质量管理和育种记录制度； （六）具备法律、行政法规规定的其他条件。 第二十五条　申请取得生产家畜卵子、精液、胚胎等遗传材料的生产经营许可证，除应当符合本法第二十四条第二款规定的条件外，还应当具备下列条件： （一）符合国务院农业农村主管部门规定的实验室、保存和运输条件；

修改前	一审稿	修改后
（二）符合国务院畜牧兽医行政主管部门规定的种畜禽数量和质量要求；(修改后移至第二十三条) （三）体外受精取得的胚胎、使用的卵子来源明确，供体畜符合国家规定的种畜健康标准和质量要求； （四）符合国务院畜牧兽医行政主管部门规定的其他技术要求。 **第二十四条** 申请取得生产家畜卵子、冷冻精液、胚胎等遗传材料的生产经营许可证，应当向省级人民政府畜牧兽医行政主管部门提出申请。受理申请的畜牧兽医行政主管部门应当自收到申请之日起六十个工作日内依法决定是否发给生产经营许可证。 　　其他种畜禽的生产经营许可证由县级以上地方人民政府畜牧兽医行政主管部门审核发放。具体审核发放办法由省级人民政府规定。	（二）体外受精取得的胚胎、使用的卵子来源明确，供体畜符合国家规定的种畜健康标准和质量要求； （三）符合国家标准或者国务院农业农村主管部门规定的其他技术要求。 **第二十五条** 申请取得生产家畜卵子、冷冻精液、胚胎等遗传材料的生产经营许可证，应当向省级人民政府农业农村主管部门提出申请。受理申请的农业农村主管部门应当自收到申请之日起六十个工作日内依法决定是否颁发生产经营许可证。 　　其他种畜禽的生产经营许可证由县级以上地方人民政府农业农村主管部门审核发放。	（二）符合国务院农业农村主管部门规定的种畜数量和质量要求； （三）体外受精取得的胚胎、使用的卵子来源明确，供体畜符合国家规定的种畜健康标准和质量要求； （四）符合有关国家强制性标准和国务院农业农村主管部门规定的技术要求。 **第二十六条** 申请取得生产家畜卵子、精液、胚胎等遗传材料的生产经营许可证，应当向省、自治区、直辖市人民政府农业农村主管部门提出申请。受理申请的农业农村主管部门应当自收到申请之日起六十个工作日内依法决定是否发放生产经营许可证。 　　其他种畜禽的生产经营许可证由县级以上地方人民政府农业农村主管部门审核发放。

修改前	一审稿	修改后
种畜禽生产经营许可证样式由国务院畜牧兽医行政主管部门制定，许可证有效期为三年。发放种畜禽生产经营许可证可以收取工本费，具体收费管理办法由国务院财政、价格主管部门制定。	国家对种畜禽生产经营许可证实行统一管理、分级负责，在统一的信息平台办理。具体办法由国务院农业农村主管部门制定。	国家对种畜禽生产经营许可证实行统一管理、分级负责，在统一的信息平台办理。种畜禽生产经营信息应当依法向社会公开。具体办法和许可证样式由国务院农业农村主管部门制定。
第二十五条　种畜禽生产经营许可证应当注明生产经营者名称、场（厂）址、生产经营范围及许可证有效期的起止日期等。 禁止任何单位、个人无种畜禽生产经营许可证或者违反种畜禽生产经营许可证的规定生产、经营种畜禽。禁止伪造、变造、转让、租借种畜禽生产经营许可证。	第二十六条　种畜禽生产经营许可证应当注明生产经营者名称、地址、生产经营范围及许可证有效期的起止日期等。 禁止任何单位、个人无种畜禽生产经营许可证或者违反种畜禽生产经营许可证的规定生产、经营种畜禽或者商品代仔畜、雏禽。禁止伪造、变造、转让、租借种畜禽生产经营许可证。	第二十七条　种畜禽生产经营许可证应当注明生产经营者名称、场（厂）址、生产经营范围及许可证有效期的起止日期等。 禁止无种畜禽生产经营许可证或者违反种畜禽生产经营许可证的规定生产、经营种畜禽或者商品代仔畜、雏禽。禁止伪造、变造、转让、租借种畜禽生产经营许可证。
第二十六条　农户饲养的种畜禽有少量剩余仔畜、雏禽出售的，农户间采种公畜进行互助配种的，不需要办理种畜禽生产经营许可证。	第二十七条　农户饲养的种畜禽有少量剩余仔畜、雏禽出售的，农户间采种公畜进行互助配种的，不需要办理种畜禽生产经营许可证。	第二十八条　农户饲养的种畜禽有少量剩余仔畜、雏禽出售的，农户间采种公畜进行互助配种的，不需要办理种畜禽生产经营许可证。

修改前	一审稿	修改后
第二十七条 专门从事家畜人工授精、胚胎移植等繁殖工作的人员，应当取得相应的国家职业资格证书。	（删除）	
第二十八条 发布种畜禽广告的，广告主应当提供种畜禽生产经营许可证和营业执照。广告内容应当符合有关法律、行政法规的规定，并注明种畜禽品种、配套系的审定或者鉴定名称；对主要性状的描述应当符合该品种、配套系的标准。	第二十八条 发布种畜禽广告的，广告主应当提供种畜禽生产经营许可证和营业执照。广告内容应当符合有关法律、行政法规的规定，并注明种畜禽品种、配套系的审定或者鉴定名称；对主要性状的描述应当符合该品种、配套系的标准。	第二十八条 发布种畜禽广告的，广告主应当持有或者提供种畜禽生产经营许可证和营业执照，广告内容应符合有关法律、行政法规的规定，并注明种畜禽品种、配套系的审定或者鉴定名称；对主要性状的描述应当符合该品种、配套系的标准。
第二十九条 销售的种畜禽和家畜配种站（点）使用的种畜公畜，必须符合种用标准。销售种畜禽时，应当附具种畜禽出具的种畜禽合格证明、动物防疫监督机构出具的检疫合格证明、销售的种畜还应当附具种畜场出具的家畜系谱。 生产家畜卵子、冷冻精液、胚胎等遗传材料，应当有完整的采集、销售、移植等记录，记录应当保存二年。	第二十九条（点）销售的种畜禽和家畜配种站（点）使用的种畜公畜，必须符合种用标准。销售种畜禽时，应当附具种畜禽出具的种畜禽合格证明、动物卫生监督机构出具的检疫合格证明、销售的种畜还应当附具种畜场出具的家畜系谱。 生产家畜卵子、冷冻精液、胚胎等遗传材料，应当有完整的采集、销售、移植等记录，记录应当保存二年。	第三十条 销售的种畜禽、家畜配种站（点）使用的种畜公畜，应当符合种用标准。销售种畜禽时，应当附具动物卫生监督机构出具的检疫合格证明；销售的种畜还应当附具种畜场出具的家畜系谱。 生产家畜卵子、精液、胚胎等遗传材料，应当有完整的采集、销售、移植等记录，记录应当保存二年。

修改前	一审稿	修改后
第三十条 销售种畜禽，不得有下列行为： （一）以其他畜禽品种、配套系冒充所销售的种畜禽品种、配套系； （二）以低代别种畜禽冒充高代别种畜禽； （三）以不符合种用标准的畜禽冒充符合种用标准的畜禽； （四）销售未经批准进口的种畜禽； （五）销售未附具本法第二十九条规定的种畜禽合格证明、检疫合格证明的种畜禽或者未附具家畜系谱的种畜； （六）销售未经审定或者鉴定的种畜禽品种、配套系。 **第三十一条** 申请进口种畜禽的，应当持有种畜禽生产经营许可证。进口种畜禽的批准文件有效期为六个月。	**第三十条** 销售种畜禽，不得有下列行为： （一）以其他畜禽品种、配套系冒充所销售的种畜禽品种、配套系； （二）以低代别种畜禽冒充高代别种畜禽； （三）以不符合种用标准的畜禽冒充符合种用标准的畜禽； （四）销售未经批准进口的种畜禽； （五）销售未附具本法**第二十九条**规定的种畜禽合格证明、检疫合格证明的种畜禽或者未附具家畜系谱的种畜； （六）销售未经审定或者鉴定的种畜禽品种、配套系。 **第三十一条** 申请进口种畜禽的，应当持有种畜禽生产经营许可证。**因未取得种畜禽生产经营许可证的新建种畜禽场**，应当提供省、自治区、直辖市人民政府农业农村主管部门的说	**第三十一条** 销售种畜禽，不得有下列行为： （一）以其他畜禽品种、配套系冒充所销售的种畜禽品种、配套系； （二）以低代别种畜禽冒充高代别种畜禽； （三）以不符合种用标准的畜禽冒充符合种用标准的畜禽； （四）销售未经批准进口的种畜禽； （五）销售未附具本法第三十条规定的种畜禽合格证明、检疫合格证明的种畜禽或者未附具家畜系谱的种畜； （六）销售未经审定或者鉴定的种畜禽品种、配套系。 **第三十二条** 申请进口种畜禽的，应当持有种畜禽生产经营许可证。因没有种畜禽而未取得种畜禽生产经营许可证的，应当提供省、自治区、直辖市人民政府农业农村主管部门的说

修改前	一审稿	修改后
进口的种畜禽应当符合国务院畜牧兽医行政主管部门规定的技术要求。首次进口的种畜禽还应当由国家畜禽遗传资源委员会进行种用性能的评估。种畜禽的进出口管理除适用前两款的规定外，还适用本法第十五条和第十六条的相关规定。国家鼓励畜禽养殖者对进口的种畜禽进行新品种、配套系的选育；选育的新品种、配套系在推广前，应当经国家畜禽遗传资源委员会审定。	明文件。进口种畜禽的批准文件有效期为六个月。进口的种畜禽应当符合国务院农业农村主管部门规定的技术要求。首次进口的种畜禽还应当由国家畜禽遗传资源委员会进行种用性能的评估。种畜禽的进出口管理除适用前两款的规定外，还适用本法第十五条、第十六条和第二十一条的相关规定。国家鼓励畜禽养殖者对进口的种畜禽进行新品种、配套系的选育；选育的新品种、配套系在推广前，应当经国家畜禽遗传资源委员会审定。	明文件。进口种畜禽的批准文件有效期为六个月。进口的种畜禽应当符合国务院农业农村主管部门规定的技术要求。首次进口的种畜禽还应当由国家畜禽遗传资源委员会进行种用性能的评估。种畜禽的进出口管理除适用本条前两款的规定外，还适用本法第十六条、第十七条和第二十二条的相关规定。国家鼓励畜禽养殖者对进口的种畜禽进行新品种、配套系的培育；培育的新品种、配套系在推广前，应当经国家畜禽遗传资源委员会审定。
第三十二条　种畜禽场和孵化场（厂）销售商品代仔畜、雏禽的，应当向购买者提供其销售的商品代仔畜、雏禽的主要生产性能指标，免疫情况，饲养技术要求和有关咨询服务，并附具动物防疫监督检验机构出具的检疫合格证明。销售种畜禽和商品代仔畜、雏禽，因质量问题给畜禽养殖者造成损失的，应当依法赔偿损失。	第三十二条　种畜禽场和孵化场（厂）销售商品代仔畜、雏禽的，应当向购买者提供其销售的商品代仔畜、雏禽的主要生产性能指标，免疫情况，饲养技术要求和有关咨询服务，并附具动物卫生监督机构出具的检疫证明。销售种畜禽和商品代仔畜、雏禽，因质量问题给畜禽养殖者造成损失的，应当依法赔偿损失。	第三十三条　销售商品代仔畜、雏禽的，应当向购买者提供其销售的商品代仔畜、雏禽的主要生产性能指标，免疫情况，饲养技术要求和有关咨询服务，并附具动物卫生监督机构出具的检疫证明。销售种畜禽和商品代仔畜、雏禽，因质量问题给畜禽养殖者造成损失的，应当依法赔偿损失。

修改前	一审稿	修改后
第三十三条　县级以上人民政府兽医行政主管部门负责种畜禽质量安全的监督管理工作。种畜禽质量安全的监督检验应当委托具有法定资质的种畜禽质量检验机构进行；所需检验费用按照国务院规定列支，不得向被检验人收取。	第三十三条　县级以上人民政府农业农村主管部门负责种畜禽质量安全的监督管理工作。种畜禽质量安全的监督检验应当委托具有法定资质的种畜禽质量检验机构进行；所需检验费用由同级预算列支，不得向被检验人收取。	第三十四条　县级以上人民政府农业农村主管部门负责种畜禽质量安全的监督管理工作。种畜禽质量安全的监督检验应当委托具有法定资质的种畜禽质量检验机构进行；所需检验费用由同级预算列支，不得向被检验人收取。
第三十四条　蚕种的资源保护、新品种选育，生产经营和推广适用本法有关规定，具体管理办法由国务院兽医行政主管部门制定。	第三十四条　蚕种的资源保护、新品种选育，生产经营和推广适用本法有关规定，具体管理办法由国务院农业农村主管部门制定。	第三十五条　蜂种、蚕种的资源保护、新品种选育，生产经营和推广，适用本法有关规定。具体管理办法由国务院农业农村主管部门制定。
第四章　畜禽养殖	第四章　畜禽养殖	第四章　畜禽养殖
第三十五条　县级以上人民政府兽医行政主管部门应当根据畜牧业发展规划和市场需求，引导和支持畜牧业发展，结构调整，发展优势畜禽生产，提高畜禽产品市场竞争力。	第三十五条　县级以上人民政府农业农村主管部门应当根据畜牧业发展规划和市场需求，引导和支持畜牧业发展，结构调整，发展优势畜禽生产，提高畜禽产品市场竞争力。	第三十六条　国家建立健全现代畜禽养殖体系。县级以上人民政府农业农村主管部门应当根据畜牧业发展规划和市场需求，引导和支持畜禽生产，发展优势畜禽生产，提高畜禽产品市场竞争力。

修改前	一审稿	修改后
国家支持草原牧区开展草原围栏、草原水利、草原改良、草原基本建设，优化畜群结构，改良性畜品种、转变生产方式、发展舍饲圈养、划区轮牧，逐步实现畜草平衡，改善草原生态环境。（第二款修改后移至第五十二条）		
第三十六条 国务院和省级人民政府应当在财政预算内安排支持畜牧业发展的良种补贴、贴息等资金，并鼓励有关金融机构通过提供贷款、保险服务等形式，支持畜禽养殖者购买优良畜禽，繁育良种，改善生产设施，扩大养殖规模，提高养殖效益。（修改后移至第六十八条）		
第三十七条 国家支持农民和集体经济组织、农民和牧业合作经济组织建立畜禽养殖场、养殖小区，发展规	**第三十六条 各级人民政府应当在国土空间规划中保障畜禽养殖用地的需求。** 畜禽养殖用地按农业用地管理。	**第三十七条 各级人民政府应当保障畜禽养殖用地合理需求。县级国土空间规划根据本地实际情况，安排畜**

修改前	一审稿	修改后
模化、标准化养殖。乡（镇）土地利用总体规划应当根据本地实际情况安排畜禽养殖用地。农村集体经济组织按照乡（镇）土地利用总体规划建立的畜禽养殖场、养殖小区用地按农业用地管理。畜禽养殖场、养殖小区用地使用权期限届满，需要恢复为原用途的，由畜禽养殖场、养殖小区土地使用权人负责恢复。在畜禽养殖范围内需要兴建永久性建（构）筑物、涉及农用地转用的，依照《中华人民共和国土地管理法》的规定办理。 第三十八条　国家设立的畜牧兽医技术推广机构，应当向农民提供畜禽养殖技术培训、良种推广、疫病防治等服务。县级以上人民政府应当保障国家设立的畜牧兽医技术推广机构从事公益性技术服务的工作经费。	畜禽养殖用地使用期限届满，需要恢复为原用途的，由畜禽养殖用地范围内人负责恢复。在畜禽养殖范围内需要兴建永久性建（构）筑物、涉及农用地转用的，依照《中华人民共和国土地管理法》的规定办理。 第三十七条　国家设立的畜牧兽医技术推广机构，应当提供畜禽养殖和畜禽粪污无害化处理利用等良种推广、疫病防治等服务。县级以上国家设立的畜牧兽医技术推广机构从事公益性技术服务的工作经费。	禽养殖用地。畜禽养殖用地按照农业用地管理。畜禽养殖用地使用期限届满或者不再从事养殖活动，需要恢复为原用途的，由畜禽养殖用地范围内需使用人的，在畜禽养殖用地范围内需要兴建永久性建（构）筑物、涉及农用地转用的，依照《中华人民共和国土地管理法》的规定办理。 第三十八条　国家设立的畜牧兽医技术推广机构，应当提供畜禽养殖、畜禽粪污无害化处理和资源化利用和疫病防治等技术培训，以及良种推广、疫病防治等服务。县级以上人民政府设立的畜牧兽医技术推广机构从事国家设立的畜牧兽医技术推广机构从事公益性技术服务的工作经费。

修改前	一审稿	修改后
国家鼓励畜禽产品加工企业和其他相关生产经营者为畜禽养殖者提供所需的服务。	国家鼓励畜禽产品加工企业和其他相关生产经营者为畜禽养殖者提供所需的服务。	国家鼓励畜禽产品加工企业和其他相关生产经营者为畜禽养殖者提供所需的服务。
第三十九条 畜禽养殖场、养殖小区应当具备下列条件： （一）有与养殖规模相适应的生产场所和配套的生产设施； （二）有为其服务的畜牧兽医技术人员； （三）具备法律、行政法规和国务院畜牧兽医行政主管部门规定的防疫条件； （四）有对畜禽粪便、废水和其他固体废弃物进行综合利用的沼气池等设施或者其他无害化处理设施； （五）具备法律、行政法规规定的其他条件。 养殖场、养殖小区兴办者应当将养殖场、养殖小区的名称、养殖地址、畜禽品种和养殖规模，向养殖场、养殖小区所在地县级人民政府畜牧兽医主管部门备案，取得畜禽标识代码。	**第三十八条** 畜禽养殖应当具备下列条件： （一）有与饲养规模相适应的生产场所和配套的生产设施； （二）有为其服务的畜牧兽医技术人员； （三）具备法律、行政法规和国务院农业农村主管部门规定的防疫条件； （四）有与畜禽粪污处理利用相适应的设施装备； （五）具备法律、行政法规规定的其他条件。 养殖场兴办者应当将养殖场的名称、养殖地址、畜禽品种和养殖规模，向养殖场所在地县级人民政府农业农村主管部门备案，取得畜禽标识代码。	**第三十九条** 畜禽养殖场应当具备下列条件： （一）有与饲养规模相适应的生产场所和配套的生产设施； （二）有为其服务的畜牧兽医技术人员； （三）具备法律、行政法规和国务院农业农村主管部门规定的防疫条件； （四）有畜禽粪污无害化处理和资源化利用相适应的设施设备； （五）法律、行政法规规定的其他条件。 畜禽养殖场兴办者应当将畜禽养殖场的名称、养殖地址、畜禽品种和养殖规模，向养殖场所在地县级人民政府农业农村主管部门备案，取得畜禽标识代码。

修改前	一审稿	修改后
所在地县级人民政府畜牧兽医行政主管部门备案，取得畜禽标识代码。 省级人民政府根据本行政区域畜牧业发展状况制定畜禽养殖场、养殖小区的规模标准和备案程序。	国务院农业农村主管部门负责制定畜禽养殖场的规模标准和备案管理办法。 畜禽养殖户的防疫条件、畜禽粪污处理和资源化利用要求，由省、自治区、直辖市人民政府农业农村主管部门会同生态环境主管部门规定。	畜禽养殖场的规模标准和备案管理办法，由国务院农业农村主管部门制定。 畜禽养殖户的防疫条件、畜禽粪污无害化处理和资源化利用要求，由省、自治区、直辖市人民政府农业农村主管部门会同有关部门规定。
第四十条 禁止在下列区域内建设畜禽养殖场、养殖小区： （一）生活饮用水的水源保护区、风景名胜区、以及自然保护区的核心区和缓冲区； （二）城镇居民区、文化教育科学研究区等人口集中区域； （三）法律、法规规定的其他禁养区域。	第三十九条 根据环境保护需要，禁止在下列区域内建设畜禽养殖场： （一）饮用水水源保护区、自然保护区的核心保护地的核心区域； （二）城镇居民区、文化教育科学研究区等人口集中区域； （三）法律、行政法规规定的其他禁养区域。 国务院生态环境主管部门会同农业农村、林业草原主管部门负责划定禁养区域由县级以上地方人民政府划定。因划定禁养区域关闭或者搬迁畜禽养殖场的，应当予以公平、合理补偿并支持异地重建。	第四十条 畜禽养殖场的选址、建设应当符合国土空间规划，并遵守有关法律法规的规定；不得违反法律法规规定，在禁养区域建设畜禽养殖场。

修改前	一审稿	修改后
第四十一条 畜禽养殖场应当建立养殖档案，载明以下内容： （一）畜禽的品种、数量、繁殖记录、标识情况、来源和进出场日期； （二）饲料、饲料添加剂、兽药等投入品的来源、名称、使用对象、时间和用量； （三）检疫、免疫、消毒情况； （四）畜禽发病、死亡和无害化处理情况； （五）**畜牧兽医行政主管部**门规定的其他内容。	**第四十条** 畜禽养殖场应当建立养殖档案，载明以下内容： （一）畜禽的品种、数量、繁殖记录、标识情况、来源和进出场日期； （二）饲料、饲料添加剂、兽药等投入品的来源、名称、使用对象、时间和用量； （三）检疫、免疫、消毒情况； （四）畜禽发病、死亡和无害化处理情况； （五）**畜禽粪污收集、贮存、处理和利用情况**； （六）国务院农业农村主管部门规定的其他内容。	**第四十一条** 畜禽养殖场应当建立养殖档案，载明下列内容： （一）畜禽的品种、数量、繁殖记录、标识情况、来源和进出场日期； （二）饲料、饲料添加剂、兽药等投入品的来源、名称、使用对象、时间和用量； （三）检疫、免疫、消毒情况； （四）畜禽发病、死亡和无害化处理情况； （五）畜禽粪污收集、储存、无害化处理和资源化利用情况； （六）国务院农业农村主管部门规定的其他内容。
第四十二条 畜禽养殖者应当为其饲养的畜禽提供适当的繁殖条件和生存、生长环境。	**第四十一条** 畜禽养殖者应当为其饲养的畜禽提供适当的繁殖条件和生存、生长环境。	**第四十二条** 畜禽养殖者应当为其饲养的畜禽提供适当的繁殖条件和生存、生长环境。

修改前	一审稿	修改后
第四十三条 从事畜禽养殖，不得有下列行为： （一）违反法律、行政法规的规定和国家技术规范的强制性要求使用饲料、饲料添加剂、兽药； （二）使用未经高温处理的餐馆、食堂的泔水饲喂家畜； （三）在垃圾场或者使用垃圾场中的物质饲养畜禽； （四）法律、行政法规和国务院畜牧兽医行政主管部门规定的危害人和畜禽健康的其他行为。	第四十二条 从事畜禽养殖，不得有下列行为： （一）违反法律、行政法规的规定和国家标准或者国务院有关部门的技术要求使用饲料、饲料添加剂、兽药； （二）使用未经高温处理的餐馆、食堂的泔水饲喂家畜； （三）在垃圾场或者使用垃圾场中的物质饲养畜禽； （四）法律、行政法规和国务院农业农村主管部门规定的危害人和畜禽健康的其他行为。	第四十三条 从事畜禽养殖，不得有下列行为： （一）违反法律、行政法规和国家有关强制性标准的规定使用饲料，饲料添加剂、兽药； （二）使用未经高温处理的餐馆、食堂的泔水饲喂家畜； （三）在垃圾场或者使用垃圾场中的物质饲养畜禽； （四）随意弃置和处理病死畜禽； （五）法律、行政法规和国务院农业农村主管部门规定的危害人和畜禽健康的其他行为。
第四十四条 从事畜禽养殖，应当依照《中华人民共和国动物防疫法》的规定，做好畜禽疫病的防治工作。	第四十三条 从事畜禽养殖，应当依照《中华人民共和国动物防疫法》的规定，做好畜禽疫病的防治工作。	第四十四条 从事畜禽养殖，应当依照《中华人民共和国农产品质量安全法》《中华人民共和国动物防疫法》的规定，做好畜禽防治和质量安全工作。

修改前	一审稿	修改后
第四十五条 畜禽养殖者应当按照国家关于畜禽标识管理的规定，在应当加施标识的指定部位加施标识。畜牧兽医行政主管部门提供加施标识不得收费，所需费用列入省级人民政府财政预算。 畜禽标识不得重复使用。	第四十四条 畜禽养殖者应按照国家关于畜禽标识管理的规定，在应当加施标识的指定部位加施标识。农业农村主管部门提供加施标识不得收费，所需费用列入省级人民政府预算。 畜禽标识不得伪造、变造和重复使用。	第四十五条 畜禽养殖者应当按照国家关于畜禽标识管理的规定，在应当加施标识的指定部位加施标识。农业农村主管部门提供加施标识不得收费，所需费用列入省、自治区、直辖市人民政府预算。 禁止伪造、变造或者使用伪造、变造的畜禽标识。禁止重复使用畜禽标识。
第四十六条 畜禽养殖场、养殖小区应保证畜禽粪便、废水及其他固体废弃物综合利用或者无害化处理设施的正常运转，保证污染物达标排放，防止污染环境。 畜禽养殖场、养殖小区违法排放畜禽粪便、废水及其他固体废弃物，造成环境污染危害的，应当排除危害，依法赔偿损失。 国家支持畜禽养殖场、养殖小区建设畜禽粪便、废水及其他固体废弃物的综合利用设施。	第四十五条 畜禽养殖者应保证畜禽粪污处理利用设施的正常运转，保证畜禽污综合利用或者达标排放，防止污染环境。 畜禽养殖者违法排放污染或者因管理不当造成环境污染危害的，应当排除危害，依法赔偿损失。 国家支持建设畜禽粪污收集、存、处理和利用设施，推行畜禽粪污养分平衡管理，促进农牧结合和种养结合发展。	第四十六条 畜禽养殖应当保证畜禽污无害化处理和资源化利用设施的正常运转，保证畜禽污综合利用。进行污水达标排放，防止污染环境。进行污水达标排放或者因管理不当造成环境污染的，应当排除危害，依法赔偿损失。 国家支持建设畜禽粪污收集、储存、无害化处理和资源化利用设施，推行畜禽粪养分平衡管理，促进农业用有机肥和种养结合发展。

修改前	一审稿	修改后
第三十七条　国家支持农村集体经济组织、农民和畜禽养殖场、养殖小区，发展规模化、标准化畜禽养殖。乡（镇）土地利用总体规划应当根据本地实际情况安排畜禽养殖用地。农村集体经济组织、农民、畜牧业合作经济组织按照乡（镇）土地利用总体规划建立的畜禽养殖场、养殖小区用地按农业用地管理。养殖小区用地的使用用途期限届满，需要恢复为原用途的，由畜禽养殖场、养殖小区使用权人负责恢复。在畜禽养殖场、养殖小区用地范围内需要兴建永久性建（构）筑物，涉及农用地转用的，依照《中华人民共和国土地管理法》的规定办理。	第四十六条　国家引导畜禽养殖户依法发展。国家引导畜禽养殖户依照畜牧业发展规划有序发展，保护畜禽养殖户合法权益，不得随意以行政手段强行清退。 国家鼓励现代畜牧业龙头企业带动畜禽养殖户融入现代畜牧业产业链，加强面向畜禽养殖户的社会化服务，支持畜禽规模化、标准化养殖，支持发展新产业、新业态，促进与旅游、文化、生态等产业融合。	第四十七条　国家引导畜禽养殖户按照畜牧业发展规划有序发展，加强对畜禽养殖户的指导帮扶，保护其合法权益，不得随意以行政手段强行清退。 国家鼓励涉农企业带动畜禽养殖户融入现代畜牧业产业链，加强面向畜禽养殖户的社会化服务，支持畜禽规模化、标准化养殖，支持发展新产业、新业态，促进与旅游、文化、生态等产业融合。
	第四十七条　国家鼓励发展特种畜禽养殖。县级以上人民政府应当采取措施，支持建立与特种畜禽养殖业发展相适应的养殖体系。	第四十八条　国家支持发展特种畜禽养殖。县级以上人民政府应当采取措施支持建立与特种畜禽养殖业发展相适应的养殖体系。

修改前	一审稿	修改后
第四十七条　国家鼓励发展养蜂业，维护养蜂生产者的合法权益。 　有关部门应当积极宣传和推广蜂授粉农艺措施。	第四十八条　国家鼓励发展养蜂业，维护养蜂生产者的合法权益。 　有关部门应当积极宣传和推广蜂授粉农艺措施。	第四十九条　国家支持发展养蜂业，保护养蜂生产者的合法权益。 　有关部门应当积极宣传和推广蜂授粉农艺措施。
第四十八条　养蜂生产者在生产过程中，不得使用危害蜂产品质量安全的药品和容器，确保蜂产品质量。养蜂器具应当符合国家技术规范的强制要求。	第四十九条　养蜂生产者在生产过程中，不得使用危害蜂产品质量安全的药品和容器，确保蜂产品质量。养蜂器具应当符合国家标准或者国务院有关部门规定的技术要求。	第五十条　养蜂生产者在生产过程中，不得使用危害蜂产品质量安全的药品和容器，确保蜂产品质量。养蜂器具应当符合国家标准和国务院有关部门规定的技术要求。
第四十九条　养蜂生产者在转地放蜂时，当地公安、交通运输、畜牧兽医等有关部门应当为其提供必要的便利。 　养蜂生产者在国内转地放蜂，凭国务院畜牧兽医行政主管部门统一格式印制的检疫合格证明运输蜂群，在检疫合格证明有效期内不得重复检疫。	第五十条　养蜂生产者在转地放蜂时，当地公安、交通运输、农业农村等有关部门应当为其提供必要的便利。 　养蜂生产者在国内转地放蜂，凭国务院农业农村主管部门统一格式印制的检疫证明运输蜂群，在检疫证明有效期内不得重复检疫。	第五十一条　养蜂生产者在转地放蜂时，当地公安、交通运输、农业农村有关部门应当为其提供必要的便利。 　养蜂生产者在国内转地放蜂，凭国务院农业农村主管部门统一格式印制的检疫证明运输蜂群，在检疫证明有效期内不得重复检疫。

修改前	一审稿	修改后
	第五章 草原畜牧业 **第五十一条** 国家支持科学利用草原，协调推进草原休养生息与草原畜牧业发展，提高草原可持续发展能力。坚持生态优先，生产生态有机结合，筑牢生态安全屏障，促进农牧民增收入，提高草原可持续发展能力，促进特色优势产业，发展特色优势产业，发展特色优势产业，推进牧区生活生产生态协同发展。	**第五章 草原畜牧业** **第五十二条** 国家支持科学利用草原，协调推进草原保护与草原畜牧业发展，坚持生态优先，生产生态有机结合，发展特色优势产业，促进农牧民增收入，提高草原可持续发展能力，筑牢生态安全屏障，推进牧区生活生产生态协同发展。
第三十五条第二款 国家支持牧区开展草原围栏、草原水利、饲草饲料基地等草原基本建设，优化畜群结构，改良牲畜品种，转变生产方式，发展合饲圈养、划区轮牧，逐步实现畜草平衡，改善草原生态环境。	**第五十二条** 国家支持牧区转变草原畜牧业发展方式，加强草原水利、草原围栏、饲草饲料生产加工储备、牧道等基础设施建设，支持优良饲草品种的选育、引进和推广使用，因地制宜开展人工草地建设、天然草原改良和饲草饲料基地建设，提高饲草饲料供应保障能力。	**第五十三条** 国家支持牧区转变草原畜牧业发展方式，加强草原水利、草原围栏、饲草饲料生产加工储备、牧道等基础设施建设。 国家鼓励草原推行合饲半舍饲等草饲圈养、节性放牧、划区轮牧等养殖方式，合理配置畜群，保持草畜平衡。 **第五十四条** 国家支持优良饲草品种的选育、引进和推广使用，因地制宜开展人工草地建设、天然草原改良和饲草饲料基地建设，优化草种植结构，提高饲草料供应保障能力。

修改前	一审稿	修改后
	第五十三条 国家支持农牧民发展现代家庭牧场和畜牧业合作社,推行适度规模养殖,建设牛羊等重要畜产品生产基地。	第五十五条 国家支持农牧民发展畜牧业专业合作社和现代家庭牧场,推行适度规模养殖,提升标准化生产水平,建设牛羊等重要畜产品生产基地。
	第五十四条 牧区各级人民政府牧业农村主管部门应当加强对农牧民的技术指导与服务,改良家畜品种,优化畜群结构,推行草原畜牧业,加快出栏周转,提质,促进草原畜牧业节本、提质、增效。	第五十六条 牧区各级人民政府农业农村主管部门应当鼓励指导农牧民改良家畜品种,优化畜群结构,合理加快出栏周转,促进草原畜牧业节本、提质、增效。
	第五十五条 国家建立草原畜牧业灾害保障机制,将草原畜牧业防灾减灾列入预算,完善设施装备条件,加大牧区牛羊等草食家畜保费补贴力度,提高抵御自然灾害的能力。	第五十七条 国家加强草原畜牧业灾害防御保障,将草原畜牧业防灾减灾列入预算,完善设施装备条件,优化畜禽保险制度,提高抵御牧区牛羊等畜禽自然灾害的能力。

修改前	一审稿	修改后
	第五十六条　国家完善草原畜牧业发展政策，对采取禁牧和草畜平衡措施的农牧民给予补助奖励。	第五十八条　国家完善草原生态保护和草原畜牧业发展奖励政策，对采取禁牧和草畜平衡措施的农牧民按照国家有关规定给予补助奖励。
	第五十七条　地方各级人民政府应当支持草原畜牧业与乡村旅游、文化等产业协同发展，推动一二三产业融合，提升产业化、品牌化、特色化水平，持续增加农牧民收入，促进牧区振兴。	第五十九条　有关地方人民政府应当支持草原畜牧业与乡村旅游、文化等产业协同发展，推动一二三产业融合，提升产业化、品牌化、特色化水平，持续增加农牧民收入，促进牧区振兴。
	第五十八条　草原畜牧业发展涉及草原保护、建设、利用和管理活动的，应当遵守《中华人民共和国草原法》有关规定。	第六十条　草原畜牧业发展涉及草原保护、建设、利用和管理活动的，应当遵守有关草原保护法律法规的规定。

修改前	一审稿	修改后
第五章 畜禽交易与运输	第六章 畜禽交易与运输	第六章 畜禽交易与运输
第五十条 县级以上人民政府应当促进开放统一、竞争有序的畜禽交易市场建设。 县级以上人民政府畜牧兽医行政主管部门和其他有关主管部门应当组织搜集、整理、发布畜禽产销信息，为生产者提供信息服务。（第二款修改后移至第七十三条）	第五十九条 县级以上人民政府应当促进开放统一、竞争有序的畜禽交易市场建设。	第六十一条 国家加快建立统一开放、竞争有序、安全便捷的畜禽交易市场体系。
第五十一条 县级以上地方人民政府根据农产品批发市场发展规划，对在畜禽集散地建立畜禽发市场给予扶持。 畜禽批发市场选址，应当符合法律、行政法规和国务院畜牧兽医行政主管部门规定的动物防疫条件，并距离种畜禽场和大型畜禽养殖场三公里以外。	第六十条 县级以上地方人民政府根据农产品批发市场发展规划，对在畜禽集散地建立畜禽发市场给予扶持。 畜禽批发市场选址，应当符合法律、行政法规和国务院农业农村主管部门规定的动物防疫条件，并距离种畜禽场和大型畜禽养殖场三公里以外。	第六十二条 县级以上地方人民政府应当根据农产品批发市场发展规划，对在畜禽集散地建立畜禽发市场给予扶持。 畜禽批发市场选址，应当符合法律、行政法规和国务院农业农村主管部门规定的动物防疫条件，并距离种畜禽场和大型畜禽养殖场三公里以外。

修改前	一审稿	修改后
第五十一条　进行交易的畜禽必须符合国家技术规范的强制性要求。 国务院畜牧兽医行政主管部门规定应当加施标识而没有标识的畜禽，不得销售和收购。	第六十一条　进行交易的畜禽**必须**符合国家标准或者国务院有关部门规定的技术要求。 国务院农业农村主管部门规定应当加施标识而没有标识的畜禽，不得销售和收购。 国家鼓励畜禽屠宰业直接从畜禽养殖者收购畜禽，建立稳定收购渠道，降低动物疫病和质量安全风险。	第六十三条　进行交易的畜禽应当符合农产品质量安全标准和国务院有关部门规定的技术要求。 国务院农业农村主管部门规定应当加施标识而没有标识的畜禽，不得销售、收购。 国家鼓励畜禽屠宰经营者直接从畜禽养殖者收购畜禽，建立稳定和质量安全的收购渠道，降低动物疫病风险。
第五十三条　运输畜禽，必须符合法律、行政法规和国务院畜牧兽医行政主管部门规定的动物防疫条件，采取措施保护畜禽安全，并为运输的畜禽提供必要的空间和饲喂饮水条件。 有关部门对运输中的畜禽进行检查，应当有法律、行政法规的依据。	第六十二条　运输畜禽，**必须**符合法律、行政法规和国务院农业农村主管部门规定的动物防疫条件，采取措施保护畜禽安全，并为运输的畜禽提供必要的空间和饲喂饮水条件。 有关部门对运输中的畜禽进行检查，应当有法律、行政法规的依据。	第六十四条　运输畜禽，应当符合法律、行政法规和国务院农业农村主管部门规定的动物防疫条件，采取措施保护畜禽安全，并为运输的畜禽提供必要的空间和饲喂饮水条件。 有关部门对运输中的畜禽进行检查，应当有法律、行政法规的依据。

修改前	一审稿	修改后
	第七章 畜禽屠宰	第七章 畜禽屠宰
	第六十三条 国家实行生猪定点屠宰制度。对生猪以外其他畜禽可以实行定点屠宰，具体办法由省、自治区、直辖市制定。农村地区个人自宰自食的除外。**国家鼓励畜禽就地屠宰，支持畜禽产品加工冷链体系建设。**（修改后作为第六十六条）	第六十五条 国家实行生猪定点屠宰制度。对生猪以外的其他畜禽可以实行定点屠宰，具体办法由省、自治区、直辖市制定。农村地区个人自宰自食的除外。
	第六十四条 省、自治区、直辖市人民政府按照科学布局、集中屠宰、有利流通、方便群众的原则，结合畜禽养殖、动物疫病防控和畜禽产品消费等实际情况，制定畜禽屠宰行业发展规划。	省、自治区、直辖市人民政府应当按照科学布局、集中屠宰、有利流通、方便群众的原则，结合畜禽养殖、动物疫病防控和畜禽产品消费等发展规划并组织实施。
	第六十三条第二款 国家鼓励畜禽就地屠宰，支持畜禽产品加工冷链体系建设。	第六十六条 国家鼓励畜禽企业向养殖主产区转移，支持畜禽产品加工、储存、运输冷链体系建设。

修改前	一审稿	修改后
	第六十五条　畜禽屠宰企业应当具备下列条件： （一）有与屠宰规模相适应、水质符合国家规定标准的用水供应设备； （二）有符合国家规定的设施设备和运载工具； （三）有依法取得健康证明的屠宰技术人员； （四）有经考核合格的兽医卫生检验人员； （五）依法取得动物防疫条件合格证和其他法律法规规定的证明文件。 第六十六条　畜禽屠宰企业应当建立畜禽屠宰质量安全管理制度。 未经畜禽检验或者经检验不合格的畜禽产品不得出厂销售。经检验国家有关规定处理。**畜禽产品，未经检疫或者检疫不合格的畜禽产品不得出厂销售。经检疫不合格的畜禽产品，按照国家有关规定进行无害化处理。** 地方各级人民政府应当按照规定对无害化处理的费用和损失给予补助。	第六十七条　畜禽屠宰企业应当具备下列条件： （一）有与屠宰规模相适应、水质符合国家规定标准的用水供应设备和运载工具； （二）有符合国家规定的设施设备和运载工具； （三）有依法取得健康证明的屠宰技术人员； （四）有经考核合格的兽医卫生检验人员； （五）依法取得动物防疫条件合格证和其他法律法规规定的证明文件。 第六十八条　畜禽屠宰经营者应当加强畜禽屠宰质量安全管理。畜禽屠宰企业应当建立畜禽屠宰质量安全管理制度。 未经检验、检疫或者经检验、检疫不合格的畜禽产品不得出厂销售。经检验、检疫不合格的畜禽产品，按照国家有关规定处理。 地方各级人民政府应当按照规定对无害化处理的费用和损失给予补助。

修改前	一审稿	修改后
	第六十七条　**国家实行畜禽屠宰质量安全风险监测制度。**国务院农业农村主管部门负责组织制定畜禽屠宰质量安全风险监测计划。 省、自治区、直辖市人民政府农业农村主管部门根据国家畜禽屠宰质量安全风险监测计划，结合本行政区域实际情况，制定本行政区域畜禽屠宰质量安全风险监测方案并组织实施。	第六十九条　国务院农业农村主管部门负责组织制定畜禽屠宰质量安全风险监测计划。 省、自治区、直辖市人民政府农业农村主管部门根据国家畜禽屠宰质量安全风险监测计划，结合本行政区域实际情况，制定本行政区域畜禽屠宰质量安全风险监测方案并组织实施。
第六章　**质量安全保障**	第八章　保障措施	第八章　保障与监督
第三十六条　国务院和省级人民政府应当在其财政预算内安排支持畜牧业发展的良种补贴、贴息补助等资金，并鼓励有关金融机构通过提供**贷款、保险服务等形式**支持畜禽养殖者购买优良畜禽、繁育良种、改善生产设施、扩大养殖规模、提高养殖效益。	第六十八条　国务院和省级人民政府应当在其预算内安排支持畜禽业创新和畜牧业发展的良种补贴、贴息补助、保费补贴等资金，并鼓励有关金融机构提供金融服务，支持畜禽养殖者购买优良畜禽、繁育良种、防控**疫病**改善生产设施和畜禽粪污处理利用设施设备，扩大养殖规模、提高养殖效益。	第七十条　省级以上人民政府应当在其预算内安排支持畜禽业创新和畜牧业发展的良种补贴、贴息补助、保费补贴等资金，并鼓励有关金融机构提供金融服务，支持畜禽养殖者购买优良畜禽、繁育良种、防控疫病、畜禽粪污无害化处理和资源化利用设施设备，扩大养殖规模、提高养殖效益。

修改前	一审稿	修改后
第五十四条 县级以上人民政府应当组织畜牧兽医行政主管部门和有关主管部门，依照本法和有关法律、行政法规的规定，加强对畜禽饲养环境、种畜禽质量、饲料和兽药等投入品的使用以及畜禽交易与运输的监督管理。	**第六十九条** 县级以上人民政府应当组织农业农村主管部门和其他有关主管部门，依照本法和有关法律、行政法规的规定，加强对畜禽饲养环境、种畜禽质量、畜禽交易与运输、畜禽屠宰以及饲料和兽药等投入品的生产、经营、使用的监督管理。	**第七十一条** 县级以上人民政府应当组织农业农村主管部门和其他有关主管部门，依照本法和有关法律、行政法规的规定，加强对畜禽饲养环境、种畜禽质量、畜禽交易与运输、畜禽屠宰以及饲料、饲料添加剂、兽药等投入品的生产、经营、使用的监督管理。
第五十五条 国务院畜牧兽医行政主管部门应当制定畜禽标识和畜禽养殖档案管理办法，采取措施落实畜禽产品质量责任追究制度。	**第七十条** 国务院农业农村主管部门应当制定畜禽标识和畜禽养殖档案管理办法，采取措施落实畜禽产品质量安全责任追溯制度。	**第七十二条** 国务院农业农村主管部门应当制定畜禽标识和畜禽养殖档案管理办法，采取措施落实畜禽产品质量安全追溯制度。
第五十六条 县级以上人民政府畜牧兽医行政主管部门应当制定畜禽质量安全监督检查计划，按计划开展监督抽查工作。	**第七十一条** 县级以上人民政府农业农村主管部门应当制定畜禽质量安全监督检查计划，按计划开展监督抽查工作。	**第七十三条** 县级以上人民政府农业农村主管部门应当制定畜禽质量安全监督抽查计划，并按照计划开展监督抽查工作。

修改前	一审稿	修改后
第五十七条 省级以上人民政府畜牧兽医行政主管部门应当组织制定畜禽生产规范，指导畜禽的安全生产。	第七十二条 省级以上人民政府农业农村主管部门应当组织制定畜禽生产规范，指导畜禽的安全生产。	第七十四条 省级以上人民政府农业农村主管部门应当组织制定畜禽生产规范，指导畜禽的安全生产。
第五十条第二款 县级以上人民政府兽医行政主管部门和其他有关主管部门应当组织搜集、整理、发布畜禽产销信息，为生产者提供信息服务。	第七十三条 国家建立统一的畜禽和畜禽产品市场监测预警制度，逐步完善畜禽产品储备调节机制，利用畜禽产品进出口、期货等市场调节方式，促进市场供需平衡和畜牧业健康发展。县级以上人民政府有关部门应当及时发布畜禽产销信息，为生产者提供信息服务。	第七十五条 国家建立统一的畜禽和畜禽产品市场监测预警制度，逐步完善畜禽产品储备调节制度，加强市场调控，促进市场供需平衡和畜牧业健康发展。县级以上人民政府有关部门应当及时发布畜禽产销信息，为畜禽生产经营者提供信息服务。
	第七十四条 国家鼓励畜主销区通过资源环境补偿、跨区合作、建立养殖基地等方式，与主产区建立稳定的合作关系。省、自治区、直辖市人民政府负责保障本行政区域内的畜禽产品供给，建立稳产保供责任制稳价稳供，建立稳产保供政策保供的政策考核体系。	第七十六条 国家加强畜生产、加工、销售、运输体系建设，提升畜禽产品供应安全保障能力。省、自治区、直辖市人民政府负责保障本行政区域内的畜禽产品供给，建立稳产保供责任考核体系。国家鼓励畜主销区通过跨区域合作、建立养殖基地等方式，与主产区建立稳定的合作关系。

修改前	一审稿	修改后
第七章 法律责任 第七十条 畜牧兽医行政主管部门的工作人员利用职务上的便利，收受他人财物或者谋取其他利益，对不符合条件的单位，个人核发许可证或者有关批准文件，不履行监督职责，或者发现违法行为不予查处的，依法给予行政处分。	第九章 法律责任 第九十一条 农业农村主管部门的工作人员利用职务上的便利，收受他人财物或者谋取其他利益，对不符合条件的单位，个人核发许可证或者有关批准文件，不履行监督职责，或者发现违法行为不予查处的，依法给予处分。	第九章 法律责任 第七十七条 违反本法规定，县级以上人民政府农业农村主管部门及其工作人员或者其他直接负责的主管人员和其他直接责任人员有下列行为之一的，对直接负责的主管人员和其他直接责任人员依法给予处分： （一）利用职务上的便利，收受他人财物或者牟取其他利益的； （二）对不符合条件的申请人准予许可，或者超越法定职权准予许可的； （三）发现违法行为不予查处的； （四）其他滥用职权、玩忽职守、徇私舞弊等不依法履行监督管理工作职责的行为。
第五十八条 违反本法第十三条第二款规定，擅自处理受保护的畜禽遗传资源，造成畜禽遗传资源损失的，由省级以上人民政府畜牧兽医行政主管部门处五万元以上五十万元以下罚款。	第七十五条 违反本法第十三条第二款规定，擅自处理受保护的畜禽遗传资源，造成畜禽遗传资源损失的，由省级以上人民政府农业农村主管部门处十万元以上一百万元以下罚款。	第七十八条 违反本法第十四条第二款规定，擅自处理受保护的畜禽遗传资源，造成畜禽遗传资源损失的，由省级以上人民政府农业农村主管部门处十万元以上一百万元以下罚款。

修改前	一审稿	修改后
第五十九条 违反本法有关规定，有下列行为之一的，由省级以上人民政府畜牧兽医行政主管部门责令停止违法行为，没收畜禽遗传资源和违法所得，并处一万元以上五万元以下罚款： （一）未经审核批准，从境内外引进畜禽遗传资源的； （二）未经审核批准，在境内与境外机构、个人合作研究利用列入保护名录的畜禽遗传资源的； （三）在境内与境外机构、个人合作研究利用未经国家畜禽遗传资源委员会鉴定的新发现的畜禽遗传资源的。	第七十六条 违反本法有关规定，有下列行为之一的，由省级以上人民政府农业农村主管部门责令停止违法行为，没收畜禽遗传资源和违法所得，并处五万元以上五十万元以下罚款： （一）未经审核批准，从境内外引进畜禽遗传资源的； （二）未经审核批准，在境内与境外机构、个人合作利用列入保护名录的畜禽遗传资源的； （三）在境内与境外机构、个人合作研究利用未经国家畜禽遗传资源委员会鉴定的新发现的畜禽遗传资源的。	第七十九条 违反本法规定，有下列行为之一的，由省级以上人民政府农业农村主管部门责令停止违法行为，没收畜禽遗传资源和违法所得，并处五万元以上五十万元以下罚款： （一）未经审核批准，从境内外引进畜禽遗传资源； （二）未经审核批准，在境内与境外机构、个人合作利用列入保护名录的畜禽遗传资源； （三）在境内与境外机构、个人合作研究利用未经国家畜禽遗传资源委员会鉴定的新发现的畜禽遗传资源。
第六十条 未经国务院畜牧兽医行政主管部门批准，向境外输出畜禽遗传资源的，依照《中华人民共和国海关法》的有关规定追究法律责任。海关应当将扣留的畜禽遗传资源移送省级人民政府畜牧兽医行政主管部门处理。	第七十七条 未经国务院农业农村主管部门批准，向境外输出畜禽遗传资源的，依照《中华人民共和国海关法》的有关规定追究法律责任。海关应当将扣留的畜禽遗传资源移送省级人民政府农业农村主管部门处理。	第八十条 违反本法规定，未经国务院农业农村主管部门批准，向境外输出畜禽遗传资源的，依照《中华人民共和国海关法》的有关规定追究法律责任。海关应当将扣留的畜禽遗传资源移送省、自治区、直辖市人民政府农业农村主管部门处理。

修改前	一审稿	修改后
第六十一条 违反本法有关规定，推广、销售未经审定或者鉴定的畜禽品种的，由县级以上人民政府畜牧兽医行政主管部门责令停止违法行为，没收畜禽和违法所得，并处在五万元以上，没有违法所得，并处三千元以上五万元以下罚款。	第七十八条 违反本法有关规定，推广、销售未经审定或者鉴定的畜禽品种、配套系的，由县级以上地方人民政府农业农村主管部门责令停止违法行为，没收畜禽和违法所得；违法所得在五万元以上的，并处违法所得一倍以上三倍以下罚款；没有违法所得或者违法所得不足五万元的，并处五千元以上五万元以下罚款。	第八十一条 违反本法规定，销售、推广未经审定或者鉴定的畜禽品种、配套系的，由县级以上地方人民政府农业农村主管部门责令停止违法行为，没收畜禽和违法所得；违法所得在五万元以上的，并处违法所得一倍以上三倍以下罚款；没有违法所得或者违法所得不足五万元的，并处五千元以上五万元以下罚款。
第六十二条 违反本法有关规定，无种畜禽生产经营许可证或者违反生产许可证的规定生产经营种畜禽的，伪造、变造、转让、租借种畜禽生产经营许可证的，由县级以上人民政府畜牧兽医行政主管部门责令停止违法行为，没收违法所得，并处违法所得一倍以上三倍以下罚款；没有违法所得或者违法所得不足三万元的，并处三千元以上三万元以下罚款。	第七十九条 违反本法有关规定，无种畜禽生产经营许可证或者违反生产许可证的规定生产经营种畜禽的，伪造、变造、转让、租借种畜禽生产经营许可证的，由县级以上地方人民政府农业农村主管部门责令停止违法行为，没收违法所得；违法所得在三万元以上的，并处违法所得一倍以上三倍以下罚款；没有违法所得或者违法所得不足三万元的，并处三千元	第八十二条 违反本法规定，无种畜禽生产经营许可证或者违反生产经营许可证规定生产、经营，或者伪造、变造、转让、租借种畜禽生产经营许可证的，由县级以上地方人民政府农业农村主管部门责令停止违法行为，收缴伪造、变造的种畜禽生产经营许可证，没收种畜禽、商品代仔畜、雏禽和违法所得；违法所得在三万元以上的，并处违法所得一倍以上

中华人民共和国畜牧法导读

修改前	一审稿	修改后
三万元以下罚款。违反种畜禽生产经营或者种畜禽生产经营许可证的规定生产经营或者转让、租借种畜禽生产经营许可证，情节严重的，并处吊销种畜禽生产经营许可证。	元以上三万元以下罚款。违反种畜禽生产经营许可证的规定生产经营或者伪造、变造、转让、租借种畜禽生产经营许可证，情节严重的，并处吊销种畜禽生产经营许可证。	三倍以下罚款；没有违法所得或者违法所得不足三万元的，并处三万元以下罚款。违反种畜禽生产经营许可证的规定生产经营或者转让、租借种畜禽生产经营许可证，情节严重的，并处吊销种畜禽生产经营许可证。
第六十三条 违反本法第二十八条规定，依照《中华人民共和国广告法》的有关规定追究法律责任。	第八十条 违反本法第二十八条规定，依照《中华人民共和国广告法》的有关规定追究法律责任。	第八十三条 违反本法第二十九条规定，依照《中华人民共和国广告法》的有关规定追究法律责任。
第六十四条 违反本法有关规定，使用的种畜禽不符合种用标准的，由县级以上地方人民政府畜牧兽医行政主管部门责令停止违法行为，没收违法所得；违法所得在五千元以上的，并处违法所得一倍以上二倍以下罚款；没有违法所得或者违法所得不足五千元的，并处一千元以上五千元以下罚款。	第八十一条 违反本法有关规定，使用的种畜禽不符合种用标准的，由县级以上地方人民政府农业主管部门责令停止违法行为，没收违法所得；违法所得在五千元以上的，并处违法所得一倍以上二倍以下罚款；没有违法所得或者违法所得不足五千元的，并处一千元以上五千元以下罚款。	第八十四条 违反本法规定，使用的种畜禽不符合种用标准的，由县级以上地方人民政府农村农业主管部门责令停止违法行为，没收种畜禽和违法所得；违法所得在五千元以上的，并处违法所得一倍以上二倍以下罚款；没有违法所得或者违法所得不足五千元的，并处一千元以上五千元以下罚款。

修改前	一审稿	修改后
第六十五条　销售种畜禽有本法第三十条第一项至第四项违法行为之一的，由县级以上人民政府畜牧兽医行政主管部门或者工商行政管理部门责令停止销售，没收违法销售的畜禽和违法所得；违法所得在五万元以上的，并处违法所得一倍以上五倍以下罚款；没有违法所得或者违法所得不足五万元的，并处五千元以上五万元以下罚款；情节严重的，并处吊销种畜禽生产经营许可证或者营业执照。	**第八十二条**　销售种畜禽有本法第三十条第一项至第四项违法行为之一的，由县级以上地方人民政府农业农村主管部门或者市场监督管理部门责令停止销售，没收违法销售的畜禽和违法所得；违法所得在五万元以上的，并处违法所得一倍以上五倍以下罚款；没有违法所得或者违法所得不足五万元的，并处五千元以上五万元以下罚款；情节严重的，并处吊销种畜禽生产经营许可证或者营业执照。	**第八十五条**　销售种畜禽有本法第三十一条第一项至第四项违法行为之一的，由县级以上地方人民政府农业农村主管部门和市场监督管理部门按照职责分工责令停止销售，没收违法销售的畜禽和违法所得；违法所得在五万元以上的，并处违法所得一倍以上五倍以下罚款；没有违法所得或者违法所得不足五万元的，并处五千元以上五万元以下罚款；情节严重的，并处吊销种畜禽生产经营许可证或者营业执照。
第六十六条　违反本法第四十一条规定，畜禽养殖场未建立养殖档案的，或者未按照规定保存养殖档案的，由县级以上人民政府畜牧兽医行政主管部门责令限期改正，可以处一万元以下罚款。	**第八十三条**　违反本法有关规定，兴办畜禽养殖场、畜禽养殖场未建立养殖档案或者未按照规定保存养殖档案的，由县级以上地方人民政府农业农村主管部门责令限期改正，可以处一万元以下罚款。	**第八十六条**　违反本法规定，兴办畜禽养殖场、畜禽养殖场未建立养殖档案或者未按照规定保存养殖档案的，由县级以上地方人民政府农业农村主管部门责令限期改正，可以处一万元以下罚款。

修改前	一审稿	修改后
第六十七条 违反本法第四十三条规定养殖畜禽的，依照有关法律、行政法规的规定处罚。	第八十四条 违反本法第四十二条规定养殖畜禽的，依照有关法律、行政法规处罚。	第八十七条 违反本法第四十三条规定养殖畜禽的，依照有关法律、行政法规的规定处理、处罚。
第六十八条 违反本法有关规定，销售的种畜禽未附具种畜禽合格证明、检疫合格证明、家畜系谱证明，销售、收购国务院畜牧兽医行政主管部门规定应当加施标识而没有使用畜禽标识的，或者重复使用畜禽标识的，由县级以上地方人民政府畜牧兽医行政主管部门或者工商行政管理部门责令改正，可以处二千元以下罚款。 违反本法有关规定，使用伪造、变造的畜禽标识的，由县级以上人民政府畜牧兽医行政主管部门没收违法所得，并处三千元以上三万元以下罚款。	第八十五条 违反本法有关规定，销售的种畜禽未附具种畜禽合格证明、检疫证明、家畜系谱证明，销售、收购国务院农业农村主管部门规定应当加施标识而没有使用畜禽标识的，或者重复使用畜禽标识的，由县级以上地方人民政府农业农村主管部门或者市场监督管理部门责令改正，可以处二千元以下罚款。 违反本法有关规定，使用伪造、变造的畜禽标识的，由县级以上地方人民政府农业农村主管部门没收违法所得，并处三千元以上三万元以下罚款。	第八十八条 违反本法规定，销售、收购畜禽未附具种畜禽合格证明、畜系谱、销售、收购国务院农业农村主管部门规定应当加施标识而没有使用畜禽标识的，或者重复使用畜禽标识的，由县级以上地方人民政府农业农村主管部门按照职责分工责令改正，可以处二千元以下罚款。 销售种畜禽未附具检疫证明，伪造、变造的畜禽标识，或者持有、使用的畜禽标识，依照《中华人民共和国动物防疫法》的有关规定追究法律责任。

修改前	一审稿	修改后
第六十九条 销售不符合国家技术规范的强制性要求的畜禽的，由县级以上地方人民政府畜牧兽医行政主管部门或者工商行政管理部门责令停止违法行为，没收违法销售的畜禽和违法所得，并处违法所得一倍以上三倍以下罚款；情节严重的，由工商行政管理部门并处吊销营业执照。	**第八十六条** 销售不符合国家标准或者国务院有关部门规定技术要求的畜禽的，由县级以上地方人民政府农业农村主管部门或者市场监督管理部门责令停止违法行为，没收违法销售的畜禽和违法所得，并处违法所得一倍以上三倍以下罚款；情节严重的，由市场监督管理部门并处吊销营业执照。	删除
	第八十七条 违反有关草畜平衡规定，破坏草原植被的行为，依照《中华人民共和国草原法》有关规定处罚。	删除
	第八十八条 违反本法有关规定，未经定点从事畜禽屠宰活动的，依照有关法律、法规的规定处罚。	**第八十九条** 违反本法规定，未经定点从事畜禽屠宰活动的，依照有关法律法规的规定处理、处罚。

修改前	一审稿	修改后
	第八十九条　县级以上地方人民政府畜牧兽医主管部门在监督检查中发现畜禽屠宰企业不再具备本法规定条件的,应当责令停业整顿,并限期整改;逾期仍未达到本法规定条件的,对实行定点屠宰管理的畜禽屠宰企业,由发证机关吊销定点屠宰证书。	第九十条　县级以上地方人民政府畜牧兽医主管部门发现畜禽屠宰企业不再具备本法规定条件的,应当责令停业整顿,并限期整改;逾期仍未达到本法规定条件的,责令关闭,对实行定点屠宰管理的,由发证机关依法行销定点屠宰证书。
	第九十条　违反本法第六十六条规定,畜禽屠宰企业未建立畜禽屠宰质量安全管理制度的,或者对经检验不合格的畜禽产品未按照国家有关规定处理的,由县级以上地方人民政府农业主管部门责令改正,拒不改正的,责令停业整顿,并处五千元以上五万元以下的罚款,对其直接负责的主管人员和其他直接责任人员处二万元以上五万元以下的罚	第九十一条　违反本法第六十八条规定,畜禽屠宰经营者对经检验不合格的畜禽产品未按照国家有关规定处理的,由县级以上地方人民政府农业主管部门责令改正,给予警告;拒不改正的,责令停业整顿,并处五万元以上五十万元以下罚款;对直接负责的主管人员和其他直接责任人员处二万元以上二十万元

修改前	一审稿	修改后
	款；对实行定点屠宰管理的，情节严重的，由发证机关吊销证书。 违反本法第六十六条规定其他行为的，依照有关法律、法规的规定处罚。	以下罚款；情节严重的，责令关闭，对实行定点屠宰管理的，由发证机关吊销证书。 违反本法第六十八条规定的其他行为的，依照有关法律法规的规定处理、处罚。
第七十条 畜牧兽医行政主管部门的工作人员利用职务上的便利，收受他人财物或者谋取其他利益，对不符合法定条件的单位、个人核发许可证或者有关批准文件，不履行监督职责，或者发现违法行为不予查处的，依法给予行政处分。	**第九十一条** 农业农村主管部门的工作人员利用职务上的便利，收受他人财物或者谋取其他利益，对不符合法定条件的单位、个人核发许可证或者有关批准文件，不履行监督职责，或者发现违法行为不予查处的，依法给予处分。（将本条移至第七十七条并作修改）	
第七十一条 违反本法规定，构成犯罪的，依法追究刑事责任。	**第九十二条** 违反本法规定，构成犯罪的，依法追究刑事责任。	**第九十二条** 违反本法规定，构成犯罪的，依法追究刑事责任。

修改前	一审稿	修改后
第八章 附则	第十章 附则	第十章 附则
第七十二条 本法所称畜禽遗传资源，是指畜禽及其卵子（蛋）、胚胎、精液、基因物质等遗传材料。 本法所称种畜禽，是指经过选育、具有种用价值，适于繁殖后代的畜禽及其卵子（蛋）、胚胎、精液等。	**第九十三条** 本法所称畜禽遗传资源，是指畜禽及其卵子（蛋）、胚胎、精液、基因物质等遗传材料。 本法所称种畜禽，是指经过选育、具有种用价值，适于繁殖后代的畜禽及其卵子（蛋）、胚胎、精液等。	**第九十三条** 本法所称畜禽遗传资源，是指畜禽及其卵子（蛋）、精液、胚胎、基因物质等遗传材料。 本法所称种畜禽，是指经过选育、具有种用价值，适于繁殖后代的畜禽及其卵子（蛋）、精液、胚胎等。
第七十三条 本法自2006年7月1日起施行。	**第九十四条** 本法自 年 月 日起施行。	**第九十四条** 本法自2023年3月1日起施行。

中华人民共和国畜牧法
（修订草案）参阅资料

畜牧业发展基本情况

畜牧业是关系国计民生的重要产业，肉蛋奶是百姓"菜篮子"的重要品种。发展畜牧业，对于保障居民畜产品消费需求、助力乡村振兴战略实施、促进农牧民增收、保持经济持续健康发展和社会大局稳定具有十分重要的意义。

一、基本情况

2020 年，我国有畜禽养殖场户 8 000 多万个，畜牧业产值达 4.03 万亿元，占农业总产值的比重达 29.2%，带动上下游产业产值约 3 万亿元，畜牧业已经成为我国农业和农村经济发展的重要支柱产业，成为农牧民收入的重要来源。

一是畜禽产品生产能力稳步提升。2020 年全国肉、蛋、奶总产量分别为 7 639 万吨、3 468 万吨和 3 440 万吨，肉、蛋产量继续保持世界首位，奶类产量位居世界前列。饲料产量 25 276 万吨，实现全球年度产量十连冠。2019 年，全国人均肉类、禽蛋、牛奶占有量达到 55.5 千克、23.7 千克和 22.9 千克，分别比 2005 年增长 4.3%、26.7% 和 8.5%，肉类人均占有量超过了世界平均水平，禽蛋人均占有量达到发达国家水平。

二是畜禽产品结构不断优化。2020 年，全国猪肉产量 4 113 万吨、牛肉产量 672 万吨、羊肉产量 492 万吨、禽肉产量 2 361 万吨，占肉类总产量的比重分别是 53.1%、8.7%、6.4%、30.5%，而 2005 年猪、牛、羊、禽肉的比重分别是 65.6%、8.2%、5.0% 和 19.4%，猪肉比重明显下降，牛羊肉和禽肉比重上升，满足了城乡居民多样化、多层次的肉类消费需求。

三是规模养殖比重稳步提升。在市场和政策的共同推动下，畜禽规模养殖加快发展。2020 年，全国畜禽养殖综合规模化率达到 68%，规模养殖成为肉蛋奶生产供应的主体。据初步测算，2020 年全国年出栏 500 头生猪、存栏 100 头奶牛、出栏 50 头肉牛、出栏 100 只肉羊、存栏 2 000 只蛋鸡和出栏 10 000 只肉鸡的规模养殖比重分别达到 57.1%、67.2%、29.6%、43.1%、79.7%、83.9%，分别比 2015 年提高 13.8、18.9、1.8、6.4、10.2 和 9.1 个百分点。

四是产业集中度持续提高。我国生猪养殖主要集中在长江流域、华北、西南和东北等地，牛羊主要分布在冀鲁豫、东北和西部 8 省份，白羽肉鸡主要在北方，黄羽肉鸡在南方，蛋鸡大多集中在华北、华东、东北和华中。2020 年全国猪肉、牛肉、羊肉、禽肉、禽蛋和牛奶产量前十位的省份占全国比重分别达到 63.5%、68.1%、76.5%、

71.8%、77.0%和82.1%，区域比较优势逐步显现。

五是生产效率显著提高。2020年，我国生猪出栏率达170%，比2015年的153.6%提高16.4个百分点；奶牛平均单产达到8.3吨，比2015年提高2.3吨，奶牛规模养殖场100%实现机械化挤奶；全混合日粮饲喂在牛羊生产中逐步普及，生猪和蛋鸡的饲料转化率分别达到3.3∶1、2.1∶1，比2015年提高5%左右。畜禽种业自主创新水平稳步提高，主要畜种核心种源自给率超过75%，比2015年提高15个百分点。

六是畜禽产品进口持续增加。畜产品进口贸易以生猪、牛、羊产品和乳制品为主，出口贸易以家禽和蛋产品为主。2020年进口猪肉439万吨、牛肉212万吨、羊肉36.5万吨、乳制品337万吨、禽肉及产品155.4万吨（其中鸡肉及产品153.6万吨）。出口加工家禽25.7万吨，鸡肉及产品20.2万吨，蛋产品10.2万吨。2020年，肉类进口量（不含杂碎）占国内肉类产量的11.0%，乳制品（折生鲜乳）进口量占国内生鲜乳产量的53%。

七是畜禽产品质量安全水平大幅提升。质量兴牧稳步推进，源头治理、过程管控、产管结合等措施全面推行，2022年饲料、兽药投入品的抽检合格率达到98%以上。产品质量安全保持总体可控、稳定向好的态势，近5年来未发生重大质量安全事件。全国生鲜乳违禁添加物已连续多年保持"零检出",规模奶牛场乳蛋白、乳脂肪等指标达到或超过发达国家水平。

八是绿色发展取得重大进展。畜牧业生产布局加速优化调整,畜禽养殖持续向环境容量大的地区转移,南方水网地区养殖密度过大问题得到有效纾解,畜禽养殖与资源环境相协调的绿色发展格局正加快形成。畜禽养殖废弃物资源化利用工作取得重要进展,2020年全国畜禽粪污综合利用率达到76%,圆满完成"十三五"任务目标。药物饲料添加剂退出和兽用抗菌药使用减量化行动成效明显。

二、面临的主要问题

我国畜牧业生产方式总体上还比较粗放,产业体系还不完善,资源环境的硬约束日益加剧,动物疫病风险隐患大,地方政府越来越排斥畜禽养殖,依靠进口调剂畜产品余缺的不稳定性不确定性明显增加,畜牧业可持续发展面临新情况和老问题交织影响,稳产保供压力巨大。

(一)国际竞争力不强。贸易保护主义抬头,畜禽核心种源自给水平有限,国际风险与日俱增。我国畜牧业生产方式总体上较为落后,劳动生产率、母畜繁殖率、饲料转化率与国外发达国家相比水平还较低,畜产品生产成本高,市场竞争力弱。目前,我国每个养猪户每年出栏生猪40头左右,而美国场均出栏约1 700头。每头母猪每年提供的上市肥猪比国际先进水平少 6～8 头，畜禽饲料转化率比发达国家低 10％以上，奶牛养殖成本比发达国家高40％以上。

（二）土地等资源约束趋紧。畜禽规模养殖用地问题是制约当前畜牧业发展的最大难题。土地管理法规定，农用地是指直接用于农业生产的土地，包括耕地、林地、草地、农田水利田地、养殖水面等。畜牧业用地没有明确法律层面的界定，许多地方在编制国土空间规划时没有将畜牧业用地纳入规划。新建养殖场用地很难获批，只拆不建已成为常态。饲料资源对畜牧业生产的制约也十分明显。豆粕是主要的蛋白饲料，大豆进口依存度已超过 80％，玉米从出口变为净进口。

（三）养殖环保压力较大。传统种地养猪、粪便肥田的良性循环被打破，种养主体分离，种养循环还有梗阻，稳定成熟的种养结合机制尚未形成。畜禽粪污处理和利用规范化标准化水平还不高，粪肥还田机械缺乏，还田利用方式粗放，易造成养分损失，增加了环境污染风险。粪肥收运和田间施用等社会化服务组织刚刚开始发育，对接种养主体的桥梁纽带作用发挥不足。环境约束趋紧，随着环保门槛提高，一些地方无法律法规依据随意扩大禁养区划定范围，甚至出现"一禁了之""一关了之"现象。

（四）动物疫病风险仍然较高。国内动物疫病种类多、病原复杂、发病范围广，外来疫病传入的风险巨大。基层动物防疫体系薄弱，设施设备相对落后，一线防疫人员数量少、素质和能力不高，动物疫病防控措施难以全面精准落地。2018年8月以来非洲猪瘟疫情的发生，暴露出养殖场户、活畜运输、屠宰等环节的生物安全措施仍然较为脆弱。

（五）产业体系不完善。面向中小养殖场户的畜牧业社会化服务体系不完善，畜牧业产加销脱节、联结不紧密、发展不均衡的问题突出。大量的中小养殖户与龙头企业缺乏有效联结，生鲜乳收购压级压价、限收拒收、捆绑销售等问题突出。此外，畜产品加工流通发育滞后，增值空间受到很大制约。

三、发展思路与重点任务

今后一段时期，我国畜牧业发展坚持把提高畜禽产品供给保障能力和动物卫生安全水平作为主攻方向，把提升质量效益和竞争力作为核心任务，补短板、强弱项、优结构、促融合、壮主体、增动能，着力强化科技支撑和政策支持，加快建成产出高效、产品安全、资源节约、环境友好、调控有效的现代畜牧业。到2025年，主要畜产品自给率保持较高水平，猪肉自给率保持在95%左右，牛羊肉自给率保持在85%左右，奶源自给率保持在70%以上，禽肉和禽蛋实现基本自给。畜禽粪污综合利用率达到

80％以上，畜禽养殖规模化率达到 75％以上。

（一）提升畜禽养殖集约化水平。推进适度规模经营。发展规模化养殖，引导养殖场户改造提升基础设施条件，提升标准化养殖水平。大力培育龙头企业、养殖专业合作社、家庭牧场、社会化服务组织等新型经营主体。扶持中小养殖户发展。建立健全标准化生产体系，开展标准化示范场创建。落实农机购置补贴对畜牧业的支持政策，将养殖场户购置自动饲喂、环境控制、疫病防控、废弃物处理等农机装备按规定纳入补贴范围。促进牧区生产方式转型升级。整合草畜资源，发展现代草牧业。提升草地畜牧业基础设施水平，支持边远高寒牧区防灾减灾设施建设，培育现代化家庭牧场、牧业合作社等新型经营主体。

（二）加强动物疫病防控。落实防疫主体责任，加快推进强免疫苗"先打后补"试点。抓好重大动物疫病基础免疫，做到应免尽免。积极开展重大动物疫病分区防控，加快无疫区和无疫小区建设，推进动物疫病净化。强化疫情监测预警，强化定点流行病学调查、监测和专项调查，建立健全动物疫情监测和报告制度。防治人畜共患病，坚持和完善免疫、检测、扑杀、风险评估、区域化防控、流通调运监管等综合防控策略，降低高致病性禽流感、牛羊布鲁氏菌病、奶牛结核、血吸虫病、狂犬病和包虫病等人畜共患病的畜间发生、流行和传播风险。加强动物检疫监督。

（三）保障养殖投入品供应高效安全。做强现代饲料
工业，完善饲料原料营养价值数据库，推广饲料精准配
制、高效低蛋白日粮配置、绿色新型饲料添加剂应用和非
粮饲料资源高效利用技术。加快生物饲料、安全高效饲料
添加剂等研发应用。加强饲料质量安全风险监测预警和饲
料企业日常监管，规范饲料、饲料添加剂生产经营使用行
为。构建现代饲草产业体系。推行粮改饲，增加全株青贮
玉米种植，提高苜蓿、燕麦草等紧缺饲草自给率，开发利
用新饲草资源，推动非粮饲料资源高效利用。加大优良饲
草品种选育推广力度，支持饲草良种繁育基地建设。推动
兽药产业转型升级，推进兽用抗菌药减量使用。

（四）提升畜禽产品加工行业整体水平。优化屠宰加
工产能布局，支持优势屠宰产能向养殖集中区转移，实现
畜禽就近屠宰加工。推进屠宰行业转型升级。强化屠宰行
业清理整顿，持续推进小型生猪屠宰场点撤停并转。推动
畜禽标准化屠宰，肉品冷链化流通、冷鲜化上市。持续开
展生猪屠宰企业标准化创建，强化屠宰环节全过程监管，
压实屠宰企业主体责任，规范委托屠宰行为。加强畜禽产
品质量安全保障，落实肉品品质检验等制度。加强奶源基
地建设，促进加工与奶源基地匹配；引导乳品企业优化乳
制品产品结构，统筹发展液态乳制品和奶酪等干乳制品。

（五）构建现代畜禽产品市场流通体系。促进畜禽产品冷链物流发展，支持屠宰加工企业、物流配送企业完善冷链物流配送体系，提高冷藏规模。强化动物运输环节防疫管理，制定动物运输环节防疫管理办法，限制畜禽从动物疫病高风险区向低风险区调运。加强活畜禽运输监管，规范生猪运输过程及车辆生物安全要求。规范活畜禽网上交易活动，实行"点对点、场对场"指定通道运输、定点屠宰。优化畜牧专业市场在畜禽产品主产区、集中消费地和传统集散地的规划布局，完善畜牧专业市场体系，打造区域畜禽产品集散中心。

（六）推进畜禽养殖废弃物资源化利用。畅通种养结合路径，实施畜禽粪肥利用种养结合建设规划，推行液体粪肥机械化施用，培育社会化服务组织。推广堆沤肥还田、液体粪污贮存还田等技术模式，推动粪肥低成本还田利用。探索实施规模养殖场粪污处理设施分类管理，推动建立符合我国实际的粪污养分平衡管理制度，指导养殖场户建立粪污处理和利用台账，种植户建立粪肥施用台账，健全覆盖各环节的全链条管理体系，开展粪污资源化利用风险评估和风险监测，科学指导粪肥还田利用。规范病死畜禽无害化处理，健全无害化处理体系。

（七）提高行业信息化生产管理水平。加快畜牧兽医监测监管一体化。推进信息系统整合工作，建成全国畜牧兽医综合信息平台，推动育种、养殖、流通、屠宰等产业链的大数据互联互通。引导养殖场户建立健全电子养殖档案，构建养殖大数据系统，全面推行信息直联直报。推动智慧畜牧业建设，提高圈舍环境调控、精准饲喂、动物行为智能分析、疫病监测、畜禽产品质量追溯等自动化、信息化水平。提高畜牧兽医监管服务信息化水平。构建兽医卫生风险追溯监管信息体系，实施产地检疫、运输车辆、指定通道、屠宰检疫、病死动物无害化处理全链条风险管控。

畜禽遗传资源保护利用基本情况

一、我国畜禽遗传资源基本情况

按照《国家畜禽遗传资源目录》（农业农村部公告第303号），畜禽共有33种，其中传统畜禽17种、特种畜禽16种。传统畜禽包括猪、普通牛、瘤牛、水牛、牦牛、大额牛、绵羊、山羊、马、驴、骆驼、兔、鸡、鸭、鹅、鸽、鹌鹑等。特种畜禽包括梅花鹿、马鹿、驯鹿、羊驼、火鸡、珍珠鸡、雉鸡、鹧鸪、番鸭、绿头鸭、鸵鸟、鸸鹋、水貂（非食用）、银狐（非食用）、北极狐（非食用）、貉（非食用）等。依据国家畜禽遗传资源委员会印发的《国家畜禽遗传资源品种名录（2021年版）》，目前有948个畜禽品种，其中原产于我国的地方畜禽品种有547个，约占世界畜禽遗传资源总量的1/6，其余401个为我国自主培育品种和引入品种。

我国地方畜禽品种种质特性各异，在繁殖性能、适应性、耐粗饲、抗逆性、产品品质等方面表现突出，还有一些品种具有优异的产绒、产毛性能和医用药用、竞技观赏价值。太湖猪（二花脸猪）以繁殖性能高闻名于世，曾创造了窝产仔数42头的最高纪录（1982年2月17日，江苏江阴月城公社）。正宗的金华火腿、东坡肉、四川回锅肉只有使用专有的地方品种原材料制作才能保持传统的风味。同时地方品种不足之处也很明显，突出表现为吃得多，长得慢，产出少。

二、我国畜禽遗传资源保护利用工作开展情况

党的十八大以来，我们通过加强规划引领，完善法制建设，加大支持力度，畜禽遗传资源保护与利用工作取得了阶段性成效。

一是开展全国畜禽遗传资源普查。我国先后于1979—1983年、2006—2009年开展了两次全国性畜禽遗传资源调查。第一次调查，初步摸清了全国大部分地区的畜禽遗传资源家底，出版了《中国畜禽品种志》，收录品种282个。第二次调查，在摸底调查基础上，查清了1979年以来畜禽遗传资源的消长变化，编纂出版了《中国畜禽遗传资源志》，收录畜禽品种747个。2021年，农业农村部启动了第三次全国畜禽遗传资源普查，计划利用3年时间，摸清畜禽遗传资源群体数量，科学评估其特征特性和生产性能变化情况，发掘鉴定一批新资源，保护好珍贵稀有濒危资源，实现应收尽收、应保尽保。

二是初步形成了资源保护体系。2014年农业部发布国家级畜禽遗传资源保护名录，确定159个地方品种为国家级保护品种，其中猪品种42个、家禽品种49个、牛品种21个、羊品种27个、其他品种20个。经过长期实践和探索，形成了原产地保护与异地保护相结合、活体保护与遗传材料保存相补充、国家与地方相衔接的畜禽遗传资源保护体系。近年来，在国家发展和改革委员会等部门支持下，通过实施现代种业提升工程，支持建设了一批畜禽遗传资源保种场、保护区和基因库。近期，农业农村部发布公告，确认了 217 个国家畜禽保种场、保护区和基因库，其中保种场 183 个、保护区 24 个、基因库 10 个（包括 5 个家禽、水禽活体基因库），各省也确认了 458 个省级保种场（保护区、基因库），挽救了一批有价值的资源，有效保护了畜禽地方品种。其中，国家家畜基因库长期保存了 370 多个地方品种的 135 万余份冷冻胚胎、精液和体细胞等遗传材料，数量居世界第二位。国家发展和改革委员会已批复国家畜禽种质资源库立项，建成后保存能力将超过 3 000 万份，居世界第一位。

三是基本建立了法律政策体系。发布全国畜禽遗传资源保护与利用"十三五"规划，明确主要目标、基本原则、主要畜种保护重点与利用方向等，引领规范畜禽遗传资源安全保护与有效利用。2019 年国务院办公厅印发《关于加强农业种质资源保护与利用的意见》，明确实施国家和省级两级管理，建立国家统筹、分级负责、有机衔接的保护机制。2021 年开始，在财政部支持下，通过中央财政专项转移支付项目，对国家畜禽遗传资源保护予以支持，3 年累计安排 3.99 亿元，重点用于饲料、生物安全防护等方面支出补助。

四是开发利用效果逐步显现。畜禽遗传资源开发利用主要有三种方式。第一种方式是本品种选育和纯种直接生产利用，主要用于高产品种和特色优势品种。第二种方式是杂交生产，是生产实践中最常见应用最广的一种。第三种方式是以地方品种为素材培育专门化品系、配套系和新品种。这是畜禽种业自主创新的主攻方向，是商业化育种的主战场。"壹号土猪""北京黑六"、清远鸡等地方品种开发势头较好，满足了高品质生活需求。利用北京鸭资源培育推广的白羽肉鸭居国际领先水平，打破了国外垄断。目前，53% 的畜禽地方品种得到产业化开发，成为推进乡村振兴的重要抓手和特色畜牧业发展的新引擎。

三、存在困难和下一步考虑

受内外部环境变化的叠加影响，畜禽遗传资源保护面临着严峻挑战。一是资源消失风险加大。超过一半的畜禽地方品种数量呈下降趋势，约 10% 的畜禽地方品种处于濒危状态。二是生物安全风险严峻。非洲猪瘟疫情在我国发生以来，对地方猪生存和发展构成极大威胁。三是资源外流风险加剧。一些境外机构和跨国种企想方设法，甚至采取非法手段获取我国优异资源。此外，还存在中央与地方主管部门法律责任不清、资源收集与保护力度不够、交流利用机制不畅、保护与开发利用脱节等问题。

下一步，农业农村部将会同有关部门积极推进三方面工作，切实保护好利用好畜禽遗传资源。一是加快推进第三次全国畜禽遗传资源普查，摸清资源家底，实施抢救性收集保存，实现资源有效保护。二是持续推进资源分类分级管理，健全两级保护体系，加快建设国家畜禽遗传资源保种场、保护区和基因库，实现国家级畜禽遗传资源保护名录全覆盖，推动各省修订省级畜禽遗传资源保护名录，实施"一品一策"保护。三是加大资源开发利用力度，启动畜禽品种精准鉴定，建立畜禽遗传资源DNA特征库，发掘一批优异性状，促进产业化开发利用。

畜禽种业发展基本情况

畜禽良种对畜牧业发展的贡献率超过 40％，是畜牧业核心竞争力的主要体现。总体看，近年来我国畜禽种业发展成效明显，我国畜禽种源立足国内有保障、风险可管控，基本解决了我国畜禽良种"有没有""够不够"的问题，为畜牧业健康稳定发展提供了有力的种源支撑。但与世界先进水平比，畜禽遗传资源保护利用、种业科技创新、企业发展水平等还有较大差距，个别种源还需要依靠进口。当前和今后一个时期，要不折不扣落实党中央、国务院关于打好种业翻身仗的决策部署，努力确保资源不丧失，确保畜禽核心种源自主可控。

一、基本情况

一是畜禽遗传资源保护能力明显提高。我国是世界上畜禽遗传资源最丰富的国家之一，地方品种数量约占世界畜禽遗传资源总量的 1/6。据第二次全国畜禽遗传资源调查，共有地方品种资源 511 个，截至 2022 年年底已增加至 568 个。159 个地方品种列入国家级畜禽遗传资源保护名录，建成国家级保种场、保护区、基因库 217 个，省级458 个，形成了原产地保护与异地保护相结合、活体保护与遗传材料保存相补充、国家与地方相衔接的畜禽遗传资源保护体系。国家家畜基因库保存了 370 多个品种的精液、胚胎等遗传材料 135 万多份,数量位居世界第二。超过一半的地方品种得到开发,"壹号土猪"、清远鸡等地方品种开发势头较好,成为产业扶贫的重要抓手和特色产业发展的新引擎。

二是畜禽育种创新能力大幅提升。改革开放以来,培育畜禽新品种和配套系 240 多个。2008 年至 2020 年,我国实施第一轮畜禽遗传改良计划,2021 年实施新一轮畜禽遗传改良计划,覆盖奶牛、生猪、肉牛、蛋鸡、肉鸡、肉羊、水禽、马、驴等主要畜种。现已遴选 300 个国家畜禽核心育种场(站、基地),逐步建立了以市场为导向、企业为主体、产学研相结合的商业化育种体系。畜禽生产性能水平明显提升,畜禽种业发展的整体性、系统性明显提高,核心种源自给率超过 75%。2019 年,农业农村部启动国家畜禽良种联合攻关计划,聚焦猪、牛、羊、鸡等主要品种选育薄弱环节和核心关键技术开展联合攻关。2022 年,农业农村部印发实施《国家育种联合攻关总体方案》,支持优势企业自主开展猪、奶牛、肉牛、肉羊、白羽肉鸡等育种攻关,支持深化科研单位、企业合作,开展重要畜禽和特色畜禽联合攻关。

三是供种保障能力显著增强。2000 年以来,国家现代种业工程累计安排 20 多亿元,支持 500 多个畜禽种业项目建设，覆盖资源保护、育种创新、测试评价、繁育扩繁等多个环节，种畜禽企业设施装备条件明显改善。据行业统计，2022年，全国共有种畜禽场（站）8 791个，其中种猪场4 465个、种牛场650个、种羊场1 064个、种禽场2 280个，年末存栏种畜约4 000万头（只），祖代及以上种鸡1 519.1万只，种用水禽1 860万只。总体看，我国已经初步构建了纯种选育、良种扩繁及商品化生产梯次推进的良种繁育体系，种畜禽供应链不断优化。从我国畜禽种源保障看，黄羽肉鸡、蛋鸡、白羽肉鸭种源能实现自给且有竞争力，生猪、奶牛、肉牛种源已经能基本自给。

四是科技支撑更加有力。畜禽种业发展逐步形成由畜牧技术推广机构、科研院校、企业研发部门等组成的多元化科技支撑体系，覆盖5万名专业人才队伍。近年来，在体型外貌表型选择、生产性能测定、遗传评估等常规育种方法的基础上，分子育种等先进技术在畜禽育种中得到推广应用，挖掘了蛋鸡鱼腥味基因、绿壳蛋基因、快慢羽基因和猪多肋基因、肌内脂肪基因、仔猪大肠杆菌腹泻基因等重要功能基因，从猪、鸡、牛中筛选出生长、繁殖等性状相关分子标记，研制了一批畜禽基因组育种芯片，提升了育种效率。

二、面临的主要问题

无论是与国际先进水平相比，还是从国内畜牧业高质量发展和人民美好生活的消费需求看，我国畜禽种业存在的问题和面临的困难依然较多。

一是遗传资源保护利用不够。随着畜牧业集约化程度的提高，地方品种生存空间受到挤压，非洲猪瘟、禽流感等疫情进一步加大资源消失风险。地方品种肉质、风味、药用、文化等优良特性评估和发掘不深入，对群体规模大、特色优势明显的地方品种还未开展系统性、持续性地选育工作，产业化开发水平低，特色畜禽遗传资源优势尚未充分发挥。

二是自主创新能力不强。国家畜禽核心育种场发展水平参差不齐，家畜实质性联合育种推进缓慢。生产性能测定规模小、性状少，自动化、智能化程度不高，我国种猪平均测定比例仅为发达国家的 1/4。白羽肉鸡还没有突破，我国能繁母猪年均提供育肥猪数量比发达国家低 30% 左右，奶牛单产只有国际先进水平的 80% 左右。

三是企业竞争力不足。跨国种业已形成了专业化、规模化的全球体系布局，竞争优势明显。我国畜禽种业大而不强，多而不优，育种主体分散，育种规模小，产学研协同的利益联结机制不健全，没有形成创新合力，科技创新能力和市场竞争力不足。

四是行业治理能力有待提高。畜禽种业监管治理能力不能完全适应发展要求，种畜禽生产经营许可管理等制度有待完善，一些企业未经农业农村部审批，以商品名义直接通关，从境外引进种畜禽及遗传材料，扰乱市场秩序，种牛冷冻精液进口问题尤为突出，对国内市场造成较大冲击。部分地区还存在商品代畜禽生产企业未获得种畜禽生产经营许可证及颁证标准不统一等问题，给行业管理带来难度。

三、发展思路与重点任务

2021 年是"十四五"开局之年，我国开启全面建设社会主义现代化国家新征程，2035 年将基本实现农业农村现代化。贯彻新发展理念，构建新发展格局，加快农业农村现代化，适应人民对美好生活的向往，我国畜禽种业必须再上新台阶。要以习近平新时代中国特色社会主义思想为指导，贯彻落实中央决策部署，加强资源保护，坚持自主创新，培育企业主体，优化市场环境，建成比较完善的资源保护体系和商业化育种体系，筑牢农业农村现代化及人民美好生活的种业根基。下一步，重点抓好以下四项工作。

一是强化畜禽遗传资源保护。开展第三次全国畜禽遗传资源普查，全面摸清资源家底。统筹布局建设国家级和省级畜禽遗传资源保种场、保护区、基因库，推动建设国家畜禽种质资源库，落实国家和省两级管理责任，推动资源登记和交流共享。开展畜禽种质资源精准鉴定与优异基因发掘。推动地方品种资源开发，发展地方特色产业。

二是推进育种创新攻关。全面实施《全国畜禽遗传改良计划（2021—2035 年）》，加强国家畜禽核心育种场（站、基地）的建设和管理，完善生产性能测定体系，组建国家畜禽遗传评估中心，加快基因组选择等育种新技术的推广应用，鼓励开展家畜联合育种。继续开展畜禽良种联合攻关，完善 1（牵头企业）＋1（首席科学家）＋N（科研院所、龙头企业等）的攻关机制，加快技术突破、集成整装和示范引领，加快培育领航型企业，带动畜禽种业整体竞争力提升。

三是做强做优做大产业主体。深化种业"放管服"改革，优化营商环境。以育种基础好、创新能力强、市场占有率高的种畜禽企业为重点，采取差别化定向扶持政策，打造航母型领军企业，培育一批大型畜禽种业集团。以优势品种为基础，以优势种畜禽企业为载体，通过繁育推广、市场推介、产业开发、媒体宣传等形式，打造一批具有国际竞争力的畜禽种业品牌。

四是提升监管治理能力。加快修订畜牧法及配套规章。统筹用好种业安全政策调控工具，既促进对外开放，又管控风险隐患。加强对外合作审批管理，优化进口种源免税政策，防止低水平重复引种。强化落实种畜禽生产经营许可管理，规范各级种畜禽生产经营许可审核工作流程和管理制度，实施家畜遗传材料许可的备案管理。严格种畜禽市场监管，加大力度，持续开展种畜禽质量监督检测，完善监管和技术标准，加大执法检查力度，营造良好市场环境。

畜禽粪污资源化利用基本情况

2016 年年底，习近平总书记在中央财经领导小组第十四次会议上强调，加快推进畜禽养殖废弃物处理和资源化，关系 6 亿多农村居民生产生活环境，关系农村能源革命，关系能不能不断改善土壤地力、治理好农业面源污染，是一件利国利民利长远的大好事。要坚持政府支持、企业主体、市场化运作的方针，以沼气和生物天然气为主要处理方向，以就地就近用于农村能源和农用有机肥为主要使用方向，力争在"十三五"时期，基本解决大规模畜禽养殖场粪污处理和资源化问题。近年来，农业农村部积极协调相关部门，全面贯彻落实党中央、国务院决策部署，把畜禽养殖废弃物资源化利用作为重要政治任务，摆在突出位置积极推进，畜禽养殖废弃物资源化利用工作取得阶段性进展。2020 年全国畜禽粪污综合利用率达到 76％，规模养殖场粪污处理设施装备配套率达到 97％。

一、开展的主要工作

一是完善制度体系。国务院办公厅出台《关于加快推进畜禽养殖废弃物资源化利用的意见》，构建畜禽养殖废弃物资源化利用的长效机制。农业农村部印发《畜禽粪污土地承载力测算技术指南》，促进种养匹配。修订《饲料添加剂安全使用规范》，发布低蛋白日粮的猪鸡饲料标准，从源头减少粪污中氮磷含量。建立畜禽规模养殖场直联直报信息系统，规模养殖场全部纳入系统监管范围。

二是落实工作责任。牵头明确落实国办意见部门分工，加强沟通协作，形成工作合力。农业农村部成立分管部领导任组长、相关司局共同参与的畜禽粪污资源化利用领导小组，领导推动有关工作。结合机构改革，强化职能履行，成立工作专班负责畜禽粪污资源化利用工作。积极推进绩效考核制度建设，以畜牧大县和规模养殖场为重点，组织开展延伸绩效管理和第三方评估，压实属地管理责任。

三是推进整县治理。印发《畜禽粪污资源化利用行动方案（2017—2020年)》，分区域确定工作思路和重点任务。落实中央资金296亿元，聚焦生猪、奶牛、肉牛大县，支持723个县整县推进粪污治理，同时支持其他区域规模养殖场治理，探索市场化利用机制。指导北京、天津、上海、江苏、浙江、福建、山东7个省（直辖市）整省推进畜禽粪污资源化利用，提前完成目标任务。

四是畅通利用渠道。以粪肥就地就近还田利用为重点，制定相关标准，印发指导性文件，积极促进种养结合发展。启动实施果菜茶有机肥替代化肥行动，用好畜禽粪污有机肥资源，试点县有机肥施用比例达到20%以上。

发挥农机购置补贴政策引导作用，将畜禽粪污资源化利用装备列入农机补贴范围，实行敞开补贴、应补尽补。

五是推广典型模式。连续组织召开现场会议，研究部署畜禽粪污资源化利用工作。组织成立国家畜禽养殖废弃物资源化利用科技创新联盟，提炼 9 种典型技术模式，出版发行《畜禽粪污资源化利用技术丛书》，开展形式多样的技术培训，指导各地提高利用水平。开展畜牧业绿色发展中国行活动，举办畜禽粪污资源化利用论坛，以点带面示范推广畜牧业绿色发展模式。

二、取得的成效

一是畜牧业绿色发展实现历史性跨越。截至 2020 年，实现 585 个畜牧大县畜禽粪污治理全覆盖，全国 13.3 万家大型规模养殖场已全部配套粪污处理设施，有效解决了畜禽粪污直排问题，养殖环境明显改善。清洁养殖模式广泛普及，畜禽养殖用水量和饲料中铜锌添加量大幅降低，2020 年全国畜禽粪污年产生量下降至 30.5 亿吨，与 2015 年相比降幅达 19.7%。畜牧业绿色发展理念深入人心，制度体系基本建成，绿色发展格局加快形成，为畜牧业稳产保供提供了坚实基础。

二是畜禽养殖污染排放实现大幅降低。与 2007 年第一次全国污染源普查相比，我国畜禽养殖业污染物排放总量和排放强度实现双下降，有力促进了农业农村生态环境改善。根据 2017 年第二次全国污染源普查结果，全国畜禽养殖化学需氧量、总氮和总磷排放总量分别为 1 000.53 万吨、59.63 万吨和 11.97 万吨，分别降低了 21.1%、41.8%和 25.4%；化学需氧量、总氮和总磷排放强度分别为 11.56 千克/头、0.69 千克/头和 0.14 千克/头，分别降低了 55.5%、67.2%和 57.9%。

三是粪肥增施促进耕地质量有效提升。粪肥就地就近利用逐渐成为主流，广泛应用于果菜茶等经济作物，2020 年全国施用面积超过 4 亿亩次，为耕地提供有机质 5 500 万吨。与 2015 年相比，新增粪污还田利用 1.6 亿猪当量，减少化肥（折纯）用量 120 万吨。以畜禽粪污为主要原料的商品有机肥产量达到 3 300 万吨，占全国商品有机肥产量的 70%。有机肥替代化肥试点深入推进，项目区有机肥用量提高 20%。

四是粪污能源化利用取得积极进展。截至 2020 年，有以畜禽粪污为主要原料的专业化大中型沼气工程 3 084 个，年产气量达到 25.2 亿米^3，大幅提升了畜禽粪污集中处理水平和清洁能源集中供应能力。探索形成了"果（菜、茶）沼畜"种养循环模式和沼气集中供气、发电并网等可持续盈利运营模式。沼气工程实现年处理畜禽粪污 2 亿吨，可替代 180 万吨标准煤，减排二氧化碳当量 486 万吨，为优化农村能源结构、促进可再生能源发展发挥了积极作用。

三、存在的问题

"十四五"时期，碳达峰、碳中和纳入生态文明建设总体布局，保障国家粮食安全和重要农副产品有效供给，全面推进乡村振兴和农业农村现代化，对畜禽粪污资源化利用提出了更高要求。

一是市场化运行机制仍需健全。当前我国种养主体分离，规模不匹配、联结不紧密的问题仍然突出，粪肥还田"最后一公里"尚未完全打通。大部分种养主体不愿意为畜禽粪污处理和利用付费，养殖场只考虑解决污染问题，没有推动粪肥科学还田的积极性，种植户在生产效益不高的情况下，使用粪肥提升地力的主动性不高，合理的费用分摊机制亟待建立。粪肥收运和田间施用等社会化服务组织刚刚开始发育，经营规模小，技术水平低，盈利能力差，对接种养主体的桥梁纽带作用发挥不足。

二是肥料化利用水平仍需提升。"十三五"时期规模养殖场污染问题基本解决，但畜禽粪污处理和利用规范化标准化水平还不高，养殖户设施装备仍然不足，粪肥还田机械严重缺乏，利用方式粗放。目前，全国仍有8 000多家规模养殖场尚未配套粪污处理设施装备，42.5万家规模较大的养殖户尚未进行畜禽粪污处理设施装备配套情况验收。部分畜禽粪污处理设施建设不规范，处理能力与养殖规模不匹配，无害化不彻底、臭气排放等问题仍然突出；固体粪肥以人工撒施为主，占比达 94.5%，液体粪肥以漫灌施用为主，占比达 76.5%，易造成养分损失，增加了环境污染风险。

三是管理体系仍需完善。我国畜禽粪污资源化利用全链条管理体系不完善，主要采用环境影响评价制度进行事前监管，运行过程中缺乏有效的常规监管措施，特别是气体排放、粪肥超量利用等环境风险难以控制。存在畜禽粪肥还田利用监测体系不完善，监测制度仍不健全，信息化监管和服务手段缺乏，难以管控粪肥质量和利用量等情况。畜禽粪肥还田利用标准体系尚不健全，相关基础研究滞后，粪肥有害物质限量、液体粪肥施用技术规范等关键标准缺失，导致粪肥还田利用缺乏科学依据。

畜禽屠宰行业基本情况

一、畜禽屠宰行业基本情况

(一)屠宰管理情况

我国对生猪实行定点屠宰、集中检疫制度,其他畜禽可由各省根据本地实际,参照《生猪屠宰管理条例》制定具体管理办法。目前已有 16 个省份根据本地区实际出台了管理办法,对生猪以外的牛、羊、禽等其他动物实行了定点屠宰管理,其中天津、浙江、内蒙古、福建、贵州、陕西、甘肃等 7 个省份对牛、羊实行定点屠宰管理,北京、河北、山西、辽宁、吉林、黑龙江、青海、宁夏、新疆等 9 个省份对牛、羊、禽等动物实行定点屠宰管理。生猪定点屠宰管理的职能于 2013 年年底由商务部划入农业部。

(二)生猪屠宰行业情况

近年来,农业农村部持续开展专项整治,淘汰落后产能,推动行业转型升级,生猪屠宰企业总量大幅减少,已由 2013 年年底的 14 720 家减至 2022 年的 5 624 家,其中屠宰生猪 2 万头以上的屠宰企业(规模以上屠宰企业)2 496 家,占总数的 44.38%。2020 年,全国生猪屠宰企业从业人员约 20 万人。屠宰企业资产总额约 2 700 亿元,营业收入约 4 100 亿元，规模以上屠宰企业屠宰量占全国屠宰总量的约 94%。

（三）牛羊禽屠宰行业情况

据调研统计，截至 2020 年年底，共有牛屠宰企业 1 409 家，规模以上企业（单班设计年屠宰牛 3 000 头及以上）占比 51.7%；羊屠宰企业 1 368 家，规模以上企业（单班设计年屠宰羊 3 万只及以上）占比 62.9%；全年共屠宰牛羊 4 294.6 万头（只）。鸡屠宰企业 1 537 家，规模以上企业（单班设计年屠宰鸡 200 万羽及以上）占比 49.3%；鸭屠宰企业 535 家，规模以上企业（单班设计年屠宰 100 万羽及以上）占比 87.3%；鹅屠宰企业 209 家，规模以上企业占比 36.4%；全年共屠宰家禽 112.3 亿羽。

二、有关工作成效

近几年，农业农村部重点在畜禽屠宰法规标准体系建设、屠宰行业提档升级和肉品质量安全保障等方面开展工作，并取得积极进展。

一是屠宰法规标准建设有了新突破。配合司法部积极推动《生猪屠宰管理条例》修订工作。2021 年 6 月 25 日，国务院总理李克强签署第 742 号国务院令，公布了修订后的《条例》，自 2021 年 8 月 1 日起施行。积极做好新条例出台后的宣传贯彻准备工作，完成相关配套规章、文件的起草工作。成立全国屠宰加工标准化技术委员会，加快畜禽屠宰标准制修订，"十三五"期间共计制修订了97项畜禽屠宰标准，其中国家标准项目47项，农业行业标准项目50项，现行有效的标准总数超过了100个，初步构建了畜禽屠宰标准体系，为促进畜禽屠宰行业良性发展提供了有力的保障。

二是生猪屠宰行业整体水平有了新提升。贯彻落实国务院非洲猪瘟防控总体部署，2019年组织在全国范围内开展了生猪屠宰环节非洲猪瘟自检和官方兽医派驻"两项制度"落实的"百日行动"，强力推进生猪屠宰行业整治，生猪屠宰行业集中度明显提高。精准核实企业资质，公布合法合规企业名录，建立屠宰企业信息电子档案，将屠宰企业基本信息数据录入全国畜禽屠宰行业管理系统，按期调度工作进展。多次组织开展现场督查核查、飞行检查，夯实"两项制度"成效。发挥典型引领作用，在全国开展生猪屠宰标准化示范创建，已向社会公布了125家示范厂名单。完善行业统计监测制度，进一步加强监测信息调度，坚持生猪屠宰行业发展形势会商制度，为决策提供技术支撑。

三是屠宰环节质量安全监管工作有了新进展。严守食品安全底线，紧盯私屠滥宰、注水注药等生猪屠宰违法行为，连续多年会同市场监管、公安部门开展专项整治，排查整治屠宰违法行为，保障重要节日和庆典活动期间畜产品质量安全。深入推进"瘦肉精"专项整治行动、生猪屠宰监管专项行动。持续抓好屠宰环节质量安全风险监测工作，加强屠宰环节"瘦肉精"等风险物质监督抽检和瘦肉精类物质、糖皮质激素类药物、镇静剂类药物等26个参数风险监测。"十三五"期间全国共计监测猪、牛、羊样品2 576万余份，合格率99.99％以上，对检出的阳性样品，均已依法处理。

三、存在的主要问题

经过共同努力，畜禽屠宰行业有了长足发展，但不容忽视，一些制约或阻碍行业高质量发展的困难仍然存在。一是行业集中度低，屠宰场点多、小、散、乱现象仍然存在。二是产能利用率较低，落后产能较大。三是牛羊屠宰规模化、机械化程度低。四是屠宰企业质量体系不健全，有安全隐患。五是基层人员少，监管压力大。

全国人民代表大会宪法和法律委员会关于《中华人民共和国畜牧法（修订草案）》审议结果的报告

全国人民代表大会常务委员会：

　　常委会第三十一次会议对畜牧法修订草案进行了初次审议。会后，法制工作委员会将修订草案印发部分省（区、市）人大、中央有关部门和全国人大代表、基层立法联系点、研究机构等征求意见；在中国人大网全文公布修订草案，征求社会公众意见。宪法和法律委员会、农业与农村委员会、法制工作委员会联合召开座谈会，听取中央有关部门、全国人大代表、基层立法联系点、农业企业、农民专业合作社、基层执法机构和专家学者对修订草案的意见。宪法和法律委员会、法制工作委员会到内蒙古、河北、北京、云南、湖北、浙江、福建调研，并就修订草案的有关问题同有关方面交换意见，共同研究。宪法和法律委员会于 9 月 15 日召开会议，根据委员长会议精神、常委会组成人员审议意见和各方面意见，对修订草案进行了逐条审议。农业与农村委员会、司法部、农业农村部有关负责同志列席了会议。10 月 14 日，宪法和法律委员会召开会议，再次进行了审议。宪法和法律委员会认为，适应畜牧业发展新形势、新要求，修改本法是必要的，修订草案经过审议修改，已经比较成熟。同时，提出以下主要修改意见：

一、有的常委会组成人员提出，应当突出鼓励支持畜禽养殖生产，促进畜牧业高质量发展。宪法和法律委员会经研究，建议增加规定：一是，县级以上人民政府应当将畜牧业发展纳入国民经济和社会发展规划；同时促进畜牧业绿色发展。二是，国家建立健全现代畜禽养殖体系。三是，从事畜禽养殖应当依照农产品质量安全法的规定，做好质量安全工作。四是，加强对畜禽养殖户的指导帮扶。

二、有的常委会组成人员和部门、研究机构建议，加强畜禽疫病防治，做好畜禽粪污无害化处理，保障公共卫生安全。宪法和法律委员会经研究，建议对相关内容作如下修改：一是，增加国家采取措施加强畜禽疫病监测、畜禽疫苗研制的内容。二是，将相关条款中的"畜禽粪污处理利用"改为"畜禽粪污无害化处理和资源化利用"。三是，明确从事畜禽养殖不得随意弃置和处理病死畜禽。四是，违反检疫证明和畜禽标识管理规定的行为，动物防疫法已作明确规定的，依照其规定追究法律责任。

三、有的常委委员和部门、地方、社会公众提出，应当加强畜牧业相关法律法规的宣传普及，对在畜牧业发展中作出显著成绩的给予表彰奖励。宪法和法律委员会经研究，建议采纳这一意见，增加相关内容。

四、有的常委委员和部门、地方建议，根据相关改革要求，完善有关畜禽遗传资源管理制度。宪法和法律委员会经研究，建议对从境外引进畜禽遗传资源的，在规定由国务院农业农村主管部门批准的基础上，授权国务院可以对批准机关作出特别规定。

五、根据有的常委委员和部门、地方的意见，宪法和法律委员会经研究，建议完善有关种畜禽管理规定，对相关内容作如下修改：一是，增加规定种畜禽生产经营许可证的审批和发放信息应当依法向社会公开。二是，明确只有因没有种畜禽而未取得种畜禽生产经营许可证的新建种畜禽场才可以通过提供省级政府农业农村主管部门的说明文件的方式申请进口种畜禽。

六、有的常委委员和部门、地方提出，建设畜禽养殖场要符合地方国土空间规划，充分考虑本地区畜牧业发展要求；同时，应遵守有关生态环境、动物防疫、文物保护等法律法规关于禁止建设畜禽养殖场的规定，本法对划定禁养区域可作衔接性规定。宪法和法律委员会经同有关部门研究，建议对相关内容作如下修改：畜禽养殖场的选址、建设应当符合国土空间规划，并遵守有关法律法规的规定；不得违反法律法规的规定，在禁养区域建设畜禽养殖场。同时明确，县级国土空间规划应当根据本地实际情况安排畜禽养殖用地。

七、有的常委委员和部门、地方建议结合现行法的规定，并与草原法有关规定相衔接，增加促进草畜平衡具体措施的规定。宪法和法律委员会经研究，建议采纳这一意见，增加规定：国家鼓励推行舍饲半舍饲圈养、季节性放牧、划区轮牧等饲养方式，合理配置畜群，保持草畜平衡。

八、有的部门提出，牧区牛羊等家畜保费补贴制度只是牧区家畜保险制度的一部分，建议将"保费补贴制度"改为"保险制度"。有的部门提出，目前执行的草原生态保护补助奖励政策已包括草原畜牧业发展补贴政策，建议对有关表述作相应修改。宪法和法律委员会经研究，建议采纳上述意见，完善相关表述。

此外，还对修订草案作了一些文字修改。

9月28日，法制工作委员会召开会议，邀请部分全国人大代表、基层立法联系点、农业企业、农民专业合作社、基层执法人员和专家学者，就修订草案主要内容的可行性、法律出台时机、法律实施的社会效果和可能出现的问题等进行评估。普遍认为，修订草案贯彻落实党中央决策部署，保障畜禽产品有效供给和质量安全，促进我国畜牧业高质量发展，主要制度措施具有针对性和可操作性，建议修改完善后尽快出台。与会人员还对修订草案提出了一些完善意见，有些意见已采纳吸收。

修订草案二次审议稿已按上述意见作了修改，宪法和法律委员会建议提请本次常委会会议审议通过。

修订草案二次审议稿和以上报告是否妥当，请审议。

全国人民代表大会宪法和法律委员会

2022 年 10 月 27 日

全国人民代表大会宪法和法律委员会关于《中华人民共和国畜牧法（修订草案二次审议稿）》修改意见的报告

全国人民代表大会常务委员会：

本次常委会会议于 10 月 27 日下午对畜牧法修订草案二次审议稿进行了分组审议。普遍认为，修订草案已经比较成熟，建议进一步修改后，提请本次常委会会议表决通过。同时，有些常委会组成人员和列席人员还提出了一些修改意见和建议。宪法和法律委员会于 10 月 28 日下午召开会议，逐条研究了常委会组成人员和列席人员的审议意见，对修订草案进行了审议。农业与农村委员会、农业农村部有关负责同志列席了会议。宪法和法律委员会认为，修订草案是可行的，同时，提出以下修改意见：

一、有的常委委员和专委会委员建议在规定有关种畜禽、畜禽屠宰等质量安全标准的基础上对完善畜牧业标准提出总体要求。宪法和法律委员会经同农业与农村委员会、农业农村部研究，建议采纳这一意见，在总则中增加相关内容。

二、有的常委委员提出，应明确定期对国家畜禽遗传资源状况进行调查，并发布相关报告。宪法和法律委员会经研究，建议采纳这一意见，规定国务院农业农村主管部门负责"定期"组织畜禽遗传资源的调查工作。

三、有的常委委员建议明确加强对地方畜禽遗传资源的保护。宪法和法律委员会经研究，建议采纳这一意见，增加相关内容。

四、根据有的常委委员和专委会委员的意见，宪法和法律委员会经研究，建议在县级以上人民政府支持开发利用列入畜禽遗传资源保护名录的品种的规定中，增加特色畜禽产品供给的内容。

五、根据有的常委委员和部门的意见，宪法和法律委员会经同农业与农村委员会研究，建议将有关鼓励畜禽养殖者对进口的畜禽进行新品种、配套系选育的规定修改为："国家鼓励畜禽养殖者利用进口的种畜禽进行新品种、配套系的培育；培育的新品种、配套系在推广前，应当经国家畜禽遗传资源委员会审定。"

六、有的常委委员提出，应突出国家对农牧民发展畜牧业专业合作社的支持。宪法和法律委员会经研究，建议将相关规定修改为：国家支持农牧民发展畜牧业专业合作社和现代家庭牧场，推行适度规模养殖，提升标准化生产水平。

七、根据有的常委委员和专委会委员的意见，宪法和法律委员会经研究，建议在有关建立畜禽交易市场体系的规定中增加"安全便捷"的要求。

八、有些常委委员和专委会委员提出，应强化政府对畜禽产品市场的调控作用，保障市场供需平衡。宪法和法律委员会经研究，建议采纳这一意见，将有关完善畜禽产品储备调节机制等措施中的"利用市场调节方式"修改为"加强市场调控"。

九、根据有的常委委员的意见，宪法和法律委员会经研究，建议增加规定：国家加强畜禽生产、加工、销售、运输体系建设，提升畜禽产品供应安全保障能力。

在审议中，有些常委会组成人员和列席人员还对修订草案二次审议稿有关内容及本法实施提出了很好的意见建议。宪法和法律委员会经同农业与农村委员会、农业农村部研究认为，有的意见在其他相关法律中已作明确规定，有的意见可在配套规定中作出具体规定，有的意见需要在实践中积累经验。建议国务院及其有关部门认真研究常委会组成人员和列席人员提出的意见建议，及时制定完善配套规定，确保本法有效实施。

经与有关部门研究，建议将修订后的畜牧法的施行时间确定为 2023 年 3 月 1 日。

此外，根据常委会组成人员的审议意见，还对修订草案二次审议稿作了一些文字修改。

修订草案修改稿已按上述意见作了修改，宪法和法律委员会建议本次常委会会议审议通过。

修订草案修改稿和以上报告是否妥当，请审议。

全国人民代表大会宪法和法律委员会

2022 年 10 月 29 日